한국 고대문화 원형의 상징과 해석

근원近園 김양동金洋東

안동김씨 정한(貞漢 : 1899~1950) 공과 연일정씨 수련(水蓮 : 1905~1980) 여사의 3남 2녀 가운데 막내로 1943년 경북 의성에서 태어났다. 경북대학교 국어국문학과, 국민대학교 한문학과(석사), 성균관대학교 대학원 박사과정(한문학)을 수료했다. 철농(鐵農) 이기우(李基雨) 선생에게서 서예·전각을, 임창순(任昌淳) 선생과 신호열(辛鎬烈) 선생에게서 한문을, 예용해(芮庸海) 선생에게서 한국미에 대한 가르침을 받았다.

평생 교직과 창작 생활을 병행하며 한국 고대문화 원형 탐구에 깊은 관심을 가지고 학문적 편력과 예술적 방황을 거듭했다. 원광대학교 서예과 교수를 거쳐 계명대학교 서예과 교수, 미술대학 학장을 역임한 후 2008년 정년퇴임을 했다. 2011년 계명대학교에서 명예미술학 박사학위를 수득했으며, 퇴임 후 지금까지 석좌교수로 있다. 문화재전문위원, 북경대학교 서법연구원 초빙교수, 한국미술협회 서예분과위원장, 한국과학수사연구원 자문위원, 대학 서예과 설치운동 총괄책임자 등을 지냈다.

뉴욕, 파리, 예술의 전당, 통인화랑 등에서 수차례 개인전을 열었다. 2005년 미국 메트로폴리탄 뮤지엄과 필라델피아 뮤지엄에 작품이 소장되었고, 국립현대미술관, 국립민속박물관, 서울시립 미술관, 고려대학교박물관, 계명대학교도서관, 대전대학교도서관, 성철스님기념관 등 주요기관에 작품이 소장되었다.

현재 〈근원 고대문화 원형연구소〉에서 연구와 이론을 창작에 접목, 서예·전각·그림이 혼용된 암각화와 같은 원시적 기법으로 한국미의 원형인 빛살무늬를 작품 속에 드러내는 독특한 회화 작업으로써 '한국미의 재발견'에 몰두하고 있는 중이다.

한국 고대문화 원형의 상징과 해석

초판 제1쇄 발행 2015. 5. 15.
초판 제4쇄 발행 2021. 6. 21.

지은이   김 양 동
펴낸이   김 경 희

펴낸곳   (주)지식산업사
　　　　본사 ● 10881, 경기도 파주시 광인사길 53
　　　　　　전화 (031)955 - 4226~7 팩스 (031)955 - 4228
　　　　서울사무소 ● 03044, 서울시 종로구 자하문로6길 18-7
　　　　　　전화 (02)734 - 1978 팩스 (02)720 - 7900
　　　　한글문패　 지식산업사
　　　　영문문패　 www.jisik.co.kr
　　　　전자우편　 jsp@jisik.co.kr
　　　　등록번호　 1 - 363
　　　　등록날짜　 1969. 5. 8.

책값은 뒤표지에 있습니다.

ⓒ 김양동, 2015
ISBN 978-89-423-1185-9 (93910)

이 책에 대한 문의는
지식산업사로 연락해 주시길 바랍니다.

한국 고대문화 원형의 상징과 해석

김양동
金洋東

지식산업사

차 례

서 문 ──────────────── 고 은 7

하 사 ──────────────── 신일희 9

책을 펴내면서 ──────────────── 11

제Ⅰ부 총론 ─ 신(神)의 해석

제1장 신(神)의 해석(Ⅰ) ─ 신(神)과 신화(神話)   21

제2장 신(神)의 해석(Ⅱ)   35

제3장 신(神)의 해석(Ⅲ)   48

제Ⅱ부 선사시대 문화원형의 상징과 해석

제1장 한국 최초의 문양 신석기시대 빗살무늬   63

제2장 파형동기(巴形銅器)의 기원과 상징   78

제3장 동경(銅鏡)과 동령(銅鈴)의 비의(秘儀)   91

제4장 비파형동검의 원의(原意)   106

제Ⅲ부 한국의 고대문화와 새 숭배사상

제1장 새 숭배사상의 원류와 한국의 고대문화(Ⅰ)   121

제2장 새 숭배사상의 원류와 한국의 고대문화(Ⅱ)   135

제3장 신시(神市), 소도(蘇塗), 서라벌, 서울의 어원을 찾아서   164

제4장 고구려 절풍(折風)의 기원(起源)과 어원(語源)   176

제IV부 고대 위세품(威勢品)의 상징과 해석

제1장 신라 금관의 기원과 상징의 세계   201

제2장 삼국 관식(冠飾)의 비교와 검토   220

제3장 고대 한국 곡옥(曲玉)의 기원과 상징   240

제4장 신라 금제허리띠〔金製銙帶〕의 상징   265

제5장 환두대도(環頭大刀) 삼엽문(三葉文)과 삼루문(三累文)의 상징   278

제V부 한국 고대예술의 기원과 원형질

제1장 한국 고대음악의 기원 – 소리와 노래의 어원을 중심으로   299

제2장 한국 고대무용의 기원과 살풀이춤   315

제3장 한국 고대미술의 시원과 원형   336

제4장 한국 서예의 원류와 광개토호태왕비(廣開土好太王碑)   351

제5장 고대 복식(服飾)의 시원을 찾아서 – 옷이 날개다   369

제6장 당초문의 기원과 상징   384

제7장 기와의 명칭과 와당 문양의 상징   399

제VI부 태양과 새 – 고조선문화의 원류

제1장 흉노 왕 칸(干)과 선우(單于) 성(姓)의 문자학적 검토   425

제2장 상투와 비녀〔簪(잠), 笄(계)〕   459

제3장 Y형기(Y形器)와 칸(干)과 새 날개 모양〔鳥翼形〕 관식(冠飾),
그리고 만세(萬歲)의 상징   475

참고문헌   490

찾아보기   512

서 문

고 은 (시인)

눈 뜬 세계가 여기 열려 있다!

상고사(上古史)는 신화와 역사의 경계가 지워짐으로써 그 정체불명을 면할 수 없다. 신화에 기울어지기 십상이거나 역사 실증의 교만에 갇히 거나 하기 일쑤이다. 그때마다 안개는 더 짙어진다. 그럴 뿐만 아니라 역 사의 사이비 상태도 더 늘어나게 된다.

한국 고대사의 길고 긴 불안은 이런 극단의 미망(迷妄)을 불러들인다.

그런데 나는 이 독실(篤實)한 개척 서술의 과학적이며 신비적인 정신 의 도해(圖解)로 하여금 드높은 혜안을 만난다.

가위 근원사관(近園史觀)이라 할 만한 노작(勞作)이 바로 이 고대 탐구 의 새로운 기원(紀元)을 이루어낸 것이다.

특히 범부(凡父) 사징(四徵)을 명심한 투철한 원형 원류의 실상을 포착 해가는 여러 시각의 해석들은 탁월하다.

그동안 한국 사학계가 해놓지 못한 원시에의 투시 과정을 그 근본언어 의 변천 전이를 낱낱이 들추어내는 명증(明証)은 냉엄하기까지 하다.

나는 단언하기로 한다. 이것은 한국 고대사의 아시아적 혹은 동아시아적 광역을 통해서 이제까지 볼 수 없었던 웅대한 서사시적 성취라고 말이다.

　　이로써 우리는 고대사의 온전한 세계와 만날 수 있다. 과연 이제서야 우리는 우리의 본원적(本源的)인 자화상을 그려낼 수 있게 된 것이다.

　　축하한다.

2015년 봄

고 은

하사(賀辭)

신일희(계명대학교 총장)

나무가 봄이 되어도 새 잎을 싹 틔우지 않으면 그 나무는 죽은 나무이 듯 학문의 세계도 새로운 이론이 끊임없이 전개되지 않으면 학문의 푸른 숲은 기대하기 어렵습니다. 그럼에도 불구하고 세상은 특별하여서 전혀 엉뚱한 곳에서 광맥이 터지는 경우가 가끔 있습니다.

이번에 우리 계명대학교 미술대학 석좌교수이신 근원(近園) 김양동(金洋東) 박사께서 상재한《한국 고대문화 원형의 상징과 해석》이 바로 그러한 책이라고 저는 느끼고 있습니다. 근원 선생을 빼어난 서예가, 전각가로만 알았지 그 누가 이렇게 기상천외한 저서를 들고 나타날 것이라고 예상이나 할 수 있었겠습니까? 그러나 알고 보니 근원 선생은 창작을 병행하면서 25년간 한국문화의 뿌리를 찾아 신산(辛酸)의 내공을 쌓아온 탁월한 고대문화의 탐구자였습니다.

누구나 그렇듯이 우리는 고대문화의 형식과 내용이 모두 왜 그럴까라는 의문에 대한 해석을 명쾌하게 제시한 책을 갈구해왔습니다. 고인(古人)들의 메시지가 무엇이며 오묘한 그 상징의 세계는 또 어떤 것인지 알고 싶어했습니다. 우리 민족이 사유한 정신의 핵은 무엇이며 그것이 반영된 문화의 원형은 무엇인지, 그런 것을 알고 꿰뚫는 문화적 질서를 바로잡고 싶어 했습니다. 이 책은 바로 그러한 오랜 갈증을 해소해주는 데 꼭 필요한 쾌저라고 저는 믿습니다.

문징(文徵)과 물징(物徵)과 사징(事徵)과 언징(言徵)이라는 범부(凡父) 선생의 사징론(四徵論)에 근거하여 근원 선생이 밝혀낸 우리 민족의 거대한 사유, 그 문화적 모형(母型)의 원리가 너무나 장엄하여 이제는 밖에 나가서나 우리 대학을 찾아오는 외국 손님에게나 크나큰 긍지를 느끼며 설명할 수 있게 되었습니다. 참으로 선인(先人)들의 지혜가 용광로 같음을 감지합니다. 그러하기에 세계에서 가장 우수한 문자를 창제하여 '밝고 환한 생명의 미'를 거듭거듭 쌓아가는 축복받은 민족이 되었구나 하는 사실을 저는 느낍니다.

평소 근원 선생의 삶에서 우러나오는 존경스러운 인품과 인간적인 진정성에 고개가 숙여지곤 하였는데 이와 같은 탁절한 저서를 나누게 되어 더욱 그 기쁨이 크다 하겠습니다. 근원 선생의 학문과 예술 세계에 무궁한 영광이 있기를 간구하며 마음 깊이 축하를 드립니다.

계명대학교 총장
신 일 희

책을 펴내면서

이 책은 2013년 2월부터 2014년 6월까지 〈교수신문〉에 《한국 고대문화 원형의 상징과 해석》이란 제목으로 25회에 걸쳐 연재했던 글을 다시 보충하고 다듬은 것으로, 〈한국 서예의 원류 – 광개토호태왕비〉한 편을 더 보태어 묶은 것입니다. 그 신문에 연재하는 동안 많은 분에게 분에 넘치는 격려와 공감도 받았습니다만, 날카로운 비판과 지적 또한 적잖게 받은 것을 기억합니다.

그러한 모든 반응은 이 글의 모자라고 잘못된 부분을 깁고 고치는 데 훌륭한 가르침이 되었습니다.

연재를 시작할 때, 글을 쓰는 동기를 다음과 같이 말한 바 있습니다.

"이 글의 내용은 한국 고대문화 해석의 틀을 4징〔四徵 – 문징(文徵), 물징 (物徵), 사징(事徵), 구징(口徵)〕의 방법으로 파악한 뒤, 거기서 마련된 틀로써 고대문화 속에 내재된 원형의 뼈를 발라내는 작업, 변형되거나 퇴화된 채 가려져 있던 상징성을 해석하는 작업을 거쳐 우리문화의 본질을 탐색할 수 있는 길을 발견하려는 것이다.

이 글은 바로 그러한 방법에 따라 해독되고 해석된 연구의 결과물들을 발표하여, 한국 고대문화의 시원적 원류와 원형의 상징 세계에 대한 의문을 함께 검토하고 논의함으로써, 동반 연구자들과 그 정보를 공유하려는 목적을 가지고 집필했다."

외면적인 집필 동기는 이러했지만, 근본적인 동기는 한국 문화의 뿌리에 대한 저 자신의 회피할 수 없는 의문과 호기심이 단초였습니다.

1990년 봄, 저는 시인이자 금문(金文) 연구가인 소남자(召南子) 김재섭(金載燮) 선생으로부터 낙빈기(駱賓基, 본명 張璞君) 선생의 저서《금문신고(金文新考)》란 책을 소개받고, "서예가 가운데 자네는 이런 공부를 시작해야 된다"는 조언을 들으면서, 소남자 선생에게서 짧은 기간 동안 금문(金文)을 공부한 바 있습니다. 그 공부에서 낙빈기 선생의 '神'字에 대한 독특한 해석을 접하게 되었는데, 그 시절 저는 낙빈기 선생의 신(神)자 해석을 그분의 주장대로 흡수하지 않고, 완전히 다른 시각으로 이론을 펼칠 수 있는 새로운 패러다임을 발상하게 됩니다. 그 새로운 패러다임의 발상이란, 널리 알려지지 않은 김범부(金凡父) 선생의 사징론(四徵論)에 근거하여 해석고고학이란 방법으로써 한국 고대문화의 원형에 대한 상징과 해석을 한번 풀어보자는 것이었습니다.

우리 고대사에서 한구석에 버려졌거나 온갖 이물질로 덮여져 온전한 모습을 알지 못했던 문화원형을 되찾아, 그에 대한 상징과 해석을 시도한 글은 그리 많지 않습니다. 그뿐만 아니라 해석의 견해조차 제각각입니다. 그래서 아직까지 한국 문화를 움직인 모형(母型)의 원리가 무엇인지? 한민족문화의 전반에 걸쳐 알게 모르게 작용했을 근원적인 에너지는 과연 어떤 것인지? 그런 것을 제대로 짚어내고 이론화하여 체계를 세우며 정론을 수립하려는 의지는 아주 드물었습니다.

이 책은 바로 이러한 점에 주목하고 문양의 상징해석에서 그 해답을 얻고자 시도한 연구서라 하겠습니다. 〈교수신문〉에 연재한 글에서 총괄적으로 한국 고대문화의 문양 해석에 대한 문제점을 지적한 부분이 있었는데, 어느 한 장(章)에만 그 문단을 넣을 수가 없어서 책의 본문에선 아예 그 부분을 빼버렸습니다. 이해를 돕고자 그 부분을 다시 한 번 여기에 소개하고자 합니다.

"문양의 상징해석은 근거가 분명하고 정확해야 한다. '문양은 역사적 기억에서 저장된 뇌의 지문이자 그 시대 문화의 거울'이란 사실을 유념한다면, 민족문화의 시원사상이 반영된 문양의 해석은 그 나라 문화의 정체성을 짚어내는 첩경이 되므로 그 해석의 정확성은 참으로 중요한 일이다. 해석고고학의 입장에서 바라볼 때, 기존의 문양 해석에서 왜곡이 가장 심한 대표적인 사례는 다음과 같은 것들이 있다.

① 한반도 최초의 문양은 신석기시대 토기의 문양이며, 그 문양의 시원과 상징성은 천손족의 태양 숭배사상을 반영한 '빛살무늬'란 점에 있다. 그런데 이러한 한민족 시원문화의 상징을 제대로 읽어내지 못하고, 고대의 시원문화와는 전혀 무관한 빗살무늬〔櫛文土器〕로 해석하고 있는 현상이 아직까지도 시정되지 않고 있는 사례. ② 신라 왕권의 상징인 금관의 양식은 태양의 심볼인 불꽃무늬를 왕권의 형식언어로 표현한 그 시대 최고의 디자인이다. 그런 금관의 도상(圖像) 원리를 발견하지 못하고 나뭇가지형〔樹枝形〕, 사슴뿔형〔鹿角形〕, 산자형(山字形), 출자형(出字形) 등의 즉물적 이름으로 명명함으로써 금관에 내장된 문양의 정보 해석에 실패하고 있는 전형적 오류의 사례. ③ 이른바 비파형동검은 신무(神巫)의 의기(儀器)를 불꽃형으로 디자인한 신검(神劍)인데도, 상징의 해석이 전혀 깔려있지 않은 악기를 연상케 하는 비파형동검이란 터무니없는 이름이 통용되고 있는 사례. ④ 환두대도의 문양은 대도의 사용자인 우두머리를 상징한 솔개(수리) 문양이고, 수리문양은 신(神)과 등식 관계를 이루는 신조(神鳥)의 상징이다. 동이족의 새 숭배사상이 반영된 환두대도 문양의 이러한 원류를 해석하지 못하고 즉물적 이름인 삼엽문(三葉紋)으로 호칭하고 있는 고대문화에 맹목(盲目)인 사례. ⑤ 모든 생명의 근원은 태양의 에너지가 근원이다. 따라서 고대인이 인식한 도상(圖像)의 모제(母題) 문양은 생명의 근원인 태양문이 그 중심이 된다. 태양문에서 연화문, 파형문, 거치문 등으로 분화가 이뤄지는데, 그러한 모형의 원리를 망각한 채 연화문이 마치 중심문양

인 것처럼 인식하고 있는 왜곡된 사례. ⑥ 당초문의 '당초(唐草)'는 '새삼'과 같은 덩굴풀을 말한다. '하늘기운의 초문화(草紋化)'를 두고 동양식 어휘로 표현한 말이 당초문이다. 그런 당초란 말의 원의(原義)를 추적하지 못하고 축자주의(逐字主義)식으로 '당(唐)나라 풀의 문양'으로 해석하거나, 또는 '이국풍(異國風)'으로 해석하여 서양미술의 논리를 따르고 있는 현상과 당초문의 기원은 이집트의 연화문(로타스)과 메소포타미아의 팔메트(인동문)가 기원이라고 함으로써 사상의 시원을 서양에 두고 있는 왜곡된 현상. 이와 같은 기초 문양의 잘못된 해석은 고대문화의 정체성 수립자체를 기초 설계부터 어긋나게 함으로써 불구의 구조로 만들어 버리는 폐단이 생긴다. 바로잡지 않으면 문화의 뿌리를 모르는 문화 맹목의 심각한 상황에 직면한다. 기존 학설을 불가피하게 비판하는 본 연재의 내용에 이의를 제기할 사람도 많을 줄 안다. 특히 해석의 오류라고 비판한 학설을 그동안 통설로 믿어온 기존 학계의 사정은 더 말할 나위도 없을 것이다. 그러나 해석이 새롭게 나오는 발견의 현상을 어찌 막으랴. 제기되는 새로운 학설에 대한 기존 학계의 통상적 태도는 무관심을 가장한 침묵이거나 의도적인 외면 또는 폄하와 무시 전략이라는 것을 안다. 그러나 무시하고 외면하거나 폄하하고 침묵한다고 될 일이 아니다. 민족문화의 정체성에 부합되는 이론인가 아닌가 하는 문제만이 관건일 뿐이다.

민족문화의 모형(母型)의 원리를 처음 발견하고 논증할 사징을 찾아 나는 수십 년을 해맸다. 그러면서 어느덧 인생 70을 넘기고 보니, 이제 눈치 볼 필요도 없고 걸릴 것도 없는 처지가 됐다. 다만 해석고고학 입장에서 사실을 말해 동도자(同道者)들과 함께 정보를 공유하며 논의하고 검토하고 싶을 뿐이다. 학문의 울타리도 소용없고, 전공도 아닌 자 운운할 필요도 없다. 영역을 확대해 학문적 발전을 도모할 일만 남았다. 학계의 사고 전환을 촉구하면서 반론을 제기하거나 냉철한 비판을 기다릴 뿐이다."

위의 글은 언어가 거칠고 불편하며 자극적인 면이 있습니다. 이 점은 용허를 바랄 일이지만, 지금 그러한 것이 문제될 표현이라고 생각하진 않습니다. 솔직히 말하여 기존 학계에 대한 학문적인 허무가 이런 식으로 분출된 면이 없잖아 있기 때문입니다.

저는 국어국문학과 한문학, 그리고 서예·전각·미술·문자학을 45여 년 넘게 넘나들면서 학문적 편력과 작가적 방황을 거듭해 왔습니다. 그런 편력과 방황이 있었기에 이런 작업이 가능했다고 느낍니다. 처음에는 한국서예사와 한국전각사를 써볼 요량을 가지고 연구를 시작했다가, 결정적인 원리를 발견하고 깨침을 얻은 뒤에 원래의 계획과는 다르게 이 글을 쓰게 되었습니다. 그래서 애초 계획을 뒤로 하고, 방향을 바꾸어 《한국 고대문화 원형의 상징과 해석》을 집필하고자 관계 문헌과 자료 모으기에 돌입하였습니다.

저는 고고학도나 사학도가 아닌 사람으로서, 체계적인 공부와 훈련을 거치지 못한 비전공자가 지닌 결점과 한계를 잘 알고 있습니다. 그러나 학습으로 말미암은 기존의 논리에 훈습되지 않음으로써 어설프지만 신선한 감각을 지닌 점이 얼마쯤 있는 것이라고 외람되이 믿습니다. 그러므로 고고학계나 고대사 분야에서 누락했거나 잘 모르는 분야를 찾아내어, 저 자신만의 렌즈로 조형을 분석하고 의미를 찾아 원형의 뼈를 발라내는 작업에서 얻는 비밀스런 해독(解讀)은 기쁨을 넘어 통쾌하기까지 했습니다. 그러나 독자적인 해석을 중시하고 새로운 개척에 진정한 학문적 가치를 두다 보니, 이미 있었던 지금까지의 이론과 학설 사이에서 생기는 충돌을 피할 수 없었습니다. 불가피했던 충돌로 말미암은 비판의 거친 언어와 만용을 너그럽게 이해하여 주시기를 바랍니다.

이 책의 연구 방법은 앞에서 말한 바와 같이 사징을 동원한 해석고고학이었습니다. 이 글의 앞에 일찍이 없었던 우리 문화의 '상징과 해석'이란 문법을 개척해나가는 이 연구는 진실로 난해한 작업이었습니다. 그래도

이 난해한 작업을 할 수 있었던 것은, 범부 선생의 사징론에 따른 지남(指南)의 힘이 있었기 때문입니다. 범부 선생의 사징론은 그야말로 이 연구를 위해 오랫동안 기다려준 선지자의 빼어난 가르침 같았습니다.

이제 이 책이 나오기까지 큰 도움을 주신 고마운 분들께 감사의 말씀을 드리고자 합니다.

먼저 이 책 초고의 글을 장기 연재할 기회를 주시고 관심을 보여주신 이영수 〈교수신문〉 발행인님께 고개 숙여 깊은 감사를 드립니다. 비전공자의 글이라고 다른 곳에선 난색을 표하며 비토를 놓았던 사실을 생각하면, 〈교수신문〉의 진취적인 편집 정신은 진정 자랑스러운 일이었습니다. 아울러 연재 시작에서 끝까지 의논하며 글의 핵심을 짚어내어 중간 제목을 멋지게 뽑아준 비범한 솜씨의 최익현 편집국장님에 대한 고마움을 잊지 못합니다. 사실은 최 국장의 안목에 저의 글이 걸려들어 연재로 이어지게 되었고, 연재의 강제성에 이끌려 이 글을 마무리할 수 있었던 것입니다.

다음으로 서문을 써주신 고은 선생님과 계명대학교 신일희 총장님, 그리고 책을 출판해주신 지식산업사 김경희 사장님께 만강의 감사를 올립니다.

고은 선생님은 아직 뵈온 적도 없지만, 지식산업사 김경희 사장님이 받아내신 서문을 받아본 순간, 이 어른이 어떻게 글의 핵심을 이토록 꿰뚫었을까? 하는 생각에 그야말로 가슴이 먹먹해오는 통증을 느꼈습니다. 서문은 한 편의 장엄한 시(詩)이며 천무(天巫)의 노래가 아닌가 생각됩니다. 진실로 저에게는 형언할 수 없는 기쁨이고 감사한 마음으로 충만했습니다.

하사(賀辭)를 써주신 계명대학교 신일희 총장님은 존경받는 철학자요 미학자이며 시인이십니다. 단순히 총장님으로서가 아니라, 국제적인 안목을 지닌 대교육자로서 이 책의 내용에 대한 가치를 높이 평가해주시고

격려해주신 사실을, 저는 무한한 영광으로 생각하며 특별한 감사를 드립니다. 제가 몸담았던 계명대학교를 제 영혼의 숙소로 삼을 수 있게 이끌어주신 고마움을 또한 잊을 수 없습니다.

다음으로 이 책을 출판해주신 지식산업사 김경희 사장님에 대한 감사를 말하고자 합니다. 제 글에 가장 큰 공감을 해주신 분이 바로 이 분입니다. 뵈올 때마다 가감 없는 비정(批正)으로 수준 높은 담금질을 하시는 저의 진정한 멘토입니다. 이 분과 대화를 나누면 나눌수록 사학(史學)과 문학과 미술과 출판으로 교직된 해박한 인문학적 지식과 감성에 고개가 절로 숙여집니다. 그런 인문학적 정서가 녹아 있는 인간적인 밀도는 이 분의 삶을 더욱 경건하게 만들고 있음을 느낍니다. 아울러 편집을 담당하여 책을 더욱 품위 있게 꾸며주고 구석구석 손질해준 김동석 주임에게도 따뜻한 정을 전합니다. 고맙습니다.

끝으로 원고를 검토하여 오탈자를 가려내고 많은 부분에 걸쳐 역사학자의 깊은 통찰력으로 의견을 제시하며 잘못된 표현을 고쳐주신 전 고구려연대회장 정진헌 박사와 고고학 분야의 용어 수정과 알뜰한 교정을 봐주신 엄익성 현 고구려연대회장, 그리고 처음부터 끝까지 이 글에 비상한 관심을 가지고 읽으며 느낌을 전해주신 주재환 선생과 김서령 선생, 모두에게 깊은 사의를 표하며 각별한 애정으로 형제의 정을 나눕니다. 고맙습니다.

이 연구의 시작에서 오늘에 이르기까지 25년 동안 쓰고 시린 고생을 함께 나눈 아내와 가족에게 깊은 위로와 사랑을 전합니다. 이제 봄이 오고 있습니다. 이 책과 향을 들고 아들과 함께 선영에 참배하러 가는 광경이 어렴풋이 그려지고 있습니다.

2015년 3월 20일
무경려(無竟廬) 창아래에서
근원(近園) 김양동(金洋東) 삼가 씀

일러두기

1. 한글 용어를 한자 용어로 바꿀 때는 〔 〕 부호로 처리하였다.
2. 논문명은 〈 〉, 책 이름은 《 》 부호로 통일했다.
3. 고고학상 용어는 도표 설명에서 저자가 주장하는 새 용어로 바꾸지 않고 기존 용어를 일단 그대로 사용했다.(다만, 도판 설명에서 빛살무늬는 저자의 새 용어를 따랐다.)
4. 인용문은 줄인 활자로 처리하였다.
5. 중국 인명과 지명은 원음 표기로 하지 않고 한국식 발음으로 표기하는 것을 원칙으로 하였다.
6. 그림 번호와 주석 번호는 각 장마다 장별로 처리하였다.

제I부
총 론

제1장 신(神)의 해석(Ⅰ) – 신(神)과 신화(神話)
제2장 신(神)의 해석(Ⅱ)
제3장 신(神)의 해석(Ⅲ)

울산 반구대 암각화 인면상(모각본)

울산 반구대 암각화(모각본)

제1장 신(神)의 해석(I) – 신(神)과 신화(神話)

1, 한국 고대문화의 원류와 원형을 어떻게 탐색할 것인가?

한국 고대문화의 원류와 원형은 무엇일까? 한국의 고대문화는 어떤 원리의 작용으로 형성된 문화이며 그 내용은 무엇일까? 고대문화를 형성하고 있는 대상들의 상징세계는 어떻게 해석해야 되는 것일까? 박물관의 유물 앞에 설 때마다 일어나는 이런 의문들에 대하여 한국 고대문화 연구자들은 어떻게 대답할 수 있을 것인가?

한국 고대문화가 어떤 원리 아래 이루어졌는가? 라고 묻는다면, 어떤 이는 '자연스럽게 형성된 것이지'라고 말한다. 그렇다 '자연스럽게 형성되었다'는 말이 옳다. 그러면 그 자연스러운 이치를 찾는 것이 한국 고대문화의 원형 탐구의 길일 것이다.

한국 고대문화 원류와 원형에 대한 선행 연구는 그동안 적지 않게 이루어져 왔다. 그러나 연구자들의 관점과 해석이 분분하다 보니, 한국 고대문화의 모형(母型)의 원리가 무엇인지 아직 정립되지 못한 상태다. 따라서 고대문화의 상징과 해석에 대한 작업 또한 여전히 많은 의문과 연구의 공백을 남겨두고 있는 것이 현실이다.

가장 큰 문제는 한국의 고고학계가 해석학적 고고학을 외면하고 있는 현실에 있다고 생각한다. 해석고고학은 유물을 발굴하고 유물에 대한 편년 구분이나 형태 분류만 한다고 해결될 문제는 아니다. 언어, 지리, 역사, 문화, 사회, 예술, 문학, 민속, 신화, 기호학, 고문자학, 복식, 기후학 등 고고학을 둘러싼 여러 분야의 다양한 참여가 있을 때 가능하다.

해석학적 고고학은 한국 고대문화의 원형탐구에서 상고시대부터 이 땅 위에서 형성된 고대문화의 시원적 원류와 원형은 말할 것도 없고, 그 배경 원리의 뿌리를 찾으려면 반드시 수행해야 될 기초 작업에 속한다. 시원적 원류와 원형의 뿌리를 모르고서 한국 문화 형성의 전개와 특징을 설명할 수 없기 때문이다. 그럼에도 그러한 기초 작업이 정리되지 않고 있는 현상은 조속히 해결해야 할 숙제다.

그러면 시원적 원류와 원형의 상징에 대한 가장 합리적인 해석학적 연구 방법이 무엇이냐고 한다면, 그것은 사징(四徵)에 의한 시도가 가장 좋은 연구 방법의 하나라고 제시하고 싶다. 사징이란 일찍이 범부 김정설(凡父 金鼎卨, 1897~1966)님이 주장한 고대문화 연구 방법이다.[01] 이 사징을 소개한다.

첫째, 문징(文徵)이다. 문징은 문헌 자료에 의한 논징이다.

둘째, 물징(物徵)이다. 물징은 역사 유적과 유물 자료에 의한 논징이다.

셋째, 사징(事徵)이다. 사징은 문징과 물징은 없으나, 풍습, 예속(禮俗), 역사적 유풍을 상기할 수 있는 정조(情調) 등 분명히 존재했던 역사 사실에 의한 논징이다.

넷째, 구징(口徵), 또는 언징(言徵)이다. 신화, 전설, 민담 등 언어 자료에 의한 논징이다.

이 네 가지 논징이 사징이다. 이 책의 내용은 한국 고대문화 해석의 틀을 사징의 방법으로 파악한 뒤, 거기서 마련된 틀로써 내재된 원형의 뼈를 발라내는 작업, 변형되거나 진화 또는 퇴화된 채 가려져 있던 상징성을 해석하는 작업 등을 거쳐 고대문화의 본질을 탐색할 수 있는 가능성을 발견하려는 작업이다.

이 책은 바로 그러한 방법에 따라 해독되고 해석된 연구의 결과물들을

---

01) 김범부(金凡父), 한국사상강좌편집위원회 편, 〈風流精神과 新羅文化 – 風流道論緒言〉, 《韓國思想 3》, 1960.(최재목 · 정다운 엮음, 《凡父 金鼎卨》, 선인, 2009, 33쪽 참조)

발표하여, 한국 고대문화의 시원적 원류와 원형의 상징세계에 대한 의문을 함께 검토하고 논의함으로써, 동반 연구자들과 그 정보를 공유하려는 목적을 가지고 집필했다.

2, 신화(神話) 연구의 주 대상은 '신(神)'

고대문화는 신화와 서로 떨어질 수 없는 관계에 있다. 신화로 시작되지 않는 고대문화가 없고, 신화로 끝나지 않는 고대문화가 없기 때문이다. 신화 속에서 고대문화의 원형은 배태되고 자라며 형성된다. 이와 같이 신화의 세계는 원시의상(原始意象)으로서 고대문화의 심층구조를 형성했으며, 거기서 분화된 모든 영역에 심원한 영향을 끼친다. 그러므로 고대문화 연구의 첫걸음은 신화 연구에서부터 시작하는 것이 보편적 현상이다.

나 또한 한국 고대문화의 원류와 원형을 탐구하고자 신화 연구부터 시작하되, 종전의 연구 방법을 따르지 않고 독자적인 새로운 연구 방법, 곧 사징에 따른 연구 방법을 선택하였다.

지금까지 한국의 신화 연구는 동양적 해석법, 특히 한국의 고유한 해석법에 의한 틀을 마련하여 거기에 따른 연구를 하지 못하고, 서양의 이론을 중시하여 그 논리로서 우리 신화를 분석하고 해석하려 했다. 이 문제에 대하여 임재해님이 다음과 같이 말한 것은 매우 타당한 지적이다.

"우리는 서구 사람들이 개척한 방법과 이론의 틀을 빌어 와서 우리 신화에 적용하는 식의 비주체적 신화 읽기에 만족해서는 안 될 것이다. (중략) 우리 조상들이 지어내서 수천 년 동안 전승해 온 우리민족 신화를 우리 눈으로 읽지 못하고 서구 사람들이 자기 신화를 읽는 눈으로밖에 읽을 수 없다거나, 인류학자들이 원시문화의 흔적을 찾기 위하여 이른바 미개민족으로 규정해 놓은 종족들의 신화를 읽는 방법으로 읽어야 한다는 것은 뭔가 잘못

되어도 한참 잘못된 일이다. 왜냐하면 우리민족은 자기 선조들이 지어낸 신화조차 자기 처지에서 바라보고 이해하거나, 민족사와 자국 문화의 맥락 속에서 자기 방식대로 읽을 수 있는 독창적 능력이 없다는 것은 세상에 드러내는 부끄러운 일이기 때문이다."[02]

이러한 임재해님의 말에 공감한다. 그러면 우리 신화에 대한 주체적 해석 방법과 이론의 틀을 어떻게 마련하는 것이 최상의 방법인지 그 문제가 바로 당면한 과제일 것이다.

3, 신(神)의 정체는 무엇인가?

한국 고대문화 원류와 원형 탐구의 핵심이 신화 연구라면, 신화 연구의 핵심은 과연 무엇인가? 이 질문은 작업의 기초적 순서를 따지는 문제로 매우 중요한 것이다.

문제 해결의 차례는 신화의 주된 대상인 '神'의 정체성부터 먼저 밝혀내는 작업이 첫째 순서일 것이다. 그런데 지금까지 출간된 신화 연구서들을 보면, 신화의 주 대상인 '神'의 정체를 밝혀낸 이론이 아직 없음을 알 수 있다.

'신(神)'이 무엇이냐 하는 추상적인 문제를 설명하기란 정말 어려운 일이다. 그렇다고 하여 서양의 논리로써 근본이 다른 우리 신화를 설명할 순 없지 않은가? 그런 글들은 읽어봤자 대부분 손에 잡히는 실체가 없다. 또 '神'을 우리 역사와 관계있는 곰이나 호랑이, 큰 강과 높은 산, 거대한 나무나 바위 등 토테미즘이나 애니미즘으로 설명한다 해도 그것이 주체적 해석의 틀이라고 보긴 어렵다. 왜냐하면 그것은 분화된 '神'의 변종들에 지나지 않을 뿐이지 시원적(始原的) '신(神)'의 본질이라고 볼 수가 없

---

02) 임재해, 〈신화는 무엇이며 어떻게 읽을 것인가?〉, 《민족신화와 건국영웅들》, 천재교육, 1995, 29~30쪽.

기 때문이다.

그러면 서양 모델에 바탕을 둔 이론을 차용하지 않고서 한국적 해석방법에 따른 '神'의 정체성을 찾아보기 위한 수단은 도대체 무엇인가?

여기에 대해 제시할 수 있는 접근방법으로서 동양적 해석법과 한국적 해석법 두 가지가 문제 해결의 요결 사항이라고 본다.

첫째, 동양적 해석법을 들 수 있다. 한자 '神'의 글자풀이〔字解〕를 통한 문징(文徵)으로써 '神'의 정체를 밝혀보는 일이다.

둘째, 한국적 해석법을 들 수 있다. 한자 '神'에 대응되는 우리 순수고유어가 드러나지 않고 있다는 점에 착안해서, 신의 고유어를 추적한 구징(口徵=言徵)에 따른 방법으로써 '神'의 바른 모습〔正體〕과 다른 모습〔變體〕을 밝혀보는 일이다.

더욱이 구징(口徵)에 따른 '神'의 해석법은 아무도 시도하지 않은〔前人未踏〕 내용이다. 그러나 연구를 할수록 한국 고대문화의 상징과 해석의 열쇠는 '神'의 순수고유어를 찾는 구징이 가장 중요하다고 생각한다.

위와 같은 탐구로써 고대인들이 숭배했던 '神'에 대한 인식을 먼저 파악한 뒤에, 고대인들의 관념과 표현 의식이 당시의 문화 현상에 어떻게 투영되어 나타나는가를 짚어내는 것이 그 다음 작업이다. 이러한 순서는 신화로 시작되는 고대문화의 원형을 추출할 수 있는 가장 유력한 수단이라고 믿는다.

4. '신(神)'은 '인간의 탄생'을 상징한 문자

'神'에 대한 동양적 해석법은, 한자(漢字) '神'자의 문자학적 해석이 먼저일 것이다. 왜냐하면 한자는 발생에서부터 현재까지 가장 오랜 시간동

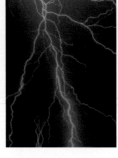

〔그림1〕 申(神) 자 갑골문　〔그림2〕 번개불빛　〔그림3〕 申(神)字 금문(金文)

〔그림4〕 申鼎銘

안 동양적 사유의 원리를 압축한 상형문자이기 때문이다. 그러므로 ‘神’자의 상형 내용을 안다는 것은, 곧 동양적 ‘神’의 본질적 의미와 상징을 해독할 수 있는 지름길이 분명하다.

　‘神’자의 글자풀이〔字解〕에 대한 중국 고문자학계의 학설은 다양하다. ‘神’은 ‘申’과 통음(通音), 통의(通意)되는 같은 글자〔同字〕인데, ‘申’은 대체로 갑골문의 구부러진 형태를 보고 번개가 칠 때 그 빛의 모습을 상형한 것이라는 글자풀이〔字解〕가 《설문해자(說文解字)》에서부터 거의 정설로 굳어졌다.

　그러나 ‘申(神)’자가 번갯불을 상형한 것이라고 보는 견해는, 갑골문의 모양에서 유추한 매우 단순한 풀이라는 점에 문제가 있다. 번갯불도 빛이긴 하나, 인간들이 숭배하는 빛은 아니다. 그것은 도리어 공포와 두려움의 빛이다. 새벽에 어둠을 물리치며 떠오르는 태양의 밝은 빛에 견줄 바가 못 된다. 더욱이 〔그림4〕의 ‘申’자 금문(金文)의 구조를 살펴보면 번갯불을 상형한 것이라는 해석과는 거리가 먼 글꼴임을 여실히 알 수 있다.

　위의 갑골문과 금문처럼 ‘神’의 본디 글자〔本字〕는 ‘申’이었다. 주대(周代)

에 와서 '볼 시(示)'가 첨가되어 '神'자가 된다. '神'자의 변천을 살펴보면 다음과 같은 과정을 거쳐온 것으로 논증된다.

$$| \rangle ● \rangle 𝄽 \rangle 𝄾 \rangle 申 \rangle 神$$

(1) '｜'

신의 원시 고본자(古本字)로서 우주 만물의 생성 근원인 태양의 빛살〔光芒〕을 상형한 글자로 추단한다. 한자 발생 시기에 가장 단순한 기호인 '｜'와 '一'가 만들어지고 '一'와 '｜'가 합하여 '十'가 되었을 것임은 쉽게 추정할 수 있다. '｜'는 양(陽, 하늘, 天)을 상형하고 '一'는 음(陰, 땅, 地)을 상형했을 것이며 '十'는 천지 사방을 나타낸 것임을 쉽게 이해할 수 있다. 그런데 최초에 만들어졌을 가장 기초적인 '｜'자가 무슨 글자인지 오늘날 대부분 사람들은 모르고 있다. 마치 '神'자의 순수고유어를 모르듯이 뜻과 음을 모르고 있는 '｜'자는 옥편이나 자전에선 '아래 위 통할 곤'으로 훈석(訓釋)하고 있다.

그러나 '곤'은 후대에 와서 변음된 것이고 초기에는 '신'이었다. 후한의 허신(許愼, AD 54~AD 149?)이 지은 《설문해자(說文解字)》에는 "위로 이끌어 간 것은 신(囟)으로 읽고, 이끌어 아래로 간 것은 퇴(退)로 읽는다.(引而上行讀若囟, 引而下行讀若退)"고 했다. 한국 최초 근대 자전(字典)인 지석영(池錫永, 1855~1935)의 《자전석요(字典釋要), 1909년 간행》에는 '위 아래 통할 신'으로, 또 최남선(崔南善, 1890~1957)의 《신자전(新字典), 1928년 간행》에는 '셈대 세울 신'으로 훈석해놓았다. 셈대는 신대, 솟대, 살대를 말한다.

'신'으로 통하던 음이 언제, 어떻게 해서 '곤'으로 변음이 되었는지 그 원인과 시기를 현재로서는 자세히 알 수가 없지만, 적어도 1930년대까지만 해도 '｜'자는 '신'이란 음으로 발음되고 있었던 점만은 확실하다.

〔그림5〕감포 대왕암의 일출(日出), 이 모습의 상형이 아침 단(旦)이다.

그러나 숙종, 영조 연간 문신이자 학자였던 병와(瓶窩) 이형상(李衡祥, 1653~1733)의 《자학(字學)》엔 'ㅣ'자의 음을 '곤'으로 읽은 것을 보면, '곤'의 음(音)도 꽤 오래전부터 있어온 것으로 보인다.

그러면 제일 먼저 대두되는 근본 문제는 신의 고본자인 'ㅣ'자가 무엇을 상형하였느냐 하는 것이다. 무엇을 상형하였기에 작대기와 같은 단순한 기호로 표현되었느냐 하는 것이다. 이 의문을 해결하려면 고대인들이 神으로 숭배했던 대상이 무엇이었느냐 하는 문제부터 먼저 파악해보는 것이 중요하다. 고대인들이 숭배했던 神의 종류는 다양하지만, 그 가운데 가장 중심적 구실을 한 神의 대상은 두말할 나위도 없이 태양이라고 봐야 할 것이다. 그렇다면 'ㅣ'자는 태양의 광망(光芒), 곧 빛살을 상형한 것임이 틀림없는 사실임을 미루어 알 수 있다.

태양을 신으로 숭배했던 동이족의 관념에서 볼 때, 'ㅣ'은 마땅히 원초적 생명의 에너지를 주는 태양의 광망, 곧 빛살을 나타낸 것으로 봐야 한다. 박혁거세, 고주몽, 김수로왕, 김알지 등의 탄생 신화가 모두 해와 빛의 쪼임과 관계있는 난생설화(卵生說話)임은 그것을 증명한다.

이 세상에서 눈으로 확인할 수 있는 가장 크고 밝고 환한 알인 해와 그 빛을 고대인들은 자연스럽게 최고 신앙의 대상으로 여기고 숭배했을 것이다. 고대인들이 숭배한 자연신 가운데서 태양을 능가할 숭배물은 그 어디에서도 찾아볼 수가 없다. 이러한 태양신(太陽神=日神)이 최초의 원시신앙으로 자리 잡은 것이 신교(神敎)의 본질이라고 할 수 있다. 태양신은 후대로 내려오면서 배화교(拜火敎), 조왕신(竈王神), 생식신(生殖神) 등으로 분화한다. 또 앞으로 설명하겠지만 'ㅣ'자는 한국 고대문화를 형성하는 모형(母型)의 원리로 작용하고 있는 획(畫)의 성격이다. 그것은 일찍이 일본의 민속학자이자 미학자 야나기 무네요시(柳宗悅)가 한국미의 특징은 '선(線)의 美'라고 말한 바로 그 선(線)이다.

(2) ●

이 자형은 태양의 광망을 상형한 'ㅣ'자가 일정(日精)으로 표현된 자형이다. 해가 지닌 에너지의 불덩어리가 일정인데, 이것을 화정(火精)이라고도 부른다. 이 일정이 자연신에서 인격신으로 변화하면서 '불의 알', '불의 씨'가 된다. 곧 남자의 고환(睾丸)이 바로 그것이다. 생식의 근원인 남자의 고환을 '부랄'로 발음하는 것은 '불'+'알' 〉 '부랄'로 연철된 까닭이다. '부랄'의 어원이 우리 고유어로 남아 있다는 사실은 우리의 언어 속에 고동이족(古東夷族)의 고음(古音)이 부분적이나마 오늘날까지 남아 있다는 흥미로운 사실을 증명하고 있는 사례일 것이다.

'●'자는 태양을 의부(意符)한 불꽃무늬〔火焰文〕 속의 중심부로서 등중화주(燈中火主), 곧 ①불똥심지 주, ②등불 주, ③주인 주, ④우두머리 주로 훈석하고 있다. 이는 모든 생명의 존재가 태양의 씨알과 같은 존재의 개념을 나타낸 것이라고 할 수 있다. 이것이 불교와 습합될 때에는 보주(寶珠)가 된다.

(3) 申

위 글자의 가운데 기호 '●'는, 위에서 살펴본 바와 같이, 남근(男根)인 '부랄'이고, 양옆의 기호 '日'는 여음(女陰)의 상형이다. 그러므로 '申'자는 남근과 여음의 결합 형태 곧 남녀 교접의 형상을 문자화한 구조라는 설명이 가능하다. 이는 생식과 번식이라는 '인간의 탄생'을 '神'자화(字化)한 위대한 동양적 사유의 소산이라고 판단한다. 그러므로 모든 신화는 '인간 탄생'의 이야기를 그 내용으로 담고 있는 것이 아닌가. 《설문해자》의 '申'자에 대한 설명을 보자.

> "신(申)은 신(神)이다. 七月의 음기(陰氣)가 체(體)를 이루어 스스로 폈다 오므렸다 한다. '日'와 '자지(自持)'를 합한 글자이다."(申, 神也, 七月陰氣成體, 自申束, 從臼自持也)

음기(陰氣)를 만나 성체(成體)가 되면 스스로 폈다 오므렸다 하는 것은 남근(男根)이다. 얼마나 사실적인 표현인가? 또 "'申'자는 '臼'와 '自持'로 구성된 글자"라고 한 것은 '깍지 낄 국, 들 거(臼)'는 여음이고 '자지(自持)'는 우리 고유어에 생생하게 살아 있는 남성의 생식기 '자지'로서 그 둘이 합한 구조가 申자라는 설명이다. 이는 申자가 남녀의 교접, 곧 생식(生殖)을 문자화한 것임을 명확하게 밝혀주는 증거이다. 그런데 이를 두고 중국인들은 해석하기를 '臼'는 두 손가락을 교차시킨 자형이며, '자지(自持)'는 글자대로 풀이하기를 '스스로 지닌다(유지한다)'고 한다. 그러나 '자지(自持)'는 우리말에 살아 있다. 어린 남자 아이의 성기(性器)가 '자지'인데, 이 '자지(自持)'는 우리말 '자지'의 가차(假借)다. 음기를 만나면 크게 펴지기도 하고(伸), 작게 오므려들기도 하는(束) 물건이 '자지' 말고 또 무엇이 있겠는가? '자지(自持)'에 대한 단옥재(段玉裁)의 《설문해자주(說文解字注)》를 보면, 《사기(史記)》〈율서(律書)〉,《한서(漢書)》〈율력지(律曆志)〉,《회남자(淮南子)》〈천문훈(天文訓)〉,《석명(釋名)》,《진서(晉書)》〈악지(樂

〔**그림6**〕한대(漢代) 화상전(畫像塼) 남녀교구도(交媾圖) 탁본
사천성(四川省) 덕양시(德陽市) 황허진(黃許鎭) 출토, 중경시박물관(重慶市博物舘) 소장.

* 중국 한대의 묘실에 사용되는 전돌에 남녀교합도를 새겨 넣었음은 씨의 생산과 번식을
희구한 고대인들의 사유를 반영한 것이다. 이것 자체가 神자의 구조이다. 종족 보존을 위
한 행위를 神자로 표현한 것은 '사람이 곧 하늘이다'라는 인내천(人乃天) 사상과 합치하고
있다는 점에서도 주목된다.
* 옆에 벗어놓은 남성의 관은 이른바 삼족오가 장식되어 있고, 《사기(史記)·주인전(周仁
傳)》에는 기재하기를 "이것을 경제 때 요행스럽게 얻어 잠자리에 들여놓고 후궁에서 몰래
즐겼다"('以是得幸景帝, 入臥內, 于後宮秘戱)고 기재하여 놓았다.

志)〉,《옥편(玉篇)》,《광운(廣韻)》,《한비자(韓非子)》등 여러 고문헌의 해
석을 인용하여 놓았으나, 어느 것 하나 명쾌하게 똑떨어지는 해석이 없
다. 우리나라 같으면 삼척동자도 알 수 있을 '자지(自持)'를 '스스로 지닌
물건'으로 해석한 중국의 고대 주석(註釋)을 한국 학자들도 그대로 추종
하고 있는 것이 현실이다. '자지'는 남자가 가지고 그 정체성을 나타내는
물건이므로, '스스로 지니고 있는 것'만은 확실한 사실이다. 그러나 기존
해석은 자지의 본질을 남근으로 이해하지 못하였다. 사내〔남자〕만 지닌

고환(睾丸)인 '부랄'과 '자지'의 어원에 대해서 천고의 비밀을 비로소 밝혀 낸 것은 순수고유어의 힘이다. 고유어인 두 단어의 어원을 요새 사람들은 대부분 모르고 있다. 그 까닭은 '神'의 고유어를 잃고 글자풀이(字解)를 완전히 중국인들의 해석만을 따르다 보니 생긴 현상일 것이다.

다만 《설문해자》에서 해석상 문제가 되는 것은 ①왜 칠월이 들어가 있느냐? 하는 것이 궁금한 사실이고, ②'자지(自持)'를 중국의 주석처럼 '스스로 지닌 것'으로 본다면, 무엇을 스스로 지닌 것이란 말인가 하는 것이 의문이며, ③'자지(自持)'가 우리말 '자지'의 가차표기라면, 2천 년 전 한대(漢代)의 음과 동이족(東夷族)의 고음(古音)은 어떤 차이가 있는 것일까? 하는 문제가 제기된다. 이와 같이 한대와 동이족의 음운(音韻)에 대한 비교는 이 방면 연구자들의 도움이 절대 필요한 부분이다.

중국의 금문학자 낙빈기(駱賓基)는 **卧**의 자해(字解)를 두 손으로 기둥을 감싼 쌍수봉주형(雙手奉柱形)으로 해석하여 '申'자로 읽고 있다. 가운데의 '기둥(柱)'은 문자 창시의 초기 '申'자로서 이는 곧 신농(神農)의 아들이며, 이를 양손으로 안은 쌍수포자(雙手抱子)의 형상이라고 해석하였다.[03] 이는 갑골문의 '神'자가 번갯불 상형이란 설명에서 한걸음 더 나아간 새로운 해석이다.

그러나 '神'자의 글자풀이를 번갯불 상형 또는 두 손 모음꼴(兩手奉柱形)로 보는 중국 문자학계의 설을 따르지 않고, '부랄'이란 구징(口徵)에 근거하여 '神자는 인간의 생식을 위한 남녀의 교합을 문자화한 것'이라는 문자풀이는 더 새로운 주체적 발상의 견해로서 한국적 해석의 틀이라고 말할 수 있다.

이런 글자풀이는 1992년 소흥(紹興)에서 열린 중국수회국제서법학교류회(中國首回國際書法交流會)에 직접 참석하여 내가 처음으로 발표했

---

03) 낙빈기(駱賓基), 〈정편 화폐집(正篇 貨幣集)〉, 《금문신고(金文新攷)》上, 山西人民出版社, 1987, 75~77쪽.

고[04] 1996년 내용을 좀 더 구체화하여 다시 발표했다.[05] 이 이론은 순전히 태양의 일정(日精)이 인격화되었을 때 남자의 생식기관을 일컫는 '불씨, 불알 〉부랄〔睪丸〕'이란 말과 '자지'라는 순수고유어가 현재까지 살아 있음을 발견하고, 거기에서 힌트를 얻은 연구의 결과다.

그런데 여기서 인간의 탄생이 왜 '神'자의 내용일까 하는 문제가 참으로 중요하고도 흥미로운 사실이 아닐 수 없다. 어떤 문헌에도 나오지 않은 이 문제의 원인을 알고자 고심한 결과, 결국 '神'이란 인간이 고대로부터 현재까지 줄기차게 가장 큰 관심을 보여온 대상을 '神'으로 삼지 않았겠는가 라는 생각에 이르렀다. 그렇다면 그 대상은 무엇일까? 그것은 인간은 인간이기 때문에 인간 자체일 것으로 판단할 수밖에 없었다. 인간에게 인간의 존재가 없다면 모든 것이 의미 없는 것이 되기 때문이다.

여기서 인간의 개념은 고대사회의 성격에서, 또 자연 질서에 따른 본능에서, 원시적 종족 보존 또는 번식이라는 탄생의 기초 개념에서 출발된 것으로 보고자 하는 것이다. 종족 보존과 생식이 이루어질 수 있도록 근원적인 힘을 내려주는 대상에 대하여, 고대인들은 그 존재를 인식하고 숭배하며 '神'으로 모셨을 것으로 보는데, 그 대상이 곧 '해〔太陽〕'라는 사실이다.

그러므로 '해라는 초월적 신성(神性)의 힘 + 인류 존재의 원시사회적 가치〔生殖〕= 神'이라는 형식으로 '神'의 문자학적 해석을 정리하고자 한다. 사람을 생산하는 일이 인간에게는 지상 최대의 가치요, '神'의 뜻을 완성하는 것이라고 믿은 고대인들이 고안해낸 글자가 '神'이란 글자의 발명이었다.

결론적으로 말해서 이 동양적 해석법이 한국 고대문화의 상징과 해석에서도 중요한 열쇠의 기능을 가지고 있음을 이미 터득한 셈이다. '神'자

---

04) 김양동(金洋東), 〈은새(殷璽) 삼과(三顆) 중 아자형(亞字形) 준새(隼璽) 시석(試釋)〉, 《書學書道史研究》 제2집, 동경서도사학회, 1992.

05) 김양동(金洋東), 〈한국추상회화의 원형〉, 《미술세계》, 1996년 9월호, 미술세계사, 59~61쪽.

의 구조는 알고 보면 너무나 명료한 원초적 본질을 '神'의 원형으로 삼고 있다는 점에 놀라지 않을 수 없다. 따라서 동양적 '神'의 정체성은 결코 추상적인 숭배물이 아니라 가장 뚜렷하고 사실적이며 현실적인 생식의 개념을 담고 있는 기초 철학의 세계였음을 밝힌 셈이다.

인간의 탄생을 모티브로 한 '神'자의 구조는 인간 중심의 동양적인 사유, 곧 신인합일(神人合一)의 사상을 가장 잘 드러낸 문자임을 확실하게 알 수 있다. 곧 인간을 어떻게 보느냐 하는 문제에서 초기 원시 유교사상을 가장 잘 이해할 수 있게 요약된 고대 정보가 '神'자의 구조라고 생각한다. 그러므로 '神'자 그 자체는 동양적 인본사상을 상징하는 극점이라 할 수 있다.

이러한 동양적인 신론(神論)은 서구(西歐)의 신론처럼 인간과 신을 분리한 사변적(思辨的)인 유신론(有神論)과는 비교할 수 없을 정도의 정확한 내용과 간결한 형식, 그리고 의미의 절실함을 담고 있다는 점에서 그 함축의 깊이를 헤아릴 수 있는 논리라고 하겠다.

(4) 申

申자 다음의 변화 단계인 '납 신(申)'자는 '神'자와 통음(通音), 통의(通意)되는 글자로서 주대(周代)에 와서 볼 시(示)가 첨가되어 오늘날의 '神'자가 되었다.

이상으로 신화 해석의 기초로서 신화의 주 대상인 '神'을 서구적 해석의 틀이 아닌 주체적 해석의 틀로서 해석하려고 시도했다. 그 일차적인 작업이 동양적 해석법으로서 한자(漢字) '神'의 글자풀이[字解]를 통한 '神'의 본질 탐구였다. 한자 '神'자만큼 신의 실체를 명확하게 해석한 예를 아직 찾아볼 수가 없기 때문이다.

다음은 한자 '神'에 대응되는 우리말(순수고유어)을 추적하여 한국적 해석법에 따른 '神'의 정체를 살펴보고자 한다.

제2장 신(神)의 해석(Ⅱ)

1, '신(神)'의 순수 우리말(고유어)과 고대 상징의 세계
- 고유어에 비쳐진 '신(神)'의 정체(正體)와 변체(變體) -

앞에서 신화에 대한 동양적 해석의 틀로서 '申(神)'의 문자학적 해석법을 제시하였다. 곧 한자 '神'자의 글자풀이[字解]를 기존 중국식 해법을 따르지 않고 독자적으로 '申(神)'의 정체성을 살펴보았다. 이 장에는 우리말의 구징(口徵), 곧 언징(言徵)에 근거하여 한국적 '神'의 주체적 해석법을 제시하고자 한다. 다시 말해, 한자 '神'에 대응하는 순수고유어를 재구(再構)하여 거기에 비쳐진 '神'의 원형질을 파악하려는 것이다.

언어는 인간이 사회생활에서 의사 표현과 전달의 수단으로서 오랫동안 사용해온 도구이므로, 그 기층에는 독특한 사상과 문화의 특징이 반영되어 있다. 곧 다음과 같은 말이 참고가 된다.

> "언어에는 그 언어를 사용하는 민족의 혼이 서려 있다. 유구한 역사와 민족문화, 민족정신을 담고 있으며 그 민족만이 가진 독특한 생활양식과 사고방식을 엿볼 수 있다."[01)

더욱이 어느 부족이나 민족이 사용한 단일 언어의 경우 그러한 현상은 더욱 두드러진다. 이처럼 언어는 인간 사유의 창문으로서 그 속에는 이미 삶의 역사에서 형성된 지적 이미지층이 깊이 내장되어 있기 때문에

---

01) 김철홍, 〈알타이편찬사업〉, 《어원연구》 1호, 한국어원학회, 1998.

언어를 '생각의 지도'라고 한다.

그러므로 한자 '神'에 대응되는 순수한 우리말을 추적하여 재구하여 봄으로써, 한민족의 의식과 사상을 표현하는 언어 속에선 '神'이 어떻게 인식되어 있는가를 파악하여 보는 것은 매우 중요한 문제다.

그러나 지금까지 한국 신화론에서 어느 학자도 '神'과 한국어의 상관성을 연구한 예는 아직 없었다. 언어가 인간 사유의 원천이란 점을 감안한다면, 신화의 주 대상인 '神'이 한국어에선 초기에 어떻게 표현되었을까? 한자가 유입되기 전에도 존재했을 '神'을 고유어로는 어떻게 발음했을까? 그 말이 역사를 거치는 동안에 어떻게 변천되어 문화 속에 스며들었을까? 이런 의문은 신화 연구의 기초 단계에서 당연한 것이다.

2, '신(神)'의 순수고유어는 무엇인가?

신화는 원시의상(原始意象)으로서 고대문화의 심층구조를 형성하고 있으며, 거기서 분화된 모든 영역에 심원한 영향을 끼치고 있다. 신화의 변형은 고대의 언어, 문자, 부호와 밀접한 관계가 있으며 여러 가지 의부(意符) 속에 형식적 외피(外皮)를 아직 보존하고 있기도 하다. 문화의 바탕이 갑자기 생길 수 없고 오래고 먼 시대부터 면면히 내려오면서 형성된 역사적 삶의 누적이고 보면, 켜켜이 쌓인 삶의 누적 속에 이른바 신화라는 원시의상이 어떻게 형태를 바꾼 모습으로 잠복되어 있는가 하는 사실을 밝히는 것은 한국문화 원형탐구의 기초적인 작업임에 틀림없다.

기초는 항상 본질적인 중요성을 띠고 있지만, 흔히 가볍게 흘려버리고 마는 속성이 있다. 한국 원시문화의 초보 단계에 대한 연구 또한 그런 면에서 마찬가지이다. 한국이라는 국가와 우리라는 겨레로서의 민족, 그 민족이 살고 있는 풍토, 그 풍토 안에서 형성된 습관과 풍속, 그런 것들이 밴 성정과 체질, 피와 정신의 원형질은 무엇이며 그런 것은 어디서 어떻게 형성되어 오늘에 이르게 되었을까? 이 의문들을 파헤쳐보자는 것이 이 글을 쓰는 의도다.

그런데 한국어에는 '神'에 대한 순수고유어가 아직 드러나지 않고 있다. 일찍이 최남선과 양주동 두 분이 곰 숭배의 토템과 단군신화의 웅녀(熊女), 단군왕검의 '검', 개마공원의 '개마' 등과 연계하여 '神'의 고유어는 '검'/ '감'/ '곰'이며, 이 말이 일본의 '가미(かみ)'가 되었다고 언급한 바 있기는 하지만 깊은 연구는 아니었다.

〈하늘-땅〉, 〈해-달〉, 〈바람-물〉, 〈별-구름〉, 〈뫼-가람〉, 〈소리-노래〉, 〈사내-계집〉 등 중요 어휘들은 우리말이 살아 있는 반면에, 가장 상위에서 만물을 통어할 '神'의 순수고유어가 없다는 사실은 의문이다. 더욱이 우리의 고대는 온 천지가 '神'의 천지가 아니었던가? 그래서 나는 한자가 유입되기 이전에도 '神'을 일컫는 고유한 우리말은 존재했을 것으로 보고, 초기의 고대문화 언어는 그 말을 대핵(大核)으로 한 수많은 문화 상징어들이 갈라져〔分岐〕 나갔을 것이라는 논리를 가정하고서, '神'의 순수고유어부터 먼저 찾아보기로 하였다.

앞에서 한자(漢字) '神'자의 고본자(古本字)는 'ㅣ'이고, 'ㅣ'은 빛살(햇살)을 상형하였다는 주장을 한 바 있다. 그렇다면 태양의 '빛살'과 '햇살'에서 공통되는 음절인 '살(슬)'이 '神'의 고유어일 가능성이 있다고 생각했다. 그래서 구징(口徵)에 따른 '슬(Sɐl)'을 어원으로 했음직한 어휘군을 조사했다. 그 결과 다음과 같은 놀라운 사실들을 발견했다.

3, '슬[02]' 〉 살

태양의 고유어로는 '살 / 날 / 해 / 불' 등이 있으나, 현재 사용되고 있

---

02) 'ㆍ'(아래아)는 훈민정음 모음 가운데 天(ㆍ), 地(ㅡ), 인(ㅣ)을 상형한 기본 모음 가운데서도 가장 기본이 되는 모음인데, 임진왜란 이후 소실 문자가 된 뒤, 'ㅏ, ㅓ, ㅗ, ㅜ, ㅡ, ㅣ' 등의 모음으로 변음하였다.

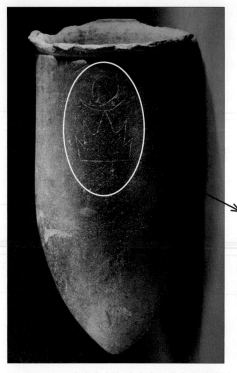

대문구문화(大汶口文化, BC 4300~BC 2500)
각문도준(刻紋陶尊)
높이 59.5cm, 지름 30.0cm
1957년 산동성 거현(莒縣) 능양하(陵陽河) 출토
중국역사박물관 소장(산동성 거현박물관 구장)
중국 최초의 상형문자

[그림1] 중국 신석기시대 원시씨족사회의 태양 숭배의식을 반영한 최초의 도기(陶器) 상형문자

는 언어는 '해'와 '날'만 남았다. 태양을 일컫는 말 가운데에서 가장 중요한 '살'은 이미 죽은 말[死語化]이 되거나 변형 또는 잠복된 이미지로만 남아 있다. '불'도 '살'과 마찬가지로 고어에선 태양을 일컫는 말이었으나, 현대어에선 태양을 바로 일컫는 말은 아니다.

'살(슬)'은 생명의 근원인 태양의 빛살, 길고 가늘고 뾰족하고 빠르며 자유자재한 힘 그 자체이다. 고대 한민족이 신으로 숭배했던 태양의 원형질이 '슬'이다. 그러한 '살'을 조어(祖語)로 한 분화어들은 현재까지도 생명을 가지고 살아 있다. '살'에 뿌리를 둔 많은 분화어들을 통하여 고유어에 투영된 '神'의 정체와 변체를 확인해보도록 하자.

(1) '살'에는 생명(生命)의 뜻이 있다.

'살'은 곧 태양을 말한다. 삶의 중심 에너지다. 다음의 시조를 보자.

   태양이 그대로라면 지구는 어떤건가?

   수소탄 원자탄은 아무리 만든다더라도

   낭이꽃 한 잎엔들 그 목숨을 뉘 넣을까?

                                   ―가람 이병기(李秉岐) 시조 낭이꽃 1수

이처럼 중대한 '살'이란 낱말의 의미와 형태를 정리하면 아래와 같다.

   살 : 살 + 다(종결형 어미) → 살다(生,동사), 죽을 둥, 살 둥, 살맛나다.

   살 + ㅁ(명사형 접미사) → 삶(生活, 명사형), 살림살이,

   살 + 암(명사형 접미사) → 사람(人, 명사)

   살(肌) : 살(피부, 살가죽 속의), 생명체의 덩어리

이렇듯 '사람'의 어원이 '神'의 고유어로 추정되는 '살' 곧 태양에 있음을 고증한 이 논리가 한국 고대문화의 원형을 해석하는 열쇠가 된다. 또한 '살'에는 다음과 같은 의미의 분화어도 있다.

(2) '살'에는 연(年), 세(歲)의 뜻이 있다.

태양은 연(年), 세(歲)의 중심체이다. 그러므로 '살', '날', '해'는 모두 태양의 고유어다. 나이를 말할 때엔 '살'로 말하고(예 : 한 살, 두 살), 연(年)을 말할 때엔 '해'로 말하며(예 : 한 해, 두해), 일(日)을 말할 때엔 '날'이라고 한다.(예 : 이튿날, 그믐날) 이와 같이 '살'과 '해'와 '날'이 모두 태양을 지칭하는 말들이다.

'살'은 범어 슈리아(Surya)가 어원이고, '날'은 몽골어 나르(Naar)가 어원일 것으로 추찰된다. 하나의 대상을 두고 어원을 달리하는 까닭은 고대에

언어의 유입 경로가 서로 달랐기 때문이다. 또한 고대 부족 사이에는 정복을 통한 통합이나 동맹을 위한 화친을 하였는데, 화친의 담보는 통혼이 최상의 수단이었다. 부족 사이 통혼에서 태어난 2세는 부계의 말과 모계의 말을 동시에 습득하므로 언어의 중층 사용은 불가피한 현상이었다.

4, '슬'의 음운교체[03]에 따른 변화

(3) '슬 〉살'에는 '설(元旦)'의 뜻이 있다.

슬 〉살 → 설(元旦)

'설'은 '살'의 'ㅏ 〉ㅓ'가 음운교체된 현상으로 한 해가 시작되는 첫날이란 뜻이다. 원단(元旦), 세초(歲初), 연두(年頭), 연초(年初), 정초(正初)를 말한다.

'설'의 어원에 대해서는,

    ①이수광(李晬光) : '서럽다'설, '달도일(怛忉日)', 《지봉유설(芝峯類說)》

    ②최남선(崔南善) : '사리다'설(신(愼), 삼가다), 《조선상식문답(朝鮮常識問答)》

    ③신용하 : '서다(立)'설 → 새해에 들어서다, 시작하다, 처음이다의 의미

    ④임재해 : '설다 , 낯설다'의 설

---

03) 음운교체는 종전의 모음교체를 내가 다르게 표현한 용어다. 모음교체란 용어는 이기문(李基文)님이 제시한 국어 음운변화의 특징 가운데 하나인데, 최근 그는 모음교체설은 현대 언어학의 범주에서 받아들이기 힘든 부분이 많다고 하며 이 설을 철회했다. 그러나 국어 현실에선 양모음, 음모음과 큰말, 작은말의 호환이 분명히 존재하는 만큼 이런 현상을 종래의 '모음교체'란 용어 대신에 모음 상호 호환 작용에 따른 '음운교체'란 용어로 대체하여 부르고자 한다.

〔그림2〕 태백산 천제단에서 10월 3일 천제(天祭) 올리는 모습

    분분한 위의 여러 설과 다르게 여기서는 태양과 세(歲)의 의미를 지니고 있으며 신(神)의 고유어인 '살'이 음운교체된 '솔 〉 살 〉 설'의 형태 변화가 정착한 말이 '설'이라고 해석한다.

(4) 솔 〉 살 〉 솔 → '솔 + 대' → 솔대, 살대

    솟대, 신대, 日月대, 수살대, 서낭대, 짐대, 신간(神竿), 소도(蘇塗)

    솟대의 원의(原義)는 신간, 신대, 살대, 솔대로서 신군(神君)이 거주하고 있는 신성지역의 장대 표지물(標識物)이다.

(5) 솔 〉 살 → 살만(薩滿), 샤먼〔巫〕

    샤먼이란 말은 퉁구스(Tungus)족의 말에서 어원을 찾는 것으로 러시아 학자들에 따라 영어 세계로 알려진 말이다.[04] 중국식 표기인 살만(薩滿)

---

04) 최길성, 〈한국 무속의 엑스터시 변천고〉, 《한국 민속연구 논문선》Ⅲ, 일조각, 1990, 337~349쪽.

이란 용어가 처음 등장한 문헌은 12세기 남송(南宋)의 서몽신(徐夢莘)이 지은《삼조북맹회편(三朝北盟會編)》으로 알려져 있다. 서몽신은 '살만은 여진 말로서 여자 무당을 말하며, 그 변통은 신과 같다.'(女眞語巫嫗 通變 如神)고 했다.[05]

(6) 슬 〉살 〉솔+이(접미사) → 소리

'소리'는 神[살]의 음(音), 하늘의 음(音) 곧 천음(天音)의 고유어이다. 태양과 신의 고유어인 '살'이 음운교체된 '솔'에 접미사 '이'가 첨가된 '솔 + 이'의 형태가 '소리'로 연철된 단어이다. 우리 음악의 원형인 '소리'의 어원이 태양과 '神'에 뿌리를 두고 있음을 밝힌 이 논리는 한국 고대문화 모형의 원리를 암시하고 있다.[06]

(7) 슬 〉살 〉수볼 〉술 → 술[酒]

'살(神)'이 '술'로 음운교체된 현상이다. 제천의식(祭天儀式)에서 필수 적인 3요소 곧 '소리', '술', '춤'이 공통으로 神인 '살'에 어원의 뿌리를 둔 분화어(分化語)들이라는 사실은 놀라운 발견이다. 이 내용은 고대문화 원형의 상징과 해석을 위한 이 책을 통하여 최초로 밝혀내는 이론이다.

(8) 슬 〉살 〉술 → 술+이(접미사) → 수리 : 우두머리[首]
　　　　　→ 수리 : 매[응(鷹)], 솔개[치(鴟), 지(鷲)]
　　　　　→ 수리 : 단오(端午)[07]

태양의 '살(神)'이 우두머리, 솔개 등으로 분화되는 고대 언어의 상징

---

05) 홍희, 〈샤먼과 무구〉,《신화》, 예술의 전당, 2000, 82쪽.

06) 김양동(金洋東), 〈한국 고대음악의 기원 試考〉,《음악과 문화》제7호, 세계음악학회, 2002, 26쪽.

07) 단오는 음력 5월 5일 陽이 겹치는 중양일(重陽日)이므로 '수리의 날(수릿날)'이다. 이날 산신제에 올리는 흰떡을 '수리떡'이라 함은 神이 드시는 떡이므로 붙여진 이름이다.

을 이해해야 고대문화 원형이 해독된다. 이 문제가 앞으로 밝혀나갈 중요 내용의 하나이다.

(9) 슬 〉 살 → 바람 (바람살 = 風, 陽)
→ 물(물살 = 流, 陰)

한국문화 모형(母型)의 하나인 풍류(風流)의 시원이 바로 여기에 있다. 풍(風)은 태양 에너지에 의한 공기의 이동을 말하므로 그 본질은 일정(日精)에 의한 양(陽)의 기운이고, 그 반대인 물의 흐름, 곧 류(流)는 지령(地靈)에 의한 음(陰)의 기운이다. 그러므로 풍류는 양의 기운과 음의 기운이 서로 조화를 이루는 자연 최고의 상태를 말하는 것으로서, 태양처럼 밝고 '살〔神〕'처럼 자재(自在)하며, 바람처럼 거침없고 물처럼 막힘없는 신명(神明)의 세계가 그 본질이다. 그런 신명의 세계가 한국 정신문화의 핵심인 풍류정신의 원형질이다.

(10) 슬 〉 살 〉 술 → 술+에(접미사) 〉 수레〔車輪〕 → 수레살, 부채살

고구려 고분벽화에서 이른바 수레바퀴신〔製輪神〕은 일정(日精)이 사방팔방으로 뻗쳐 회전하는 모양을 도상으로 나타낸 고구려의 태양 숭배 사상의 반영이다. 따라서 수레바퀴신이란 말은 고구려 사상을 짚어내지 못한 지극히 불합리한 표현이다. 영원한 회전은 살아 있는 생명을 상징한다. 수레바퀴살 문양을 중국에선 폭사문(輻射紋)이라 한다. 후대의 만(卍)자는 폭사문과 같은 일광회전문(日光回轉文)이 간결하게 진화된 디자인이다. (卍)자가 十자문으로 극도로 추상화되면 십자문(十)이 된다.

(11) 슬 〉 살 〉 술 → 꽃술(蕊, 꽃술 예)

꽃은 형태와 색깔에서 모두 해의 모습을 닮는다. 그 생명을 내려준 대상이 태양이기 때문이다.

〔그림3〕 신석기시대 하모도유지(河姆渡遺址) 골각(骨刻) 양조문(陽鳥紋)
1973년 출토, 길이 16.6cm, 너비 5.9cm, 두께 1.2cm 크기의 유물. 좌우로 거대한 솔개 두 마리가 태양화염문을 감싸고 있다. 새와 태양이 등가물로 등장하는 최초의 유물이다.

(12) 술 〉 밥술, 수라(임금의 진지)

태양과 같이 지존의 존재인 임금이 먹는 밥은 神(살)이 먹는 밥이다. 그러므로 '살[神]'이 음운교체되어 '술'(밥 한 술, 두 술), '수라'로 표현된다.

(13) 술 〉 살 → 쌀(뿔, 米)

농경민족은 쌀을 태양의 작은 씨알로 생각했다. 경상도나 전라도 등지에서 벼의 방언은 '나락'이다. '나락'은 '날(日) + 알 〉 낟알 〉 나락'으로 변음된 예로 파악한다. 쌀과 함께 농경민족의 태양 숭배사상이 반영된 어휘로 추정된다. 범어에선 해를 슈리아(Surya)라고 하고, 몽골어로는 나르(Naar)라고 한다. 그러므로 '쌀'은 해를 일컫는 남방계(범어) '슈리아'에서 기원한 말이고, '나락'은 북방 유목민계(몽골) '날'에서 유입된 어휘로 추정한다.

(14) 살 : 살 〉 솔 〉 솔+개(접미사) 〉 솔개〔지(鷙)〕 〉 소리개, 수리개

솔개는 새 중의 새, 우두머리 새로서 고대에는 태양의 대행물인 신조

(神鳥)였으며, 황제의 문장으로 상징되기도 하였다. 우리 방언에서 솔개의 방언은 수십 종류가 있다.

(15) 살 : 살 〉솔(모음호환) 〉솔+나무(낡) 〉소나무(ㄹ탈락)

'솔나무 〉소나무'의 형태인 소나무는 신수(神樹)이다. 해의 나무다. 한민족의 의식 속에 깊이 뿌리박힌 나무가 소나무다. 소나무로 지은 집에서 소나무를 땔감으로 지은 밥을 먹고 살다가 소나무 관 속에 담겨 소나무 아래에 묻힌다. 어떤 민족보다 소나무를 닮고자 하는 한민족은 소나무를 민족수(民族樹)로 여기므로 그 말 또한 해를 일컫는 말에서 연유되었다고 본다.

(16) 살 : 살 〉살+나히 〉사나이〔男丁〕

(17) 살 : 살 〉슬다〔産卵〕

(18) 살 : 살 〉숨〔息〕

(19) 살 : 살(새의 古語) 〉살이 〉사이 〉새

고대의 태양 새는 양조(陽鳥), 일조(日鳥)로서 신석기시대부터 나타나며 청동기의 모제(母題) 문양이 되었다.

(20) 살(煞) : 사람을 해치거나 물건을 깨뜨리는 모질고 독한 기운

(예) 살이 돋다 / 살이 끼다 / 살이 세다 / 살이 뻗치다.

'神'의 고유어인 '살'이 본래의 의미를 잃고 사악하고 모진 기운이란 의미로만 남게 된 어휘다. 마치 '놈'이 비천한 말이 되고 '자(者)'가 유식한 말이 된 것처럼 고유어가 한자에 침윤당하여 교란된 현상이다.

(21) 살 : 살살 / 설설 / 솔솔 / 술술 / 슬슬 / 실실

'살'의 첩어는 대부분 햇살과 같이 막힘없는 상태를 묘사하는 단어임을 눈여겨볼 만하다.

이상 모두 21가지에 이르는 '살'이란 고유어의 정체와 변체를 일별했다. 이를 통하여 신(神)에 대한 고유어가 '살'임을 확인할 수 있다. 여기서 다시 육당 최남선님의 설명을 들어보자.

5, 육당 최남선의 연구 내용과 부합

육당 최남선님은 고대 종교적 신성을 의미하는 말에 두음(頭音) 'ㅅ'이 있음을 간파하고 그 이유를 밝히지는 못하였지만 다음과 같이 강조하고 있다.

"우랄 알타이 종족 및 어족 중에는 신성(神聖) 또는 신성한 자를 의미하는 기음(起音) 또는 주음(主音)이 'ㅅ', '술', 'ㅅ' 혹은 'ㅅ'으로 된 것이 많으니, 이것을 조선 고대의 사실로써 볼지라도 종교적 신성을 의미하는 말에 '술은'(또는 그 축약형인 'ㅅ')이란 것이 민속 및 지명의 위에 흔적을 많이 머물렀으며, 국명(國名)의 수진(數辰), 사로(斯盧) 등도 그렇거니와, 더욱 고대의 군장(君長) 중에 그 위호(位號)를 '三老'로 일컬은 것이 그 적례(適例)이다."[08]

육당의 연구처럼 우랄 알타이 어족(여기선 우리말이 중심일 것이지만) 가운데 종교적 신성(神性)을 의미하는 말에 초성으로 'ㅅ'이 많다거나 주음절이 '술'로 된 것이 많다는 지적은 시사하는 바가 매우 크다. 육당은

---

08)   최남선, 〈살만교차기(薩滿敎箚記)〉,《육당최남선전집》2, 현암사, 1974, 491쪽.

1925년 일제의 〈일선동조론(日鮮同祖論)〉, 〈만선사관(滿鮮史觀)〉, 〈정체성론(停滯性論)〉, 〈문화적 독창성 결여론(缺如論)〉 등 식민사관(植民史觀)에 대항해 한국 고대문화의 세계사적 위치를 밝히려는 데 목적을 두고 〈불함문화론(不咸文化論)〉을 주창하였는데,[09] 〈불함문화론〉의 중심사상인 '밝' 사상은 광명사상, 곧 태양숭배의 원초적 사유를 말하는 것이다. 그것이 바로 이 책에서 말하고 있는 '빛살사상'과 같은 말이다. 육당이 주장한 민족문화의 원형탐구는 민족의 뿌리사상에 대한 위대한 발견이 아닐 수 없다. 그럼에도 육당의 이러한 업적을 후학들이 계승 발전시키지 못하고, 만년의 상황적 실수만을 부각시켜 친일로만 몰아붙이는 것은 우리의 훌륭한 지적 자산을 포기하는 어리석음에 다름 아닐 것이다.

이 책의 연구에서 神의 고본자(古本字)는 'ㅣ'이고 그것은 태양의 빛살, 햇살을 상형한 것이라고 해독하여, 神의 고유어는 '술'(Sㄹ)임을 논증한 내용과 육당의 연구가 서로 부합되는 점을 주목하기 바란다.

神의 고유어 '술'과 친연관계에 있거나 변음(變音), 와음(訛音), 사어화(死語化)한 채 잠복되어 있는 이미지의 원형을 탐색하고 조사 분석하여, 그 동질성을 추출하고 어법적으로 분류한 결과, 그 어휘들의 대부분이 고대문화 형성의 중심축을 이룬 문화 상징어들이란 점을 논증하였다. '술'이라는 조어(祖語)에서 분화된 다종다양한 의미의 언어활동들은 그 시대 인간들의 사유가 빚어내는 문화의 용광로와 같다.

의미가 있는 곳에 상징이 있으며, 상징이 있는 곳에 문화가 있기 때문에, 모든 문화는 상징의 세계요 상징의 세계는 의미의 바다인 셈이다. 그래서 고대문화 해석에서 구징(口徵 = 言徵)을 비롯한 상징의 해석은 그만큼 중요한 것이다. 여기서 주안점을 둔 고대문화는 그 가운데서도 원형이 가장 많이 남아 있는 원시종교적 제의(祭儀)를 중시하였다.

---

09) 최남선, 《불함문화론(不咸文化論)》, 우리역사연구재단, 2008.

제3장 신(神)의 해석(Ⅲ)

1, '신(神)'의 고유어 '살'·'해'·'날'에 담긴 비의(秘儀)

　앞 장(章)까지 고대 한민족이 神을 고유어로는 어떻게 표현하였을까? 하는 문제를 제기하고, 한국어 속에 내장된 神의 정보를 파악하려고 하였다. 이 장에서는 '살' 이외에 神을 일컫는 다른 고유어는 더 없을까? 라는 질문 아래 잠복된 神의 언어적 의미를 다양하게 탐색하려고 한다.

　앞에서 살펴본 바와 같이 고대 神의 대상은 태양이었다. 태양을 신(神)의 원형으로 사유의 시원을 삼은 것이 천손족(天孫族)의 의식세계였다. 태양의 최초 한자는 '日'이다. '日'의 고유어는 ① 날, ② 해, ③ 살, ④ 불 네 가지가 있다고 추정한다. 이 네 가지 어휘의 공통점은 단음절이란 점과, 원인은 아직 모르지만, 세 가지 음절의 종성 받침이 'ㄹ'이란 점이다. 사물에 이름을 붙여 처음 사용하는 초기 언어의 세계에선 다음절일 수 없는 것이 원시어의 특징이다. '日'의 고유어 가운데에서 앞 장에서 살펴본 '살' 못지않게 중요한 것이 '해'와 '날'이다. '날'과 '해'에서 분화된 다양한 어휘들의 상징성을 살펴보자.

2, 고대 하늘의 '해'는 신(神)의 원형

　하늘에 대한 고대인의 인식은 인간 사유의 원형으로서 숭배되어 왔다. 하늘을 대표하는 것은 '해'이며 '해'는 神으로 표상되어 고대에서부터 하늘과 땅에 제사(祭天祀地) 지내왔다. 고대의 하늘(天)과 해(日)는 神의 원형이었으며 태양의 대행물(代行物)로서 신의 새인 신조(神鳥)가 등장한다. 신조의 실제는 새의 황제격인 '수리 / 솔개'로서 이를 양조(陽鳥), 현조(玄鳥), 금오(金烏), 준조(踆鳥)라고도 한다. 따라서 신조는 곧 태양조인 솔개를 말한다.

색이 검은 솔개는 후대에 까마귀로 잘못 인식됨으로써 심지어 다리까지 셋이 달린 이른바 태양 속의 삼족오(三足烏)로 변형된다. 그러나 삼족오는 신조인 솔개가 그 원형이다. 까마귀와 솔개를 단순 비교해 보더라도 까마귀가 태양을 대신하는 신조로서 자격이 있는 새라고는 생각할 수 없다.

그러므로 '天 = 日 = 神鳥 = 솔개[응(鷹), 지(鷙), 치(鴟)]'는 상호 등식 관계이며 고대문화 형성의 중심을 이루었다. 다시 말하여 고대의 '天'은 그 개념이 무변광대의 우주적 '천(天)'이라기보다는 '해'를 중심으로 한 '하늘'에 있음을 그 어원을 분석하여 볼 때 분명하게 알 수 있다.

*한(大, 中, 一)+을 〉한을 〉하늘(연철) 〉하늘+님(접미사) 〉하나님(ㄹ탈락)
하늘(연철) 〉하늘(음운교체)+님 〉하느님(ㄹ탈락)

※'하늘'의 15세기 표기는 '하ᄂᆞᆯ'로 되어 있고 '하날'로 표기하지 않았다. '하ᄂᆞᆯ'은 '한+을'의 형태이다. 그런데 '알(卵)'의 15세기 표기는 '알'이어서 아래아 '을'로 표기하지 않기 때문에, '한을'의 '을'은 '알(卵)'이 아닐 가능성도 있다.

태양은 우주 은하계의 중심이며 하나밖에 없는 거대한 광명체요 불의 '알'이다. '한알'이다. '한알'의 연철이 '하날'이며, '하날'의 음운교체가 '하늘'이다. 종교계에선 유일신의 개념을 강조하여 '하느님'이 아니고 반드시 '하나님'이라야 한다고 서로 다투는데, 이는 하늘의 어원을 모르고 하는 소리다.

'하늘'과 '하날'은 모두 광명 세계로서 생명력의 원형인 '해'가 중심이며 그것이 곧 神이란 뜻이다. '해'가 없다면 예수나 부처가 어떻게 존재하겠는가? 그러므로 예수나 부처의 배경이 광명한 십자가[01]이거나 불꽃무늬〔火焰文〕를 광배로 장식하는 이유가 모두 거기에 있다.

태양을 우리 고유어로 '해'와 '날'로 부르는데, 그것은 현재도 마찬가지다. 해의 빛은 하얗다. 희다는 것은 공기가 지극히 맑을 때이다. 태양은 공기와 습기의 조건에 따라 홍(紅), 적(赤), 주(朱), 황(黃), 자(紫), 백(白)색(色)으로 보인다. 한민족의 백색 선호사상은 백의민족(白衣民族)으로 표방되는데, 이것은 숭배하는 태양의 광명한 색, 흰색을 사랑하였기 때문에 나온 것이다. 중국인들이 붉은 색을 길상으로 여기는 것과 같은 태양 숭배사상 때문이다.

태양 숭배사상은 동서고금(東西古今)을 가릴 것 없이 인간 사유의 보편적 현상이다. 그렇지만 그것이 지역과 민족의 차이에 따라서 어떤 문화현상의 특색으로 나타나고 있느냐 하는 점이 다르다. 그 다름에서 문화의 차이가 드러난다.

'해'를 조어(祖語)로 한 어휘들은 ① '年', ② '희다'(白), ③ '한'(크다, 大), ④ '하다'(많다, 多), ⑤ '하나'(一), ⑥ '한'(中心, 한복판) 등이 있는데 모두 해와 연계되는 분화어들이다.

'태양'의 '연(年)'을 '해'라고 말하고, 태양의 '세(歲)'를 '살'이라고 말한다. 그 차이는 이미 앞에서 언급했듯이 언어의 유입경로와 사용 주체가 다르다는 것을 뜻한다. 고대 중국에서도 조대(朝代)에 따라 다르게 썼다. 곧 하대(夏代)는 '세(歲)', 상대(商代)에는 '사(祀)', 주대(周代)에는 '연(年)', 요순(堯舜)시대에는 '재(載)'를 사용했다.[02]

---

01) 도상학적으로 십자가는 광명체인 태양의 빛살이 극도로 추상화된 도안이다. 卍자 모양 다음의 최종 추상화 단계가 십자문이다.

02) 《서경·주(書經·注)》/《이아·석천(爾雅·釋天)》, "夏曰歲, 商曰祀, 周曰年 唐虞曰載"

〔그림1〕 경북 고령 개진면 양전동 알터에 있는 암각화.
보물 제605호, 선사시대(BC 300~0년), 높이 약 3m, 옆 너비 약 6m, 태양문은 총 4개이며 가운데 태양문의 지름 18~20cm.

3, 고대문화 시원의 원리를 보여주는 '날'

태양의 초기 한자는 '日'이다. '日'의 소리〔音〕는 '일'이지만, 새김〔訓〕은 '날'이다. 일기·천기(日氣·天氣)를 고유어로 '날씨'라고 함은 그 원의(原意)에 깊은 함축이 있다. 태양의 기운인 날줄과 씨줄이 합하여 '날+씨'가 되었으니 이보다 더 과학적일 수가 없다. 이 '날'의 뜻을 분류 정리해보자.

(1) **날** : ① 日 : 하루 / 날마다 / 첫날 / 제삿날 / 여러 날 / 나날이 /
② 연장의 날 : 날이 서다 / 날이 무디다 /
③ '生'의 뜻 : 날고기〔生肉〕 / 날된장 / 날고추 / 날배추 /
날기와(굽지 않은 기와) / 날김치 / 날벼락 / 날땅(맨땅, 나대지)

④ 세로 줄〔経〕: 날줄〔経度〕(씨줄〔緯度〕의 반대개념)

⑤ 상감(象嵌)의 옛말

위의 예에서 보듯이 '날'의 분화어는 한국어의 원류를 시사하고 있어서 매우 흥미롭다. 태양을 일컫는 고유어인 '살'과 '날'에 동일한 '생(生)'의 의미가 내장되어 있음은 한국 고대문화 시원의 원리가 무엇인가 하는 점을 뚜렷하게 암시한다. 계속해서 '날'의 뜻을 살펴보자.

(2) 날ㅎ(ㅎ종성체언) 〉 날히 〉 나이(年, 연령)

(3) 날 〉 나(ㄹ탈락) 〉 나 (일인칭 : 我, 余)

날 〉 널(음운교체) 〉 너(ㄹ탈락) 〉 너 (이인칭 : 爾, 汝, 若)

날 〉 날 +이(접미사) 〉 나리(주인님)[03]

날 〉 날 +아(접미사) 〉 나라(國)[04]

《삼국지(三国志)》〈위서 · 동이전 · 진한(魏書 · 東夷傳 · 辰韓)〉조에 "낙랑 사람을 아잔(阿殘)이라 하였는데, 동방 사람들은 나(我)를 아(阿)라 한다."(名樂浪人為阿殘, 東方人名我為阿)는 기록이 보인다. 그러나 '나'의 어원은 태양인 '날'이 말의 뿌리다. '날'은 해의 일정(日精)인 불씨(●)를 말한다. 불씨는 인간 개인의 존재로 분화될 때, 부랄(불알=●)의 주인이 된다. '날'에서 'ㄹ'이 탈락되면 일인칭 '나'가 되고, 다시 '나'가 모음이 호환되어 음운교체가 이루어지면 이인칭 '너'가 된다. '너'와 '나'가 합쳐진 큰 사회는

───────────────

03) '나리(주인님)'는 〔나ᅀ리(進士) 〉 나으리 〉 나리(주인님, 상전)〕의 형태를 보이는 말이므로 '나리'는 진사(進士)인 '나ᅀ리'에서 나온 말이라는 의견을 제시해준 분(권인한 · 성균관대)도 있다.

04) 신라 향가에서 '나라'를 '國惡'으로 음과 훈을 차용 표기했으므로 '나라'의 음운변화는 〔날+악 〉 나락(國惡) 〉 나라ㅎ(15세기) 〉 나라'〕가 된다는 견해를 제시해준 분(권인한 · 성균관대)도 있다.

'나라'가 된다. 그것이 국가이다. 원시사회의 언어 순서는 무엇보다 사람 사이의 호칭 가운데서 1인칭, 2인칭 또는 가족의 호칭부터 먼저 생겼을 것으로 추정한다. 원시사회의 호칭이 어떤 발상에서 연유하여 어떻게 처음 말하게 되었을까? 하는 점은 고대 언어 연구에서 매우 중요한 일이라고 할 수 있다.

(4) 날 : 날 〉 놀(음운교체) + 애(접미사) 〉 놀애 〉 노래(歌)

'노래'는 '날'의 분화어이고, '소리'는 '살'의 분화어이다. '날'과 '살'이 모두 태양의 고유어이며 똑같이 '생(生)'의 개념을 담고 있기 때문에, '소리'와 '노래'는 인간의 삶 그 자체의 생명 활동이라고 할 수 있다.

(5) 날 : 날 〉 놀(음운교체) + 이(접미사) 〉 놀이(遊戱)

'놀이'는 '소리'와 '노래'를 포함하여 춤을 비롯한 모든 인간 생명 활동의 동작이다. 삶의 희로애락을 표현하는 '놀이'가 태양에 뿌리를 둔 어휘라는 사실은 고대문화 생성의 기원을 설명할 수 있는 명확한 구징(口徵)이며 사징(事徵)이다. 이러한 고유어의 어원 탐구에서 발견한 언징(言徵)은 처음 제시되는 이론이다.

(6) 날 : 날 〉 놀(음운교체) 〉 노을[黃昏]

(7) 날 : 날 + 개(접미사) 〉 날개[羽, 鳥]

날 + 애(접미사) 〉 날애 〉 나래[翼, 鳥]

(8) 날 : 날 〉 나을(柰乙) : 천신(天神)의 강림 장소, 시조를 모신 신궁

신라 소지왕(炤知王) 9년(487) 나을(柰乙)에 신궁(神宮)을 지었다고 한다.[05] 신라 김씨 왕들이 나을(奈乙)을 참배한 기록은 문헌에 많이 나온다. 나을은 시조묘인 신궁이 있는 곳을 말한다. 그런데 나을(奈乙)과 나정(蘿井) 두 가지 표기가 혼용되고 있어서 학계에서는 대부분 같은 의미로 파악하고 있으나 두 표기를 구분해서 해석해야 의미가 분명하게 대비된다.

4, 나을(奈乙)과 나정(蘿井)의 상징과 국호 신라(新羅)의 의미

'나을(奈乙)'의 축약형은 '날'이다. '날'은 '日'의 새김〔訓〕인데 그 훈독을 한자로 '奈乙'이라고 표기한 것이다. 그러므로 '나을'과 '날'은 '日'에 대한 같은 훈차(訓借) 표기이며, '태양'과 '신'에 대응되는 고유어다. 그런데 '나을'과 '나정(蘿井)'을 동일한 뜻으로 볼 것인가, 아니면 개념이 다른 단어로 구별할 것인가 하는 문제가 남는다. 곧 '나을'만을 말할 땐 음(陰=우물)의 개념이 전혀 들어가지 않은 순수 태양인 '날', 곧 '神', 신궁(神宮)을 가리킨다. 그러나 '나정(蘿井)'이라면 '나(蘿)'는 하늘기운을 상징하는 댕댕이 넌출, 담쟁이 넝쿨풀이기도 하지만, '나을' 또는 '날'의 차음(借音) 표기로 봐야 한다.

'蘿'에 붙인 '정(井)'은 한국어로 '우물'이다. 우물은 음기(陰氣)가 모인 대상을 상징한다. 그러면 나정의 '나(蘿=奈乙)'는 태양의 빛살인 일정(日精) 곧 남성을 상징하는 말이 되고, '정(井=우물)'은 음기(陰氣)인 지령(地靈) 곧 여성을 상징하는 말이 된다. 따라서 나(蘿)와 정(井)의 합성어는 시조 탄생을 위한 일정(日精=남성=蘿)과 지령(地靈=여성=우물)의 결합을 의미하는 '신(神)'자의 글자풀이〔字解〕와 동일한 뜻이 된다.

'나을'이 태양을 가리키는 것이므로 그곳은 곧 신라 김씨 시조묘가 있는 신궁을 말하는 곳이라면, '나정'은 박혁거세의 탄강처인 신성한 공간을 말

---

05) 《삼국사기(三國史記)》 권3, '炤知 九年 春二月 置神宮於奈乙 奈乙始祖初生之處也'

〔그림2〕 나정(蘿井), 사적 제245호, 2002~2005년 4차에 걸쳐 발굴 조사하기 이전 모습

하는 곳이라고 생각한다. 이처럼 두 단어는 뚜렷하게 구분해야 한다. '나을'과 '나정'이 만약 같은 말이라면 박혁거세 탄강지가 바로 신궁이 있는 곳이 되므로 박혁거세만이 시조묘의 주신이 된다. 그렇게 되면 신라 김씨인 소지왕이 그의 9년에 건립한 신궁은 신라 김씨의 시조묘인 신궁이 아니라 박혁거세를 시조로 모시는 신궁이란 얘기가 된다. 박혁거세가 신라의 시조인 것은 분명하지만, 신라 김씨의 입장에서는 김씨 시조를 모실 신궁을 따로 건립하고 그곳을 '나을(奈乙)로 표기했을 가능성은 충분히 있다.

위에서 살펴본 바와 같이 '나정(蘿井)'의 '나(蘿)'는 '소나무겨우살이 나' 또는 '담쟁이 나'라고 하는데 이는 하늘기운을 나타내는 덩굴풀이다. 신라(新羅)의 '나(羅)'와 같이 '날(日)'의 차음 표기로 보는 것이 그 본의(本意)라고 하겠다.

이와 같은 점에 비추어 국호(國號) 신라(新羅)의 의미를 살펴보자. 곧 《삼국사기》〈지증왕〉 4년(503년)에 기록된 "덕업일신, 망라사방(德業日新, 網羅四方)"[06]의 내용을 더욱 새롭게 해석해보자.

新羅란 국호의 뜻을 풀이한 '德業日新 網羅四方'을 기존의 해석처럼 '덕업이 날로 새롭고, 사방을 망라한다'라고 하는 것은 그 속에 담긴 정보를 충분히 읽어내지 못하고 너무 평범하게 해석하는 것이다.

'덕업일신(日新)'에서 '일(日)'은 태양 곧 '신'이며, 그 고유어는 '날'이다. 그러므로 덕업일신(德業日新)에서 주어는 '일(日)'이고, 그 주어 '日'은 '날 〉 나라'가 되므로, '日新'은 '나라가 새롭다' 또는 '새로운 나라'란 뜻이다. 기존 해석처럼 덕업일신의 풀이를 '덕업이 날로 새롭다'고 풀이하면 주어가 되어야 할 신라는 찾아볼 수 없고 덕업이 주어가 되어 버린다. '日'을 부사인 '날로'로 볼 것인가 아니면 명사인 '나라'로 볼 것인가 하는 문제는 해석상 큰 차이가 난다.

'망라사방(網羅四方)'도 '망라(網羅)'의 해석을 바르게 짚어야 한다. 그냥 '사방을 망라한다'는 뜻으로 풀이하면 너무 단순하다. 여기서 '망(網)'은 '그물 / 덮다 / 가리다 / 계통' 등의 뜻이고, '나(羅)'는 해를 가리키는 '날'의 향찰식 음차(音借) 표기로 봐야 한다. 그러므로 망라사방은 '온 천지(四方)를 밝은 광명인 날(羅=빛살)이 빠짐없이 고루 덮고 가려(網) 주소서'라는 발원(發願)의 의미로 해석해야 한다. 사실 사방 천지를 망라할 수 있는 존재가 태양 이외에 무엇이 있을 수 있겠는가? '신라(新羅)'란 국호는 이렇게 해석해야 그 국호의 본의(本意)를 가장 올바르게 알 수 있게 된다.

'덕업일신'과 '망라사방'을 이렇게 풀면, 국호 '신라(新羅)'의 총체적 의미는 '덕업이 새로운 나라, 밝은 빛살(羅=날)이 온 천지(四方)를 덮으소서'란 기원의 뜻이 담긴 내용으로 해석할 수 있다. 그것이 바른 해석법이라 하겠다.

---

06) 《삼국사기》 권4, 〈신라본기〉 제4, '始祖創業已來, 國名未定, 或稱斯羅, 或稱斯盧, 或言新羅. 臣等以爲新者德業日新, 羅者網羅四方之義. 則其爲國號宜矣'

〔**그림3**〕 조일동체(鳥日同體) 옥응(玉鷹).
중국 안휘성 함산(含山) 능가탄(凌家灘) 유지(遺址) 29호묘 출토, 5600~5300년 전, 1987
년 발굴, 길이 8.4cm, 너비 3.5cm, 두께 0.3cm, 안휘성문물고고연구소 소장.
태양(八角文)과 솔개의 양 날개를 돼지(亥=해=日)의 머리로 표현한 복합조형은 신석기시
대 인간들의 원시종교적 사유세계를 반영한 것이다. 태양조(太陽鳥)로 변환한 용맹한 솔
개(鷹)는 태양신(太陽神)을 상징하고 있다.

다음은 (7)에서 언급한 '날'이 곧 '날개'의 뜻이 있다는 점을 해석해보자.

'살'에서 분화한 '새'(鳥)와 '날'에서 분화한 '날개'(羽)가 모두 태양에 어
원을 두고 있는 현상은 주목할 일이다. 한국 고대문화의 원류를 이해하
려면, 신석기시대 태양과 새에 대한 고대인들의 인식체계를 먼저 아는
것이 무엇보다 중요하다. 원시사유가 발생하는 원리가 모두 거기에서 작
용하고 있기 때문이다.

고대 동이족은 태양과 새를 숭배하며 사유의 기초 원리로 삼아 왔다.
그들의 의식 세계를 지배한 태양숭배와 새 토템 사상이 한국의 고대어와
순수고유어 및 방언에서 어떻게 투영되어 있느냐 하는 문제를 검토해보
는 것은 중요한 가치가 있다.(이 사항은 제Ⅲ부 제1장과 제2장 〈새 숭배
사상의 원류와 한국의 고대문화〉에서 상세히 다룬다.)

〔그림4〕중국 사천성 신도현(新都縣) 출토 한대(漢代) 일신우인(日神羽人) 화상전(畵像塼)
탁본, 49×28.5cm, 신도현문물관리소 소장, 태양과 새와 인간의 등식관계를 복합 휘지(徽
識)한 유물이다.

태양의 순수고유어 곧 신(神)자 연구에서 거둔 핵심어와 거기에서 분
화된 상징어들을 통하여, 한국 고대문화 시원의 성격에 대한 보편성과
특수성까지 발라낼 수 있는 가능성을 발견할 수 있다.

5, 문명과 문화의 중심부에 존재한 '불'

인류문명을 발달시킨 핵심 원동력은 고대에는 '불'의 발견일 것이며,
근대 이후로는 전기와 전파의 발명일 것이다. 그런데 '불'과 '전파'는 모
두 태양 에너지 그 자체다. 그래서 고대와 현대 모두 인류문명과 문화의
중심부에는 태양의 존재와 그 힘의 작용이 절대적인 것이라고 말할 수
있다.

태양은 불의 덩어리요 광명의 주체다. '불'이란 말이 한자에도 있다.

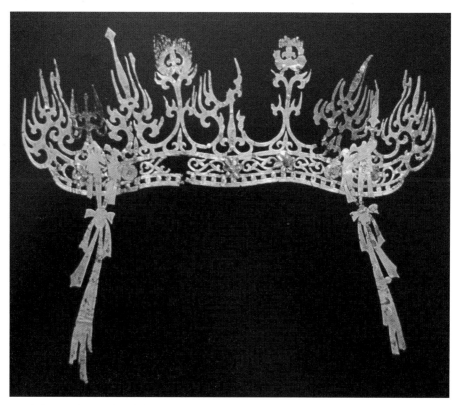

〔그림5〕 고구려 금동관, 평양 대성 구역 청암리 출토, 4-5세기, 높이 35cm, 폭 33cm. 천손족(天孫族)으로 자처한 고구려 민족이 그들의 신권(神權)과 왕권(王權)에 대한 관념을 관식(冠飾)의 형식언어로 상징한 것이 불꽃무늬 투조 금동관이다.

일(日)과 출(出)이 합문(合文)된 '𣊬(새벽 불)'자의 음이 '불'이다. 그러나 중국에서는 '불'에 해당되는 글자로는 '火'자만 쓸 뿐, '불'(𣊬)을 쓰지 않는다. 아무튼 日과 出을 합문한 𣊬자를 '불'이라고 발음하는 것은 태양숭배사상을 사유의 모형(母型)으로 삼은 동이계(東夷系) 언어의 잔영임이 분명하다. 그 말이 현재까지 한국어에서만 계승되었다는 사실은 매우 중요하다.

　불은 고대부터 인간들이 숭배하는 대상이었다. 봉건국가의 왕조 중앙에는 영원한 왕권을 심벌로 하는 성화(聖火)가 화당(火塘)에서 항상 타고 있었다. 또한 불꽃무늬〔火焰文〕를 지배자의 관식(冠飾)으로 삼아 신권(神權)

과 왕권(王權)을 상징하였다. 동서고금을 통하여 고대(古代) 관식(冠飾)의 보편적 형식언어로 쓰인 것은 불꽃무늬가 대표적 사례였다. 고대인들의 통천사상(通天思想)은 '天 = 日 = 神'을 등가물로 인식하였는데, '해'를 상징한 불꽃무늬를 관식화한 것은 바로 그 결과다.

선진(先秦)시대 '짐(朕)'자는 일인칭이었으나, 진시황 이후로 천자(天子)의 자칭(自稱)으로만 쓰이게 되었다.[07] '朕'의 옛 글자(古字)는 𣴎, 𦩘 인데, 그 모양(字形)은 불씨를 양손으로 받든 모습이다. 이로써 고대인들이 황제와 불(태양 = '불알' = 我)을 동일하게 인식했던 관념을 적나라하게 표현한 글자가 곧 짐(朕)자임을 알 수 있다.

제1장부터 제3장까지《한국 고대문화 원형에 대한 상징과 해석》의 총론으로 神의 해석을 시도하였다. 그 까닭은 우리의 고대문화가 오랜 삶의 누적에서 형성된 사유의 축적이라 하면, 그 안에는 반드시 어떤 원리의 힘이 작용했으리라고 생각했다. 알게 모르게 작용했을 그 원리의 핵이 과연 무엇인가? 그것을 알아야 고대문화 원형질의 바탕이 되는 뿌리를 파악할 수 있을 것으로 보았기 때문이다.

그 원리의 핵은 고대문화의 정점에서 벼리의 기능을 가지고 있는 신(神)이라고 판단하여 가장 먼저 신을 연구했고, 그것을 총론으로 삼아 앞으로 펼칠 각론의 중심으로 삼고자 한다. 이러한 신의 해석은 한국 고대문화의 기원(Origin), 발생(Genesis), 형성(Fomation), 전개(Development) 속에 관류하고 있는 한국 문화정신의 DNA를 추출하는 데 중요한 열쇠의 구실을 할 것이다.

---

07) 《사기》〈진시황본기〉, "朕爲始皇帝"

제II부
선사시대 문화원형의 상징과 해석

제1장 한국 최초의 문양 신석기시대 빗살무늬

제2장 파형동기(巴形銅器)의 기원과 상징

제3장 동경(銅鏡)과 동령(銅鈴)의 비의(秘儀)

제4장 비파형 동검의 원의(原意)

한국의 신석기시대 유적 가운데 가장 이른 시기(약 7000년 전)에 속하는 강원도 고성 문암리 출토 빗살무늬토기.

부신(埠新) 사해(査海) 유지 출토 빗살무늬토기(중국에선 '之'字紋 토기라 함)
높이 21.5cm, 입지름 16cm, 밑지름 8.6cm.
내몽골 부신현(埠新縣) 사해촌(査海村) 신석기유지는 1982년 발견되어 7차에 걸쳐 7600평방미터를 조사 발굴했음.
다량의 도기, 석기, 옥기 등 유물이 출토됨. 유물 연대는 탄소 측정 결과 7600±95으로 약 8000년 전 문화로 판명됨.
동북지구 가장 이른 시기의 신석기시대 유적으로 홍산문화 전단계이자 뿌리문화로 비정되었으며, 중국 옥문화와 용
문화의 발상지로 알려짐. 북경대 고고학계 주임인 저명한 고고학자 소병기(蘇秉琦, 1909~1997) 교수는, 사해유지를
"玉龍故鄕, 文明發端", "中華第一村"이라고 불렀다. 홍산문화 빗살무늬토기는 바닥이 납작밑(平底)이고, 한국의 신
석기시대 빗살무늬토기는 바닥이 뾰족밑(尖底)인 점이 다르다.

제1장 한국 최초의 문양 신석기시대 '빗살무늬'

〔그림1〕 서울 암사동 출토 빗살무늬토기. 높이 46.5cm, 입지름 32.8cm. 경희대학교박물관 소장

1, '빗살무늬토기〔櫛文土器〕' 명칭의 오류

한국 국립중앙박물관 도입부 선사시대는 전시실에 주먹도끼를 비롯한
구석기시대 유물 다음에 신석기시대(BC 4000~BC 2000) 토기들이 진열되

어 있다. 한국 신석기시대의 대표적 유물로는 의심의 여지없이 '빗살무늬
토기'라는 설명이 붙어 있다. 즐문(櫛文)을 직역한 빗살무늬, 곧 머리빗의
살과 같은 무늬라는 뜻의 단어가 선사시대 이 땅에 살았던 조상들의 생각
을 담아낸 문양의 용어로 뭇사람들에게 주입되고 있는 현장이다.

한국 고대문화의 유물, 우리 삶의 역사가 시작된 선사시대 유물은 원형
에 대한 해석을 어떻게 하느냐에 따라서 민족의 거대한 사유도 하잘것없는
존재로 가치를 전락시킬 수가 있다. 그 극명한 예가 한반도에서 처음 등장
하는 문화적 생산물인 토기의 문양을 머리 빗는 빗의 살과 같다는 식으로
이름 붙인 빗살무늬토기 바로 그것이다. 이 빗살무늬토기에 대해 기존 학
설은 대체로 다음과 같이 정리하고 있다.

"빗살무늬토기는 빗 모양의 무늬새기개를 이용하여 그릇의 겉면에 각종 기하
학적 무늬를 구성한 것으로 우리나라 신석기문화를 대표하는 토기이다. 이러
한 기하학무늬는 원래 스칸디나비아반도에서 바이칼 몽고까지 퍼졌던 고대
시베리아인들과 관련된 것으로서 시베리아를 거쳐 한반도에 퍼진 것으로 생
각된다."[01]

"빗살무늬토기(櫛文土器)는 한국 신석기시대에 만들어진 토기를 통칭하는
명칭이다. 시기 구분은 (1)초기 : BC 6000년 전, (2)전기 : BC 4500~ BC
3500년, (3)중기 : 대략 BC 3000년 전후, (4)후기 : 대개 BC 1500년 무렵
으로 네 단계 발전 과정을 거쳤다고 여긴다. 빗살무늬토기가 다공질(多孔
質)이므로 그 쓰임새는 마른 낟알 등을 담는 데 제한되어 쓰인 것으로 한
정하기 쉽지만, 흡수율 분석과 외국의 민족지 사례를 검토해보면 빗살무
늬토기는 낟알 저장, 화석기, 물그릇 등의 다양한 용도로 사용되었음을 추
정할 수 있다."[02]

01) 《선사유물과 유적》, 국립중앙박물관.

02) 《한국고고학사전》, 국립문화재연구소, 2001.

〔그림2〕 *흥륭와문화(興隆窪文化) 빛살무늬토기
*입지름 19.9cm, 밑지름 10.9cm, 높이 23.8cm.
*장승향곤두령촌(長勝鄕坤頭嶺村) 징집(徵集)
*상단: '人'자(字) 형문(形紋)
*하단: 세밀한 호형지자문(弧形之字紋)
*출전:《敖漢文物精華》, 內蒙古文化出版社, 2004, 52쪽.

*서울 암사동 빛살무늬토기
*서울 강동구 암사동 주거지 출토
*높이 46.5cm
*경희대학교박물관 소장

　유물의 이름은 사고의 틀을 한정한다. 사람도 이름을 부르면 그 사람의 이미지가 떠오르듯이 유물도 마찬가지다. 그러므로 유물의 이름은 그 유물의 상징성이 해석되어, 그 이름 속에 유물의 정보가 내장됨으로써 유물의 이미지와 성격이 연상되는 이름이라야 우리의 기억을 돕게 된다. 그런 점에서 해석학적 고고학의 필요성이 한층 더 강조된다.

　한민족의 시원적 사유는 이미 신(神)의 해석에서 살펴보았듯이, 태양을 사유의 원형으로 하는 높고 밝은 정신세계이다. 그래서 천손족(天孫族)이라고 하지 않았던가. 초기의 원시시대부터 태양을 神의 대상으로 한 모형(母型)의 원리는 알게 모르게 작용되어 장구한 세월에 걸쳐 발생과 형성을 반복하면서 사상과 문화와 언어 예술 속에 분화 전개된 점만은 분명한 사실이다. 그것이 곧 사징(事徵)이다.

*서울 암사동 출토 빗살무늬토기
*높이 46.5cm
*경희대학교박물관 소장

*북한 국보 빗살무늬토기
*평양시 삼석구역 호남리 표대유적 출토
*높이 90.0cm, 빗살무늬토기 가운데 최대 크기
*1994년 북한 사회과학원고고학연구소 발굴 조사

〔그림3〕 남북한 대표적 빗살무늬토기의 비교

　　그러므로 신석기시대 유물에 대한 해석은 그 유물 속에 저장된 고대
정보의 상징성을 정확하게 해독하여 민족 시원의 사유가 반영된 원형을
잘 파악하여야 한다. 만약 고대의 사상을 읽어내지 못하거나 상징성을
제대로 해명하지 못한 채 아무런 원리와 기준도 없이 유물의 이름을 짓
는다면 민족의 사상과 정신을 크게 오도하는 결과를 초래하게 된다.

　　그래서 이 장에서는 한국 최초의 문양인 이른바 빗살무늬〔櫛文〕란 이
름에 대한 비판적 검토와 함께 상징에 대한 새로운 해석을 밝혀 지금까
지 내려온 견해의 오류를 지적하여 바로잡고자 한다.

구체적으로 말하면, 이른바 빗살무늬의 상징에 대해 《한국고고학사전》에도 없는 해독을 시도하고, 후지다 료사쿠(藤田亮策)가 번역한 즐문토기를 그대로 직역한 빗살무늬토기란 이름에 대한 비판적 검토를 하여, 일본 고고학계의 학설과는 다른 한국식의 고유한 해석법을 제시함으로써, 차원 높은 한국 고대문화의 원류와 독자성, 그리고 민족시원문화의 본질적 정체성을 밝혀보려고 한다.

이른바 빗살무늬토기(櫛文土器)는 신석기시대 사람들이 남긴 최초의 조형물이자 최초의 문양이다. 곧 한국문화 발생의 효시다. 그래서 한반도 고대문화의 특징으로 제일 먼저 꼽는 것도 이른바 이 '즐문토기(櫛文土器)'다. 문화의 효시가 된 문양과 기물에 대한 상징과 해석은 무엇보다 첫 단추부터 잘 꿰어야 하며 철학적 논리와 과학적 분석이 뒤따라야 한다. 그래야만 문화의 격과 질이 깊어지고 확실해지며 계통이 바로 서기 때문이다. 그런데 우리 시원의 문화를 머리 빗는 빗의 살과 같은 문양으로 해석한 빗살무늬토기(櫛文土器)라는 즉물적 이름이 신석기시대 문화를 대표한다면, 한민족 시원의 문화적 성격과 사상적 깊이는 너무나 초라한 모양이 되고 만다.

고대 한민족은 태양을 숭배한 천손족이기 때문에 그 문양은 '빗살'이 아니라 태양의 빛살을 상징한 '빛살무늬'이다. 문양의 이러한 해석이야말로 한민족의 시원적 사유가 한없이 웅대하고 밝으며 무한한 깊이와 넓이를 지닌 고귀한 사상인가를 알게 한다. 이처럼 '빗살무늬'냐 '빛살무늬'냐 하는 해석의 차이는 민족 사유의 시원과 원천에 대한 거대한 질문을 던지고 있다.

2, '빗살무늬[櫛文]'에 대한 기존 해석

"문양은 그 시대 사람들의 의식의 반영이며 정신활동의 소산임과 동시에
창조적 미화활동의 결과이다. 또한 문양은 이상적인 삶에 대한 현실적 기
원을 의탁하는 일종의 주술적 대상으로서의 성격을 지니고 있다."[03]

그리하여 문양을 '생각의 지문' 또는 '문화의 거울'이라고도 한다.

그러면 먼저 문양의 시원인 빗살무늬를 중국에서는 어떻게 보고 있는
지 살펴보자. 그런데 중국학계도 빗살무늬의 함의와 내원에 대해서는 분
명한 결론을 못 내렸다. 다음의 글이 그 상황을 나타낸다.

"중국의 기하문은 7천 년 안팎의 신석기시대부터 나타난다. 기하문(幾何
紋), 집선문(集線紋), 격자문(格子紋), 수파문(水波紋), 운뢰문(雲雷紋), 선
와문(漩渦紋), 원권문(圓圈紋), 지자문(之字紋) 등 여러 가지로 부르고 있
는 이 문양의 함의와 내원은 고고학계, 미술계에 자주 쟁론이 되어 왔다.
오늘에 이르기까지 이것은 중국 예술계의 수수께끼이다."[04]

중국학계가 이른바 빗살무늬토기의 함의와 내원을 밝혀내지 못했듯이
한국학계도 의견이 분분하다. 이에 관한 한국학계와 북한학계의 여러 가
지 견해를 정리한다.

① 빗살무늬토기, 즐문(櫛文)토기 → (김원룡)[05]

---

03) 《한국민족문화대백과사전》, 한국학중앙연구원.

04) 시선원(施宣圓) 외, 《千古之迷－中國文化史 500疑案》, 中州古籍出版社, 2001,
735~736쪽.

05) 김원룡(金元龍), 《한국고고학개설(韓國考古學槪說)》, 일지사, 1991, 28쪽에서 '빗살무늬
토기는 아가리무늬토기(손톱무늬토기)에 생선뼈무늬를 첨가해서 생긴 것'이라고 추정했다.

② 기하문토기(幾何文土器) → (김정학)[06]

③ 유문토기(有文土器) → (김정배)[07]

④ 즐문(櫛文)토기, 생선뼈무늬〔魚骨文〕토기 → (유홍준)[08]

⑤ 이깔잎무늬, 전나무잎무늬, 문살무늬, 빗금무늬, 집선문, ㅅ자무늬
　　등 → 북한학계

　빗살무늬토기란 북유럽의 핀란드와 북부 독일 일대에서 발견되는 신석기시대 토기를 핀란드 고고학자 아일리오(J. Ailio)가 독일어로 캄케라믹(Kamm keramik)이라고 일컬은 것[09]을 일본의 고고학자 후지다 료사쿠(藤田亮策, 1892-1960)가 즐문(櫛文)토기로 번역하였고,[10] 그것을 한국의 고고학계는 빗살무늬토기로 직역하여[11] 현재까지 쓰고 있는 신석기시대의 대표적인 토기의 이름이다.

　이와 같이 이른바 빗살무늬토기의 이름은 다양하기 짝이 없다. 이 무늬를 유문토기(有文土器)로 부르고 있는 김정배(金貞培)님은 지금까지 등장한 모든 명칭들을 간단명료하게 다음과 같이 정리하였다. 이를 소개한다.

　"한국의 有文土器가 北歐의 Kamm Keramik과 같다고 하여 藤田亮策이 櫛文土器라고 命名된 이래 현재 학계에서 통용하고 있다. 그러나 여기에는 많은

---

06)　김정학, 〈한국기하문토기문화의 연구(韓國幾何文土器文化의 研究)〉, 《백산학보》 4, 1968.

07)　김정배(金貞培), 〈한국고대사논의 신조류(韓國古代史論의 新潮流)〉, 《한국민족문화의 기원(韓國民族文化의 起源)》, 고려대학교출판부, 1973, 38~39쪽 주석124.

08)　유홍준, 《한국 미술사 강의 1》, 눌와, 2010, 31쪽.

09)　정수일, 《고대문명교류사》, 사계절출판사, 2001, 91쪽.

10)　후지다 료사쿠(藤田亮策), 〈櫛文文樣土器の分布きて〉, 《靑丘學叢》 第2號, 1930, 107~122쪽.

11)　김원룡(金元龍), 《韓國考古學槪說》, 일지사, 1991, 37쪽.

異論이 있다. 아리미쯔〔有光教一〕는 櫛目文土器의 명칭이 모순이 있기는 하지만, 더 좋은 명칭이 나와 공감을 얻을 때까지 그대로 사용하겠다고 말하고(《朝鮮櫛文土器の硏究》, 1963, 京都), 金元龍도 櫛文土器보다 더 的確하고 보편적인 이름이 발견될 것 같지 않다고 櫛文土器 명칭 사용을 찬성하고 있다(《歷史學報》 제20輯). 미까미〔三上次男〕는 櫛目文土器라는 용어를 사용하다가 有文土器라고 이름을 바꾸어 쓰고 있다(〈朝鮮における 有文土器の 分布とその 文化の 擴がりついて〉, 《조선학보》 14(1959), 309~321쪽). 김정학(金廷鶴)은 櫛目文, 또는 櫛文土器의 稱이 부적당하므로 잠정적으로 有文土器라는 이름을 사용하다가 최근에는 幾何學文土器라고 命名하고 있다(〈韓國 幾何學文土器文化의 硏究〉). 나는 즐문토기보다는 有文土器라는 용어가 일반성을 띤다고 믿어 유문토기라는 이름을 사용한다."[12]

위와 같은 신석기시대 토기의 문양을 '빗살무늬〔櫛文〕'라고 말하는 기존 해석들은 문양의 상징을 읽어낸 것이 아니라, 눈에 보이는 대로 이름 붙인 잠정적인 명칭들에 지나지 않는다. 이런 오류를 바로잡고 한국 최초의 문양에 대한 상징을 완전히 새롭게 해석한 이론을 제시하고자 하는 것이 이 글의 핵심이다. 최초의 문양에 대한 상징과 해석이 올바르게 되어야 한국 문화 모형의 원리와 뿌리에 대한 정체성이 설계될 수 있기 때문이다.

3, '빗살무늬'가 아니라 '빛살무늬'

토기는 곡식 저장과 음식물 조리의 필요성에서 만들어진 문명의 도구다. 저장과 조리는 농경 생활로 진입했음을 의미한다. 농경의 첫째 조건은 일조량(日照量)이다. 나는 신석기시대 사람들이 초기 농경 생활에서

---

12) 주석 7과 같음.

필요한 토기를 만들고, 그 표면에 그들의 원시신앙인 태양에 대한 경배심과 풍부한 일조량, 풍년을 기원하는 주술적 염원 등을 나타낸 것이 빗살무늬라고 해석한다. 그러므로 이 문양은 절대로 '빗살무늬〔櫛文〕'가 될 수 없고, 분명히 태양의 빛살을 상징한 물징(物徵)으로 해독하는 것이 가장 바르다고 생각한다.

한자 '신(神)'의 고본자(古本字)는 빛살을 상형한 'ㅣ'자이다. 빗살무늬와 형태상 유사한 점도 신화시대와 신석기시대의 사유는 그 발상의 뿌리가 비슷한 것임을 보여주는 물징이라고 판단한다. 이와 같이 원시사유를 이해한 바탕 위에서 토기 문양의 상징성을 해독해야 고대문화의 발생과 형성의 배경을 해명할 수 있고, 문화의 원류에 대한 정체성을 밝혀낼 수 있다고 생각한다. 다시 말해 문양을 통하여 전달하려는 신석기인들의 메시지가 무엇인지? 그리고 그 속에 내장된 정보가 무엇인지? 이런 것을 제대로 해독해서 고대인들의 소통 의지를 적극적으로 읽어낼 때 상징에 대한 진정한 해석이 가능하다고 할 수 있다.

요컨대 '빛살무늬토기'의 상징은 태양 숭배사상이 문양으로 변환된 것이지, '빗살무늬토기'(櫛文土器)식의 즉물적 명칭은 한국 최초 문양의 상징해석으로선 도저히 알맞지 않다는 것이다.

이런 관점에서 보면, 한국 고대문화의 원형에 대한 해석은 한반도에서 최초로 등장한 이른바 빗살무늬의 상징에 대한 해석을 어떻게 하느냐에 달렸다. 최초의 문양에 대한 상징해석이 없고서는 한국 고대문화의 원형에 대한 설계는 불가능하다고 단언한다. 왜냐하면 문화의 초기 유물에 저장된 정보의 해석은 시원 문화의 성격과 특징을 가름하는 척도이기 때문이다.

그런데 지금까지 빗살무늬의 상징과 해석이 명쾌하게 풀리지 못한 것은 그 즐문토기(빗살무늬토기)란 용어 속에 사고력이 갇혔기 때문이다. 솔직히 한국 고대문화의 원형이 어디서 어떻게 형성되어 오늘에 이르게

(바로 세운 토기)　　　　　　　(엎은 토기)　　　　　　　(무늬 평면 환치도)

〔그림4〕 빗살무늬토기 문양을 평면으로 환치한 그림-태양문

되었고, 그 시원적 성격과 원류에 작용된 모형(母型)의 원리는 무엇인지?
그런 본질적 질문에 대하여 고고학자나 문화사학자 또는 미술사학자 어
느 누구 할 것 없이 명확한 해답을 내놓지 못하고 있는 현상이다. 이처럼
즐문이나 빗살무늬 또는 생선뼈무늬와 같은 명칭에 의문을 한 번도 갖지
않은 채 수십 년을 무심하게 지내온 것이 한국 학계의 실정이다.

　고대 한민족은 상고시대부터 천손족(天孫族)으로 자처하는 태양 숭배
족이었기에 태양을 원시종교의 신앙 대상으로 삼았다는 것은 앞에서 神
의 해석을 통하여 이미 서술했다. 神자의 고본자(古本字)는 작대기 하나
와 같은 빛살이다. 빛살인 神의 고본자를 집합하여 이른바 삼각문(三角
文)을 만들어 토기의 주변을 시문(施文)해서 태양의 광망(光芒)을 표현하
였다. 태양문의 원리를 모르는 사람들은 이런 문양을 눈에 보이는 대로
거치문(鋸齒文, 톱니무늬)이라고 부른다. 굳이 삼각문이 아니더라도 토기

의 구연부에는 짧은 사선(斜線)을 빙 둘러가며 새겼다. 그 문양을 손톱무늬[13]라고 하지만, 사실은 태양의 광선인 日光을 둥근 기형(器形)에 시문한 것이다. 그 까닭은 조형상 선택하기 가장 좋은 형태이기 때문이다.

이런 관점에서 보면, 지금까지 즐문토기 또는 빗살무늬토기로 인식해온 그 문양의 이름은 문양의 발생 원리를 모르고 잘못 말한 것임을 알 수 있다. 이런 오류를 밝히는 가장 확실한 증거는 토기를 엎어놓고 문양을 평면으로 환치하거나 엎은 토기를 위에서 내려다보면 영락없는 해바라기와 같은 태양문이 되는데, 이것이 태양의 빛살을 문양화한 명확한 물징(物徵)임을 보여주는 것이다.([그림4] 참조) 부정할 수 없는 이런 사실과 증명 때문에 '빗살무늬'는 '빛살무늬'라고 고쳐 불러야 하며, 동시에 우리의 시원사상에 대한 해석도 바로잡아야 한다는 견해를 제시한다.

태양의 광망을 표현한 집선(集線) 삼각문은 후대에 와서 예각(銳角)이 부드럽게 처리되어 기물의 상단과 하단에 빙 둘러가며 시문됨으로써 마치 연꽃처럼 보인다. 그 때문에 흔히 연화문(蓮花文)으로 부른다. 그러나 청자나 분청사기의 이른바 연화문은 형태적 유사성만을 취한 이름일 뿐, 굳이 불교와 습합될 이유는 없다고 본다. 따라서 이 문양은 불교적 연화문에 그 연원이 있는 것이 아니라, 광명을 상징하는 태양문의 빛살무늬가 꽃무늬[花紋]로 변용된 사례로 봐야 한다.([그림4] 참조)

태양처럼 둥근 기형에 표현되는 양식은 시대에 따라 변하지만, 그 발상의 공통점은 빛살의 광망을 표현하는 내용이 주를 이루고 있다. 이렇게 보면, 고대문화의 정보를 해독하지 못한 채 유물을 무조건 불교적 시각으로만 해석하려는 것은 재검토와 수정이 반드시 필요하다.

빗살무늬[櫛文]의 상징성에 대하여 학계는 막연히 추상적, 상징적, 기하학적 문양이라고 해석해왔다.[14] 틀린 말은 아니지만, 그야말로 추상적

---

13) 김원룡(金元龍), 《한국고고학개설(韓國考古學槪說)》, 일지사, 1991, 28쪽.

14) 안휘준, 《한국의 문화와 미술》, 2008, 43쪽.

분청사기 연화문(蓮花文) : 빗살무늬토기의 태양 삼각문(三角文)의 예각(銳角)이 연화(蓮花)처럼 변형되어 부드럽게 시문(施文)된 예

청자 상감 연화문 매병, 보물 제1034호, 개인 소장

[그림5] 토기와 도기에 새겨진 빗살무늬의 변화와 다양한 형태

인 설명일 뿐 상징의 실체를 해석하지 못한 수사적(修辭的)인 말이다. 한편《한국미의 태동 구석기·신석기》[15]에선 빗살무늬토기와 즐문토기(櫛文土器) 두 가지 용어를 병기하고, 그것을 설명하면서 빗금무늬, 기하문(幾何文), 생선뼈무늬〔魚骨文〕 등을 혼용하고 있는데, 모두 문양의 상징성을 해석한 것이 아니라 형태의 유사성만을 보고 붙인 즉물적 이름들에 지나지 않는다. 빗살무늬를 어골문으로 규정한 유홍준은 다음과 같이 해석했다.

15) 《한국미의 태동 구석기·신석기》, 국립중앙박물관 명품선집 01, 2008.

"빗살무늬의 상징성은 대체로 생선뼈무늬(魚骨文)로 이해된다. 본래 선사
시대 미술에서 통째로 벗긴 동물 가죽이나 살을 발라낸 생선뼈는 정복을
의미한다. 신석기인들의 식생활에 물고기가 차지하는 비중이 작지 않았음
을 고려한다면 이 생선뼈무늬에는 주식의 풍요와 원활한 사냥을 기원하는
의미가 들어 있는 것이다."[16]

이 견해 또한 신석기시대 어렵생활을 염두에 둔 해석으로 생각한다.
그러나 농경생활은 반영되지 않았다는 의문이 든다. 문양은 원시사유가
반영된 '생각의 지문'이자 '문화의 거울'이란 사실을 지나쳐버릴 수 없다.
따라서 신석기시대 가장 대표적인 문양을 어골문으로 규정한 이 진단을
한국 고대문화의 원류에 닿을 정확한 맥으로 받아들이기에는 동의하기
어려운 점이 많다.

빗살무늬의 이름들은 모형(母型)의 원리를 좇아 빗살무늬 A형, B형,
C형 식으로 통일하든지 그렇지 않으면, 연화형 빗살무늬, 톱니형 빗살
무늬, 소용돌이형 빗살무늬, 물결형 빗살무늬, 마름모꼴 빗살무늬, 생선
뼈형 빗살무늬, 추상형 빗살무늬 등으로 부르는 것이 더 합리적인 문양
분류 방법이라고 생각한다. 만약 유사 형태마다 개별적인 이름을 제각각
붙인다면, 계보를 모르는 수많은 문양 종류의 상징고(象徵考)는 더욱 난
감해질 뿐이다.

신석기시대 토기의 문양에 대해선 지금까지 여러 유형의 이름 짓기(命
名)가 있었지만, 형태의 유사성에서 유추한 이름들이 대부분이다. 그래
서 상징을 해석하는 데 한계가 있다. 그러나 '빛살무늬'는 '빗살무늬'(櫛
文)를 받침 하나 바꾼 것에 지나지 않지만, 그 상징성에 대한 해석만큼은
하늘과 땅만큼 차이가 난다. 이 용어가 비록 처음 등장했으나 고대 태양

---

16) 유홍준, 《한국 미술사 강의 I》, 눌와, 2010, 31쪽.

숭배의 원시사유가 문양으로 변환된 것이라는 사징에 근거한 논리성과 철학적 배경만은 확실하게 담보되는 새로운 발견이므로, 이 문양의 새 이름 짓기와 그 상징에 대한 해석을 분명하게 제시해두고자 한다.

4, '빛살무늬'는 한국미 시원의 원형질이자 뿌리

야나기 무네요시(柳宗悅, 1889－1961)는 근대적 비평의 입장에서 한국미의 특질을 최초로 거론한 일본의 민예연구가이자 미학자이다. 그는 한국미의 특성을 '선(線)'에 두고, 중국의 형태, 일본의 색, 조선의 선을 대비하여 한국적 선의 양식은 '비애와 한(恨)의 역사'에서 말미암는다는 내용적 규정을 내렸다. 야나기는 "조선민족만큼 곡선을 사랑한 민족은 달리 없을 것이다. 심정에서, 자연에서, 건축에서, 조각에서, 음악에서 기물에 이르기까지 모두 선이 흐르고 있다."고 말했다.[17] 그 예증으로 처마의 곡선, 버선의 솟은 코, 긴 옷고름의 날림, 종소리의 여음과 여백, 불상의 손끝 자세와 입술 등을 들었는데, 그 '線', 그 가운데서도 곡선을 한국미의 특색으로 삼았다.

이러한 야나기의 한국미론인 '선(線)의 미(美)'는 탁견임에 틀림없지만, 그는 선(線)의 성격을 한민족의 한(恨)과 슬픔의 정서에서 발로된 '비애(悲哀)의 미', '애상(哀傷)의 미'라고 규정함으로써, 식민사관(植民史觀)의 미학관을 벗어나지 못하였다는 지적을 받고 있다. 그런데 아무튼 그 '선(線)'은 우리문화에서 빛살무늬의 '획(畫)'이 그 효시가 된다.[18]

---

17) 《柳宗悅選集》4책 〈朝鮮과 그 藝術〉, 春秋社, 1955～56년, 36쪽, 129쪽.
  柳宗悅 著, 李大源 譯,《한국과 그 예술》, 지식산업사, 1974, 19～47쪽.

18) 선과 획의 특질은 다르다. 선은 ① 부피와 면적이 고르다 ② 흔들림과 리듬이 없다 ③ 긋는 속도가 처음과 끝이 동일하다 ④ 자를 대고 긋기 때문에 직선적이며 기계적이다. 그러나 획은 ① 부피와 면적이 다르며 일률적이지 않다 ② 굵어졌다

'빛살무늬'의 획은 야나기가 말한 것처럼 비애(悲哀)와 한(恨)의 발로가 아니라, 한민족의 고유사상인 태양숭배에서 배태된 밝고 환한 '밝음의 미학 세계'다. 그리고 '밝음의 미학 세계'를 문양으로 변환한 것이 '빛살무늬'다. 그래서 빛살무늬는 신석기시대부터 한국미 시원의 원형질이 되었다. 이러한 빛살무늬의 원리는 고대문화 전반에 걸쳐 광범위하게 스며들어서 진화하고 분화되어 나아갔다고 파악한다. 청동기시대의 울산 천전리와 반구대 암각화, 고령 양전동 암각화 등은 빛살무늬가 초기에 진화한 좋은 사례다.

　　결론적으로 신석기시대의 대표적인 유물인 '빗살무늬토기〔櫛文土器〕'란 명칭은 고대문화의 상징성을 해석한 바탕 위에서 붙인 이름이 아니라 즉물적 이름에 지나지 않는다. 한국의 고대문화의 원류와는 아무런 관계가 없다. 그러므로 한반도에서 최초로 등장한 이 문양에 대한 해석은 태양숭배의 원시종교적 사유가 기호화한 고대 정보의 창고라는 인식에서 출발하여 재해석을 할 때, 시원문화의 원류에 대한 상징과 해석은 비로소 그 첫걸음을 바로 뗄 수 있다고 생각한다.

　　태양을 숭배하고 천손족으로 자처한 우리민족의 고유사상은 광명사상이다. 곧 빛살사상이다. 광명사상은 다시 홍익사상으로 진화 발전한다. 이러한 고유사상을 문양화한 것이 '빛살무늬'이다. 다시 말하여 '빛살무늬'는 태양의 광망을 간결하게 디자인한 고대적 양식으로서 **밝고 환한 세계, 빛살의 생명세계**가 그 원형질이다. 이것이 신석기시대 시원문화의 정체성이자 본질임을 다시 한 번 강조한다.

가늘어졌다 하여 흔들림과 리듬감이 있다 ③ 긋는 속도가 번개같이 빠른가 하면 느릿느릿하기도 하여 일정하지 않다 ④ 곡선과 직선이 혼재되어 고졸한 맛과 인간적인 생명력이 있다. 그러므로 암각화의 선은 선이 아니고 획이라 불러야 한다. 서예에서 말하는 필획과 같은 성질의 맛이다.

제2장 청동기시대 파형동기(巴形銅器)의 기원과 상징
―김해 대성동 13호분 출토 파형동기는 왜계유물인가?

다음은 청동기 시대의 유물인 파형동기에 대한 해설이다.

"청동기시대 유물인 파형동기는 볼록한 원판에 바람개비 모양을 닮은 4~9개의 판상돌기를 함께 주조하여 만든 청동제 장식품이다. 일본에선 야요이시대(彌生時代) 후기인 AD 1세기 무렵부터 규슈 지역을 중심으로 제작 보급되기 시작하여 3-4세기 야요이시대 후기와 고분시대에 이르러선 일본 전역으로 퍼진 것으로 알려져 있다. 한국에선 4세기 무렵의 김해 대성동고분군 제2호 목관묘에서 2점, 제13호 목관묘에서 직경 12cm 크기의 6점이 부장(副葬)된 채로 확인되었다. 대성동 고분군에서 출토된 파형동기는 AD 3세기 이후 일본에서 제작된 청동기가 금관가야에 유입되어 정치적 실력자의 무덤에 위세품으로 부장된 것으로 보고 있다."[01]

과연 이 설명이 옳을까? 그래서 고대 방패와 화살통에 장식된 채 출토된 이른바 파형동기의 기원과 상징을 비롯하여 명칭에 대한 문제점을 들어, 기존 견해를 비판하고 새로운 견해를 제시하고자 한다. 왜냐하면 일본 출토의 파형동기의 기원과 상징에 대한 해석이 도무지 신뢰할 수 없는 구석이 있을 뿐 아니라, 한국 출토의 파형동기를 왜계유물(倭係遺物)로 규정하는 시각에 반드시 재검토가 필요하다고 생각하기 때문이다.

---

01) 《한국민족문화대백과》, 한국학중앙연구원.

1. 파형동기의 기원과 발생

파형동기는 방패 또는 화살통에 장식품으로 붙어 있는 작은 유물이지만 청동기시대의 문화 본질을 상징하는 표준 유물 가운데 하나다. 청동기시대의 문화적 원형은 신석기시대 문화의 원형을 계승하며 발전 유지한 것에 있다. 다만 유물에 따라 개별적인 문화 양상이 다를 뿐, 그 상징의 세계는 태양숭배의 성격이 주류를 이루고 있는 것으로 간주된다. 그러면 파형동기의 기원과 발생은 어디서 어떻게 시원한 것일까? 그 문제부터 먼저 풀어보도록 하자.

신석기시대와 청동기시대 문화의 모형(母型)의 원리는 태양 숭배사상에서 발생의 뿌리를 확인할 수 있을 뿐 아니라 태양 자체가 神이었다. 따라서 태양의 심벌은 생명, 빛, 에너지의 원천으로 인식되어 신앙적, 주술적 의미를 담은 대상으로 숭배되어 왔다. 그런데 이러한 태양숭배의 보편성과 특수성을 간과하고 구체적인 논증이나 물징을 제시하지 못한 채 추상적인 설명만으로 고대문화의 상징에 대한 해석을 하려다 보니 곧바로 한계에 부딪히는 상황을 초래한다. 그 대표적인 경우가 이른바 '빗살무늬(櫛文)'와 같은 논리이다.

태양 숭배사상은 '빗살무늬'가 아닌 '빛살무늬'와 같은 원리를 중심으로 하되, 다양한 조형의 문양으로 변환되어 유물에 반영된다. 태양문은 관식(冠飾)과 무구(巫具)를 비롯한 의기(儀器), 종교적 예기(禮器), 남성적인 양(陽)의 기(氣)와 용맹을 필요로 하는 무기류(武器類)와 마구(馬具), 하늘과 소통의 의기인 동경(銅鏡), 동고(銅鼓), 동령(銅鈴)의 문식을 비롯하여 모든 둥근 기형(器形)에 집중적으로 시문(施文)되고 있다. 그 기본형은 태양의 거대한 회오리나 소용돌이의 기(氣)를 간단한 문양으로 디자인한 것이다. 이러한 문양의 변화와 진화 단계를 유물을 중심으로 살펴보자.

〔그림1〕 거대한 우주기의 소용돌이

*용산문화 옥선기
  지름 16.3cm, 안지름 13cm,
  두께 0.7cm. 1976년 옥연현
  단토촌(玉蓮縣 丹土村) 출토
  (산동문물정화)

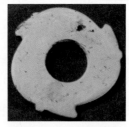

*대문구문화 아벽(牙璧)
  지름 4.5cm
  (고고정화 65쪽)

*장가파정숙묘지 옥아벽
  (張家坡井叔墓地 玉牙璧)
  최대 지름 4.2cm
  (고고정화 187쪽)

*용산문화 옥선기형 환상기(環狀機)
  지름 8cm, 1978년 산동성 현리장(山東省
  縣里莊) 출토, 산동성등현박물관 소장

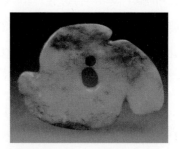

*요녕성박물관 옥선기
  최대 지름 8.8cm

〔그림2〕 옥선기(玉璇器) 5종

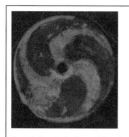 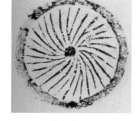 

〔그림3〕 굴가령문화(屈家岭文化)
채도방륜(彩陶紡輪)
BC 2400~BC 2100, 직경 13.4cm,
함양(咸陽)박물관 소장

〔그림4〕 진(秦), 태양문 와당 〔그림5〕 자동차 타이어 휠
폭사문(輻射文)

우주 에너지는 〔그림1〕처럼 거대한 모습으로 소용돌이친다. 태양의 에
너지 때문에 발생하는 이러한 소용돌이를 태양문의 원형으로 인식한 고
대인들은 이것을 옥벽(玉璧)으로 환원하여〔그림2〕, 사자(死者)의 가슴 위
에 얹는 부장품으로 사용하였다.

실제로 태양 에너지의 소용돌이를 옥기(玉器)로 표현한 유물들은 신석기
시대 여러 문화층에서 다양하게 발견되고 있으며, 그런 옥기의 이름도 선기
(璇璣), 아형기(牙形璣), 아벽(牙璧) 등 여러 가지로 부른다.(〔그림2〕 참조)

한편 중국 고고학계에서는 이것을 과거에는 방직기(紡織機)에 쓰인 물
건이며 상주(商周)시대 유물로 고증하였으나, 현재엔 예기(禮器)의 일종
으로 수정했다.[02]

태양을 의부(意符)한 벽(璧)의 용도는 ① 제천(祭天), 제신(祭神)의 제
기(祭器), ② 신분 표지의 예기(禮器), ③ 벽사(辟邪)의 패용옥식(佩用玉
飾), ④ 부장품일 경우 시신 부패 방지용 등이다. 태양을 원형으로 한 벽
(璧)은 영원한 생명, 완전무결함, 부활 등을 상징한다. 완벽(完璧)이란
어휘는 여기에서 생겼다.

물징으로 보건대, 파형문의 자료로서 이른 시기에 나타난 것으로는 앙
소문화 도편(陶片)의 십자문을 비롯한 자료들이 있는데 가장 뚜렷한 것은

02) 《중국문물감상사전》, 리강출판사. 1991.

〔그림6〕광주 신창리 유적 파문원형칠기(지름 약 18cm, 두께 2.7cm)와 모사도
　　　국립광주박물관 소장

1954년 중국 호북(湖北) 경산(京山) 굴가령문화(屈家嶺文化) 권역에서 발견된 4,300년 전의 채도방륜(彩陶紡輪)〔그림3〕이다. 이 유물은 1959년 사천(四川) 무산(巫山) 대계진(大溪鎭)에서 여러 차례 발굴된 대계문화(大溪文化)의 인소(因素)를 계승한 문화로 비정되었다. 회전하는 선형(旋形)들의 디자인은 예나 지금이나 모두 회돌이형〔巴形〕이 기본형이다. 이것은 자동차 타이어의 휠과 선풍기 등의 디자인을 보면 명확하다. 모두가 회돌이 문양이다.〔그림5〕

와당(瓦當)〔그림4〕도 태양의 빛살을 선형화(旋形化)한 것인데, 이러한 문양을 간단하게 추상화하면 곧 회돌이형이 된다. 그러므로 회돌이형은 태양문이 그 뿌리임을 알 수 있다.(와당의 문양이 왜 회돌이형을 기본 문양으로 하고 있는가 하는 문제는 제Ⅴ부 제7장 〈기와의 명칭과 와당 문양의 상징〉에서 상세히 다룰 것이다.)

한국에서 현재까지 출토된 파형의 최초 물징은 1995~1997년 발굴 조사된 광주 신창리 유적에서 나온 원형칠기〔그림6〕이다. 이 유물은 중심부가 약간 두터워 불룩하며 테두리 쪽이 얇아지는 형태인데, 안쪽은 파문이고 바깥쪽은 태양의 광망을 톱니처럼 도려내는 박지(剝地) 수법을

〔그림7〕 김해 대성 동 고분 출토 현황

〔그림8〕 김해 대성동 13호분 고분 출토 지름 12cm, 경성대학교박물관 소장

〔그림9〕 내몽골오르도스 청동기박물관 청동포식(靑銅泡飾)

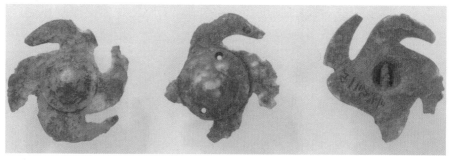

〔그림10〕 일본 오사카(大阪縣 和泉市) 황금총(黃金塚) 출토 파형동기, 방패 가죽에 붙은 채 출토 고분시대 4세기, 직경 5.3cm, 1945년 조사 발굴, 도쿄국립박물관 소장

사용하였다. 이것은 동경(銅鏡)과 같은 성질의 의기적(儀器的) 유물 형태로서 안팎의 문양은 모두 태양문을 상징한 것이다. 이러한 문양의 발상은 청동기시대의 파형동기에 그대로 이어진다.

2012년 8월 20일 김해시 대성동 고분박물관에 영남규슈고고학공동연구회 소속 일본 고고학자 40여 명이 제7차 학술 발굴 조사 결과를 확인하고자 방한했다. 이들은 4세기 전반 금관가야 왕릉급 목곽묘에서 청동창, 파형동기(88호분) 등 북방 유목민족인 모용선비족들의 3세기 전연(前燕)시대 유물이 출토되었다는 사실에 비상한 관심을 보였다.

[그림11] 김해 대성동 고분 발굴 제7차 학술 조사 결과를 확인하고자 방한한
일본 고고학자들의 현장 참관 모습(2012년 8월 20일) (사진 : 국제신문)

　그동안 파형동기는 왜계유물(倭係遺物)이며 그것이 한반도에 유입
된 것이라는 설이 중심이었는데, 김해 대성동에서 전연시대(前燕時代,
330~370)의 유물들과 함께 출토되었다는 사실은 지금까지 파형동기를
왜계유물로 본 학설에 중대한 모순이 생긴 것을 뜻하기 때문이다.

　일본은 1~2세기의 야요이시대(彌生時代)에 속하는 요시노가리(吉野ヶ

〔**그림12**〕 파형동기 주형(鑄型), 11.5×9.5cm
야요이시대(彌生時代) 1-2세기, 문화청 소장

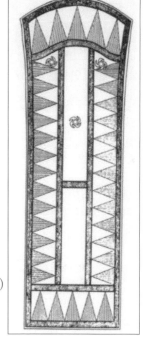

〔**그림13**〕 파형동기가 부착된 사가현(佐賀縣)
요시노가리(吉野ヶ里) 출토(황금총 고분)
방패 가죽 모사도

里) 유적에서 파형동기 주형(鑄型=거푸집)의 파편〔그림12〕이 발견된 바 있다. 이 주형의 파편덩이가 1~2세기의 일본이 독자적인 청동기 제작 기술을 확보했다는 물징으로 활용되었다. 따라서 이보다 2~3세기 늦은 한반도의 파형동기는 무조건 일본이 건네준 것으로 알려져 왔고 또 국내 의 고고학계도 그 설을 비판 없이 수용하여 왔다. 일본은 20여 곳의 유적 지에서 100여 점의 파형동기가 출토되어 그 수효도 많고 출토 지역도 광 범위한 점을 감안한다 하더라도, 가야의 파형동기가 왜계유물의 유입이 란 것은 임나일본부설을 뒷받침하는 일본 고고학계의 원모(遠謀)가 아닐 까 하는 의심이 든다.

2, 파형동기(巴形銅器)의 명칭 문제와 왜계유물(倭係遺物)의 시비

파형동기의 중국식 명칭을 보면 내몽골오르도스청동기박물관에서[03] 붙인 유물명이 청동포식(靑銅泡飾)이다. 그런데 일본과 한국에서만 파형동기라고 부른다. 일본 고고학계의 명명(命名)인 파형(巴形)이 무슨 의미인지 모르는 사람이 많다. 흔히 팔랑개비, 바람개비란 뜻으로 안다. 그러나 그렇게 이름 붙인 까닭은 파형동기의 판상돌기가 '巴'자나 '巳'(뱀사) 자의 금문자형(金文字形)과 비슷한 형태로 말미암아 파형이라고 한 것뿐이다. 기능은 바람개비처럼 돌아가는 선형(旋形)이지만 파형이란 그 말 자체엔 바람개비란 뜻이 전혀 없다.

따라서 파형동기를 '선형태양문(旋形太陽文)', 회문형(回文形)태양문, 회돌이형 태양문 청동기(靑銅器)로 이름 지으면 기원과 기능의 정보가 함께 담긴 용어가 된다. 유물의 이름은 유물의 기원, 상징에 대한 해석, 유물의 형태와 용도 등을 분석 고찰하여 그런 정보가 내장된 이름이어야 역사적인 인정을 얻게 된다고 할 것이다.

파형동기는 유목민인 북방의 흉노와 선비족들이 그들의 고유한 태양숭배사상을 문양으로 표현하여 여러 가지 기물에 사용한 것이 그 출현 배경이라고 본다. 그러므로 파형문청동기의 기원은 태양숭배의 원류사상에 있는 것이지, 일본의 주장처럼 오키나와 연안에 서식하는 뿔 모양의 조개인 스이지가이[그림17]의 모양을 모방한 것은 아니라고 생각한다. 일본의 주장대로라면 오르도스 지역에서 출토된 파형동기도 태양문이 아니고 조개 모양을 본뜬 것이라는 논리가 된다. 파형동기의 기원이 북방과 남방이 각각 다를 수는 없다. 그러므로 일본 고고학계는 이 동기의 제작이 그 당시 자체 기술로 제작된 유물인지 아니면 중국의 청동기 기술이 유입된 것

---

03) 오르도스(Ordos, 鄂爾多斯) : 중국 북부 내몽골 지역에 있는 고대 흉노의 주된 활동 무대였던 지역. 황하가 북으로 역류해서 흐르다가 다시 꺾여 내려와 ∏형을 이룬 내부 지역을 말함.

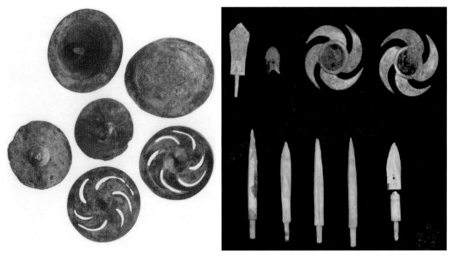

〔그림14〕 오르도스 지역 출토 청동포식(靑銅泡飾) 〔그림15〕 김해 대성동 고분 7차 발굴 유물 일부
춘추~서한, 내몽골오르도스청동기박물관 소장　　부산 대성동고분박물관 소장

〔그림16〕 일본 오사카 황금총 출토　　　〔그림17〕 오키나와 연안산 스이지가이 조개.
파형동기(복원품)　　　　　　　　　　뿔 달린 조개란 뜻임. 오키나와 민속에서
　　　　　　　　　　　　　　　　　　벽사의 의미로 문이나 벽에 걸어둠.

인지를 먼저 밝히고, 유입된 것이라면 한반도를 경유한 유입인지, 중국에서 직접 유입한 것인지를 먼저 밝히는 것이 순서일 것이다.

　논리적으로 생각하더라도 1~2세기의 고대 일본이 외부의 기술 도입 없이 고도의 청동기를 제작할 수준에 이르렀다는 것은 의문이다. 따라서 유

입경로를 생각한다면, 일본 열도에서 만들어진 파형동기가 거꾸로 금관 가야에 유입되었다는 문화의 역류 현상은 신뢰할 수 없는 구석이 많다. 그러므로 대성동 고분에서 출토된 유물의 정보는 일본 고고학계의 일방적인 주장을 반론할 새로운 근거가 된다. 따라서 대성동 고분의 파형동기가 왜계유물이라는 종래의 주장은 수정되어야 할 것이다.

3. 파형동기의 진화와 변형단계

파형동기의 상징은 태양이 끊임없이 회전한다고 믿은 고대인들이 태양의 기운을 문양으로 변환하여 시각화한 것이다. 그것은 결국 바퀴의 회전은 영원한 생명을 상징한다는 의미를 내포한 고대인들의 사유가 투영된 문양이다.

마가요문화(馬家窯文化, BC 5000~BC 3000) 채도(彩陶)의 만자문(卍字文)[그림18]은 곡선이 직선화된 디자인으로 현대적 감각을 느끼게 하는 파형문이다. 일반적으로 만자(卍字)를 우리는 석가모니 탄생 때(BC 544년경)부터 등장한 불교의 심벌로 이해하지만, 사실은 5~6천 년 전 앙소문화 시대부터 등장된 연원이 유구한 문양이다. 나치스의 상징인 하켄크로이츠 문장도 만자(卍字)가 변용된 것이다. 그리고 [그림23]의 오르도스 유물과 [그림24]의 나주 복암리 유물의 양자 사이의 농후한 유사성도 백제 문화의 북방계 영향을 잘 보여주는 물징이다.

문양의 역사는 첫째 추상적 사유의 내용을 구체적인 형식으로 시각화한다. 둘째 초기엔 본질을 중시하여 최대한 간결하고 소박한 디자인으로 하다가 뒤에 복잡해진다. 셋째 동일 문양을 대칭적으로 반복하여 통일성과 상징적 의미를 강조한다. 넷째 시대와 지역에 따라 의미의 상실과 디자인의 증감이 반복됨으로써 원래의 상징성은 희미해져 가고 새로운 상징이 탄생하는 과정을 밟게 된다고 정리할 수 있다.

〔그림18〕마가요문화(馬家窯文化)
만자문채도(卍字文彩陶), 청해성
민화현 신민향 출토(1920년대)

〔그림19〕나주 복암리 3호분 출토
만자명문(卍字銘文)
직경12.4cm, 토기 뚜껑 지름 14cm

〔그림20〕태양신조(神鳥) 금식(金飾),
직경12.4cm, 성도금사유지(成都金沙遺址)박물관,
높이 24cm, 입지름 12.5cm, 2011년 출토

〔그림21〕주(周), 양이청동파문(兩耳靑銅器巴文)

〔그림22〕일본 천황 즉위식장 궁중악 파문기

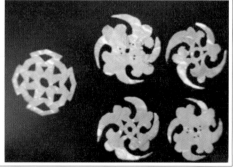

〔그림23〕파형문 마구(馬具), 내몽골오르도스청동기박물관
춘추~서한(BC 8세기~BC 2세기)

〔그림24〕파형문 금제장식, 나주 복암리 출토
길이 2.5cm, 국립광주박물관 소장

〔그림25〕 가야, 파형(巴形, 수레바퀴) 토기　　　〔그림26〕 발해 흥륭사(興隆寺) 卍자 석물　　　〔그림27〕 백제, 파형 와당

〔그림28〕 종묘문석 파형문　　　〔그림29〕 서오릉 계단석 파형문　　　〔그림30〕 징기스칸 사당　　　〔그림31〕 상투관 卍자
　　　　　　(宗廟門石)　　　　　　　　　　　　　　　　　　　　　　　　　　계단석 파형문

　　　결론적으로 파형동기는 그 기원이 태양의 심벌에 있다. 따라서 모두가
회전을 나타내는 형상이다. 회전은 태양의 불가사의한 힘과 지고지순한
지배를 의미하며 영원한 주기(周期)를 나타낸다. 일본 학계가 주장하는
스이지가이라는 조개를 모방한 해양기원설과는 무관한 인류의 시원사상
을 문양화한 고대유물이다. 그러므로 파형동기의 발생학적 배경을 외면
한 즉물적 발상의 일본 측 주장을 우리가 비판 없이 그대로 추종할 필요
는 전혀 없다고 할 것이다.

제3장 청동기시대 동경(銅鏡)과 동령(銅鈴)의 비의(秘儀)

"신석기시대와 철기시대 사이에 들어선 한국의 청동기시대는 그 연대를 북한은 BC 3000년 무렵부터라고 추정하고, 남한은 대체적으로 BC 2000년 후반부터 시작된 것으로 구분하고 있다."[01]

"중국 청동기문화의 기원은 고고학적 보고로는 섬서(陝西) 임동(臨潼) 강채(姜寨) 앙소문화(仰韶文化) 유지(遺址)에서 수습된 반원형 동잔편(銅殘片)이 최초이며 그것의 연대는 BC 4700년 무렵이라고 한다."[02]

6천~7천 년의 연원을 지닌 중국의 청동기는 이미 삼대(三代) 하, 상은, 주(夏, 商殷, 周) 때부터 다종다양한 품류, 문양과 기형(器形)의 창조적 조형성과 뛰어난 미술적 가치, 고도의 제작 기술로 빚은 빼어난 정미성(精美性), 명문(銘文) 내용의 풍부한 사료적 가치와 서예적 자료 등으로 고대 중국의 가장 중요한 문물이 되었다.

이에 견주어 한국의 청동기문화를 중국과 견주어볼 때 유물의 수효와 제작 기술 면에서 그 차이를 거론할 단계가 못되며 연대 또한 많이 늦은 편이다. 한국의 청동기는 출토된 유물을 보더라도 무구(巫具)를 비롯한 소박한 의기(儀器)들과 동검 등 무기류가 대부분이다.

1973년 국립중앙박물관에서 청동기 특별전 〈한국선사시대청동기(韓國先史時代青銅器)〉가 처음 열렸고, 그 20년 뒤인 1992년 〈한국(韓國)의

---

01) 《한국고고학사전》, 국립문화재연구소, 1161~1162쪽.

02) 李學勤, 〈中國青銅器的起源與發展〉, 《中國美術全集 · 工藝美術編4 青銅器（上）》 문물출판사, 1990, 1쪽.

〔그림1〕 도철문뢰(饕餮文罍, 술독 뢰)　　〔그림2〕 인면화(人面盉, 조미할 화)
　　　*상대(商代) 전기　　　　　　　　　*상대(商代) 후기
　　　*높이 25cm, 지름 19cm　　　　　　*높이 18.5cm
　　　*중국역사박물관 소장　　　　　　　*하남 안양 출토
　　　　　　　　　　　　　　　　　　　*워싱턴 프리어 동양미술관 소장

*〔그림1〕의 목 부위(頸部)에 민(黽,맹꽁이 민)자문(字紋)이 세 군데 있는데, 그 상징은 아
직 해독되지 않았다. 〔그림2〕의 몸통 하단과 복부(腹部)의 와문(渦紋), 하단 위의 삼각집선
문은 모두 태양문에 연원한다.

청동기문화(靑銅器文化)〉특별전이 다시 열려 한국의 청동기문화를 총괄
적으로 조망할 수 있는 기회가 있었다. 한국 청동기시대의 유물은 샤머
니즘의 의기(儀器)인 동검(銅劍), 동경(銅鏡), 동령(銅鈴) 세 가지가 표준
유물이다. 이것을 흔히 삼대신물(三大神物)이라고 일컫는데 거기엔 청동
기시대의 사상과 문화의 상징성이 간박(簡朴)하게 반영되어 있다. 따라
서 삼대신물의 양식과 문식(文飾)의 상징의미를 해석하는 것은 한국 청
동기문화의 성격을 구명(究明)하는 데 매우 중요한 수단이 된다.

1. 태양을 상징한 삼대신물(三大神物)

청동기시대는 신무(神巫)의 시대 곧 샤머니즘의 시대였다. 신무는 하늘과 인간 사이를 소통하고 매개하는 능력을 지닌 신(神)의 대리자였다. 제천(祭天), 제신(祭神)을 주관하는 제사장(祭祀長)의 신분으로 또 한편은 집단을 통치하는 군장의 신분으로 부족의 우두머리에 위치한 존재가 신군(神君)이다. 원시사회에서 한 단계 진보된 제정일치시대(祭政一致時代)에 통치자의 이러한 양면성은 신화생성의 중요한 모티브가 되었을 것이다.

그런데 신무에겐 신과 소통을 상징하는 권위의 의기(儀器)가 반드시 필요했다. 그 대표적인 의기가 고분에서 출토되는 동검(銅劍), 동경(銅鏡), 동령(銅鈴)이다. 한국에선 이를 삼대신물(三大神物)이라 하고 일본은 동령 대신 곡옥을 포함하여 왕권의 상징인 신기삼종(神器三種)이라고 부른다. 일본이 동령 대신 곡옥을 넣은 이유는《고사기(古史記)》의 〈천손강림신화(天孫降臨神話)〉에 세 가지 물건 가운데 곡옥이 등장하기 때문이다.

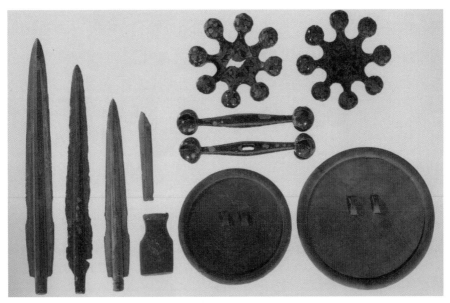

〔그림3〕화순 대곡리 유적 출토 동검, 동경(오른쪽 18cm), 동령 등 삼대신물, 국보 제143호 (사진: 국립중앙박물관 특별전《한국의 청동기문화》도록, 1992년)

 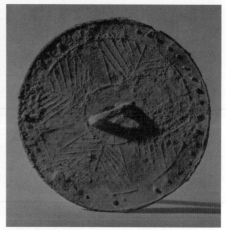

〔그림4〕 칠각성문경(七角星紋鏡)	〔그림5〕 엽맥문경(葉脈紋鏡)
중국 최고(最古) 청동거울, 1977년 청해 귀남(靑海 貴南) 타마대(朶馬臺) 제가문화 묘지(齊家文化 墓地) 25호묘 출토(제가문화 : 감숙성 지구 신석기 만기문화, 동석(銅石) 병용단계(竝用段階), BC 2000~BC 1900) 지름 8.9cm, 주석 함량 10% 청해성문물고고대 소장	1976년 하남 안양 소둔(河南 安陽 小屯) 출토 부호묘 공반 출토 4개의 거울과 형제(形制)가 서로 닮음 청해 귀남 칠각성문경(七角星紋鏡)과 연원상(淵源上) 관계 있음 지름 11.7cm 중국역사박물관 소장

곡옥은 금관이나 목걸이 등에 장식하는 고귀한 유물이지만, 무교(巫敎)의 처지에서 보면 곡옥보다 소리를 전달하는 방울이 훨씬 더 영력(靈力)이 높은 고제적(古制的) 성격을 지닌 신물(神物)이라고 할 수 있다.

같은 신물이라 하여도 동검은 생살여탈권(生殺與奪權)을 한 손에 쥔 통치자의 권능을 나타내는 신검(神劍)이라 한다면, 동경과 동령은 하늘의 뜻을 인간세계에 전달하고 인간의 뜻을 하늘에 올리는 권위의 의기로서 그 성격은 소통의 동질성을 지니고 있다. 곧 동경은 시각적인 신물이고, 동령은 청각적인 신물이란 근본적인 차이가 있지만, 두 신물 문양의 상징성은 태양숭배의 시원적 사유가 변환된 다시 말해 '태양과 그 신의(神意)의 상징물'이라는 공통점이 발견된다.

〔그림4〕는 4000년 전 중국 최고(最古)의 동경 가운데 하나이고, 〔그림5〕는 약 3200년 전 은허(殷墟) 부호묘(婦好墓) 출토 동경이다. 두 동경의

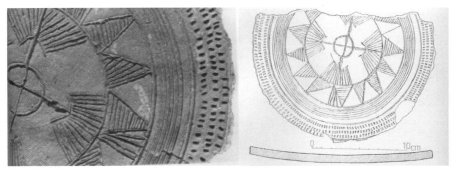

〔그림6〕 창원시 외동 성산패총(城山貝塚), 사적 제240호 토제경(土製鏡), 청동기시대 말기,
1974년 발굴 조사, 실측도(오른쪽)
(사진 : 기타노 고헤이(北野耕平), 〈馬山市外洞城山貝塚の土製鏡に關する二,三の問題〉,
《윤무병박사회갑기념논총》, 1984년, 577쪽)

〔그림7〕 전(傳) 맹산(孟山) 출토
동경(銅鏡) 거푸집(鎔范)

〔그림8〕 대전 괴정동 출토 조문경(粗文鏡)
국립중앙박물관 소장

문양은 고도의 기법을 자랑하는 진한대(秦漢代) 동경과 비교해볼 때, 원
시적 의장(意匠)의 집선삼각문(集線三角文)이 기하학적으로 시문(施文)
된 초기 동경의 성격이 아주 강하다. 이 집선삼각문은 곧 빛살무늬를 상
징한 것으로 테두리의 볼록 연주(連珠)도 태양문을 표현한 것으로 봐야
한다. 그 까닭은 거울은 빛을 반사하는 물건으로서, 모양을 태양처럼 원
형으로 만들고, 거기에 빛살로서 시문하여 태양을 완벽하게 상징하려고
한 유물이기 때문이다. 이런 발상은 청동기시대 사람들의 의식 속에 그

들이 숭배한 태양의 이미지를 상징하고자 한 디자인의 지혜다. 이런 상징이 4천 년 전부터 시공을 넘어 동북아시아 청동기문화의 원류로 작용해왔던 것이라고 이해된다. 그 예로 성산패총 토제경(土製鏡)[그림6]과 전 맹산(傳 孟山) 출토 동경 거푸집[그림7], 대전 괴정동 유적 출토 동경[그림8]의 문양이 중국 최고 동경[그림4, 5]의 문양과 2천 년이 넘는 시간적 차이와 거리적 간격에도 불구하고 태양의 빛살무늬 곧 집선삼각문(集線三角紋)의 표현 요소를 공유하고 있다는 사실에서 그 맥락은 충분히 증명된다.

2. 동경(銅鏡)은 일자계(日子系) 증명의 반사물(頒賜物)

성산패총 출토 토제경(土製鏡)은 동경을 모방한 주술적 의기(儀器)로 추정되는 유물이다. 동경의 기원에 대해선 진대(晋代) 최표(崔豹)가 찬(撰)한 《고금주(古今注)》에 쑥을 모아 햇볕을 집광(集光)하여 불을 얻기 위한 발화구(發火具)에서 비롯되었다는 기록이 있다.[03] 그러나 내 생각은 동경이 생활의 용구에서 생겨난 것보다, 태양의 아들, 곧 일자(日子)의 신분을 자처하는 중앙의 통치자가 분권(分權)해나가는 제후(諸侯)에게 일자계(日子系)임을 인정하며 권한을 부여하는 신분증과 같은 반사물(頒賜物)에 태양의 이미지를 담아 제작한 데서 그 기원이 이루어졌을 것으로 추측한다. 그 때문에 얼굴을 비쳐보는 실용성보다 권위를 상징하는 주술적 성격의 무구(巫具) 또는 의기(儀器)의 유물로 시작된 점이 동경의 초기 성격일 것으로 판단한다. 성산패총 출토 토제경처럼 동경을 모방하여 흙으로 만든 점은 바로 그런 의미를 뚜렷하게 발언하는 물징일 것이다.

우리나라에서 태양문을 상징한 대표적인 청동기로는 BC 3~4세기 전

---

03) 李先登, 《商周青銅文化》, 상무인서관, 1997, 152~155쪽.

〔그림9〕 다뉴세문경
(多鈕細文鏡), 국보 제141호
숭실대학교박물관 소장

〔그림10〕 조문경(粗紋鏡)
지름 8cm
국립중앙박물관 소장

〔그림11〕 전 익산 출토
원형유문동기(圓形有紋銅器)
국립중앙박물관 소장

맹산 출토 원형유문동기(圓形有文銅器)〔그림11〕가 있다. 이와 관련된 이건무의 언급이 있다.

"이 동기의 문양은 안쪽에 십자형과 바깥쪽에 방사선(放射線) 일광문(日光紋)을 시문하였다. 이것은 샤만이 태양의 의미로서 사용한 무구로 믿어진다."[04]

그런데 중국 동경은 뉴(鈕 : 꼭지 뉴)가 중앙에 한 개 있고, 한국의 초기 동경은 〔그림9, 10〕처럼 꼭지〔鈕〕의 위치가 중앙에서 약간 벗어난 자리에 두 개가 있으며 삼각문과 집선문 등 기하학적 구성으로 동경의 특징을 이루고 있다. 고식(古式) 동경은 선이 거칠고 굵은 조문경(粗文鏡)이었고, 그 뒤 선이 가늘고 세밀하며 꼭지가 한 개 이상인 다뉴세문경(多鈕細文鏡), 그 뒤에 정문경(精文鏡)으로 발전했다.

대구 평리동 출토의 동경〔그림13〕은 한대(漢代) 동경(銅鏡)〔그림12〕의 양식을 영향받은 방제경(倣製鏡)으로 한경(漢鏡)처럼 꼭지〔鈕〕가 하나이며 디자인도 태양의 방사선 문양이다.

---

04) 이건무, 〈전 익산출토 원형유문청동기〉, 《윤무병박사 회갑기념논총》, 통천문화사, 1984, 117쪽.

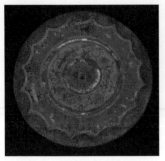  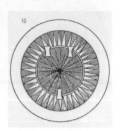

〔그림12〕 서한(西漢) 시대
출토지-서안홍묘파(西安紅廟坡)
1963년 출토
서안시 문물관리처 소장

〔그림13〕 대구 평리동 출토
한방제경(漢倣製鏡)
지름 14.8cm

〔그림13-1〕 함흥 출토
정문경, 지름 8cm

〔그림14〕 황남대총 출토, 지름 14.9cm

〔그림15〕 무령왕릉 출토, 국보 제161호

　동경과 동령의 문양이 태양의 이미지를 상징하고 있다는 사실은 청동
기시대 문화적 본질을 파악할 수 있는 핵심 사항이 된다. 이미 총론에서
말했거니와 상고시대 神의 원형은 태양이다. 그러므로 초기엔 〈신무(神
巫) → 제왕(帝王) → 권력자(權力者)〉의 신분만이 태양을 상징한 신물을
소유할 수 있었다고 보는데, 그 뒤 진한대(秦漢代)에 이르러 동경은 생활
의 용품으로 널리 확산되어 나갔던 것으로 파악된다.

신라와 백제의 동경〔그림14, 15〕의 꼭지〔鈕〕가 한 개인 것은 한경화(漢
鏡化)된 양식이다. 그리고 이른바 거치문으로 부르는 테두리의 삼각문을
다음과 같이 해석하기도 한다.

"그 자체로서 상징적인 뜻은 가지지 않은 그저 시각적인 효과, 기능만을
가진 것이라고 해야 할 것 같다. 다시 말하면 청동기시대 사람들은 그러한
삼각조합문에서 뜻이 아니라 시각적인 쾌감을 느낀 것이며 조합삼각형문
이 발산하는 예리한 추상성이 의기(儀器)로서의 효과를 더 증가시킨다고
생각하였을 것이다."[05]

위와 같은 견해는 동경의 삼각문을 상징의 의미가 없는 시각적인 효과
와 기능만 있는 문양이라고 해석한 견해다. 그러나 이런 해석은 동경 문
양에 내장된 정보를 충분히 읽어내지 못하여 그야말로 피상적인 견식에
지나지 않는 해석이다. 동경 내구(內構)의 삼각형문은 둥근 기형(器形)에
는 거의 빠짐없이 시문되는 문양으로 이것은 빛살무늬를 표상한 것임에
틀림없다. 태양의 원형을 닮은 둥근 기형에는 태양의 광망(光芒)을 기호
화한 삼각형 빛살무늬가 신석기시대 토기에서부터 나타나는 문양의 보
편적 양식이다.

그러므로 빛의 물건인 동경의 삼각형문은 태양의 신의(神意)를 상징한
것으로 그 의미를 해석하고자 한다. 따라서 이런 문양의 상징적 해석을
배제하고 연원조차 알 수 없는 거치문(鋸齒紋)과 같은 즉물적 이름 짓기
와 상징적 의미가 없는 시각적 효과만을 위한 것이라는 견해에는 솔직히
말해서 동의하기 어렵다.

---

05) 김원룡, 〈한국청동기시대의 예술과 신앙〉, 《한국고고학연구》, 일지사, 1987,
180~181쪽.

3. 동령(銅鈴)의 상징세계
─신(神)의 소리, 천음(天音)을 전달하는 무구(巫具)─

청동기시대 삼대신물의 하나인 청동방울은 하늘의 뜻을 인간에게 전하고 인간의 뜻을 하늘에 고하는 소리의 의기이다. 신의 뜻을 전하는 소리는 신령스러움이 있어야 한다. 그러므로 신무는 긴 막대 끝에 방울을 꽂아 흔들며 신령스러운 신탁(神託)의 말을 한다. 《삼국지(三國志)》〈위서 · 동이전 · 한(魏書 · 東夷傳 · 韓)〉조(條)에 "소도에 큰 나무를 세우고 방울과 북을 메달아놓고 귀신을 섬긴다."(蘇塗 立大木 縣鈴鼓 事鬼神)는 기록이 이런 사실을 뒷받침한다. 동령은 간두령(竿頭鈴)과 쌍두령(雙頭鈴), 칠두령(七頭鈴)과 팔두령(八頭鈴)[06]으로 된 가지방울 등의 종류가 있는데, 모두 태양의 빛살무늬를 방사선(放射線) 모양으로 조형함으로써 신령스러운 정령(精靈)이 깃든 무구임을 상징하였다.

이른바 가지방울이라고 말하는 팔두령〔그림16〕은 중국과 일본에선 출토되지 않고 한국에서만 출토되었던 특별한 유물이다. 팔두령은 화순 대곡리와 상주, 논산, 덕산 등지에서 출토되었다고 전하는 다수의 유물이 있다.

칠두령〔그림17〕은 부산 동래 복천동 고분 가운데 가장 높은 위치에 있는 22호분에서 출토된 것으로 다음과 같이 설명한다.

"출토 당시 유물은 무덤 주인공의 우측 머리 위에 놓여 있었으며 자루의 홈에는 썩은 나무가 끼어 있었다고 보고되었다. 이러한 고분의 위치와 출토 상황은 피장자가 최고의 존자(尊者)로서 오른손에 칠두령 자루를 쥐고 묻혔으며 동래지역을 다스린 지배자 신분이었음을 뜻한다."[07]

---

06) 두령(頭鈴)을 학자에 따라 주령(珠鈴)으로 부르기도 함.

07) 《부산의 역사와 복천동 고분군》, 1996, 169쪽.

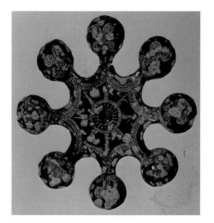

〔그림16〕 상주 출토 팔두령(八頭鈴)
(실물은 현재 행방불명임)

〔그림17〕 칠두령(七頭鈴)
복천동 고분 22호분 출토
부산시립복천동고분박물관 소장

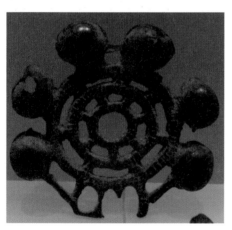

〔그림18〕 흉노동령구(匈奴銅鈴具)
내몽골오르도스청동기박물관 소장

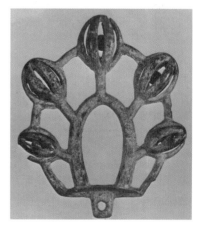

〔그림19〕 동제오령구(銅製五鈴具)
고령 출토, 길이 12.1cm,
숭실대학교박물관 소장

이 보고서를 보면, 칠두령의 구실이 무엇이었던가 하는 점이 암시되고
있다. 2~3세기 오르도스 흉노동령구〔그림18〕는 복천동 칠두령과 고령
출토 동령구〔그림19〕의 선형(先形)으로 판단한다. 그렇다면 김해 대성동
파형동기도 오르도스 청동문화의 전파와 영향으로 보는 것이 순리일 것
이고, 왜계파형동기(倭系巴形銅器)로 보긴 어렵다고 하겠다.

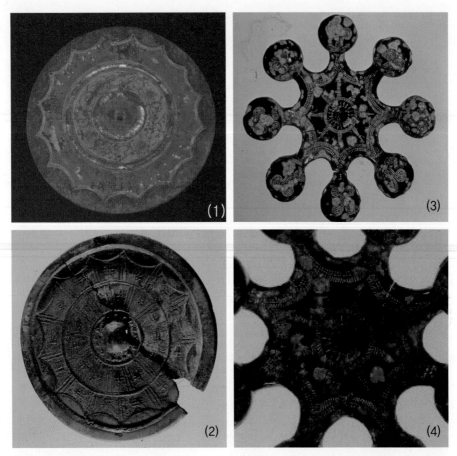

(1) 한경 (2)대구 평리동 출토 동경 (3)전 상주 출토 팔주령 (4)화순 대곡리 출토 팔주령

〔그림20〕 동경과 동령의 문양 비교

　팔주령의 내부 문양을 보면 동경과 마찬가지로 방사선 모양의 태양문이다. 내부만이 그러한 것이 아니고 외부의 가지방울 자체가 뻗치는 방사선 형태로 둥근 태양의 모습을 그대로 닮았다. 동경이 권력자인 군장(君長)의 상징물이라면, 팔주령과 같은 의기는 최고의 샤먼임을 표징하는 무구(巫具)로 추찰된다. 왜냐하면 샤머니즘의 세계는 소리의 영향력을 훨씬 더 강렬하게 받아들이는 '영혼의 소리세계'이기 때문이다.

　태양 상징의 시각적인 의기가 동경이라면, 청각적 무구는 동령이다. 고유어 '소리' 는 태양신의 고유어 '살'에서 분화된 언어임을 총론에서 이미

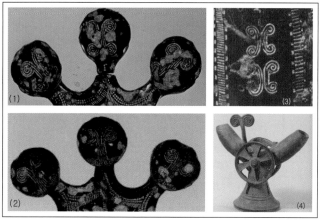

(1)전(傳) 상주 출토 팔주령 (2)화순 대곡리 출토 팔주령
(3)청동간두령(靑銅竿頭飾), 구(舊) 김동현 소장
(4)의령 출토 토기, 보물 제637호

〔그림21〕 동령 문양과 토기 문양 비교

〔그림22〕 동물문(動物文) 견갑(肩甲)
경주 부근 출토, 일본 오쿠라(小倉) 컬렉션

서술한 바 있거니와, 그 논리가 동경에는 '살'로, 동령에는 '소리'의 문양
으로 고스란히 실증되고 있음을 확인하였다.

팔주령의 방사선 끝의 방울과 청동 간두령(竿頭鈴), 청동 견갑에는 고
사리처럼 돌돌 말린 아령 모양의 문양이 있다. 이 문양의 계보는 앙소문
화 채도(彩陶)와 은주시대 청동기에 그 조형(祖形)이 이미 나타나는 것으
로, 그 상징의 의미는 태양기운이 응결된 대칭적 조화와 구조미라고 해석
한다. 동령 부분의 형태는 소리를 듣는 귀의 형상을, 견갑 부분의 형태는
뿔의 형상을 닮았다. 이런 문양을 고사리무늬〔蕨手文, 궐수문〕로 일컫기
도 하나, 그 또한 상징해석과는 거리가 먼 이름이다. 토기의 수레바퀴는
일정(日精)을 나타낸 선형(旋形=회돌이 모양)으로 이른바 파형문이 추상
화되기 이전 단계라고 말할 수 있겠으며, 위에 있는 달팽이 구조와 같은
것 또한 그 맥락은 태양의 에너지가 응결된 상징문양이라고 봐야 할 것이
다. 그러므로 의령 출토 토기〔그림21-(4)〕는 지금까지 그 용도를 잘 몰랐
기 때문에 이형토기(異形土器)로 분류했지만, 문양의 상징해석을 통해 볼

때, 불[火=하늘기운]과 관계있는 등구(燈具) 계통의 토기로 분류하는 것이 옳다고 본다.

선사시대의 이른바 기하학적 문양에 속하는 뇌문(雷紋), 와문(渦紋), 동심원문(同心圓紋), 거치문(鋸齒紋), 파상문(波狀文) 등은 모두 태양 숭배사상에 바탕을 둔 빛살무늬의 변형들이라고 생각한다. 그러므로 이런 유물의 명칭엔 반드시 태양의 빛살이라는 고대 정보가 깔린 이름을 지어야 고대문화의 원류를 근본적으로 이해하는 길이 열린다는 것을 강조한다. 그렇지 않으면 번개, 소용돌이, 동그라미, 톱니, 물결 등 피상적 이미지만 남게 되어 그런 문양의 발생 배경의 물음에 이해를 돕기는커녕 도리어 혼란만 가중되는 계통의 난맥상을 초래할 수 있기 때문에 불가피한 비판을 하지 않을 수 없다.

4. 동경과 동령은 태양을 의부(意符)한 신의(神意)의 상징물

결론적으로 말하여, 시각적 의기의 동경과 청각적 의기인 동령에 새겨진 부호들은 태양의 이미지를 형식언어로 변환하여 최고 존자가 지닌 권위의 상징물로 삼은 것이기 때문에, 그 기능은 다르지만, 상징의 내용은 똑같은 성격임을 고찰했다.

동경은 청동기시대 통치자가 지니고 있는 권능의 상징물로서, 분권(分權) 시(時)에는 중앙에서 내려주는 반사물(頒賜物)이자 빛의 아들[日子], 해의 자손, 곧 천손임을 증명해주는 신물(神物)임을 상징하고 있다. 청동방울은 신과 인간 사이에서 소리를 전달하는 소통의 의기로서, 더욱이 한국에서만 출토되고 있는 팔두령(八頭鈴=八珠鈴)은 전체 조형과 문식면에서 태양 그 자체의 조형을 상징하고 있다. 따라서 동경과 동령은 총체적으로 '태양을 모티브로 한 신의(神意)의 상징물'이라고 해석한다.

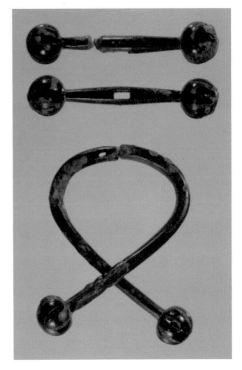

〔그림23〕 간두령(竿頭鈴)　　　〔그림24〕 전 논산 출토 쌍두령

　　선사시대 선인들이 오늘날 우리들에게 유물을 남겨놓으려고, 보여주려
고 만들지 않았음에도 출토 유물들의 발언은 항상 우리를 감동시킨다. 그
기원(祈願)의 간절함과 기법의 간결함이 항상 신비한 힘으로 우리를 압도
한다. 그러므로 문자 정보가 없는 고대유물의 해석에는 제일 먼저 그 시
대 정서로 환원하는 연습이 무엇보다 중요하다. 선사시대 유물에 대한 상
징과 해석을 하면서 고대인으로 되돌아간 사유의 연습을 해보지 않고서,
현대의 지식과 눈의 잣대로만 분석하려는 태도는 많은 오류를 범하기가
쉽다. 그래서 유물과 깊이 있고 진솔한 대화는 항상 중요한 것이다.

제4장 청동기시대 비파형동검(琵琶形銅劍)의 원의(原意)

한국 청동기시대의 대표적 유물 가운데 하나인 비파형동검에 관한 지금까지 해설을 먼저 보자.

> "비파형 동검은 검신(劍身)의 형태가 비파와 비슷해 붙여진 이름이다. 중국 동북지방에 있는 요하(遼河)를 중심으로 한 요령(遼寧) 지방에 주로 분포하기 때문에 '요령식 동검'이라고도 하며, 광복 전에는 '만주식 동검'으로 불렀다. 학자에 따라서는 부여 송국리에서 출토된 예에 따라 '부여식 동검'이라고도 하며, 형태에 따라 '곡인청동단검(曲刃靑銅短劍)'으로 부르기도 한다."[01]

이처럼 비파형동검의 이름은 다양하다. 중국에선 곡인청동단검으로 부르고, 한국에선 비파형동검으로 불러왔다. 음악과 관계가 없는 청동기 유물을 단순하게 형태가 비파처럼 생겼다고 해서 비파형동검이라고 명명한 것은 이해하기 참 어려운 이름이다. 때문에 최근에는 이 동검의 기원과 출토지에 연계하여 요령식 동검으로 부르는 추세가 늘고 있고, 국립중앙박물관에서도 그것을 공식 명칭으로 정하고 있다. 이러한 비파형동검에 대해서 다음과 같이 설명한다.

> "한국의 청동기문화의 변천과정을 살피는 기준이 되는 표지유물로서 청동기 유물 중 가장 많이 연구되어 왔다."[02]

---

01) 《한국민족문화대백과사전》, 한국학중앙연구원.

02) 《한국고고학 사전》, 국립문화재연구소, 539쪽.

한국 청동기문화를 이해하는 데 기준이 되는 것이 바로 비파형동검이란 것이다. 그런데 유물이 출토되는 곳에 관해서는 이렇게 설명한다.

"한국에선 함경북도를 제외하고는 전국에서 현재까지 약 60여 점이 발견되었는데, 대체로 남방식 고인돌이나 돌널무덤에서 출토되고 있으며 드물게 산비탈의 너덜겅이라고 하는 돌무더기 속에서 발견되는 경우도 있다."[03]

비파형동검은 남방식 고인돌이나 돌널무덤과 깊은 관련이 있다고 지적했다.

1. 비파형동검에 대한 세 가지 의문

황하(黃河)와 장강(長江) 유역에선 비파형동검이 한 자루도 출토되지 않고, 요하 유역과 한반도에서만 출토되는 이 동검의 문화 담당 주체는 누구인가 하는 문제가 가장 중요한 관심거리였다. 이 문제는 청동기시대 한반도 선민(先民)들의 내원(來源)과 밀접한 관계가 있으므로 우리의 관심을 끌지 않을 수 없다. 그러므로 그동안 청동기 유물 가운데에선 가장 많이 연구되어 왔던 것이다.

그러나 다른 검과는 다르게 왜 비파처럼 특이하게 만든 그 조형에 대한 궁금증을 해소할 상징해석은 연구된 바가 없었다. 그래서 이 동검의 상징성을 해석하고 그 속에 저장된 정보를 알아내려면 분포 지역에 따라 출토되는 유물의 특성을 발견하여 어떤 공통분모를 추출할 수 있느냐 하는 문제가 실제로 가장 중요하다고 하겠다. 그런 작업을 위해 먼저 다음과 같은 의문들이 먼저 풀려야 할 것이다.

---

03) 이건무, 조현종, 《한국미 재발견1-선사 유물과 유적》, 131~135쪽.

(1)비파형동검 문화 담당 주체가 누구였느냐?

(2)비파형동검의 기능은 무엇인가?

(3)비파형동검의 조형적 특징과 그렇게 만든 이유는 무엇인가?

위의 세 가지 물음에 대한 해명을 통해서 비파형동검의 상징성을 해석하고자 한다.

2, 비파형동검의 문화 담당 주체는 누구?

첫째 비파형동검 문화의 주인공은 누구였느냐 하는 문제다. 비파형동검이 어떤 족속의 문화인가를 알아야 할 이유는, 그 족속의 종교적 의식과 사상이 문화에 반영되기 때문에 문화 담당 주체가 밝혀져야 그 문화의 상징성을 해석할 수 있는 기초 자료를 얻을 수 있기 때문이다.

연구자들에 따르면, 이 문화의 주체자는 요하문명과 관계가 있는 동이 계통설(김원룡, 김정학, 임병태), 동호족 계통설(윤무병, 주귀(朱貴), 근풍이(靳楓毅)), 최근 제기되고 있는 요하문명론과 상주(商周) 문화 북상설(北上說) 등 다양하다고 한다.[04]

동이(東夷)와 동호(東胡)는 사실상 뿌리가 같은 종족이라고 할 수 있으며, 선비족(鮮卑族)도 여기에 포함된다. 이들이 고대 요하문명의 주인공들이었으므

〔그림1〕 부여 송국리 출토, 1974년, 길이 33.4cm, 국립중앙박물관 소장

04) 하문식, 〈요동지역의 문명기원과 교류〉, 《동북아시아의 문명기원과 교류》, 학연문화사, 2011, 188~192쪽.

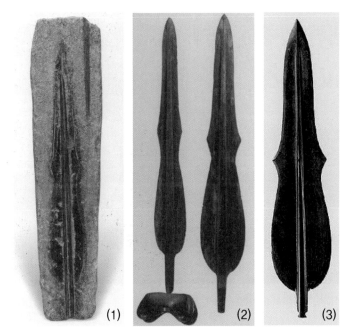

(1)곡인단검석범(曲刃短劍石范), 춘추 후기, 조양(朝陽) 출토, 조양박물관 소장
(2)곡인청동단검(曲刃青銅短劍), 춘추 후기, 1958년 조양12태영자(台營子) 출토,
　요녕성박물관 소장
(3)전 상주 출토, 국립중앙박물관 소장

〔그림2〕각 지역에서 출토된 비파형동검과 거푸집

로 따지자면 역사적 전개에 따라 호칭은 달리했어도 혈통은 비슷한 족속
이라 하겠다. 이들 주인공들의 사상적 공통점은 태양 숭배사상이다. 이
미 앞에서 이 지역에서 출토되는 청동기시대 표지유물인 동경과 동령에
새겨진 문양들이 모두 태양을 모티브로 한 신의(神意)의 상징임을 살펴
보았다.

　비파형동검에도 칼자루의 손잡이 부분〔劍把部〕엔 이른바 삼각문(三角
文), 뇌문(雷紋) 등 태양을 의부(意符)한 문양이 새겨져 있다. 이것은 비파
형동검도 동경이나 동령과 마찬가지로 태양을 신(神)의 원형으로 숭배한
고대 동이족들의 의식을 표현한 물징(物徵)이란 이야기다. 그러면 비파형

〔그림3〕 동북아 동검과 지역(사진자료 : KBS 역사스페셜)

동검과 동경, 그리고 동령의 삼대신물은 태양을 의부한 동일한 문양의 상징성을 공유한 신물(神物)이며 의기(儀器)라는 설명이 가능해진다. 세 가지 물건을 묶어서 삼대신물이라고 한 이유를 명확히 알 만하다.

다시 말하여 신석기시대 홍산문화와 그 문화적 인소(因素)를 승계한 요령지방의 청동기문화의 주체 세력은 북방 유목문화를 형성한 동이 세력들이다. 고대 민족의 보편적 현상이긴 하지만 북방 유목문화의 특색도 역시 태양 숭배사상을 모형(母型)의 원리로 하고 있다. 동이 계통인 소호족(少昊族)의 활동 무대로 비정된 대문구문화(大汶口文化) 유물들을 비롯하여, 《한서(漢書)》〈흉노전(匈奴傳)〉에 기록된 제천의식(祭天儀式)과 아침저녁 배일습속(拜日謵俗) 등은 모두 태양숭배 사상을 따른 것임을 증명한다.

인간들의 시원사상인 태양숭배는 태양의 다른 모습인 불〔火〕을 숭배하여 신권(神權)과 왕권(王權)을 상징하였다. 화염문과 불꽃봉오리를 관식

〔**그림4**〕 달집태우기 민속(경북 청도)

(冠飾)과 복식(服飾)의 문양으로 사용하거나 조형물로 만들어, 최고 존자(尊者)는 늘 그것을 몸에 지녀 권위의 상징물로 삼았다. 교제(郊祭)를 지낼 땐 섶을 모아 거대한 햇불을 올리는데, 햇불은 불이라는 거대한 에너지를 통해 모든 사악한 기운을 태워 날려버리는 제액(除厄)의 정화의식이기도 하지만, 그 바탕사상은 태양숭배에서 싹튼 천제(天祭)의 성격처럼 신께 기원하는 인간들의 숭고한 의식 작용이라고 할 수 있다. 우리 민속의 달집태우기가 바로 그러한 유습의 흔적〔그림4〕이라고 생각된다. '햇불'이란 말이 '해'와 '불'을 복합한 언어 구조인 것을 보면 이는 분명한 사실이라 하겠다. 이런 것이 곧 사징(事徵)이자 언징(言徵)인 것이다.

비파형동검은 요하(遼河) 유역을 중심으로 요령(遼寧) 지방에 분포된 의기이다. 땅 이름이면서 나중엔 나라 이름도 된 '요(遼)'의 글자풀이〔字解〕를 보자. '遼〔멀 료〕는 《한서(漢書)》와 《진서(晉書)》에 이미 나타나고 있는 글자인데, 원래 '尞'(불태울 료, 햇불 료, 燎의 初文本字)에 책받

〔그림5〕 고대에 구려하(句驪河)로 불렀던 요하(遼河)

침이 더해진 글자이다. 교제(郊祭)를 지낼 때 섶을 모아 태우던 거대한 횃불이 '尞'이다. 그러므로 '尞'에 책받침 착(辶)을 첨가한 '遼'의 해석은 '尞'〔횃불〕의 이동, 곧 교제(郊祭)의 제단(祭壇)을 옮겼다는 의미가 된다.

'尞'〔횃불〕의 제단과 신위(神位)를 짊어지고 동이족들은 중원에서 변방인 요하(遼河) 유역으로 멀리 밀려난다. 요원(遼遠)하다는 말이 여기서 나온 말이다. 밀려난 세력들은 고토(故土) 회복의 염원을 이루기 위해 중원(中原)을 향한 끊임없는 침략을 획책한다. 그것이 중원 세력인 한족(漢族)들로 하여금 만리장성을 쌓게 했던 이유가 되었을 것이다.

땅이름에는 거기에서 살았던 인간들의 신화와 전설과 역사가 서려 있다. 《흠정성경통지(欽定盛京通志)》에선 요하(遼河)를 고대엔 구려하(句驪河)로 불렀다고 한다. 그렇다면 고구려와 이름도 비슷한 구려하는 고구려와 어떤 관계가 있는 이름이며, 요하를 중심으로 한 요동(遼東)과 요서(遼西)의 홍산(紅山)문화권인 적봉(赤峰), 조양(朝陽), 의무려산(醫巫

闔山) 등은 선사시대 우리 역사와 어떤 관계를 가지고 있는 땅일까? 그 상상은 흥미롭기 그지없다. 문징(文徵)으로선 해결할 수 없는 이런 갈증이 해석고고학을 더욱 필요하게 만든다.

해석고고학은 땅속에서 발굴되는 유물들의 발언을 해석하여 문헌에서 얻지 못하는 정보를 얻어내는 작업이다. 해석고고학에선 풍부한 상상력이 대단히 중요한 요체다. 처음엔 상상력의 발동에서 시작하여 그 상상력을 사실로써 증명하여야 되기 때문에 인접 학문에 대한 통섭이 무엇보다 필요하다. 그런 통섭을 거친 증명은 사징(四徵)이 가장 합리적인 방법임을 앞의 총론에서 강조하였다.

3. 비파형동검은 의기(儀器)

둘째로 비파형동검의 기능 문제다. 이 동검이 실용적인 무기인가? 아니면 의식용 의기(儀器)인가? 라는 기능 문제가 동검의 상징성을 해석하는 데 매우 중요하다. 기능을 정확하게 따져야 그 상징성도 정확히 알 수 있기 때문이다. 그런데 비파형동검의 용도에 대해서 대체로 연구자들은 무기와 의기의 두 가지 기능을 함께 지녔다고 본다. 그러나 김원룡님은 이와 다르게 말한다.

"이 검은 그 형태로 보아 처음부터 실용검이 아닌 의장용검(儀仗用劍)인 것으로 출발한 듯하며, 거기서 다시 발전한 세형(細形)동검도 재질이 부러지기 쉬운 백동질(白銅質)이라는 점은 처음부터 의기적(儀器的)인 성격을 띤 것이라고 말할 수 있을 것이다."[05]

---

05) 김원룡,《한국고고학개설》, 일지사, 1991, 86쪽.

〔그림6〕동교옥모(銅鈥玉矛) 〔그림7〕옥인동모(玉刃銅矛) 〔그림8〕비파형동검
상대(商代), 길이 18.4cm   길이 21cm, 안양(安陽) 대사 전 상주 출토
너비 4.9cm, 고궁박물원   공촌(大司空村) 은묘(殷墓) 국립박물관 소장
(古宮博物院) 소장   출토

　이와 같은 김원룡님의 견해는 비파형동검의 성격을 정확하게 파악한
탁견이라고 생각한다.

　위의 〔그림6, 7〕은 상대(商代) 의기용(儀器用) 옥모(玉矛)인데, 밝고 투
명한 옥을 재질로 사용하여 불꽃봉오리 모양을 여실하게 본뜬 점과, 자
루〔矛柄〕를 화려하게 상감하거나 청동으로 장식한 점 등으로 봐서, 의기
이거나 무구(巫具)라는 것을 쉽게 짐작할 수 있다. 따라서 비파형동검은,
〔그림6, 7〕의 옥모(玉矛)와 같이 투명한 고급 옥을 사용하진 않았지만,
특수한 디자인을 볼 때 무구였을 가능성이 가장 크다. 통상적으로 무구
의 디자인은 약간 기괴한 점이 있는데, 비파형동검이 바로 그런 추측을
더욱 짙게 한다.

4, 비파형동검은 불꽃봉오리를 상징한 무구(巫具)

셋째로 비파형동검이 지닌 조형상의 상징을 밝히고 그 의미를 어떻게 해석해야 하는 문제가 남아 있다. 이 문제가 실제로 가장 궁금한 문제임에도 한국과 중국 어디에도 비파형동검의 상징에 대한 해석을 시도한 글은 아직 없다. 단순히 모양만을 보고 비파형동검 또는 곡인청동단검으로 부르거나, 출토 지역을 좇아 요령식 동검이나 부여식 동검 등으로 부를뿐, 아직 통일된 이름을 정하지 못한 이유도 이상한 미감을 주는 이 동검의 형태에 대한 상징을 풀어내지 못한 데 그 원인이 있지 않나 싶다. 국립중앙박물관은 공식 명칭으로 '요령식 동검'을 사용하고 있는데, 국립문화재연구소가 펴낸《한국고고학사전》엔 '비파형동검'으로 기술한 것을 봐도 바로 그런 현상이 예증된다.

중국식 동검과 오르도스식 동검은 검신(劍身)과 검파(劍把)가 한 통속으로 주조되었으나, 비파형동검은 둘을 따로 주조하여 끼움으로써 T자형이 되게 하는 조립식이다. 검신 중앙부에 돌기가 있고 돌기부 양쪽의 날은 S자형으로 휘어져 아랫배가 둥글게 불러 있다. 마치 비파와 같아서 그 모양이 기묘할 뿐 아니라 여체(女體)와 같은 매혹적인 느낌마저 준다. 모양이 그렇다고 해서 음악과 관계없는 고대유물을 비파형동검으로 일컫는 것은 타당하지 않다. 이 동검의 상징성을 해석하려는 이유도 이 동검의 올바른 이름을 찾아 주려는 해석고고학의 작은 시도라고 하겠다. 한국 고고학 용어의 정명(正名)을 위한 문제 제기의 이유가 여기에 있다.

비파형동검은 아름답기는 하지만 검으로서 실용성과 효율성을 고려하지 않은 디자인 형태라는 것은 분명한 사실이다. 거기에다가 강도가 낮은 청동의 재질을 사용했다는 것과 검파부가 속이 비어 단단하지 못한 이유 등 여러 모로 살펴보더라도 무기가 아닌 의기임은 확실시된다. 따

〔그림9〕 불꽃은 神主의 主(●)　　　　〔그림10〕 동교옥모(銅骹玉矛)　〔그림11〕 비파형동검
　　　　　　　　　　　　　　　　　　상대(商代), 고궁박물원 소장　부여 송국리 출토

라서 일찍이 의장용 의기의 성격을 띤 것으로 파악한 김원룡님의 설이
가장 설득력 있는 견해라고 할 것이다.

　그렇다면 이 동검의 비파 모양은 무엇을 상징하고 있느냐 하는 문제가
상징과 해석의 핵심이 된다. 그 시대 검의 형태로선 다른 지역에서 전혀
볼 수 없는 기묘한 비파 모양의 동검을 아무런 의미를 부여함이 없이 그렇
게 만들었을 이유는 없다. 그 의미를 찾아내어 상징에 대한 해석을 시도
해보려는 것이 해석고고학의 의욕이다. 발굴고고학 분야에서 유물의 편년
구분과 형태의 사실적 설명을 아무리 자세하게 해놓았다 하더라도 선사시
대 고대인들이 무엇 때문에, 무슨 생각으로, 어떤 의미로서, 왜 그렇게 만
들었을까? 라는 의문에 대한 갈증은 해소되지 않는다.

5, 비파형동검은 청동 불꽃형 '神(巫)劍'으로 불러야 할 의기(儀器)

지금까지 비파형동검의 상징을 해독하기 위하여 살펴본 내용은, 첫째 이 동검을 사용한 문화 주체는 요하 유역을 중심으로 태양숭배의 원시신앙을 가지고 생활한 고동이족(古東夷族) 계통이란 사실, 둘째 이 동검의 용도와 기능은 최고 존자가 사용한 무구(巫具)와 같은 의기(儀器)의 성격이라는 점, 셋째 이 동검의 조형이 상징하는 의미는 태양을 의부(意符)한 주인 主(●) 곧 불꽃봉오리를 아름답게 디자인한 형태[06]라는 것으로 정리하고자 한다.

결론적으로 비파형동검은 불꽃봉오리를 매력적인 디자인으로 상형한 태양 숭배족의 표지물로서, 지도자의 권위를 나타내는 심벌로서의 의기 또는 무구라는 것으로 그 상징성을 해석한다. 청동기시대 동경과 동령 및 비파형동검은 형태와 문양에서 태양의 신의(神意)를 상징한 신물(神物)이란 공통성이 증명된다. 맥락상 그 성격들이 같은 유물임도 알 수 있게 됐다. 따라서 위와 같은 종합적인 해석에 따라 비파형동검의 명칭은 **'청동 불꽃형 神(巫)劍'**이 원래의 이름일 것으로 짐작한다. 따라서 비파형동검 대신에 '청동 불꽃형 신검'으로 그 이름을 대체할 것을 주장하는 바이다.

---

06) 비파형동검의 상징을 해석하진 않았지만, 김용섭님이 동검의 형태를 불꽃형으로 부른 사례가 있다. 김용섭,《동아시아 역사 속의 한국 문명의 전환》, 2008, 지식산업사, 92~93쪽.

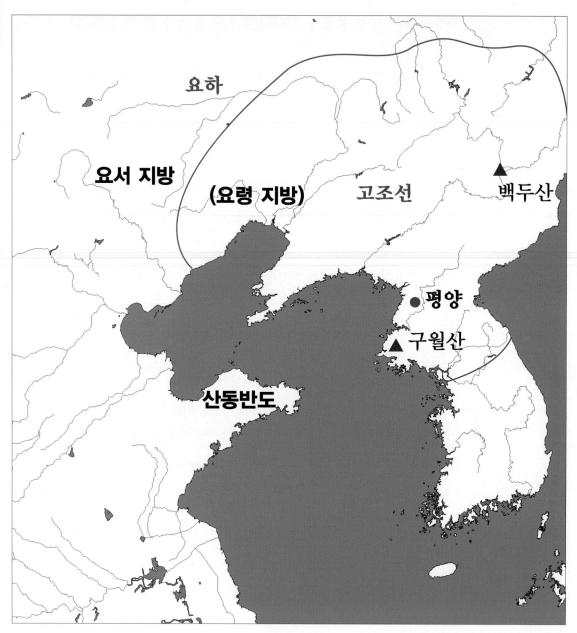

고조선 지도

제Ⅲ부
한국의 고대문화와 새 숭배사상

제1장 새 숭배사상의 원류와 한국의 고대문화(Ⅰ)

제2장 새 숭배사상의 원류와 한국의 고대문화(Ⅱ)

제3장 신시(神市), 소도(蘇塗), 서라벌, 서울의 어원을 찾아서

제4장 고구려 절풍(折風)의 기원과 어원

백제, 익산 입점리 출토 금동제 변관(弁冠)

*은허(殷墟) 부호묘(婦好墓) 옥봉(玉鳳)
*상대(商代) 만기(晚期), 1976년 출토
*높이 11.2cm, 두께 0.3cm
*중국 사회과학원고고연구소 소장

제1장 새 숭배사상의 원류(原流)와
한국의 고대문화(Ⅰ)

이 글에서는 고대 건국 시조(始祖)들의 난생설화(卵生說話)와 《삼국지》〈위서·동이전·마한(魏書 東夷傳 馬韓)〉조의 큰 새〔大鳥〕에 대한 기록, 그리고 경주 서봉총 금관의 새를 비롯한 새 날개 모양〔鳥翼形〕 금동관과 솟대 등 고대 한반도 문화에 나타난 새 숭배사상의 기원과 원류는 어디서 시원하여 오늘에 이르게 되었을까? 아득한 선사시대부터 존재했던 새 숭배사상의 문화는 수천 년의 역사를 관통하면서 어떻게 유입되어 한민족의 문화원형으로 형성되었는지, 그 뿌리를 알아보고자 한다.

새 숭배사상은 한국 고대문화 원형에서 핵심 가운데 하나다. 우리나라 대통령의 휘장 문양만 보더라도 봉황으로 장식되어 있다. 고대부터 최고 권력자의 문장이 그렇듯이 오늘날 최고 통치자의 문장도 그것은 그 나라를 상징하는 대표적인 문장이 된다.

봉황은 신조(神鳥)로서 새들 가운데 왕이다. 수컷은 봉(鳳), 암컷은 황(凰)이라고 하는데, 봉황의 머리에는 덕(德)을, 목에는 의(義)를, 등에는 인(仁)을, 심장에는 신(信)을, 날개에는 의(義)를 가지고 발로는 정(正)을 밟으며 꼬리에는 무(武)를 달고서 노래하며 춤추는 새가 봉황이다. 이런 봉황이 나타나면 천하가 크게 안정되어 상서로운 징조가 나타나기 때문에 예부터 서조(瑞鳥)로 여겨 황제의 문장으로 사용하였다.

상상의 새인 봉황은 신석기시대부터 씨족이나 부족의 표지물로 등장한 신조(神鳥)였다. 원시인들은 그들이 숭배했던 동물이나 자연물의 대상을 복합적으로 디자인하여 신성한 권위와 존귀성을 부여하고, 씨족이나 부족의 표지물로 삼았는데, 그것을 족휘(族徽)라 한다. 족휘는 부족의 휘장, 마크란 의미다. 그것이 곧 토템이다. 토템이 진화한 것이 집단의 깃발이다. 군대의 마크도 바로 그것인데 오늘날 백마부대, 맹호부대, 비둘기부대 같은 휘장과 깃발은 고대 족휘의 유풍이다. '여(旅)'자는 깃발을 들고 여러 사람이 뒤를 따르는 모습의 글자이다. 일본 여행객들이 상상될 것이며 군대의 여단(旅團)도 여기서 나온 말이다. 따라서 새 숭배사상의 원류를 추적하려면, 고대인들의 원시사유세계와 원시종교가 반영된 이른바 족휘의 상징을 이해하고 해석하는 작업이 매우 중요하다.

그러나 그 원류를 살펴보는 것은 그리 간단한 문제가 아니다. 방대한 영역의 풍부한 자료에 저장된 무진장한 정보의 보고는 고대문화 탐구의 바다와 같다. 더욱이 태양 숭배사상과 새 숭배사상의 두 가지 원류는 밀접하게 결부된 동격의 문화로서, 고대문화의 모든 영역에 걸쳐 있고 광범위하게 두루 미쳐 있는 모형(母型)의 원리다. 그러한 경향은 고금동서(古今東西) 구분이 없다. 이 책의 목차에 포함된 각론들, 곧 고구려 절풍, 신라 금관과 조익형 관식, 환두대도 삼지엽, 솟대, 무용과 복식의 기원 등이 모두 새 숭배사상에서 그 시원을 찾을 수 있는 고대문화의 분화 양상들이다. 이들 각론에 대한 상징해석은 순서에 따라 자세하게 다룰 예정이지만, 다소 교차와 중복이 불가피할 수도 있다. 새 숭배사상의 원류는 두 번에 걸쳐 살펴볼 예정이다.

1, '고구려 삼족오' 원류설의 한계를 넘어서

고대와 현대를 따질 것 없이 인간은 창공을 자유롭게 나는 새처럼 높이 오르고자 하는 염원을 지녔다. 신의 원형인 하늘에 다가가고자 하는 것이 인간의 소망이기에 그러한 소망을 대행할 새를 숭배하며 존귀하게 여겼다.

새가 주는 이미지는 높다(高), 난다(飛翔), 자유스럽다, 거침이 없다, 부딪히지 않는다, 무겁지 않고 가볍다 등 여러 가지 이상적인 의미를 함축하고 있다. 새가 태양에 가장 가깝게 도달될 수 있는 유일한 존재라고 인식한 고대인들은, 새와 태양을 등가물로 상징하여 생식(生殖)의 심벌로 삼았다. 또 그렇게 표현한 상징성을 갖가지 유물에 복합휘지(複合徽識)하였다.

은 · 주(殷 · 周)시대 청동기의 형태와 문양에서 볼 수 있는 수많은 새모양[鳥形]과 새무늬[鳥紋]가 그러한 사실을 증명한다. 더욱이 조형과 조문 가운데서 매 모양[鷹形]과 매무늬[鷹文]가 유독 많은데, 그것은 청동기의 사용자가 당시의 지배계급인 우두머리 곧 '수리'들이기 때문이라고 추론한다.

《삼국지(三國志)》〈위서 · 동이전 · 변진(魏書 東夷傳 弁辰)〉조에서 또는 고구려 고분의 삼족오를 언급하는 정도에서 새 숭배사상의 원류를 찾는 일부 시각에는 무리가 있다. 마치 삼족오가 고구려의 정체성을 대표하는 것처럼 생각하거나, 三이란 숫자에 대단한 의미를 부여하여 한국의 고대사상이 모두 거기서 나온 것처럼 논리를 펴는 것은 동의하기 어렵다. 삼족은 은 · 주(殷 · 周)시대 응형 청동기의 보조 뒷다리이거나 꼬리 깃으로 땅에 버티는 미우탱지(尾羽撐地)의 모습이 그 원형일 것이다.[그림1] 그 형상이 후대에 삼족으로 잘못 전해져 제법 그럴듯한 신화적 형태로 윤색되고 변형되었을 것으로 추단한다.

지금까지 새 숭배의 상징성과 해석에 대해서 기존 학계의 견해는 '고대의 우주관이 낳은 천계의 상징적 표현'이라거나 '천상과 지상의 연락을 담당한 매개자', 또는 '영혼의 전달자' 등 추상적이고 수사적인 설명이 통설이었다. 물론 그러할 수도 있겠지만 그것만으로는 새 숭배의 원류가 해명되지 않는다. 또 한편 새가 봄철에 곡식의 씨앗을 가져다주는 곡

응준(鷹尊)
서주(BC 11세기~BC 771),
통고 23.7cm, 길이 32cm
1974년 섬서성 보계시 여가장(陝西省 寶溪市 茹家莊) 출토, 후단에 지주(支柱) 기능의 제삼족(第三足)을 세웠음, 섬서 보계시박물관 소장

부호묘 효준
(婦好墓 鴞尊)
높이 45.9cm
1976년 안양 소둔
부호묘(安陽 小屯
婦好墓) 출토
중국역사박물관 소장
미우탱지(尾羽撑地)로
삼족(三足)이 됨

〔그림1〕 삼족오의 원시 형태를 보여주는 상대(商代)의 응효형(鷹鴞形) 청동기

령(靈靈)의 사신으로, 또는 죽은 이의 영혼을 천상으로 인도하는 이른바 조령신앙(鳥靈信仰)에서 새 숭배사상의 원류를 논급하기도 한다. 그러나 그것은 새 숭배사상의 상징성이 후대에 와서 많이 와전(訛傳)된 내용을 담은 《삼국지(三國志)》〈위서 · 동이전(魏書 · 東夷傳)〉의 기록에 너무 충실한 자세다.

《삼국지》〈위지 · 동이전〉이 한반도 동이들에 대한 기록으로선 효시이기 때문에 매우 중요하지만, 그 문징보다 수천 년 전 선행한 유물에 대한 상징해석이 더 중요할 수도 있다. 그것은 인간의 손이 재가공하지 않은 땅속의 생생한 당시의 발언이기 때문이다. 역사의 주체에서 밀려나 한족(漢族)에 의해 가려지고 사라진 동이의 역사는 지하에서 들려오는 발굴의 소리에 진지하게 귀를 기울여야 한다.

〔그림2〕봉형도배(鳳形陶盃) 조보구(趙寶沟)문화
BC 6000~BC 2000
전체 높이 29.1cm, 길이 18cm, 두께 10cm
적봉박물관 소장

〔그림3〕채회조형도호(彩繪鳥形陶壺)
홍산문화(BC 6000~BC 2000)
높이 36cm, 복경(腹徑) 32cm
1977년 내몽골 옹우특기대남구
(翁牛特旗大南溝) 출토
내몽골자치구박물관 소장

〔그림2, 그림3〕 홍산문화 새 숭배 자취와 그 유물들

새 숭배사상의 원류는 동북방 홍산문화(紅山文化), 장강 하류의 하모도문화(河姆渡文化)와 그 후신인 양저문화(良渚文化), 한반도와 지형적으로 가장 가까운 위치에 있는 산동반도의 신석기시대 대문구문화(大汶口文化) 및 그 문화를 승접한 용산문화(龍山文化) 등에서 출토된 동이문화의 풍부한 물징들을 검색한 뒤, 다시《삼국지》〈위서·동이전〉보다 앞선 문징과 물징들을 통하여 새 숭배사상의 원류와 상징성의 뿌리로 거슬러 올라가 체계 있게 살펴봐야 할 것이다. 그러면 한국 고대문화와 밀접한 관계에 있는 홍산문화의 새 숭배 자취부터 먼저 살펴보자.

〔그림4〕의 우하량 중심대묘 출토 현황을 보면, 두개골 위에 길이 19.65cm의 푸른빛의 옥으로 만든 새〔玉鳥〕가 놓여 있다. 위치로 보아 조형관식(鳥形冠飾)임이 분명하다.

〔그림5〕 〔그림4〕의 두개골 위 옥조(玉鳥) 확대 모습

〔그림4〕 홍산문화 우하량 제16지점 중심대묘 출토 모습

옥으로 만든 새〔玉鳥〕를 관식화한 예는 동이문화의 새 숭배사상을 증명하는 잣대이다. 가슴 아래엔 둥근 원통형의 옥고(玉箍 : 옥으로 만든 상투 속발구(束髮具))가 굴러 떨어져 있다. 옥고와 관련된 동이족의 상투에 관한 담론은 뒤에 자세히 다룰 예정이기에 여기서는 생략한다.

홍산문화 유적에서 출토된 많은 옥조(玉鳥)들은 대부분 2.5cm에서 5cm 미만의 작은 크기의 매〔鷹 : 매 응〕, 소리개〔鴟 : 소리개 치〕, 부엉이〔鴞 : 부엉이 효〕류 들이다. 맹금류인 매와 솔개와 부엉이〔鴟鴞〕는 우두머리를 상징하는 문장(紋章)이다. 홍산 옥응(紅山玉鷹)들은 크기도 작지만, 〔그림6〕에서 볼 수 있듯이 뒷면엔 고리형의 구멍이 뚫려 있다. 어디엔가 부착하여 사용한 것이 확실하다. 아마 그 용도는 이마의 정면에 부착한 지도자급(수리 급)의 관식(冠飾)인 것으로 추찰된다.

〔그림6〕 홍산옥웅의 앞뒤

〔그림7〕 옥응(玉鷹)과 옥효(玉鴞)
왼쪽 길이 2.5cm, 오른쪽 길이 3.8cm
요령성 부신현 호두구(埠新縣 胡頭溝)
묘지1호묘 출토, 요령성박물관 소장

〔그림8〕 옥효(玉鴞)
길이 3.1cm
부신현 호두구 1호묘
요령성박물관 소장

〔그림9〕 녹송석 효(綠松石鴞)
높이 2.5cm, 너비 2.8cm
두께 0.4cm
요령성 객좌현 동산취
(喀左縣東山嘴) 출토
중국사회과학원고고연구소

〔그림7, 그림8, 그림9〕 홍산문화 옥조(玉鳥)들 모습

2, '새'는 태양숭배와 생식숭배의 상징

새가 관식으로 등장한 것은 동이족의 새에 대한 숭배 관념을 반영한
결과다. 동이족의 새에 대한 관념은 태양숭배와 생식숭배를 의미한다.
태양의 에너지인 일정(日精)이 생산의 원천이므로 태양과 등가물인 새는
당연히 생식의 정(精)인 남근을 상징하게 된다.

조상 조(祖) 자의 본자(本字) 는 남근을 형상한 자형이다. 그러므로
'조상(祖上)'이란 말의 해석은 '씨() ' 곧 '부랄(불알, 불씨)'을 아래로 내려

준 윗분이란 뜻이다. 남근의 고유어인 '좆'과 '조(鳥)'의 독음인 '조', 그리고 조상 '조(祖)'자의 음이 모두 '조'다. 비록 한자음과 고유어의 차이는 있을지라도 음가가 유사한 것은 결코 우연이 아니라고 본다.[01]

새 조(鳥)자의 중국식 발음은 두 가지다. '니아오(Niao)'는 새를 뜻하고, '디아오(Diao)'는 산동 방언으로 남성의 성기를 일컫는 일종의 욕이다. 산동 방언에서 '鳥人'은 비행사란 뜻이 아니고 '좆 같은 놈'이란 뜻의 욕이다.(《중한대사전》, 고려대학교민족문화연구원) 새[鳥]를 두고 다른 곳도 아닌 산동 지방에서 이런 방언이 있다는 것은 참으로 의미심장한 일이 아닐 수 없다.

〔그림10〕은 북경고궁박물원에 소장되어 있는 상대(商代)의 조두옥조형(祖頭玉鳥形)의 자루〔柄 : 자루 병〕이다. 새의 짧은 부리 위 머리 부분의 표현상 특징을 살펴보면, 새와 남근을 복합 디자인한 고대적 상징임을 금방 느낄 수 있다. 특히 새의 다리 끝부분은 다른 기물에 삽입할 수 있도록 몸피보다 약간 가늘게 만들었는데 이것을 순(榫 : 장부 순)이라고 한다. 이 옥기의 상징성을 통해 볼 때, '새를 생식의 심벌'[02]로 생각했던 고대동이족의 사유세계가 그대로 읽혀진다.

그러므로 동이족의 탄생설화는 모두 새의 알에서 태어나는 난생설화(卵生說話)가 아닌가? 난생설화를 중국에선 조생설화(鳥生說話)라고 한다. 우리 민속에서 팥죽을 먹을 때 찹쌀 수제비를 새알수제비라 하며 나이만큼 먹게 하는 풍습이 있는데, 이것 역시 '태양 = 歲(살) = 새의 알

---

01) 참고로 《설문해자(說文解字)》의 새에 대한 글자풀이를 보면, '조(鳥)'는 꼬리가 긴 새 장미조(長尾鳥)를 말하고, '추(隹)'는 꼬리가 짧은 새 단미조(短尾鳥)를 말한다고 나누어 설명하였다.

02) *董楚平, 《고궁문물》 168호, 120쪽.

　　*石興邦, 〈我國東方沿海和東南地區古代文化中鳥類圖像與鳥祖崇拜的有關問題〉,

　　《중국원시문화논총》, 문물출판사, 1989, 234~237쪽.

옥조 모양 자루〔玉鳥形柄〕
상대(商代)
높이 13cm,
너비 3.2cm, 두께 1.5cm
북경고궁박물관 소장

〔그림10〕 조두옥조(祖頭玉鳥)　　　〔그림11〕 홍산문화 신조관식옥인(神鳥 冠飾玉人)

〔그림10, 그림11〕 새가 생식(生殖)의 심벌로 의부(意符)된 유물들

〔鳥卵〕'이라는 등식으로 해석해야 할 것이다.

　〔그림11〕은 새와 남성 생식숭배를 토템화한 옥돌로 만든 신인〔玉神人〕이다.[03] 거대한 남근을 드러낸 신인(神人)이 머리 위에는 치효(鴟梟)의 관을 얹고 왼쪽 발로는 거북을 밟고 있는 형상이다. 솔부엉이인 치효는 천정(天精＝日精)의 상징이며 거북은 지령(地靈)의 상징이다. 고대유물에 나타나는 새와 거북(또는 물고기)은 대부분 천정지령의 심벌로서 결국 음양조화의 고대적 표현이라 할 수 있다. 강우방은 우리 고대문화의 미적 원리가 모두 영기(靈氣)에서 시원된 것이라고 단정하고 있는데,[04] 天이 가진 기운을 '精'이라 하고, 땅이 가진 기운을 '靈'이라 하기 때문에, 강우방의 이론에는 우리문화 모형(母型)의 원리인 하늘기운의 작용을 배제한 논리적 모순이 발견된다. 검토가 필요한 대목이다.

---

03)　魏昕 所藏, 柳冬靑,《홍산문화(紅山文化)》, 내몽고대학출판사, 2002, 28쪽.

04)　강우방,《한국미술의 탄생》, 솔, 2007.

〔그림12〕 쌍조조양골각문　　　　〔그림13〕 도응준(陶鷹尊)
(雙鳥朝陽骨刻文)　　　　　　　*앙소문화(仰韶文化)
*하모도(河姆渡)문화　　　　　　　묘저구유형(廟底溝類型)
*1973년 절강 여요(餘姚)　　　　*니질흑도(泥質黑陶), 높이 36cm
　하모도 유지 출토　　　　　　　*1975년 섬서성 화현 태평(太平) 출토　〔그림14〕 옥봉(玉鳳)
*길이 16.6cm, 남은 너비(殘寬) 5.9cm　*미우탱지(尾羽撐地)로 인해　　　상 만기(商 晩期)
　두께 1.2cm　　　　　　　　　삼족(三足)이 됨　　　　　　*높이 13.6cm, 두께 0.7cm
*중국역사박물관 소장　　　　　　*절강성박물관 소장　　　　　*1976년 은허(殷墟)
　　　　　　　　　　　　　　　　　　　　　　　　　　　부호묘(婦好墓) 출토
〔그림12, 그림13, 그림14〕 중국 고대 중요 새 유물들　　　　　　　*중국사회과학원고고연구소 소장

　　한반도 선민(先民)이기도 했던 동이는 선진(先秦)시대엔 지금의 산동
동부, 회하(淮河) 중하류의 강소, 안휘 일대 및 발해 연안에 군락하고 있
던 각 민족을 범칭한 말이다. 이(夷)란 글자는 갑골문과 서주(西周) 금문
(金文)에 이미 보이고, 《논어》〈자한(子罕)〉편에서 공자는 '나는 구이(九
夷)에 살고 싶다.(子欲居九夷)'고 말한 구절이 나온다. 이 구절에 대한 오
(吳)나라 황간(皇侃, 488~545))의 《논어의소(論語義疏)》에 '동방에 구이
가 있으니 현토(玄菟), 낙랑(樂浪), 고려(高麗), 만식(滿飾), 부경(鳧更),
색가(索家), 동저(東屠), 팔왜(八倭), 천비(天鄙)이다.'라고 하였으나, 일
반적으로 구이는 한대(漢代)에 지역에 따라 동방의 여러 종족인 夷를 분
류한 명칭으로 회이(淮夷), 내이(萊夷), 조이(鳥夷), 도이(島夷), 우이(嵎
夷) 등이 대표적이다. 우리 민족은 그 가운데 조이(鳥夷)로 분류되어 왔
다. 태양을 신의 원형으로 삼은 동방이인(東方夷人)들은 새를 토템으로
숭배한 민족이란 뜻이다.

3, 유학자(儒學者)들의 문헌 통해 잘못[訛誤]된 진실의 저편

하모도문화와 양저문화의 두드러진 새 숭배의 유물은 앞에서 소개한 양조골각문(陽鳥骨刻文)[그림12]을 비롯하여 옥응(玉鷹)[그림15, 16], 옥벽(玉璧)의 조문(鳥紋)[그림17], 여항시 반산 묘장구 11기좌의 묘에서 출토된 수많은 옥관상기(玉冠狀器)[그림18] 등이 있다. 양저문화의 유물은 대부분 새 가운데에서도 맹금류인 응조류가 날개를 활짝 편 형상[그림15, 16]이다. 이것은 새 토템사상이 '태양 = 솔개 = 으뜸 지도자'를 등가물로 인식한 상징적 표현이라고 해석한다. 솔개, 소리개, 수리는 모두 정상, 봉우리, 으뜸을 의미하며, 그 어원은 태양의 고유어 '살'에서 분화된 말임을 총론에서 이미 밝혔다.

[그림15] 옥응(玉鷹)
요산(瑤山)출토, 길이 3.2cm

[그림16] 옥응(玉鷹)
반산(反山) 출토

[그림17] 옥벽조문(玉璧鳥文) 도상
양저문화(良渚文化)

〔그림18〕 양저문화 조문옥관상기(良渚文化 鳥紋玉冠狀器)

*상폭 9.2cm, 하폭 7.5cm 두께 0.4cm　*높이 5.2cm, 상폭 10.4cm
*1986년 절강성 여항 반산 묘장구　　 하폭 6.4cm, 두께 0.3cm
*옥질 황색, 옥식(玉飾) 신휘(神徽)　*1986년 반산 묘지 출토
*절강성문물연구소 소장　　　　　*절강성문물고고연구소 소장

　더욱이 관식인 옥관상기〔그림18〕는 규모가 비록 작지만, 날아오르는
새의 간결하고 추상적인 디자인과 아주 정미(精微)한 새김은 미(美)의 극
품(極品)이라 할 만하다. 옥관상기의 면(面)에 새의 문양과 신비로운 신
인상(神人像)이 선각(線刻)되어 있는데, 이것 또한 고대에 새를 어떻게
인식하여 유물에 반영했느냐 하는 문제에 대한 해답을 제시하는 것으로
해석해야 할 것이다.

　결론적으로 새 숭배사상은 태양을 의부(意符)한 천신(天神)의 사자(使
者)인 새와, 생식의 심벌로서 난생설화의 모태가 된 새로 복합 상징되었
다. 다시 말하여 새 가운데 왕자격인 솔개를 태양과 조일동체화(鳥日同體
化)함으로써 천신의 권능과 지령의 생식권능 곧 난생(卵生) 권능을 복합
적으로 상징화하였다. 그러므로 태양조는 처음부터 솔개였으며 그 다른
이름은 '현조(玄鳥)', '양조(陽鳥)', '금조(金鳥)', '금오(金烏)', '준조(踆鳥)'
였다. 이것이 동한(東漢)의 왕충(王充 : AD 27~AD 약97)의 《논형(論衡)》
〈설일(說日)〉에서 "해 가운데 삼족오가 있고, 달 가운데 토끼와 두꺼비[蟾

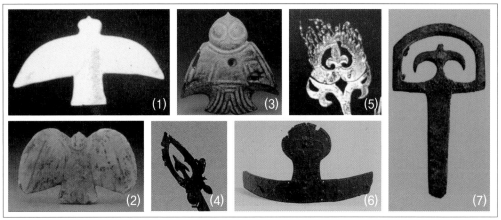

〔그림19〕 고대 솔개문양 진화의 여러 형태

(1)반산(反山) 출토 옥응(玉鷹)　　　　　　(2)홍산문화 옥응(玉鷹)

(3)홍산문화 효형패(鴞形佩)(북경고궁박물관)　(4)복천동 고분 금동관 불꽃무늬 안 응형(鷹形)

(5)고구려 금동관 불꽃무늬 안 응형(鷹形)　　(6)구마모토 출토 금동관　(7)금관총 출토 환두 응형

←백제 금동대향로 ↑무령왕릉 두침

↑백제 목응

←익산 입점리 출토 금동관

〔그림20〕 백제 조형(鳥形) 유물들

蜍]가 있다"[05]고 한 기록과 《회남자(淮南子)》의 〈정신훈(精神訓)〉에 적혀

있는 '해 가운데 준조가 있다'(日中有踆鳥)에 대한 한대(漢代) 고유(高誘)

의 주(注)에서 '준(踆)은 용준(龍踆)이다. 삼족오를 일컫는다'(踆龍踆也,

---

05)　왕충(王充), 《논형(論衡)》〈설일(說日)〉, '日中有三足烏, 月中有兎, 蟾蜍'

謂三足烏) 등의 설명을 비롯한 유자(儒者)들의 문헌에서 준조(踆鳥)가 삼족오(三足烏)로 기술되면서 '세 발 달린 까마귀'로 잘못 전해졌다.

솔개는 태양을 의부(意符)한 양조(陽鳥)로서 조익형(鳥翼形)과 같은 관식(冠飾)을 비롯하여 환두대도와 같은 무구(武具) 및 마구(馬具), 고대 중국문헌에서 '소골(蘇骨)'로 표기된 솟대 등의 중심문양이 되었다. 그러나 시대의 흐름에 따라 그 원의(原意)가 점차 흐려지면서 오늘날은 전문가들조차 그 원형을 도저히 이해할 수 없는 형태로 변질, 변형되어 버렸다. 따라서 고대문화의 원형에 대한 상징과 해석을 밝혀내는 이런 글들은 한국 문화의 정체성을 탐색하기 위한 과정에서 그 필요성이 더욱 절실해지는 것이다.

이에 대한 논증은 다음 글에서 새 숭배의 원류에 대한 중국 고대의 문징과 함께 고대 한국의 새 숭배의 물징에서 자세히 서술하려 한다.

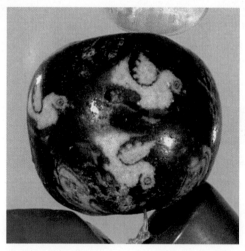

〔그림21〕 미추왕릉지구 출토 유리구슬
*1973년 미추왕릉지구의 C지구 4호 무덤에서 출토된 목걸이(보물 제634호)의 한 부분인 이 유리구슬은 지름 1.8cm의 작은 크기지만 그 안에 새가 여섯 마리, 사람 얼굴 다섯 사람, 나무 등이 신묘스럽게 나타나 신라 공예의 극치를 보여주고 있는 유물이다.

제2장 새 숭배사상의 원류(原流)와
한국의 고대문화(Ⅱ)

이 장에서는 앞장에서 다루지 못했던 대문구문화의 새 숭배 원류를 문징과 함께 점검하여 본 뒤, 은주시대 청동기에 나타난 매나 치효(鴟梟)의 문식(文飾)과 명문(銘文)의 첫 글자인 '唯'자의 상징해석을 통해 고대문화의 새 숭배 원류를 검토하고자 한다. 대문구문화의 새 숭배 원류는 각문도준(刻文陶尊)[01]의 유물과 《좌전(左傳)》〈소공(昭公) 17년〉조의 문헌 자료가 가장 오래되고 확실한 사료로서 무엇보다 중요한 가치를 지닌다.

대문구문화의 대표적인 유물인 각문도준(刻文陶尊)의 일출도상(日出圖像)은 중국 원시 한자의 남상(濫觴)으로 태양과 새 숭배사상을 명확하게 드러낸 중요한 물징이다. 이와 같은 유물의 출토는 도합 18건이 보고되었는데, 〔그림1〕이 대표적인 유물이다. 일출의 도상에서 가운데 도상을 왕대유(王大有)는 새〔鳥〕로 해석하였는데[02], 나도 그 견해를 따른다. 〔그림2〕의 ①번을 보면 솔개가 날개를 위로 치켜올려 태양을 감싸고 있는 모습이다. 이는 일출(日出)과 태양조(太陽鳥) 솔개가 복합 상징된 도상이며, 하모도문화의 골각양조문(骨刻陽鳥文)과 계보가 같은 것으로 판단한다. 솔개의 색깔이 검기 때문에 현조(玄鳥)로 불렀을 것인데, 그것이 까마귀〔烏〕나 제비〔燕〕 등으로 변형된 것으로 파악한다. 삼대(三代 = 하, 은, 주)시대의 청동기 문식(文飾)은 모두 솔개문양〔鷹文〕이다. 까마귀 또는 제비 문양은 거의 찾아볼 수가 없다.

---

01) 尊 : 높을 존, 술통 준 두 가지 음훈이 있는데 여기선 '술통 준'임.

02) 王大有, 임동석 역, 《용봉문화원류(龍鳳文化原流)》, 동문선, 1994, 109쪽.

대문구문화는 동이족인 소호[03)]황제의 족단들이 산동성 거현 능양하 유역을 중심으로 살았던 신석기시대 문화이다. 소호씨족 부락의 새 숭배 사상은《좌전(左傳)》〈소공(昭公) 17년〉조에 생생하게 기록되어 있는데, 그것은 소공 17년 가을, 노(魯)나라의 조정을 예방한 현자(賢者) 담자(郯子)[04)]에게 소공이 소호황제 때 새의 이름을 따서 관명(官名)을 삼은 유래를 묻자, 담자가 자세히 대답한 것이 그 내용이다.

"공자는 이 이야기를 듣고 담나라 임금(郯子)에게 가서 바로 배우고 난 뒤, 사람들에게 내가 들은 바로는 "천자가 유능한 관리를 잃어버리면 배움(모범)을 사이(四夷)에 두었다. 그것은 믿을 만하다(사실이다)."고 하였다."[05)]

---

03)   소호(少昊) : 오제(五帝)의 한 분으로 부친은 태백금성(太白金星), 모친은 천상선녀 항아(姮娥), 성(姓)은 기성(己姓) 일설 영성(嬴姓)이라고도 함. 명(名)은 지(摯), 호는 금천씨(金天氏) 또는 청양(靑陽), 주제(朱帝), 백제(白帝), 서황(西皇), 궁상씨(窮桑氏), 공상씨(空桑氏) 등, 동이족의 수령으로 대문구문화와 봉조문화(鳳鳥文化)를 낳음.

04)   담자(郯子) : 생졸미상, 기성(己姓), 자작(子爵), 춘추시기 담국(郯國)의 군왕, 담국은 BC 11세기 무렵 소호(少昊) 후예족의 수령을 담지(郯地-원래 炎地)에 봉한 소국(小國=方國)임. 소공 17년(BC 525) 무렵 공자는 담자에게 가르침을 구했으며(求敎), 한유(韓愈)는 〈사설(師說)〉에서 '孔子師郯子'라 했고, 곡부 공묘내(孔廟內)《성술도(聖述圖)》의 한폭 삽도에는 '學于郯子'란 기록이 있다. *공영달(孔穎達)의 소(疏)에 따르면, "담(郯)은 소호(少昊)의 후예족이니 그의 세상은 멀고 그의 나라는 작았으며, 노(魯)는 주공(周公)의 후예이니 그의 세상은 가깝고 그의 나라는 크나 그의 예의 습속은 담(郯)에 미치지 못하였다.(郯子少昊之後, 以其世卽遠, 以其國卽小矣, 魯周公之後, 以其世卽近, 以其國卽大矣, 然其禮不如郯)"고 하였다.(부사년(傅斯年), 정재서 옮김, 《이하동서설(夷夏東西說)》, 우리역사연구재단, 2011, 265쪽 주석 재인용)

05)   《좌전(左傳)》〈소공(昭公) 17년〉조 "仲尼聞之, 見於淡子而學之, 旣而告人曰, 吾聞之, 天子失官, 學在四夷, 其信也"

〔그림1〕 대문구문화 각문도준(刻文陶尊)
대문구문화(BC 4300~BC 2500)
높이 59.5cm, 지름 30.0cm
산동성 거현 능양하 출토
중국 최초 도상문자(圖像文字)
중국역사박물관 소장

〔그림2〕 대문구문화 각문도준(刻文陶尊) 일출 도상 3종

1, 《좌전(左傳)》〈소공(昭公) 17년〉조의 생생한 기록들

"우리 고조 소호가 즉위했을 때 마침 봉황이 날아왔다. 그래서 새를 법으로 하여 관명(官名)을 새 이름으로 했다. 봉조(鳳鳥)씨는 역정(曆正)이고, 현조(玄鳥)씨는 사분(司分)이며, 백조(伯鳥)씨는 사지(司至)이며, 청조(靑鳥)씨는 사계(司啓)이며, 단조(丹鳥)씨는 사폐(司閉)이며, 축구(祝鳩)씨는 사도(司徒)이며, 저구(鴡鳩)씨는 사마(司馬)이며, 시구(鳲鳩)씨는 사공(司空)이며, 상구

(鶌鳩)씨는 사사(司事)이다. 오구(五鳩)는 백성을 다스리는 벼슬이다. 오치 (五雉)는 다섯 개의 공정(工正)과 같아 기용(器用)을 이롭게 하여 도량형을 바르게 하여 백성을 화평하게 하는 것이다. 구호(九扈)는 아홉 개의 농정(農 正) 벼슬로 백성들로 하여금 제멋대로 하지 못하게 하는 일을 맡는다."[06]

노(魯)의 소공(昭公)은 32년 동안(BC 542~BC 510) 재위했는데, 소공 17년은 기원전 535년으로 공자(BC 552~BC 479)가 열일곱 살 때의 일이다. 지금부터 2500여 년 전의 일이지만, 이때 이미 군주인 소공조차도 소호황제 때 새를 법으로 하여 새 이름을 따서 관명을 삼았던 '조관명(鳥官名)'의 배경을 몰랐을 정도로 후대에 와선 새 숭배사상의 원류에 대한 인식이 희미해졌음을 알 수 있다.

소호씨족은 수령 지(鷙 : 솔개 지)를 포함하여 25개 조족(鳥族)이 하나의 연맹집단을 이루며 관장업무를 나누었다. 이를 정리하면 다음과 같다.

소호(少昊)황제의 봉조(鳳鳥) 토템

5조(鳥) : 봉조씨(鳳鳥氏) − 역정(曆正 − 역법을 다스림)

　　　　현조씨(玄鳥氏) − 사분(司分 − 춘분과 추분을 관장)

　　　　백조씨(伯鳥氏) − 사지(司至 − 하지와 동지를 관장)

　　　　청조씨(靑鳥氏) − 사계(司啓 − 입춘과 입하를 관장)

　　　　단조씨(丹鳥氏) − 사폐(司閉 − 입추와 입동을 관장)

5구(鳩) : 축구씨(祝鳩氏) − 사도(司徒 − 교육을 맡아보는 관명)

　　　　저구씨(鴡鳩氏) − 사마(司馬 − 군사를 맡아보는 관명)

---

06) 《좌전(左傳)》, 〈소공(昭公) 17년〉조 '我高祖少皥鷙之立也. 鳳鳥適至, 故紀于鳥, 爲鳥師而鳥名, 鳳凰氏曆正也. 玄鳥氏司分者也. 伯趙氏司至者也. 靑鳥氏司啓者也. 丹鳥氏司閉者也. 祝鳩氏司徒也. 鴡鳩氏司馬也. 鳲鳩氏司空也. 鶌鳩氏司寇也. 鶻鳩氏司事也. 五鳩, 鳩民者也. 五雉爲五工正, 利器用, 正度量, 夷民者也. 九扈爲九農正, 扈民無淫者也'

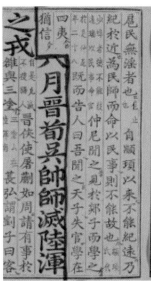

〔그림3〕《춘추좌씨전(春秋左氏傳)》〈소공(昭公) 17년〉조, 담자(郯子) 내조(來朝) 기록

시구씨(鳲鳩氏) - 사공(司空 - 토목을 맡아보는 관명)

상구씨(鷞鳩氏) - 사구(司寇 - 형벌을 맡아보는 관명)

골구씨(鶻鳩氏) - 사사(司事 - 농(農工)과 민사(民事)를 맡아보는 관명)

5치(雉) : 준치(鷷雉) - 鷷(꿩 준)

치치(鷩雉) - 鷩(꿩 치)

적치(翟雉) - 翟(꿩 적)

희치(鵗雉) - 鵗(꿩 희)

휘치(翬雉) - 翬(훨훨 날 휘)

◎ 五雉者, 五工正, 利器用, 正度量, 夷民者也

(오치는 다섯 공정으로 기용을 이롭게 하고 도량형을 바르게 하여 백성을 화평하게 하는 일을 맡는다.)

9호(扈) : 춘호(春扈), 하호(夏扈), 추호(秋扈), 동호(冬扈), 자호(棘扈), 행호(行扈), 소호(宵扈), 상호(桑扈), 노호(老扈)

◎ 九扈爲九農正, 扈民無淫者也.
(아홉의 호씨는 아홉 개의 농정 벼슬로 백성들로 하여금 제멋대로 하지 못하
게 하는 일을 맡는다.)

오제(五帝) 가운데 한 분인 소호 금천(少昊 金天)씨는 제지(帝摯)의 칭
호이며 온갖 새의 왕으로서 새 이름으로 관직을 삼아 나라를 다스렸다.
이와 같은 소호씨족의 조관명(鳥官名)은 천자문의 '조관인황(鳥官人皇)'
의 유래를 설명해주는 새 숭배의 원형이다.

그런데 다음과 같은 금석문이나 문헌 사료에 나타난 신라 김씨(新羅
金氏)의 '소호 금천씨(少昊金天氏) 출자설(出自說)'[07]은 소호족의 새 숭배
사상과 신라 김씨 족단의 새 숭배사상을 엿볼 수 있는 자료가 되므로, 이
를 계보상 연관지어 본다는 것은 비상한 관심과 주목의 대상이 된다.

(1) 금석문 자료
김유신 비 : "軒轅之裔, 少昊之胤"
문무왕릉비 5행 : "火官之後 秺侯祭天之胤"
김인문비 3행 : "吾之君 少皥 □ 墟分星于而 超碧海金天命"
(2) 문헌 자료
《삼국사기》권28, 〈의자왕(義慈王)〉조 : "新羅人自以少昊金天氏之後 故姓
金氏"
《삼국사기》권41, 〈김유신(金庾信傳)〉조 : "羅人自謂少昊金天氏之後 故姓金,
庾信碑 亦云 軒轅之裔 少昊之胤 南加耶始祖首露與新羅同姓也"

그러나 이러한 금석문과 문헌에 분명하게 나타난 신라(新羅) 김씨(金
氏)의 '소호금천씨 출자설'에 대하여 사학계는 냉담한 반응을 보이고 있

---

07) 이문기(李文基), 〈신라김씨(新羅金氏)왕실(王室)의 소호금천씨(少昊金天氏) 출자
관념(出自觀念)의 표방(標榜)과 변화(變化)〉, 《역사교육논집》제23 · 24합집, 1999 참조.

다. 조그마한 신라단비(新羅斷碑) 하나라도 발견되면 온 사학계가 흥분하고 학술 심포지엄을 열어 법석을 떠는 것에 견주어 보면, 신라 김씨 씨칭(氏稱)의 유래를 스스로 밝혀놓은 금석문을 외면하는 학계의 처사는 이해하기 어렵다. 두계(斗溪) 이병도(李丙燾)님이 "《삼국사기》〈김유신전〉에 '羅人自謂少昊金天氏之後, 故姓金'이라든가, 문무왕릉비에 '秺侯祭天之胤云云'이라 하여 한무제(漢武帝) 때의 김일제(金日磾 : 흉노 휴도왕(休屠王)의 태자, 한(漢) 귀화인)의 후예와 같이 말한 것은, 모두 유래를 중국에다 구하려는 일종의 모화사상(慕華思想)에 불과하였던 것이다."[08]라고 선언한 것에 감히 토를 달 수 없다는 자세라면 할 말을 잃는다.

우리 조상들이 제일 듣기 싫은 욕이 있다면, '저놈은 성(姓)을 갈 놈'이란 한마디다. 하물며 신라 김씨 왕족과 김유신 장군이 무슨 명예를 덧대려고 성(姓)을 갈았다고 할 수 있을까?《삼국사기》는 고려 인종 23년(1145)의 저술이므로 470여 년 전인 문무왕(604~661)과 김유신(595~673)에 대한 기록을 의심할 수는 있을지 몰라도, 문무왕릉비(682년 立碑)와 김유신비(673년 立碑)에 나타난 당시의 금석문을 모화사상에 따른 위문(僞文)으로 치부한다면, 신라 왕실에 대한 지나친 모독이라는 생각을 떨칠 수가 없다.

아울러 냉수리비, 봉평비, 진흥왕순수비 등에 나타나는 '훼부(喙部)', '사훼부(沙喙部)'에 대해 학계는 ① 왕경의 행정구역명 ② 신라 옛 지명 ③ 모계혈통에 따라 형성된 혈연집단[09]으로 해석하고 있으나, '喙'가 '부리 훼', '쪼을 탁', '달(닭, 계(鷄)의 이두음)'로 훈석되는 점에 눈여겨보면, 이 말은 '새와 관계된 어떤 집단'이란 뜻이 된다. 그렇다면 '훼부'는 계림의 새 숭배

---

08) 이병도,《한국고대사연구》, 박영사, 610쪽.

09) 《한국민족문화대백과사전》, 한국학중앙연구원.

부족인 김씨 족단이란 의미로 볼 수 있다. 이병도님은 사량(沙梁), 사훼(沙喙)를 김씨 출신의 부락으로 비정했는 바[10], '훼부'는 소호족의 새 숭배사상이 한반도에 유입되어 씨족의 족단 명칭으로 남은 자취라고 해석한다. 다만 소호족단과 신라 김씨 족단 사이에 걸친 시간적 간격을 설명할 마땅한 논리를 발견할 수 없는 것이 해결해야 할 어려운 문제다. 아무튼 소호족의 문화는 고대 한반도 새 숭배문화와 밀접한 관계가 있음을 부정할 수 없다. 그것은 물징과 문징에서 뚜렷이 확인되고 있는 사실이기 때문이다.

《좌전》 이후 새 숭배사상을 언급한 문징으로선 다음과 같은 자료를 더 들 수 있다. 《상서(尚書)》 〈우공(禹貢)〉편에 익주(翼州)를 '조이피복(鳥夷皮服)', 양주(楊州)를 '조이훼복(鳥夷卉服)'이라 한 기록이 있고, 《한서(漢書)》 〈지리지(地理志)〉에 '익주조이(翼州鳥夷)'가 보이며, 안사고(顏師古)의 주(注)에 "동북이(東北夷)들은 새를 사로잡아 그 고기를 먹고 그 껍질을 옷으로 삼는다. 일설에는 해곡(海曲)에 거주하면서 피복과 기거동작이 모두 새의 형상과 같다.(此東北之夷, 搏取鳥獸, 食其肉而衣其皮也. 一說, 居在海曲, 被服容止, 習象鳥也.)"고 한 기록이 있다. 《대대례기(大戴禮記)》 〈오제덕(五帝德)〉에도 '동방조이우민(東方鳥夷羽民)'이란 기록이 있는데, 우민(羽民)이란 《산해경(山海經)》의 〈해외동경(海外東經)〉과 〈대황북경(大荒北經)〉의 기록처럼, 새의 몸에 사람의 얼굴〔鳥身人面〕을 말하는 것으로 새를 숭배하고 새로서 부족의 족표(族標=토템)를 삼은 동이족(東夷族) 습속(習俗)을 말하는 것이다.

그러나 이와 같은 문헌 자료보다 1천 년 이상 앞서는 새 숭배의 문징과 물징이 있다. 그것은 은주(殷周)시대 청동기 표면의 수많은 응조형(鷹鳥形) 문식(文飾)과 명문(銘文)의 첫 글자 '唯'자의 상징성이다. 이에 대한

---

10) 이병도, 《한국고대사연구》, 박영사, 1987, 606쪽.

〔그림4〕 옥응(玉鷹)
은(殷) 후기
부호묘 출토

〔그림5〕 백방좌궤(伯方座簋)
서주 조기, 통고(通高) 24cm
강소(江蘇) 단도(丹徒) 출토
진강시(鎭江市)박물관 소장

〔그림6〕 청동응수 제량호
(靑銅鷹首提梁壺)
전국시대
제성박물관 소장

〔그림7〕 시준(豕尊), 상(商) 후기, 높이 40cm,
길이 72cm, 호남상담선형산(湖南湘潭船形山)
출토(1981년), 호남성박물관 소장

〔그림8〕 양준(羊尊), 상(商) 후기
높이 15.4cm
일본 후지타미술관 소장

논고는 이미 발표된 바가 있다.[11] 은주시대 청동기는 그릇 모양 자체가
매(鷹)나 솔개를 형상하거나 맹금류를 그릇의 뚜껑에 올려놓은 예가 허다
하다.〔그림4~그림8〕 은주시대 청동기는 군왕을 비롯한 최상층 귀족들만
이 사용할 수 있었던 예기(禮器)다.

명문은 제작 기술상의 어려움 때문에 제한된 공간에 압축된 문장만을
시문(施文)한 까닭으로 한 글자라도 불필요한 글자는 끼어들 수가 없다.

11) 김양동(金洋東), 〈금문(金文) '유(唯)'자(字) 고(考)〉,《書學書道史硏究》제9집,
동경서학서도사학회(제9회 일본서학서도사학회 국제학술대회 발표논문, 筑波大學), 1998.

*상준(商尊), 서주(西周) 초기   *사송궤명(史頌簋銘)
　장백(莊白) 1호요(1號窯) 출토 서주(西周) 만기(晩期)
　주원(周原)박물관 소장   상해박물관 소장

그림9 금문(金文) '유(唯)'자 용례를 볼 수 있는 청동기 명문

그러므로 명문의 첫 글자 '唯'자가 만약 아무런 의미가 없는 발어사(發語辭)라면, 가장 중요한 명문의 첫머리인 제1행 제1자의 자리에 올 수 있는가 하는 문제가 검토되어야 한다.

　'唯'자를 허사(虛辭)로만 풀이하는 것은 그 시대의 예제(禮制)를 모르고 '唯'자의 상징성을 해독하지 못한 결과라고 생각한다. 아주 중요한 내용을 몇 글자만으로 압축한 명문(銘文)의 첫 글자가 허사의 기능밖에 없다는 것은 도무지 있을 수 없는 논리가 아닐 수 없다.

'유(唯)'는 '추(隹)', '유(維)'와 통음(通音), 통의(通義)되고 있으며, 특히 금문에선 입구〔口〕가 없는 '추(隹)'로 가장 많이 나타나고 있다. 모두 새와 관계있는 글자이다. 예기(禮器), 의기(儀器), 제기(祭器)의 명문 첫머리는 "유세차(唯歲次) 모(某)년 모월 모일"로 시작된다. 오늘날 제문(祭文)도 변함없이 유세차(唯歲次)로 시작되는데, 이 문식(文式)은 적어도 약 3천 년의 역사를 가진 문식(文式)인 셈이다. 다만 초기 청동기에는 '唯'만 있고 '세차(歲次)'란 말은 없었는데, 후대에 세차가 삽입되었다.

'유세차'의 '唯'자의 사전적 해석은 ① 오직, 다만, 뿐(한정조사) ② 허락하다(許也, 諾也) ③ 어조사 유, 발어사(發語辭) ④ 비록 ~하더라도(雖也) ⑤ 누구(誰也) 등으로 나열되어 있지만, 유세차 '唯'의 상징성은 다른 데 있다.

2. 금문(金文) '유(唯)'는 새 토템의 유습(遺習), 연호(年號)의 원시고형(原始古形)

금문이나 제문의 세차 앞에 놓인 '유'자가 첫머리 글자로 등장된 배경에는 대단히 중요한 고대사회의 정보가 내장되어 있다고 생각한다. 봉건 왕조시대의 제례용 문투(文套)의 시작은 반드시 세차(歲次)를 밝히고 세차 앞에는 연호(年號)나 묘호(廟號)를 먼저 말하는 것이 관례이다. 그런 점에서 보면, 청동기 명문의 머리글자 '唯'는 상고시대부터 시작된 대연호나 묘호의 원시고형(原始古形)이 아닐까 하는 추측을 하게 된다. 그러하기 때문에 명문의 글머리〔文頭〕에 등장하여 지금까지도 변함없이 그런 유습이 내려오는 것이라고 해석하려는 것이다.

다음의 〔그림10〕에서 보듯이 '唯'는 여러 가지 다양한 새 모양〔鳥形〕 족휘문(族徽文)으로 표현되어 있다.

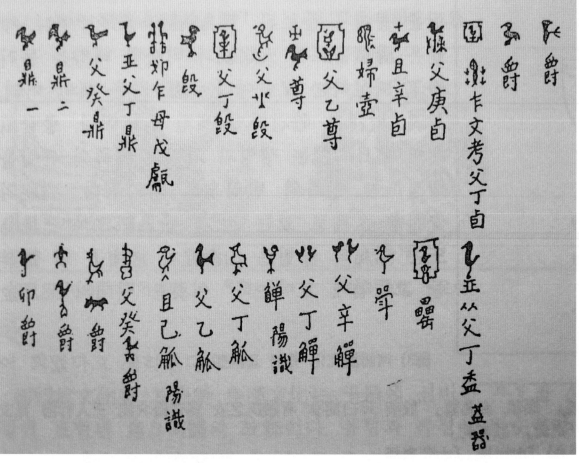

〔그림10〕 상(商)·주(周) 청동기 명문 가운데 '唯'자의 글자 모양이 새 모양〔鳥形〕으로 나타낸 예와 그릇 이름〔器名〕들[12]

새 모양〔鳥形〕 족휘문은 점차 '추(隹)', '유(唯)'자로 바뀌어 사용된다. 따라서 '唯'는 고대 원시종교인 새 토템의 유습에서 그 내원(來源)을 찾을 수 있으며, 연호의 원시고형이기 때문에 세차 앞에서 글머리〔文頭〕를 장식하는 가장 중요한 문자가 되었다고 해석한다. 고대 동이족의 신조(神鳥) 숭배사상은 이처럼 유구한 역사를 지닌 문화의 생명과 같은 세계다.《삼국지》〈위서·동이전〉을 인용하는 수준에선 논급의 한계를 느낀다.

---

12) 갈치공(葛治功),《南京博物院集刊》, 1983년 6期.

(1)서금형 도기(瑞禽形陶器), 보물 제636호, 높이 15.1cm

(3)경주 미추왕릉지구 출토 유리구슬 새, 지름 1.8cm

(5)부여 궁남지 출토 목응, 길이 6.1cm, 국립부여박물관 소장

(2)압형토기(鴨形土器), 울산 중산리 1D-15호, 3세기, 원삼국, 높이 32.5cm(오른쪽)

(4)목심칠조(木心漆鳥), 낙랑시대, 오야리(梧野里) 19호분 출토, 국립중앙박물관 소장

〔그림12〕 고대 새 숭배사상이 반영된 조형유물(鳥形遺物)

　　〔그림12〕의 여러 종류의 유물들은 고대부터 내려온 새 숭배사상의 다양한 문화를 보여주는 유물들이다. (1)번의 서금형(瑞禽形) 도기(陶器)는 새의 상서로운 기운이 감도는 신령스러운 형상이고, (2)번의 오리모양토기〔鴨形土器〕는 주기(酒器), 등구(燈具-) 등 그 용도가 명확하지 않지만, 원래 오리는 볏이 없는데, 과장된 볏을 달고 있는 것으로 봐서 변형된 신조(神鳥)의 일종이라 할 수 있다. (3)번은 지름 1.8cm에 지나지 않는 크기에 여섯 마리의 새를 상감한 유리구슬인데, 고대 상감기법의 극치를 보여주는 유물이다. (4)번은 단단한 나무의 핵〔木心〕을 깎아 만들고 그 위에 옻칠을 한 목조(木鳥)인데, 전통 혼례 때 사용하는 오리를 닮았다. 고대의 오리는 전신(傳信)의 매개자로 흔히 사용되었는데, 그런 유물로서는 가장

(1)청동초두, 서봉총 출토, 높이 22cm,
국립경주박물관 소장

(3)청동초두, 양산 금조총 출토,
높이 10cm, 동아대학교박물관 소장

(5) 오리 모양 토기[鴨形土器], 삼한(3세기
전 울산 하대(下垈), 높이 29.5cm

(2) 오리 모양 등구(燈具)

(4) 쌍조장식부호(雙鳥裝飾附壺),
울산 하대32호,
높이 32cm, 부산대학교박물관 소장

(6) 삼국시대 골호(骨壺)

〔그림13〕 불(火)과 관련된 청동기와 토기유물들

오래된 낙랑시대의 유물이다. 부여 궁남지에서 출토된 (5)번은 하단의 생
김새와 작은 크기로 봐서 응장(鷹杖)의 손잡이 끝에 장식했던 매로 짐작
되는 유물이다. 새는 위의 예와 같이 이른 시기부터 인류 생활의 문화 속
에 또는 사후 세계에 이르기까지 그 형상을 통하여 인간들의 사유를 반영
했던 유물이었다.

〔그림14〕 (7) 백제금동대향로, 부여 능산
리 절터, 국보 제287호, 부여박물관 소장

〔그림13〕의 유물들은 기형(器形)은 모두 다르지만 새를 의부(意符)하여 신의(神意)를 상징한 공통점이 있다. 그 공통점이란 모두 불〔火〕과 관련한 기물이란 점인데, 새가 왜 뜨거운 불의 기물에 장식되었을까? 고고학계에서 그 까닭을 설명한 글을 아직 본 적이 없다. 그 까닭을 살펴보면, 불은 태양의 원형질이고 새는 태양의 등가물이기 때문에, 고대 상징의 세계는 '태양, 불, 새', 이 세 가지 물상이 함께 복합 장식되는 특성이 있다는 사실이다.

〔그림13-(1)〕은 청동자루솥〔靑銅鑣斗〕이고 〔그림13-(3)〕은 청동쟁개비다. 자루솥은 자루와 세 발이 달린 작은 솥을 말하고, 쟁개비는 북한어로서 작은 냄비를 말한다. 모두 불의 기물이다. 〔그림13-(2)와 (5)〕는 오리 모양 토기인데 등구(燈具) 계통의 기물이므로 불을 표상한다. 〔그림13-(4)와 (6)〕은 골호(骨壺)인데 화장(火葬)과 관계되므로 역시 불을 상징한다. 부여 능산리 절터에서 출토된 백제금동대향로〔그림13-(7)〕도 기존 해석은 동체 하단이 연화문이고 상단이 산 모양의 문양으로 이상향을 표현한 것이라고 설명한다. 그러나 나는 해석을 달리한다. 향로의 불과 새는 태양숭배에서 배태된 동격의 이미지를 상징한다. 그러므로 연화문과 산 모양 문양의 본질은 정상의 신조(神鳥)와 함께 태양의 원형인 불꽃무늬를 의부한 것이 향로의 성격이라고 해석한다. 불꽃

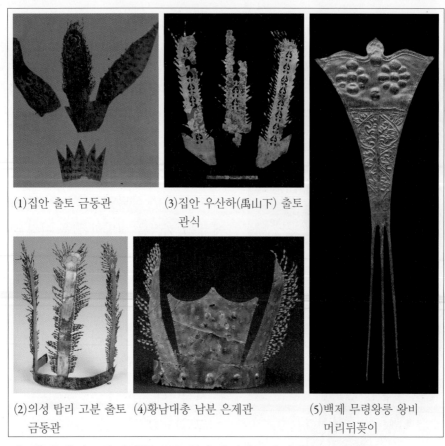

(1)집안 출토 금동관   (3)집안 우산하(禹山下) 출토
관식

(2)의성 탑리 고분 출토 (4)황남대총 남분 은제관   (5)백제 무령왕릉 왕비
금동관   머리뒤꽂이

〔그림15〕 새 깃 모양 관식〔鳥羽形冠飾〕과 새 날개 모양 관식〔鳥翼形冠飾〕

무늬가 연화문이나 산형문(山形文)처럼 부드럽게 정리되고, 그 속에 갖가
지 인간의 상상세계를 표현하였다. 이것이 바로 태양 숭배족의 사유세계를
표상한 향로란 설명이다.

4, 관식(冠飾)과 무구(武具)에 반영된 새 숭배사상의 형식언어

새 숭배사상이 투영된 한국의 고대유물의 사례는 청동기와 토기에 의
부된 새 장식〔鳥裝〕이 많지만, 관식(冠飾)과 무구(武具)에 반영된 중요한
유물들이 아주 많다. 고구려 새 깃 모양의 우식형(羽飾形) 관식과 백제의
관식(冠飾), 그리고 신라의 새 날개 모양인 조익형(鳥翼形) 관식과 의성

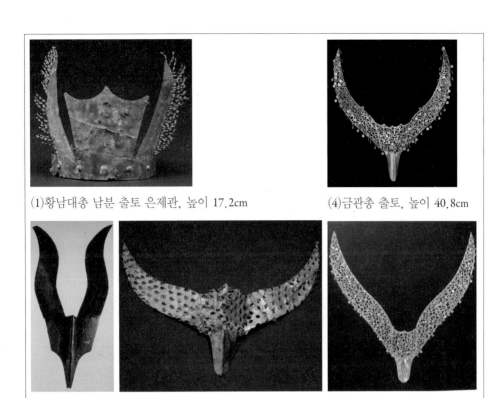

(1)황남대총 남분 출토 은제관, 높이 17.2cm

(4)금관총 출토, 높이 40.8cm

(2)가야 조익형 관 (3)황남대총 남분 출토, 높이 40.6cm

(5)천마총 출토, 높이 45.5cm

〔그림16〕 새 깃털 장식〔羽飾〕 관형의 형태적 비교

탑리 출토 우식형 관식, 황남대총 남분 출토 우식형 관식 및 서봉총 금관, 환두대도, 가야의 판갑(板甲), 일본의 갑주(甲冑) 등이 대표적인 조장(鳥裝) 유물들이다.

〔그림15〕와 〔그림16〕에서 볼 수 있듯이 고대 한국의 새 숭배사상은 다양한 관식에 뚜렷이 반영되어 있다. 신권(神權)과 왕권(王權)을 새〔神鳥=솔개〕의 날개로서 상징화하여 권위와 신분을 형상화했다.

새의 날개를 관식화한 것은 동이족의 새 숭배 습속이지만, 중국 측 유물을 보면 신석기시대 암각화를 제외하고는 어디에서도 볼 수 없는 고대 한국의 독특한 관식이다. 이러한 새 날개 모양 관식은 새 숭배사상을 형식언어로 시각화한 한국 고대문화의 원형이며, 시원사상을 짚어볼 수 있는 중요한 상징문화라고 하겠다.

(2)판갑
복천동86호묘 출토,
높이 68cm,
복천박물관
분관 소장

(1)판갑(板甲), 전 김해 퇴래리 출토,
　　높이 64.8cm, 국립중앙박물관 소장

(3)복천동 판갑 세부의 새

〔**그림17**〕 김해 고분 출토 쇠 판갑

〔그림17〕은 김해 퇴래리와 부산 복천동에서 출토된 판갑(板甲)의 새 형상들이다. 〔그림17-(1)〕의 갑옷을 솔개 형상으로 본다면, 양쪽 소용돌이 무늬로 말아놓은 것은 솔개의 두 눈〔兩眼〕이고, 뿔처럼 솟은 양쪽 솟음대는 뿔이 아니고 솔개의 두 날개로 판단한다. 신조(神鳥) 솔개를 이렇게 무구(武具)에 장식한 것은 동이족 새 숭배의 습속을 드러낸 잔영들이라고 추정한다.

갑옷과 무기류에 장식된 새는 일본의 갑주에도 영향을 주었다. 일본 학계에선 갑주의 양쪽에 솟아 있는 이 입물(立物)의 용어를 초형(鍬形)이라고 부른다. 농기구인 가래〔鍬, 가래 초〕처럼 생겼다고 해서 초형이라고 이름 붙인 것으로 보인다. 그러나 이 초형의 용도와 기원에 대해서는 현재까지 그 내용을 모른다고 한다.[13]

---

13)　笹間良彦, 〈甲冑各部の解說〉, 《圖解日本甲冑事典》, 雄山閣, 1996, 161쪽.

(1)오쿠라(小倉武之助) 컬렉션 금관, 관테
높이 7.4cm, 직경 16.9cm, 총 길이 54.45cm,
중앙 광배형 태양문, 좌우 4개의 입식 상단
부는 새의 부리 형상, 가야관 추정.
도쿄국립박물관 소장

(2)가부토 투구

(3)오다 노부나가 투구

[그림18] 가야 금관 조익형 입식(立飾)과 일본 투구의 초형(鍬形). (사진 : 위키백과)

그러나 일본 투구[그림18-(2), (3)]의 이른바 초형은, 그 형상의 특징이
새를 상징한 형식언어라는 것을 쉽게 감지할 수 있다. 이러한 가야 갑주
와 오쿠라 컬렉션 가야 금관의 새[鳥]의 계보가 일본 신사(神社)의 도리
이(とりい, 鳥居)로 이어지는 새 장식[鳥裝]의 현장을 확인해보자.

갑주(甲胄)와 금관의 경우처럼 고대의 솔개는 신조(神鳥)로 의부(意符)되
어 하늘[天], 신(神), 왕(王), 으뜸, 수리[首] 등으로 표상된다. 그런 예를 일
본 신사(神社)의 정문 도리이[鳥居, とりい]에서 뚜렷하게 확인할 수 있다.

다음으로 이른바 미늘쇠 또는 유자리기(有刺利器)로 부르는 무구(巫
具)의 새 모양 장식[鳥裝]을 보자.
[그림19]는 고고학계에서 미늘쇠 또는 유자리기(有刺利器)로 부르는
고분 출토 유물이다. 미늘쇠는 칼 모양의 몸통에 미늘 같은 뾰족한 날이
드문드문 있는 연장을 말하며, 유자리기는 낚싯바늘과 같이 가시가 있는

날카로운 기구란 뜻이다. 이 유물에 대한 설명을 보자.

"삼국시대 신라와 가야의 고분에서 주로 출토된다. 양쪽 가장자리를 오려서 삐쳐내 가시가 돋친 것처럼 하고 아래는 장대, 혹은 나무자루에 끼울 수 있도록 되어 있다. 4세기 전반의 덧널무덤(木槨墓)에는 덩이쇠를 이용하여 하단부는 양쪽에서 오려서 공부(銎部 : 자루에 끼우는 부분)를 만들고 측면을 양쪽에서 오리고 길게 늘여서 소용돌이무늬로 말아놓은 것이 최초의 형식이다. 이후 시기 신라 고분에서는 가시가 돋친 것처럼 만들고 크기도 그리 크지 않지만 가야의 고분에서 출토되는 것은 크고 장식이 많이 되어 있다. 특히 함안 도항리 고분군에서 출토되는 것은 네 귀퉁이가 삐쳐 나온 장방형의 몸통에 작은 구멍을 규칙적으로 뚫고 가장자리에는 가시를 삐쳐내는 대신 철판을 오리 모양으로 만들어 붙여놓았다. 신라와 가야의 일정 수준 이상의 무덤에서 출토되던 미늘쇠는 5세기를 지나면서 점차 소멸되고 합천 저포리 고분군과 같은 변두리의 고분에서 퇴화된 형태로 발견된다."[14]

아울러 미늘쇠에 대한 의의와 평가도 보자.

"형태로 보면 일상적인 용도를 생각하기 어려우며 자루에 끼울 수 있도록 되어 있어 의장행렬과 같은 데서 장대에 끼워 사용하지 않았을까 추정되므로 의기(儀器)로서 성격이 있음을 이해하여 볼 수 있다. 미늘쇠가 최상위급의 무덤에서 출토되지 않고 중형급 이상의 신라 · 가야 무덤에서 주로 출토되는 것으로 보아서 미늘쇠를 부장한 피장자의 신분은 지배세력 가운데 중 · 상위 계층에 해당한다고 생각된다."[15]

이와 같이 미늘쇠는 무기가 아닌 의기(儀器)로 파악하고 있다. 타당한 논

14) 《한국민족문화대백과사전》, 한국학중앙연구원.

15) 《한국민족문화대백과사전》, 한국학중앙연구원.

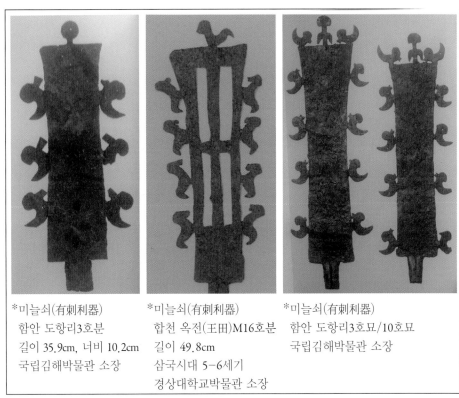

*미늘쇠(有刺利器)
 함안 도항리3호분
 길이 35.9cm, 너비 10.2cm
 국립김해박물관 소장

*미늘쇠(有刺利器)
 합천 옥전(玉田)M16호분
 길이 49.8cm
 삼국시대 5-6세기
 경상대학교박물관 소장

*미늘쇠(有刺利器)
 함안 도항리3호묘/10호묘
 국립김해박물관 소장

〔**그림19**〕미늘쇠〔有刺利器〕. (사진 : 2004 국립김해박물관 특별기획전 도록《영혼의 전달자》)

리다. 그렇다면 무기의 성격이 짙은 미늘쇠란 이름을 버리고, 의기의 성격
에 맞는 다른 이름을 찾는 것이 바른 길이라고 하겠다. 미늘쇠에 촘촘히 붙
어있는 모양은 새의 형상들이다. 미늘쇠를 무기로 볼 수 없는 특징의 이유
가 바로 여기에 있다. 무기의 기능을 발휘하기에는 그 새 모양이 너무 장식
적이기 때문에, 아마도 이것은 행사 때에 앞에 먼저 들고 나가는 깃발처럼
어떤 집단의 표지물의 성격을 지닌 의기(儀器)라고 그 상징성을 해석한다.

한대(漢代) 화상석(畵像石)〔그림20〕을 보면 의식용(儀式用) 깃발과 비
슷한 기물을 들고 있는 모습을 볼 수 있다. '미늘쇠'도 바로 그러한 의례
용 철기(鐵器)가 아닐까 한다. 그래서 그 이름을 '새 장식 철의기〔鳥裝鐵
儀旗〕'로 불러야 옳다고 생각한다.

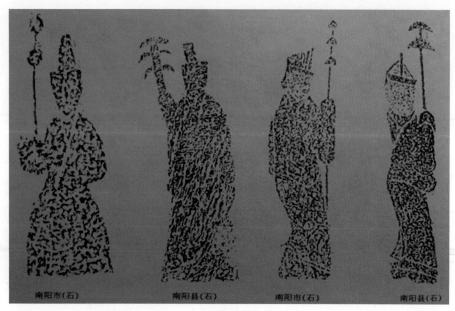

南阳市(石)　　　南阳县(石)　　　南阳市(石)　　　南阳县(石)

〔그림20〕 한대(漢代) 화상석(하남 남양시 漢墓)

5. 홍살문과 도리이(とりい, 鳥居)와 화표(華表)

〔그림21〕은 1996년 유네스코 세계문화유산에 등재된 일본의 대표적 신사인 이쓰쿠시마〔嚴島〕 신사(神社)다. 이 신사는 히로시마〔廣島縣〕 세토 내해〔瀬戸内海〕의 이쓰쿠시마 섬에 있다. 이쓰쿠시마 섬은 일찍부터 일본의 토착종교인 신도(神道)의 성지로 6세기 무렵 처음으로 신사가 세워졌고, 현재의 신사는 12세기에 세워진 것이라고 한다. 신사 지붕의 곡선이 날아가는 새〔飛鳥〕의 형상을 상징하고 있다.

전통적인 일본 신사의 정문인 도리이〔鳥居, とりい〕는 일본 전역에 약 8만 5천 개 이상이 있다고 한다. 한국의 홍살문과 같은 기능, 곧 신성한 곳을 구분 짓는 경계의 표시가 도리이다. 도리이는 오늘날까지 이어지는 고대 새 숭배사상의 종착역이라고 할 수 있다. 도리이의 기원에 대하여 사전적인 해석을 한번 살펴보자.

〔**그림21**〕 이쓰쿠시마〔嚴島〕 신사(神社)의 도리이〔とりい, 鳥居〕(사진 : 위키백과)

"도리이의 기원은 분명하지 않고 몇 가지 다른 이론들이 있다. 어떤 사람들은 중앙 인도에 위치한 산치의 문인 도라나와 관련이 있을 것이라고 주장한다. 이 이론은 도라나는 진언종의 설립자 구카이가 신성한 의식에 사용되는 공간을 구별하고자 채택한 것이라고 생각한다. 다른 학자들은 도리이가 중국의 패루(牌楼)나 한국의 홍전문(紅箭門)과 관련이 있다고 믿는다.

도리이라는 단어의 기원 또한 불분명하다. 어떤 이론은 "닭이 머무르는 자리"를 의미하는 한자 "鷄居"에서 유래하였다고 생각한다. 이것은 신토에서 닭을 신의 전령이라고 여기는 데에서 비롯한다. 다른 이론은 "통과해 들어가다"라는 뜻의 "通り入る(도리이루)"에서 유래하였다고 주장한다." [16]

도리이의 기원은 위의 설명처럼 불분명하다. 그러나 도리이를 한국의 홍살문과 비교해볼 때, 그 본뜻의 유사성은 잘 드러난다. 한국의 궁전, 왕릉, 관아(官衙), 사당(祠堂), 묘우(廟宇), 향교(鄕校), 서원(書院) 등 정문에 세

16) 《위키백과》

| (1)여주 영릉 홍살문 | (2)서오릉 홍살문 | (3)전주 경기전 홍살문 |
| (여주군 능서면 왕대리) | (고양시 덕양구 신도동) | (전주시 완산구 풍납동) |

한국의 홍살문은 홍전문(紅箭門) 또는 홍문(紅門)이라고도 한다. 둥근 기둥 두 개를 세우고 지붕이 없이 화살 모양의 나무를 나란히 세워놓았고, 그 중간에는 태극 문양이 그려져 있다. 이 태극 문양은 삼태극, 이태극 등으로 표현되어 있고, 태극 문양 위에는 삼지창(三枝槍)이 놓여 있다.

이 홍살문이 언제부터 어떤 연유로 해서 세워지게 되었는지는, 문헌상 기록이 없어 확실히 알 수 없다. 다만 세워진 장소로 보아서는 경의(敬意)를 표하라는 뜻이 포함되어 있지 않나 생각될 뿐이다.(《한국민족문화대백과사전》)

〔그림22〕 홍살문

워진 홍살문〔그림22〕은, 태양과 새 숭배의 고대사상을 의부하여 신성한 지역임을 나타내는 문이다.

  9m에 이르는 둥근 기둥을 양쪽에 세우고 붉은 칠을 하여 세우는 경계의 문이다. 홍살문의 붉은 칠과 '홍살'이란 말이 태양을 의부(意符)하는 말 그 자체이다. 곧 '홍살'은 한자 '홍(紅)'과 신(神)의 순수고유어 '살'이 복합된 낱말이라고 이해한다. 홍살문 가로대의 꼭대기에 있는 이른바 삼지창(三枝槍)도 그것은 무기가 아니라, 비상형(飛翔形)의 신조(神鳥), 곧 솔개가 홰치는 모습을 상징적으로 추상화한 조형이라고 해석한다.

  한국의 홍살문은 이와 같이 붉은 색과 살대를 위로 향해 꽂고 신조를 복

(1)닛코〔日光〕 도쇼궁〔東照宮〕 : 일본을 통일하고 에도막부〔江戶幕府〕 시대를 연 도쿠가와 이에야스〔德川家康〕의 위패를 모신 신사다. 1636년 건립하였으며 일본에서 가장 큰 석조 도리이〔鳥居〕이다. 신사 안에 있는 많은 전각이 국보나 중요 문화재로 지정되어 있고, 유네스코 세계문화유산으로도 지정되어 있다.

(2)야스쿠니신사〔靖國神社〕 : 일본 도쿄 지요다구에 있는 국가 신사. 1853년 개항 이후 청일전쟁, 러일전쟁, 만주사변, 태평양전쟁 등 전몰장병 246만 혼령을 안치하기 위해 1869년 설립. 1979년 제2차 세계대전의 전범까지 이곳에 옮김.(《한국민족문화대백과사전》)
(사진 출처: 위키피디아)

〔그림23〕 일본 에도시대의 도쇼궁 신사와 근현대의 야스쿠니신사

합 상징하여 최고의 신성지역을 표지하는데 견주어, 일본 신사의 도리이는 묘진도리이〔みょうじん とりい, 明神鳥居〕와 신메이도리이〔しんめい とりい, 神明鳥居〕 두 가지 종류가 있다. 묘진도리이는 고전적인 도리이로서 기둥을 붉은 칠로 광택을 내고 가사기〔かさぎ, 笠木〕라는 맨 위 가로대가 활처럼 휘어지게 하여 날아오르는 새의 모습을 상징한다. 그리고 가사기 아래 시마기〔しまき, 島木〕라는 가로대와 중앙 가로대를 연결하는 가쿠즈카〔がくつか, 額束〕라는 짧은 기둥이 있다. 그러나 신메이도리이는 그런 것이 없다. 그것은 묘진도리이의 상징이 후대로 내려오면서 그 원의(原意)가 점차 흐려져 날아오르는 새의 형상을 수평, 수직 구조로 바꾸고, 재료도 목재에서 청동, 돌, 스테인리스강 등으로 대체되는 경향이 나타난다.

  도쇼궁의 도리이〔그림23-(1)〕와 이쓰쿠시마 신사의 도리이〔그림21〕는 묘진도리이〔みょうじん とりい, 明神鳥居〕이므로 날아오르는 새 형태인

데 견주어, 근현대의 야스쿠니신사 도리이(그림23-(2))는 신메이 도리이〔しんめい とりい, 神明鳥居〕이므로 가사기의 휘어짐이 없고 지붕이 직선이다. 원래 도리이는 태양조, 신조, 솔개의 형상으로 신성함을 상징한 것이라고 생각되므로, 지붕이 활처럼 휘고 양쪽 끝단이 들려야 하는 것이 원칙이라고 추측한다.

한국의 홍살문이나 일본의 도리이와 같은 성격의 중국 측 예를 든다면 화표(華表)가 바로 그것이라고 판단한다.

화표(華表)는 원시부락사회부터 출현한 일종의 토템 표지목이다. 이것은 고대 제왕의 근정위민(勤政爲民)을 나타내는 표지목으로 변화하기도 했고, 교통의 요지나 교량 앞에 세우는 망주(望柱) 형식의 입목비(立木牌)로 진화하기도 했다. 옛 이름은 환표(桓表) 또는 표목(標木)이다. 진(晉) 최표(崔豹)가 찬(撰)한 《고금주(古今注)》에는 순임금이 다리 위에 나무 기둥을 세워놓고 정치의 그릇됨을 비방하는 말을 쓰게 하여 반성하였다는 고사에서 비방지목(誹謗之木)이라고도 했다는 기록이 있다. 또 춘추시기에는 일종의 천문(天文) 관찰을 위한 의기(儀器), 또는 궁전, 교량, 능묘 앞에 세우는 입목(立木)의 기둥〔干〕으로 삼기도 했다.

동한(東漢)시기부터 석재(石材=漢 白玉)로 고박정미(古朴精美)하고 외외장려(巍巍壯麗)한 반룡(盤龍)을 기둥 전체에 조각했다. 명(明) 영락제(永樂帝, 1360~1424) 때 세워진 북경 천안문에 있는 화표를 보면, 돌기둥의 둘레엔 반룡이 휘감고, 상단에는 이른바 운판(雲版)이 있다. 그런데 이 운판의 원의(原意)가 무엇인지 모른다고 설명하기도 하지만,[17] 나는 이것을 상고시대 신조 숭배사상을 솔개의 날개로 상징한 조형으로 해석하고자 한다. 그래서 화표의 조형(祖形)은 신조(神鳥) 솔개의 날개를 의

---

17) 《사원(辭源)》, 1983년판.

〔그림24〕 북경 천안문 광장에 서 있는 화표(華表)

부(意符)하여 벽사(辟邪)와 신성한 지역을 나타낸 고대의 문(門)의 변형, 또는 신간(神竿)의 진화라고 해석하는 바이다.

동이문화의 새 숭배사상은 태양 숭배사상의 상징성을 의부(意符)하여 그 신의(神意)를 문화 속에 투영해온 역사가 참으로 유구하다. 태양과 새의 관계에서 새는 태양조〔陽鳥, 踆鳥, 玄鳥, 三足鳥〕인 신조(神鳥)로서 그 실체는 까마귀가 아닌 '솔개'라는 사실을 바르게 알아야 할 것이다. 신조는 태양만큼은 아니지만, 태양에 버금갈 정도의 신령스러운 존재로 여겨온 것이 고대인들의 사유체계라고 생각한다.

그러므로 고대문화에 나타나는 새 문화는 '태양 → 신(神) → 새'로 이어지는 등식관계를 이해한 바탕 위에서 해석해야 그 본질의 원형을 추려 낼 수 있을 것이다.

제3장 신시(神市), 소도(蘇塗), 서라벌, 서울의 어원을 찾아서

언어는 그 민족이 지닌 문화의 상징이며 표상이다. 언어는 오래된 집과 같이 삶의 역사 속에 이미지 층을 켜켜이 쌓으면서 그 시대를 표상해 왔기 때문이다. 조선어학회는 일제강점기에 '말은 민족의 정신이요, 글은 민족의 생명'이라는 기치 아래 민족공동체의 결속을 위해 저항하였다.

이 글에서는 상고시대 '신시(神市)'에서 오늘의 '서울'에 이르기까지 민족 역사의 문을 연 '터'에 대한 말의 변천사적 의미를 짚어보고, 문징(文徵)과 물징(物徵)과 구징(口徵=言徵)으로 그 원형질을 추적하고자 한다.

1, '신시(神市)'의 의미와 독음

신시에 관한 설명부터 보자.

"고기(古記)에 이르되 옛날에 환인(桓因)의 서자(庶子) 환웅(桓雄)이 있어, 항상 천하에 뜻을 두고 인세(人世)를 탐하거늘, 아버지가 아들의 뜻을 알고 삼위태백(三危太白)을 내려보매 인간을 널리 이롭게(弘益人間) 할 만한지라 이에 천부인(天符印) 셋을 주어 내려가서 다스리게 하였다, 환웅(桓雄)이 무리 삼천을 이끌고 태백산 신단수(神檀樹) 밑에 내려와 여기를 神市라 이르니 이가 환웅천왕(桓雄天王)이다."[01]

---

01) 《삼국유사(三國遺事)》〈기이권제일(紀異卷第一)〉(이병도 옮김)

이와 같은 '神市'에 대한 《삼국유사》의 기록을 보면, 神市는 환웅께서 터를 잡은 첫 도읍지를 말한다. 규모의 차이를 떠나 오늘의 서울과 같은 성격의 땅이다. 神市에 대한 기존 연구를 보면 다음과 같이 정리된다.

(1) 신시는 그 뒤 환웅이 웅녀와 혼인하여 단군을 낳고, 단군이 평양을 도읍지로 하여 고조선을 건국할 때까지 고조선 종족의 중심지였던 것으로 짐작된다.

神市에 대해서는 크게 두 가지 해석이 있다.

첫째 신시는 신정시대(神政時代)에 도읍 주위에 있던 별읍(別邑)으로서 삼한의 소도(蘇塗)와 같은 신읍(神邑)이었다는 해석,

둘째 신시는 지명이 아니라 인명으로서 환웅을 가리키며, 그것은 조선 고대의 국가들에서 왕을 뜻하는 '신지(臣智)'가 존칭화한 것이라는 해석이 그것이다.[02]

(2) 神市는 환웅이 신단수 아래로 내려와 붙인 이름으로 이곳에서 인간세계를 다스리며 교화한 곳이다. 신시를 뜻을 새겨 읽으면〔訓讀〕 신이 모이는 곳을 의미한다는 설.[03]

(3) '神市'의 '神'은 환웅(桓雄)으로 대표되는 천강족(天降族)이 자신들의 신성성을 나타내고자 붙인 것이며, '市'는 환웅의 강림처, 집무처, 웅녀의 기원처로 설정된 곳이라고 하는 설.[04]

(4) '神市'의 명칭에 주목하여, 神市는 천상계와 지상계 사이의 왕래와 의사소통을 가능케 하는 매개물이며, 두 세계 사이의 교류가 이루어지게 하는 신성지역이라고 보는 설.[05]

---

02) 《한국민족문화대백과사전》, 한국학중앙연구원.

03) 최남선, 〈不咸文化論〉, 《朝鮮及朝鮮民族》, 조선사상통신사, 1927.

04) 김창석, 〈한국 고대 市의 原形과 그 성격변화〉, 《韓國史研究》 99·100합본, 1997.

05) 서영대, 〈단군신화의 의미와 기능〉, 《汕耘史學》 8집, 1998.

(5) '神市'의 '市'를 신단수(神檀樹)의 '수(樹)'와 관련이 있는 것으로 파악하여, 市를 '저자 시'가 아니라 수풀, 숲과 관련된 말로 풀이하며, 이와 같은 신성한 숲을 일러 불(市)이라고 한다. 따라서 '신성한 숲' 곧 '신불'이라고 읽어야 옳다는 주장.[06]

위와 같은 여러 학설은 '神市'의 성격이 신정시대 별읍으로서 삼한의 소도와 같은 신읍이었다는 견해로 모아지고 있다. 그 가운데에서 신종원의 설이 내 견해와 부합되는 부분이 있으므로 이에 찬동하고 부분적인 우견을 제시하고자 한다.

첫째로 '神市'의 의미와 기능 문제이다.

神市를 신의 강림처, 천군(天君)의 주석처, 제의가 이루어졌던 신성지역으로 인식하는 것은 모두 아는 사실이다. 神市를 별읍(別邑)이라고도 하는 바, 초기엔 '신읍(神邑)' 또는 '신역(神域)'이었던 곳이 후대로 내려오면서 신성성이 감소되어 별읍 수준으로 낮아졌을 가능성이 있다고 추찰된다. 신정시대(神政時代)의 부족국가가 성읍국가로 바뀌면서 천군의 지위가 사라지는 과정에서 神市는 별도 지역에 샤머니즘 성격의 사당과 솟대를 세운 토착신앙의 잔재 형태로 남고 민속으로 수용되어 변천해 나아간 것으로 본다.

둘째로 '神市'의 표기 형태에 대한 해석이다.

'신읍(神邑)'의 의미를 가진 터의 당시 이름을 일연선사가 '神市'로 표기한 것은 고유어를 향찰식으로 뜻을 빌려 소리를 적어 훈차음사(訓借音寫)한 것으로 생각된다. 앞에서 보았듯이 한자어 '神'의 고유어는 '살 /설'이다. '市'은 신종원의 탁견처럼 '저자 시'가 아니라, 터, 땅의 고어로 볼 수 있는 '블/벌(野)'이나 '신성한 숲'을 '市'(슬갑 불 / 사람이름 불―진시황 때

---

06) 신종원, 《삼국유사 새로 읽기(1)》〈기이편〉, 일지사, 2004.

신하 서불(徐市)이 있다.)로 표기한 음사(音寫)다. 따라서 이 단어는 '슬〔神〕 + 불〔市〕' 〉 사라볼 〉 서라벌' 로 연철과 음운교체(모음교체)가 병행된 형태 변화의 단어라고 추정한다. 이렇게 해석할 때 '神市'는 '서벌(徐伐) / 서라(徐羅) / 서라벌(徐羅伐) / 사로(斯盧) / 사라(斯羅)' 등과 음가가 비슷한 친연성의 관계어임을 감지할 수 있다. 그러므로 '神市'를 고유어로 재구할 때 한자음 '신시'로 읽으면 안 된다. 반드시 '슬블(불) 〉 슬볼 〉 살울 〉 셔울'로 새겨 읽어야〔訓讀〕 올바르게 읽는 것이라고 주장한다. 만약 '市'자를 소리를 빌린〔音借〕 '불'자로 읽지 않고 '저자 시'자로 읽는다면, 까마득한 상고시대에 이미 교역이 이루어지는 시장이 존재했던 것으로 오인하기가 쉽다. 슬갑 불(市, 전서체 市)자와 저자 시(市, 전서체 巿)의 자형은 전서체로는 확연히 다르지만, 해서체로는 너무나 비슷하기 때문에 후인들이 잘못 읽은 것이다.

위의 (1)에서 보듯이 《한국민족문화대백과사전》은 '神市'를 한글로 표기할 땐 전부 '신시'로 기록했다. 물론 요즘 발음대로라면 틀린 것이 아니지만, 그러나 위의 논리를 참고한다면, 단군시대 '神市'를 요즘 독음대로 '신시'라고 발음했을까? 당시의 현실음은 무엇이었을지에 대한 의문이 생긴다. 왜냐하면 '神市'는 한민족이 최초에 터 잡은 곳의 이름이기 때문에 거기엔 고대의 어떤 시원사상이 그 바탕에 깔려 있을 것으로 보기 때문이다. 그러므로 '神市'를 한자음(漢字音)으로 읽을 것인가 아니면 고유어를 한자(漢字)의 새김〔訓〕과 소리〔音〕를 빌려 표기한 '슬볼'로 발음해야 할 것인가 하는 문제는 실제로 굉장히 중요한 문제라고 하겠다.

2. 소도(蘇塗)와 솟대

소도와 솟대는 농경사회사, 토속종교와 비교민속사 쪽에서 지금까지 깊이 연구되어 왔다. 솟대의 기원에 대해서는 역사적 선후 조사에 따라 고유민속 기원설, 비교민속 기원설, 북방문화계통 기원설, 남방도작(南方稻作)문화 기원설 등 여러 학설이 제시되어 있다.

소도에 대한 기록은《후한서(後漢書)》,《삼국지(三國志)》,《진서(晉書)》,《통전(通典)》 등에 전하는데, 그 가운데《삼국지》〈위서 · 한전(魏書 · 韓傳)〉의 기록이 가장 자세하다.

"해마다 5월이면 씨뿌리기를 마치고 귀신에게 제사를 지낸다. (중략) 귀신을 믿기 때문에 국읍(國邑)에 각각 한 사람씩을 세워서 천신(天神)의 제사를 주관하게 하는데, 이를 천군(天君)이라 부른다. 또 여러 나라에는 각각 별읍이 있으니 그것을 '소도'라 한다. 그곳에 큰 나무를 세우고 방울과 북을 매달아 놓고 귀신을 섬긴다. 다른 지역에서 그 지역으로 도망 온 사람은 누구든 돌려보내지 아니한다."(常以五月下種訖, (중략) 信鬼神, 國邑各立一人主祭天神, 名之天君, 又諸國各有別邑, 名之爲蘇塗, 立大木, 縣鈴鼓, 事鬼神, 諸亡逃至其中, 皆不還之. ……)

"마한의 여러 나라에는 별읍(別邑)이 있는 바 이를 소도(蘇塗)라고 한다. 그곳에는 큰 나무를 세우고 방울과 북을 매달아 놓고 귀신을 섬긴다. 학자에 따라서는 소도가 경계 표시라든가 성황당이라든가 하는 의견을 내놓기도 하지만, 이 소도는 한국사에서 아주 드문 신전(神殿)의 구실을 수행한 것으로 생각된다. 그러므로 소도는 한곳만 있는 것이 아니고 각처에 산재하여 있으면서 농경사회의 여러 제의(祭儀)를 수행하던 곳이었다."[07]

---

07) 《삼국지(三國志)》〈위서 · 동이전 · 한(魏書 · 東夷傳 · 韓)〉조, 국사편찬위원회, 1987, 310쪽 주석25.

대문구문화(大文口文化, BC 4500~BC 2500) 장아(獐牙)Y형기(왼쪽)
1959년 대문구 출토, 전체 높이 10.5cm, 자루 높이 9.2cm, 두께 2.4cm, 산동성박물관 소장
지조동녀상(持鳥銅女像)(오른쪽)
전국시대, 높이 28.5cm, 1928년 하남성 낙양시 금촌(金村) 출토, 미국 보스턴박물관 소장

〔**그림1**〕 한국 솟대의 고형으로 볼 수 있는 중국 고고자료

이와 같은 소도의 명칭은 다양하다. "솟대(황해도, 평안도), 솔대, 수살대
(함흥지방, 강원도), 소주, 소줏대(전라도), 짐대(강원도), 별신대(경상도
해안지방)를 비롯하여 神竿, 風竿, 長竿, 華表(柱) 등이 있다."[08]

중국의 역사와 민속엔 소도가 없다. 그러나 대문구문화의 장아(獐牙)Y
형기와 홍산문화 Y형옥기, 그리고 끝에 옥조(玉鳥)가 있는 청동 기둥〔靑
銅柱〕을 양손에 쥔 전국시대의 지조동녀상(持鳥銅女像)〔그림1〕 같은 것

---

08) 이종철, 〈장승과 솟대에 대한 고고민속학적 접근 試考〉, 《尹武柄博士回甲紀念論
叢》, 통천문화사, 1984, 515쪽.

이 소도의 고형(古形)이 아닐까 생각한다. 이에 대해서는 제Ⅵ부 제3장 〈Y형기(Y形器)와 칸(干)과 조익형(鳥翼形) 관식(冠飾), 그리고 만세(萬歲)의 상징〉에서 상세히 다룰 예정이다.

한편 솟대의 새에 대한 다음과 같은 견해도 주목할 만한 설이다.

"한편 솟대에 표출된 새는 영매(靈媒)로서 하늘과 인간의 연결기능을 가졌고 신간이 의미하는 수목, 산신숭배, 신탁의 잔영 및 천신(天神), 조신(鳥神)에 대한 종교심성 등에서 다신적인 원시 신앙복합을 느낄 수 있으며, 이것은 솟대의 사상사적, 양식적 배경을 추측케 하는 자료가 된다. 오늘날 서낭대, 수살대, 서낭간(竿), 짐대, 진대 등 다양한 명칭으로 불리는 좁은 의미의 솟대는 경계신(境界神), 별읍신(邑落神)으로서 인간이 천신께 기구하는 기원의 통로이거나, 신의 계시와 신탁이 전수되는 신로(神路) 또는 신이 내려오는 하강처(下降處)로서 이해된다. 그리고 신간(神竿) 자체는 그러한 의식을 구현하는 제1차적 신표(神標)이자 신성지역, 나아가서는 의식의 주관자인 천군(天君)의 권위를 대변하는 복합적 신앙 상징물이었다고 생각된다."[09]

〔그림2〕의 쌍조간두식은 하단부의 모습이 어딘가에 꽂았던 기물임을 알 수 있는데, 청동기시대 새 숭배의 원시종교사상을 표상한 제사장의 신간(神竿)임을 추측할 수 있다. 초기 솟대의 이러한 양식은 붙박이 솟대가 아닌 이동할 때 장소마다 제사장이 들고 다닌 솟대라고 할 수 있다. 마찬가지로 청동기조형검파두식(靑銅器鳥形劍把頭飾)은 싸움터에서 장수의 검으로 사용하기도 하고, 때로는 야전에서 간단한 의식용 신간으로도 쓸 수 있도록 만든 조형간두(鳥形竿頭)라고 생각된다. 그러므로 신간 꼭대기의 새는 우두머리를 상징하는 솔개가 맞다.

---

09) 이종철, 앞의 책, 516쪽.

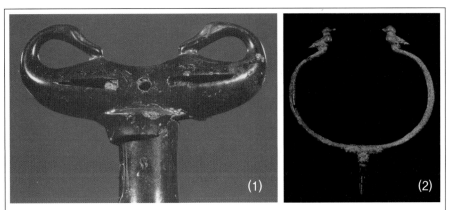

(1)청동기조형검파두식 : 청동기시대, 길이 12.5cm, 대구 비산동 출토, 삼성리움 소장
(2)쌍조간두식 : 청동기시대, 높이 12.5cm, 전(傳) 경주 출토, 국립중앙박물관 소장

〔그림2〕솟대의 기원과 청동기 유물

(1)농경문청동기의 솟대(청동기시대, 대전 출토) (2)쌍조간두식
(3)서오릉 홍살문   (4)백제문화제 백제 장군상(재현)
(5)내몽골 징키스칸 사당 신간(神竿)

〔그림3〕솟대의 기원과 변천

《예기(禮記)》〈월령(月令)〉편에 "중춘(仲春)에는 (중략) 솔개가 변화해서 비둘기가 된다"(仲春之月 (중략) 鷹化爲鳩)는 구절이 있다. 솟대의 고대형(古代形)은 신(神)의 고유어 '살'이 한자 '神'으로 말이 이동되면서 솔개의 족표(族標)도 희미하게 사라지고 그 자리에 비둘기, 오리, 기러기, 꿩 등이 자리 잡게 된 것으로 본다.

농경문청동기의 나뭇가지 위의 새 모양[鳥形][그림3-(1)]은 솟대의 원시고형(原始古形)이다.

신성지역을 나타내는 이러한 솟대의 양식은 능묘 들머리 길[入路]의 홍살문[그림3-(3)]이나 장군의 투구 위 표지[그림3-(4)], 사당의 표지(標識)깃대 [그림3-(5)] 등으로 그 상징이 변환되어 분화(分化)되어 갔다. 이러한 솟대의 분화 양상에 대해 그 원형의 상징성을 읽어내지 못한 채 눈에 보이는 대로 '삼지창'이라고 부르는 것은 '빗살무늬'란 이름과 다름없는 즉물적 명칭에 지나지 않을 뿐이다.

총체적으로 '神市'로 불리는 성격의 터에 '천군(天君)'의 주석(主席)을 알리는 신표(神標)가 '솟대'의 원의(原意)라고 해야 할 것이다. 그러므로 '神市'와 '소도(蘇塗)'는 신라시대의 '서라벌'이나 오늘날의 '서울'과 같은 어의(語意)의 고칭(古稱)이라고 해석한다. '슬볼[神市] → 살불[소도(蘇塗) → 솟대] → 사라벌 → 서라벌 → 서라볼 → 서울'에 남아 있는 두음(頭音) 'ㅅ'이 변하지 않았음도 모종의 중요한 암시를 던져준다.

3, '서라벌'과 서울

서울에 해당하는 한자는 도읍(都邑), 수도(首都), 경(京), 경도(京都) 등이라 할 수 있는데, 《설문해자》에선 '도(都)는 역대 천자의 종묘가 있는 곳'[先君之舊宗廟曰都]이라 했으며, 은주(殷注) 《좌전(左傳)》에선 '선

[그림4] 전형적인 솟대의 모습

대(先代)의 신주(神主)를 모신 종묘가 있는 곳이면 도(都)이고, 없으면 읍(邑)이다〔凡邑有宗廟先君之主日都, 無日邑〕라고 했다. 읍이 아닌 머릿고을〔首都〕이 될 수 있는 조건은 종묘의 유무가 한대(漢代) 이후 도(都)에 대한 관점이었음을 알 수 있다. 京은 갑골문에선 🏠, 금문에선 🏠로 나타나 있음을 볼 때《설문해자》의 풀이처럼 높은 집에 사람이 사는 곳을 가리키거나 글자 모양이 중옥지형(重屋之形)이므로 궁궐이 있는 곳, 곧 천자가 사는 곳을 京이라고 하겠다. 그러면 이러한 都나 京의 의미와 동일한 '서울'이란 명칭은 그 유래가 어디에서 말미암은 것이며 그 발음은 어떤 변천을 겪어왔을까? 같은 한자문화권이면서도 수도를 나타내는 단어로 '京'을 사용하지 않고 '서울'이란 순수고유어를 오늘날까지 유지해오고 있다는 사실은 매우 중요한 사항이다. 이 문제는 한민족의 시원사상과 밀접한 관계가 있다고 보기 때문에 한국 고대문화 원류의 상징과 해석에서 빼놓을 수 없는 부분이다.

신라의 서울인 경주를 '시벌(徐伐)' 또는 '서라벌(徐羅伐, 徐那伐)'로 부르는 명칭에서 오늘의 '서울'이란 단어가 탄생한 것으로 학자들은 보기 때문에, '서울'을 대체로 다음과 같은 변천 과정을 거쳐온 것으로 정리하고 있다.

시블, 시벌 〉 셔블 〉 셔볼 〉 셔울 〉 서울

문헌에서 경주는 서라벌(徐羅伐), 서나벌(徐那伐), 서야벌(徐耶伐), 서벌(徐伐), 사로(斯盧), 사라(斯羅), 소벌(蘇伐) 등의 음차(音借)로 나타난다. 그것이 503년 지증왕(智證王) 4년 정식 국호인 '신라(新羅)'로 정해졌음은 모두 아는 사실이다. 그러나 414년에 세워진 광개토태왕릉(廣開土太王陵) 비문에 '신라(新羅)'란 국호가 이미 등장하는 것으로 봐서 신라란 국호는 지증왕대 훨씬 이전부터 벌써 사용돼 왔음을 알 수 있다.

'신라(新羅)'의 의미는《삼국사기》에서, '新'은 덕업일신(德業日新)에서 '新'을, '羅'는 망라사방(網羅四方)에서 '羅'를 취자(取字)한 상서로운 의미라고 하였으나[10], 그 이전의 고칭(古稱)을 볼 때 이는 후세 유교적 뜻 새김과 해석〔訓釋〕임을 알 수 있다.

4. 마무리

서울의 연원은 서라벌뿐만 아니라 백제의 도읍지인 '소부리(所夫里, 부여)'도 동의어로 파악하는 것은 양주동, 고노 로쿠로(河野六郎), 이병

---

10)《삼국사기》권4,〈신라본기〉제4 '始祖創業已來, 國名未定, 或稱斯羅, 或稱斯盧, 或言新羅. 臣等以爲新者德業日新, 羅者網羅四方之義. 則其爲國號宜矣'

선, 노수희 교수들에게서 공통되는 학설이다. 그러므로 서라벌(徐羅伐), 서나벌(徐那伐), 서야벌(徐耶伐), 서벌(徐伐), 사로(斯盧), 사라(斯羅), 소벌(蘇伐) 등 고기사(古記寫)의 원의는 그 음가가 '사/서＋ㄹ'의 형태란 점에 유의할 때 그 어형의 뿌리는 '슬(설)'이 된다. 이미 말했던 신의 해석에서 神의 고유어가 태양을 사유의 모형으로 한 '슬'이었음이 확인되었다. 그러므로 이 어의에 대한 다음과 같은 학설은 중요한 시사점을 준다.

(1) 고(高), 신령(神靈)을 의미하는 우리말 〈수리·솔·솟〉의 음사(音寫)라는 설 : 이병도, 이병선
(2) 시(始), 신(新), 동(東), 원(元), 금(金)의 훈차음사(訓借音寫)라는 설 : 서정범, 이병선, 천소영

다음으로 '벌'은 '볼, 벌'의 음사로서 다음과 같은 의미로 해석되고 있다.

(1) 야원(野原)을 의미하는 표기라는 설 : 이병도
(2) 지명에서 흔히 보이는 것으로 火, 赤, 明, 光의 의미라는 설 : 이병선, 천소영

이와 같은 기존 학설을 종합하여 볼 때, 서울의 의미는 '새로운, 처음의, 신령스러운, 동쪽의, 밝은 신의 땅'이란 개념이 함축된 '슬볼〔神市〕', '상읍(上邑)'의 수도(首都)란 뜻이라 하겠다. 이러한 뜻을 지닌 서울은 '싀벌', '서라벌' 등의 음운 변화를 거친 말이다. 싀벌, 서라벌의 원류는 신의 순수고유어 '슬'에 그 뿌리를 두고 있다. 고대에는 신시(神市), 신읍(神邑), 신도(神都), 살(솔)터, 소도(蘇塗), 솟대의 땅이란 뜻으로 의미가 매겨지고, 종묘에 해당하는 신궁(神宮)이 있는 곳을 일컫는 말이 '서울'이라고 결론짓는다.

제4장 고구려 절풍(折風)의 기원(起源)과 어원(語源)

1, 절풍(折風)의 연원(淵源)

절풍(折風)은 고구려의 독특한 관식(冠飾)이다. 감신총, 개마총, 무용총, 쌍영총 등의 고구려 고분벽화엔 예의 그 절풍이 나타나 있다. 그러나 절풍의 유래와 기원을 비롯하여 절풍이 뜻하는 말뜻과 상징성에 대한 궁금증은 아직 시원하게 해소된 바가 없다. 논자마다 구구한 것도 사실이다. 고대관식(冠飾)은 고대사회의 사상과 문화의 원형을 탐색할 수 있는 중요한 정보를 제공해주기 때문에 그 상징성에 대한 해석의 정확성은 매우 중요하다.

관(冠)은 신체의 가장 높은 위치인 머리에 쓰는 모자이므로, 관식은 그 시대의 사상과 철학이 투영된 양식으로 고대에는 사용자의 사회적 신분과 제정적(祭政的) 권위가 압축돼 있다. 따라서 관은 전통적 상징과 지배자들의 기호를 좇아 끊임없이 변천해왔지만, 항상 고대문화의 대표적 상징물이었다. 이 글에서는 고구려 관모 가운데서 가장 특징적 형식인 절풍에 대해서, 절풍이란 도대체 무슨 뜻이며 그 기원과 상징성은 무엇인가에 대한 문제를 탐색하여 고구려 관모(冠帽) 문화의 원류를 밝혀보려고 한다.

절풍의 기원을 고대 새 숭배사상의 원류에서 찾는 것은 상식이다. 그런데 절풍은 삼국, 특히 고구려의 고분벽화에서 많이 발견된 것과 달리, 새 숭배사상이 널리 분포된 동시대의 중국의 중원(中原)이나 요동의 북방 지역에서는 찾아볼 수가 없다. 중국에서는 절풍을 이풍(異風)으로 여겨 그것

을 착용한 사신(使臣)들을 희롱한 예가 사서(史書)에 기록되어 있는 것을
볼 때, 중국에선 이미 사라진 관모의 옛 풍속(古俗)이었음을 알 수 있다.

"고구려 사신이 국도에 있을 때 중서랑(中書郎) 왕융(王融)이 희롱하기를
'입은 것이 적합하지 않은 것은 몸의 재앙이란 말이 있는데, 머리 위에 얹
혀 있는 것은 무엇인가?'라고 하니, '이것은 바로 옛날 고깔(弁)의 잔영이
다'라고 대답하였다."[01]

"신라가 일찍이 사신을 보내 조공하였다. 이웅(李雄)이 조당(朝堂)에 이르
러 신라사와 말을 나누면서, 신라사가 쓰고 있는 관의 유래를 물었다. 신
라사가 말하기를, '피변(皮弁)의 유상(遺像)인데 어찌 대국 군자가 피변을
모르는가' 라고 응답하였다. 이에 이웅이 '중국에서 예(禮)가 없어지면 사
이(四夷)에서 구하여야 하겠다'고 말하였다. 신라사가 '중국에 온 이래로
이 말 외에는 무례함을 보지 못하였다.'고 응수하였다. 헌사(憲司)가 이웅
이 실언한 것을 탄핵하니, 마침내 이웅이 면직되었다."[02]

"사람들은 모두 머리에 절풍을 쓰는데 모양이 변(弁)과 같다. 사인(士人)은
두 개의 새 깃(鳥羽)을 꽂는데 귀족들의 관은 '소골(蘇骨)'이라한다. 붉은
비단을 많이 쓰고 금은으로써 꾸민다."[03]

이와 같은 사서(史書)의 기록은 중국에선 이미 사라진 절풍이 고구려
와 신라, 백제에서만 유존된 풍습이란 걸 알 수 있다. '중국에서 예(禮)가
없어지면 사이(四夷)[04]에서 구해야 한다'(中國失禮, 求之四夷)고 한 말은

---

01) 《남제서(南齊書)》 권58 〈동이 고려국전(東夷 高麗國傳)〉조.

02) 《북사(北史)》 권74 〈이웅전(李雄傳)〉조.

03) 《북사(北史)》 〈열전 · 동이전 · 고구려(列傳 · 東夷傳 · 高句麗)〉조.

04) 사이(四夷) : 《예기(禮記)》 〈왕제편(王制篇)〉에 사방의 夷를 나누어 "東方曰夷,

《논어(論語)》〈자한편(子罕篇)〉에 나오는 공자의 말이다. 이는 문화가 발상지에선 이미 소멸되었지만, 주변으로 퍼져나간 변두리 문화권에선 그 고형(古形)을 구할 수 있다는 말이다.

이는 고전적 문화 전파론의 견해라 할 수 있겠는데, 좋은 예로 대륙으로부터 문화를 유입한 일본은 더 이상 빠져나갈 데가 없는 섬의 지정학적 특징 때문에 변형되지 않은 고속(古俗)의 원형이 아직 많이 잔존되어 있는 사례와 같다. 더욱이 일본 황실문화의 제례(祭禮)가 그러하다. 또한 북미와 남미 인디오들의 조우두식(鳥羽頭飾)도 그러하다. 인류문화 가운데 혼속(婚俗), 장속(葬俗), 식속(食俗) 세 가지 풍속은 잘 변하지 않거나, 변하더라도 가장 늦게 천천히 변하는 특징을 띠고 있다.

〔그림2〕의 반파유지(半坡遺址) 채도인면문(彩陶人面文)에선 고깔의 원형을 찾아볼 수 있다면, 〔그림2-(3)〕의 운남성 창원 암화의 태양신 무축도(巫祝圖)에선 절풍의 원시고형을 확인할 수 있을 것이다. 결국 절풍은 무(巫)와 깊이 연계된 세계다.

고구려의 절풍도 고구려 고유의 자생적 풍속이라기보다 새 숭배사상이 투영된 고대의 보편적 동이문화의 하나였을 터이지만 다른 지역에서는 일찍 사라진 것과 달리, 한반도에는 그 잔영이 꽤 오래도록 남은 유상(遺像)이라고 생각한다. 그런데 중국 사람들이 이상한 풍습이라고 비웃은 모자 위에 새 깃털을 꽂은〔鳥羽揷冠〕 풍습의 연원을 찾아 그 배경과 상징세계를 해석하는 것은 관식(冠飾)의 고속(古俗)을 통하여 고대사상의 뿌리를 캘 수 있는 단서가 발견되기 때문이다. 고구려 관식이 삼국 관식의 선행 사례이므로, 절풍의 상징을 해석하는 것은 삼국시대의 사유세계를 분석할 수 있는 중요한 정보를 얻는 길이 된다.

南方日蠻, 西方日戎, 北方日狄"으로 분류한 것을 말한다. 한(漢) 이후 이 용법이 보급되어 《삼국지》와 《후한서》에는 〈동이전(東夷傳)〉이라는 편목을 세웠다.

(1)개마총(平南 大同郡 柴足面) 절풍

(4)양(梁), 고구려 사신 절풍

(6)카자흐스탄 아프라시압 궁전 벽화 고구려 사절도의 절풍(모사본)

(2)삼실총(집안) 무사 절풍

(3)쌍영총 벽화 절풍 (모사본1,2,3)

(5)당(唐), 장회태자 묘 벽화 고구려 사신 절풍

(7)현대 민속 고싸움 대장의 절풍

〔그림1〕 고구려 절풍의 여러 모습

〔그림1-1〕 고구려 고분벽화 절풍의 여러 양식

(1)하란산(賀蘭山) 암각화
영화 은천성(寧夏 銀川城)

(3)운남 창원
(雲南 滄源)
암각화 태양신 무축도
(巫祝圖)

(4)청동신인부조
(靑銅神人浮彫)
전국시대
길이 22cm
너비 5~6cm
호북성 형문시
하차교(湖北省
荊門市 河車橋)
출토(1960년)
형주지구박물
관(荊州地區博物
館) 소장

(5)음양옥인
(陰陽玉人)
길이 12.5cm
상 만기(商 晚期),
1976년 출토
중국역사박물관 소장

(2)신석기시대 도분(陶盆) (상)임동 강채문화 채도
인면문(臨潼 姜寨文化 彩陶人面文), 높이 19.3cm,
지름 44cm, 1972년 출토 (하)반파인면문(半坡人面
文), 서안반파박물관(西安半坡博物館) 소장

〔그림2〕 절풍의 원류로 생각되는 고대 중국의 유적과 유물들

  한반도에서 절풍의 연원으로 생각되는 자료로 제일 먼저 거론될 수 있
는 유물은 전(傳) 대전 출토 농경문청동기〔그림3-(2)〕다. 이 청동기문양
(靑銅器文樣)의 상징적 특징은 다음 세 가지로 요약된다.

  ① 동기(銅器)의 테두리를 빙 돌아가면서 박지(剝地) 수법으로 장식한
이 문양의 특징은 태양 숭배사상에서 배태된 태양의 광망(光芒)을 표현
한 삼각 모양 빛살무늬란 점에 있다. 그런데 이 문양을 이른바 거치문(鋸

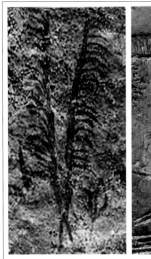

(1)창원 암각화　　(2)대전 괴정동 출토　　(3)몽골의 샤먼
　　태양신 무축도　　　　농경문청동기　　　　(몽골국립박물관)

[그림3] 절풍의 연원을 찾아서

齒文)으로 일컫는 것은 이 문양에 내장된 중요한 정보를 읽어내지 못한 즉물적 명칭에 지나지 않은 오독이다. 따라서 이 문양의 상징성은 농경의 제일 조건인 풍부한 일조량을 기원하는 빛살문양이란 점이다.

② 따비로 밭을 갈고 있는 사람의 머리에 길게 꽂은 물체는, 새의 깃을 꽂은 것[鳥羽揷加]으로 이 모습은 동방이족의 습속(習俗)인 절풍의 고형(古形)이라 추정된다. 고대 농경 생활에서 태양과 새에 대한 숭배 관념을 두식에 투영한 것은 보편적인 고속(古俗)의 하나였다.

③ 나신(裸身)에 남근(男根)을 심벌화한 것은 생식 숭배사상과 풍년을 기원하는 고대의 상징기법이다. 고대의 농경 민속 가운데 풍년을 염원하는 의미에서 남성이 나신으로 나경(裸耕)하는 농경의례(農耕儀禮)가 조선 후기까지 평안도와 함경도 지방에 남아 있었다.

이와 같이 ① 태양, ② 새(솔개), ③ 남근(男根, 생식숭배), 이 세 가지의 숭배물에 대한 상징은 고대의 중요한 삼대 사상으로서, 서로 밀접하게 연

(1)창녕 출토   (2)일본 천황 즉위식   (3)신라 불상   (4)금령총 출토 기마인물상
투조 금동관   복식

〔그림4〕 수직 솟음 관식 네 종류

관된 고대사상의 핵심 세계다. 농경문청동기는 바로 이 삼대 사상이 압축
상징된 의기(儀器)란 점에서 그 가치가 크다.

　〔그림4〕는 관의 양쪽에 꽂던 새 깃 장식〔鳥羽飾〕이 한 갈래 수직관식으
로 변화된 절풍의 예들이다. 수직 절풍은 양쪽 날개를 상징한 것이 아니
라, 꼬리를 상징한 절풍의 변화 형태라고 해야 옳다고 본다.

2, 절풍(折風)과 고깔〔弁〕의 차이

　고깔을 한자로 변(弁)이라고 한다. 변(弁)을 《이아(爾雅)》〈석명·석수
식(釋名·釋首飾)〉에서는 '양손을 서로 합하여 손뼉 칠 때의 모양과 같다
〔如兩手相合拚時也〕'고 말했다. 곧 두 손을 모았을 때 위는 뾰족하고 아
래는 넓은 모양이 되는 것처럼 두 손바닥을 마주 합한 형상〔上銳小 下廣
大, 像人兩手相合狀〕이 변(弁)의 모양이다. 두 손바닥을 합하여 손가락 끝
은 붙이고 양 손바닥을 살짝 벌리면 삼각형 모양의 고깔이 된다. 또 '弁'의

〔그림5〕 앙소인면도기(仰韶人面陶器)
에서 보는 최초의 고깔모자

'厶(마늘모)'는 관모의 삼각형을, '廾(바칠 공, 스물 입)'은 관모의 끈을 나타낸다는 글자 풀이도 있다.[05] 그런데 그 삼각형 모양의 고깔이 무엇을 본뜬 도상인지, 그 상징성은 무엇인지 그 의미를 밝혀놓은 글은 아직 없다. 그러므로 본론에서 절풍과 고깔인 변(弁)이 상징하는 도상의 본질을 처음으로 밝혀보려고 한다.

고깔은 새 숭배사상을 가진 족단이 그들의 숭배 대상인 신조(神鳥) 솔개를 두식(頭飾)으로 디자인한 모자를 가리킨다. 고깔 모자의 도상은 솔개의 머리 부분을 정면에서 바라본 반추상형의 조형이다. 〔그림5〕의 앙소인면도(仰韶人面圖)의 모습이 고대 고깔의 시원적 형태일 것이다. 이러한 고깔에 새의 깃을 양옆에 꽂아 솔개의 날개를 상징한 것이 절풍이다. 양옆에 새 깃털을 꽂은 절풍〔鳥羽揷冠〕은 솔개의 날개를 상징하는 것이고, 관의 뒤쪽에 높이 세우는 솟음대 절풍은 솔개의 장대한 꼬리를 상징한 것이라고 해석하고자 한다.

고깔〔弁〕에 새〔鳥〕를 합문(合文)한 '鶊'자는 '묵이매 변(鶊)'자다. 묵이매는 두 살짜리 매이다. '변(弁)'과 '변(鶊)'은 새 조(鳥)가 있고 없고의 차이일 뿐, 매를 가리킨다. 그러므로 고깔은 곧 매나 솔개를 상징한 지도자의 관식이라고 추정한다. 그래서 저서의 머릿말을 변언(弁言)이라 한다.

弁은 (1)작변(爵弁), (2)피변(皮弁), (3)위변(韋弁) 세 종류가 있다. 작변은 면류관 비슷하나 인끈이 없고 빛깔이 붉은색의 변을 작변(雀弁)이라고 하는 것이고, 피변은 사슴가죽으로 만든 변을 말하며, 위변은 꼭두

---

05) 李如星, 《朝鮮服飾考》, 白楊堂, 1947, 188~189쪽.

서니 뿌리로 염색한 붉은 다룸가죽으로 만든 변을 가리킨다. 작변은 귀인들이 쓰고 피변은 거친 베옷 입은 서인(庶人)들이 썼으므로 자연적으로 귀천이 구분됐다. 주대(周代)에 이르러 면(冕)과 관(冠)은 높이고 변관(弁冠)을 그 다음으로 하여 나누었다.

"대가(大加)와 주부(主簿)는 머리에 책(幘)을 쓰는데 중국의 책과 흡사하지만, 뒤로 늘어뜨리는 부분이 없다. 소가(小加)는 절풍을 쓰는데, 그 모양이 고깔과 같다."(大加主簿 頭著幘, 如幘而無餘, 其小加著折風 形如弁)[06]

"사람들이 모두 절풍을 착용하는데 그 모양이 변과 같다. 사인(士人)들은 새 깃을 두 개씩 꽂는데, 귀인의 관을 가로되 '소골(蘇骨)'이라 한다."(人皆頭著折風 形如弁 士人加挿二鳥羽 貴者冠曰蘇骨)[07]

《삼국지》〈위서·동이전·고구려〉조와 《북사》〈동이전·고구려조〉에 절풍과 고깔을 같은 관모로 기록해놓았기 때문에 뒷사람들도 두 가지를 명확하게 구분하지 못하였다.

그러나 사실은 절풍과 변(弁)은 구분할 필요가 있다. 다시 말하여 머리에 쓴 것은 고깔[弁]이고, 양옆에 두 개의 새 깃을 꽂아 조우삽가(鳥羽挿加)한 모습은 절풍이다. 그 상징성을 말한다면 변(弁)은 매나 솔개와 같은 맹금류의 머리를 정면에서 도안한 쓰개를 말하는 것이고, 절풍은 매나 솔개의 날개를 상징하기 위하여 새의 깃을 꽂은 모습이라고 해석한다. 그러므로 변과 절풍을 합하면 비상하는 솔개나 매의 형상을 상징하게 되는 것이다.

그렇게 볼 수 있는 근거를 다시 들자면, '고깔' 즉 '변(弁)'의 한 종류인 귀

---

06) 《삼국지(三國志)》〈위서(魏書) 동이전(東夷傳) 고구려(高句麗)〉조.

07) 《북사(北史)》〈열전(列傳) 동이전(東夷傳) 고구려(高句麗)〉조.

황남대총 남분 금제 관식　　　　　　천마총 금제 관식
너비 59cm, 보물 제630호　　　　　　높이 45cm, 보물 제618호

금관총 금제 관식　　　　승무　　　대문구문화 장아Y형기, 1959년 출토,
높이 40.8cm, 국보 제87호　　　　　　높이 10.5cm, 산동성박물관 소장

〔그림6〕 솔개와 조익형 관식

자(貴者)들의 작변(爵弁)을 《북사(北史)》〈열전(列傳)·고구려전〉에서는 '소골(蘇骨)'이라고 불렀다는 데 문제 해결의 실마리가 포착된다. '소골(蘇骨)'은 고유어 '솔개'를 한자(漢字)로 음사(音寫)한 가차표기(假借表記)임에 틀림없다. 가차로 볼 수밖에 없는 까닭은 소골(蘇骨) 자체로는 의미 해석이 전혀 안 되며, 소골과 솔개의 음가가 유사한 점 때문이다. 솔개를 15세기 문헌에서 '쇠로기'[08], '쇼로기'[09]로 표기하고 있는 점도 좋은 시사점이다. 《북사(北史)》의 '소골(蘇骨)' 표기를 《주서(周書)》·〈이역전(異域傳)〉에

08)　《두시언해1:4》 초간본.

09)　고시조, 《고어사전》, 남광우 편, 동아출판사, 1960, 312쪽.

(1)부여 능산리 36호분 출토 (3)백제 인물와편(人物瓦片), (5)경주 천마총 금관 내관모 도형
　　철제 관테　　　　　　　　　부여 능산리 사지(寺址) 출토

(2)고구려 토제(土製) 고깔　　　(4)기마인물형토기, (6)고깔
　　연천 호로고루성 출토(2011년)　　금령총 출토,
　　　　　　　　　　　　　　　　　　국보 제91호

〔**그림7**〕 고깔(弁)의 여러 가지 종류

선 ‘골소(骨蘇)’로 표기했는데[10] 이것은 ‘소골(蘇骨)’을 도치한 오기(誤記)로
보인다. 이는 옛 기록에서 흔히 볼 수 있는 문자 출입의 오류 현상이다.

　근본적으로 고깔을 사용하는 족단(族團)은 태양을 신으로 숭배하며 태

---

10) 《주서(周書)》〈이역열전(異域列傳)〉, “丈夫衣同袖衫, 大口袴 白韋帶 黃革履. 其冠
曰骨蘇, 多以紫羅爲之, 雜以金銀爲飾. 其有官品者, 又揷二鳥羽於其上, 以顯異之.”
‘남자는 소매가 긴 적삼에 통이 넓은 바지를 입고, 흰 가죽띠와 누런 가죽신을 신는다.
그들의 관은 골소(骨蘇)라고 부르는데, 대부분 자주색 비단으로 만들었고 금은으로 얼
기설기 장식하였다. 벼슬이 있는 사람은 그 위에 새의 깃 두 개를 꽂아 뚜렷하게 차이
를 나타낸다.’

앙을 의부(意符)한 솔개나 매를 씨족의 심벌인 족표(族標)로 삼는 유습이 있었는데, 그런 유습을 관식으로 나타낸 것이 변(弁)과 절풍(折風)이다. 고대인들은 그들이 숭배하는 대상을 족표(族標)로 디자인하여 그것을 족휘(族徽)로 삼고, 관식(冠飾)을 비롯한 복식(服飾), 무구(巫具), 무구(武具), 마구(馬具) 등에 표지(標識)함으로써 씨족의 결속과 통치력을 강화했다. 그 가운데에서 가장 고귀한 신권(神權)과 왕권(王權)의 상징을 솔개나 매로 조형화하여 관식화(冠飾化)한 것이 바로 변과 절풍과 같은 예라고 해석한다. 그러므로 절풍은 신라 조익형 관식과 같은 형태로 진화하였기 때문에, 신라 조익형 관식의 조형(祖形)은 전부 솔개의 비상형(飛翔形)〔그림6〕이라는 결론에 이른다.

일본의 《신찬성씨록(新撰姓氏錄)》에 있는 신라 왕인 '각절왕(角折王)' 도 왕의 이름이 아니라, 양 옆에 뿔처럼 깃을 꽂은 절풍 차림의 왕을 두고 그렇게 말한 것으로 이해한다. 따라서 신라시대 17관등 가운데 제1관등인 '각간(角干)'의 '각(角)'도 솟은 뿔이 아니라 절풍 차림의 높은 관직을 그렇게 표현한 것으로 본다.

〔그림7〕에서 고깔의 여러 가지 형태를 보자. 그 가운데에서 부여 능산리36호분에서 출토된 철제 관테〔그림7-(1)〕[11]를 보면, 고깔 디자인의 원형이 솔개에서 기원한 것임을 분명하게 느낄 수 있다. 이러한 철제 관테는 《백제의 관》 도록엔 지금까지 출토된 12점(부여 능산리 3점, 부여 왕흥사지 1점, 부여 염창리 2점, 나주 복암리 4점, 서천 추동리 1점, 청양 장승리 1점)을 수록해놓았다. 비단이나 그 나머지 직물 흔적이 붙은 채 출토되었다고 보고된 철제 관테는 폭이 작은 것은 12.5cm에서 큰 것은 22.5cm에 이르고, 17~18cm가 가장 많다. 철제 관테는 상단이 삼각형처

---

11) 《百濟의 冠》, 국립공주박물관, 2013, 124쪽.

(1)집안 출토 금동관 (2)의성 탑리 고분 출토 금동관 (3)집안 우산하(禹山下) 출토 고구려 관식
(4)황남대총 남분 은제관 (5)몽골 무사(巫師) 두식(頭飾)

〔그림8〕금속판을 새의 깃처럼 꼬아 만든 고구려, 신라 우식형(羽飾形) 관식의 형태적 비교

〔그림9〕집안 출토 우식형(羽飾形) 금동관(왼쪽)과 단원(檀園) 김홍도(金弘道)의 부벽연회도 부분
(국립중앙박물관 소장) 무관모(武官帽)

럼 뾰족한 고깔 외형을 반듯하게 만들어 허물어지지 않도록 유지해주는 구실을 한 유물일 것으로 추정한다. 그래야 솔개의 형상을 뚜렷이 나타 낼 수 있기 때문이다.

또한 연천의 고구려 호로고루성에서 발굴(2011년)된 토제(土製) 고깔 〔그림7-(2)〕과 백제 능산리 사지(寺址) 출토 와편(瓦片) 인물상의 고깔 〔그림7-(3)〕, 금령총 출토 신라 기마인물상의 고깔〔그림7-(4)〕, 천마총 출토 금관모〔그림7-(5)〕 등은 '양수상합지상(兩手相合之狀)'이라는 고 깔의 형태에 그대로 부합된다. 이들 유물들은 근현대 고깔인 삽도〔그림 7-(6)〕와 그 모습이 크게 다르지 않음도 주목할 만한 일이다.

우식형 관식〔그림8-(3)〕의 테두리는 새의 깃털 모양을 형상화하고자 금동판을 썰어서 꼬았고, 내부의 촘촘한 불꽃문양 속엔 간화(簡化)한 디 자인의 솔개가 낱낱이 박혀 있다. 총체적으로 솔개의 이미지를 집중적으 로 상징한 금동관이다.

〔그림9〕의 조선시대 단원 김홍도(檀園 金弘道)(1745~?)가 그린 〈평양 관찰사부임 부벽루 연회도〉를 보면 놀랍게도 집안(集安)에서 출토된 고 구려 우식형(羽飾形) 금동관과 형태가 똑같은 우식형 관을 쓴 무관(武官) 두 사람을 확인할 수 있다. 이 그림으로 유추하면, 단원이 고구려 깃털모 양의 관을 보았을 리는 만무한데 이런 관식의 무관(武冠)을 그릴 수 있었 던 것은, 그 당시까지만 해도 평양 지역에 이런 고구려 관식의 유풍이 잔 존돼 왔음을 증명한다 하겠다.

절풍과 변의 차이를 다시 정리하면, 절풍은 새의 깃을 꽂음으로써 솔 개의 날개 이미지를 상징한 것이고, '弁'은 솔개의 머리 부분을 정면에서 도안한 삼각형 모양의 고깔이라고 해석한다. 따라서 고깔〔弁〕에 새의 깃 을 꽂아 복합 상징함으로써 날아오르는 매나 솔개를 상징하게 된 것이 고대 절풍 관식의 원리였다.

3. 절풍(折風)의 어원(語源)은 동풍(東風)과 신풍(晨風)

고구려 멸망 후 30년 뒤인 701년 출생한 이백(李白)은 〈악부 고려사(樂府 高麗詞)〉에서 다음과 같이 고구려 민풍(民風)을 노래했다.

금화장식 절풍모 쓰고	金花折風帽
흰 신 신고 천천히 돌아가네	白鳥小遲回
너울너울 춤추는 넓은 소매	翩翩舞廣袖
새처럼 해동에서 날아오네	似鳥海東來 (《李白 集》校註 권6)

절풍 차림을 하고 해동청 보라매처럼 춤추는 무희의 모습을 묘사한 멋진 시다. 절풍이 시어(詩語)로 등장한 유일한 생동미 넘치는 시다. 첫 구절은 금화로 장식한 모자 곧 고깔[弁]에 조우삽가(鳥羽揷加)한 절풍 차림과 둘째 구절 흰 가죽신 백석(白舃)의 시어는 머리와 발의 대비란 점에서 과연 천재다운 면모를 보여준다. 이백이 이런 시를 남길 정도로 절풍은 당시의 고구려 풍속으로선 흔히 있는 일이었을 테지만, 당나라 대시인의 눈엔 중국에서는 볼 수 없는 해동의 독특한 매력이 넘치는 소재로 눈을 끌었던 모양이다.

이백의 시에도 등장하는 '절풍'이란 도대체 무슨 의미인가? 여기에 대해선 일찍이 조선시대부터 석학들의 관심의 대상이 되어왔다. 이익(李瀷), 이수광(李睟光), 정동유(鄭東愈), 이규경(李圭景) 등이 그들의 저서에서 절풍의 의미와 형태에 대한 각자의 해설을 제시하였으나, 고구려 고분벽화 등 절풍에 대한 실제 자료를 접하지 못하고 중국 고문헌의 간략한 자료만으로 해석하려다 보니 한계가 있었다. 곧 절풍을 입자(笠子=갓)와 방립(方笠 : 상제(喪制)가 밖에 나갈 때 쓰는 방갓)에 비정하여 그 의미를 찾고자 애썼다. 선현(先賢)들의 연구를 간단히 소개하면 다음과 같다.

(1)성호(星湖) 이익(李瀷 : 1681~1763) : 그는 저서 《성호사설(星湖僿說)》에서 절풍을 갓[笠]의 종류로 해석하여 절풍립(折風笠)이란 용어를 사용하면서 절풍을 은(殷)나라의 장보관(章甫冠)[12]이라고 하였다. 또 고구려의 절풍립을 이백의 〈악부(樂府) 고려사(高麗詞)〉에 나오는 금화절풍모(金花折風帽)와 같은 것으로 봤고, 금화(金花)의 화(花)는 방립(方笠)의 사엽랑사첨(四葉郎四簷)이 그것이라고 하였다. 따라서 절풍은 방립이고 뒤에 볕가림 갓인 폐양립(蔽陽笠)으로, 폐양립은 다시 흑칠(黑漆)을 한 흑칠립으로 변해 나갔다고 설명했다. 더욱이 이익은 절풍의 명칭에 대하여 "무엇을 절풍이라고 하는가? 영구경(靈樞經)에 보건데, 절풍이란 이름은 입동의 기후를 말한다. 이것은 만물이 상하게 되는 것을 재촉하는 뜻과 비슷하다. 이 관(冠)은 겨울 추위에 적당하므로 그렇게 이름을 지은 것이다."(何謂折風, 按靈樞經, 名曰折風, 卽立冬之候也, 似是催傷萬物之義, 此冠宜於冬寒, 故名名也)라고 하여, 한자의 표면적인 어의(語義)를 가지고 절풍을 해석하려 하였다.

이러한 이익의 견해는 뒤의 학자들도 계승하는 설이 되었으며, 심지어 오늘날 '서북풍의 <u>바람을 가르며</u> 달리는 무사가 쓰는 모자'란 축자주의식(逐字主義式)으로 설명을 윤색한 연구자도 있었다.

(2)지봉(芝峯) 이수광(李晬光 : 1563~1628) : 이수광은 그의 《지봉유설(芝峰類說)》에서 나제립(羅濟笠)은 고려 말의 방립(方笠)이고 임진왜란 뒤 조선 중엽의 나제립(羅濟笠)과 절풍건(折風巾)은 대개 입자류(笠子類)라고 했다.

(3)현동(玄同) 정동유(鄭東愈 : 1744~1808) : 정동유는 그의 저서 《주영편(晝永篇)》 하권에서 방립(方笠)은 신라와 백제 이래 관의 제도로서 절풍이 곧 방립이라고 하여 이익(李瀷)의 설을 그대로 따르고 있다.

---

12) 장보관(章甫冠) : 중국 은나라 이래로 써온 관의 하나. 공자가 이것을 썼으므로 후세에 와서 유자(儒者)들이 쓰는 관이 되었다.

(1)운남 창원 암각화 무축도 (2)발해 정공주 출토 금동관
(3)몽골 샤먼의 모습　　　(4)집안 출토 고구려 금동관

〔**그림10**〕절풍의 원형과 변화의 여러 양식

　(4)오주(五洲) 이규경(李圭景 : 1788~?) : 이규경은《오주연문장전산
고(五洲衍文長箋散稿)》에서 절풍을 나제립(羅濟笠)이라고 했으며, 나제
립은 신라 태종 이전부터 공사간(公私間) 통행에 늘 착용하는 관모로서
〔公私通行之常着官帽〕, 조선시대에는 군(郡)이나 읍(邑)의 관리들만이 썼
다고 했다.

　이와 같이 조선시대 선현들이 절풍에 큰 관심을 보인 것은 당연하다.
유교에선 특히 관모가 인격의 상징이었기 때문에, 조선시대 관식과 판이
한 삼국시대 관모인 '절풍'이란 명칭이 도대체 무슨 뜻인지 실학자들이 비

상하게 궁금증을 느꼈던 것은 당연했다. 그러나 탐구심이 강했던 실학자들도 절풍(折風)은 방립(方笠)이며 동시에 신라·백제시대의 갓인 나제립(羅濟笠)이라고 한 이익의 설에 크게 벗어나지 못하고 있다. 제가(諸家)의 각설(各設)에 독창성이 없는 것은 고구려 고분벽화를 보지 못하였을 뿐 아니라, 절풍에 관한 중국 문헌의 간단한 기록밖에 없는 자료 빈곤, 그리고 선학(先學)의 설을 그대로 베껴 편술하는 백과사전식 저작 태도 때문이 아닐까 생각한다.

　실학자들의 연구에 이어 현대에 이르러 이여성(李如星), 석주선(石宙善), 이은창(李殷昌)의 연구가 있었고, 논문으로 이용범(李龍範)의 〈고구려인(高句麗人)의 조우삽관(鳥羽揷冠)에 대하여〉[13]와 김진구(金鎭玖)의 〈절풍(折風)의 연구(硏究)〉[14], 박선희의 〈변(弁)과 절풍(折風)에 보이는 금관 양식〉[15]이 있다. 이러한 선행 연구들의 내용과는 다른 방향에서 여기에서 진행한 연구는 예(例)의 사징(四徵)에 따른 방법이다.

〔그림11〕 고깔(弁)을 쓰고 '돈돌날이' 춤을 추는 북청 민속예술 보존회 회원들

13)　이용범, 《한만교류사연구(韓滿交流史硏究)》, 동화출판공사, 1989.

14)　김진구, 《복식문화연구》 제3권 제1호, 1995.

15)　박선희, 《우리 금관의 역사를 밝힌다》, 지식산업사, 2008.

먼저 절풍의 어원에 대해서 '절(折)'이 '동(東)'이란 자료를 확보하였다. 《산해경(山海經)》〈대황동경(大荒東經)〉에 "대황(大荒)의 한가운데에 국릉우천, 동극, 이무라고 하는 산들이 있는데 해와 달이 돋는 곳이다. 이곳에 신(또는 사람)이 있어 이름을 절단(동쪽을 절(折)이라 하고 거기서 불어오는 바람을 준(俊)이라고 한다)이라고 하는데 동쪽 끝에 있으면서 바람을 내보내고 거두어들이고 있다."[16]란 문장에서 '절'이 '동'쪽이란 것을 확인하였다. 그 밖에 호후선(胡厚善)과 정산(丁山)의 논문에서 '折'이 '東'이란 해석 자료를 더 확보했다. '절(折)'이 '동(東)'의 의미라면 '절풍(折風)'은 '동풍(東風)'이란 의미가 된다. 그런데 동풍을 다른 명칭으로는 '신풍(晨風)'이라 한다. '신풍'이란 단어는 《시경(詩經)》〈진풍(秦風)〉과 〈신풍(晨風)〉에 나오는데, 모두 솔개 또는 매로 풀이했고, 《이아(爾雅)》〈석조(釋鳥)〉와 《광아(廣雅)》 등에서도 보이는데, 해석하기를 솔개로 풀이했다. 솔개는 한자로 응(鷹), 지(鷙), 치(鴟, 鵄) 자로 표현한다. 결론적으로 '절풍'의 어원은 〈**절풍(折風) → 동풍(東風) → 신풍(晨風) → 솔개(鷹)**〉로 해석이 된다.

그러므로 변(弁)과 절풍(折風)은 솔개의 머리를 정면에서 도안한 삼각형 모양의 고깔모자는 변(弁)이고, 변을 쓴 양 옆에 새의 긴 깃을 꽂아 날아오르는 솔개의 날개를 상징한 것은 절풍이라고 정의하고자 한다. 이러한 고구려 민속의 복식은 강인하고 날쌔며 용맹한 신조(神鳥) 솔개의 모습을 그들의 관모에 반영한 결과로써, 태양 숭배사상과 새 숭배사상을 그들의 복식에 투영한 고구려 특유의 고유문화라고 하겠다.

고대 태양 숭배사상과 등식화된 새 숭배사상이 관식에 반영된 문화 상징은 동서에 걸쳐 고르게 나타난다. 더욱이 동이족의 고대문화 속에 새

---

16) 정재서 역주, 《산해경(山海經)》〈대황동경(大荒東經)〉, 민음사, 1993, 289쪽.
    "大荒之中, 有山名曰鞠陵于天, 東極, 離瞀, 日月所出, 名曰 折丹 – 東方曰折, 來
    風曰俊 – 處東極 以出入風."

(1)창원 암각화 태양신　(2)파지리크 얼음　(3)의성 탑리 출토 금동관　(4)일본 천황 즉위식
　무축도(巫祝圖)　　　　공주 두식(頭飾)　　　　　　　　　　　　　　　　　服飾

절풍 → 동풍 → 신풍 → 솔개(鷹)

〔**그림12**〕 고대로부터 전해 온 솔개의 통신 – 절풍

숭배사상은 중요한 하나의 아이콘으로 작용하고 있다. 그렇기 때문에 절풍의 기원은 그만큼 유구하다.

　〔그림12〕의 새 깃 세움 관식은 설명할 필요 없이 너무나 뚜렷하다. 절풍의 기원과 그 진화를 예증한 〔그림13〕의 도판도 찬찬히 관찰하면 지금까지 간과해왔던 절풍의 고대 양식과 그 진화에 따른 변화 양상을 잘 이해할 수 있다.

　〔그림12〕의 이미지는 새 깃을 두식화한 고대 절풍에서부터 일본 천황의 관식에 이르기까지 절풍의 연혁을 잘 보여준다. 〔그림12〕를 〔그림13〕과 연계할 때 같은 도상이 중복되는 것은 절풍의 기원과 진화에 대한 이해를 돕고자 함이다.

　〔그림13-(1), (2), (5)〕의 도상은 이미 앞에서 해석에 대한 견해를 제시

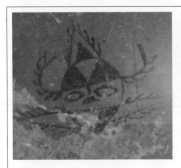  

(1)반파채도(半坡彩陶)　　　　(2)중국 창원 암각화　　　　(3)은허(殷墟)
첨정모(尖頂帽)　　　　　　　　태양신 무축도(巫祝圖)　　　　부호묘(婦好墓)
　　　　　　　　　　　　　　　　　　　　　　　　　　　　　　옥인(玉人)

(4)한(漢) 화상석(畵　(5)농경문청동기　　(6)당(唐) 장회태자 묘　(7)몽골 무사(巫師)
像石) 축융도(祝融圖)　　　　　　　　　　고구려 사신의 절풍

〔**그림13**〕절풍의 기원과 진화의 여러 종류

　　했다. 은허 부호묘 옥인(玉人)의 두식(頭飾)〔그림13-(3)〕과 한(漢) 화상
석(畵像石)〔그림13-(4)〕의 두식을 나는 고대 중국의 절풍 모습으로 이해
하는 바이다.

　　신라왕 각절왕(角折王)의 관식이 아마 부호묘 옥인과 한(漢) 화상석의
두식과 같은 모습이 아니었을까 짐작한다. 마치 그것이 꺾어진 뿔처럼 보
이기 때문에 그런 명칭을 붙인 것으로 추측한다. 더 나아가 살펴볼 때, 부
호묘 옥인의 두식은 고대 토템 표지인 화표(華表)의 모습과도 같은 점이
발견된다.

(1)감은사 서삼층석탑사리장엄구(사천왕상)　(2)가부토 투구(사진 : 위키백과)
　感恩寺址西三層石塔舍利莊嚴具(四天王像)

〔그림14〕 사천왕상 새 모양 관식과 일본 에도〔江戶〕시대 갑주(甲冑)의 초형(鍬形)

　새 숭배사상을 관식(冠飾)으로 반영한 고구려시대의 양식이 절풍이라면, 신라시대는 한걸음 더 진화하여 새 날개 모양〔鳥翼形〕 관식으로 변화 발전하였다. 그러므로 절풍과 조익형 관식의 유비관계는 한국 고대문화 모형(母型)의 원리를 찾는 길목에서 매우 중요한 물징(物徵)을 제시하는 열쇠라고 할 것이다.

　감은사탑 사리감의 사천왕상 관식을 보면, 양쪽으로 굴곡지게 뻗은 신조 솔개의 뚜렷한 조형이 확인된다. 솔개의 머리와 부리 그리고 긴 목의 형상은 이것이 관(冠)에 조우삽가(鳥羽揷加)한 절풍의 원의가 다르게 표현된 것일 뿐, 바로 솔개를 상징한 것임을 분명하게 증명하는 물징이라고 하겠다.

절풍의 진화와 변화 발전은 다른 항목과 많이 연계된다. 그것은 새 숭배사상이 분화 전개된 양상이 다양하기 때문이다. 한 가지 예로서 일본의 에도[江戶]시대 갑주(甲冑)에는 초형(鍬形)이란 용어로 부르는 솟음대 장식[立飾]이 있다.

그런데 일본 학계에선 이 초형의 출자(出自)와 이유는 말할 것도 없고, 그 상징성과 용도가 무엇인지 현재까지 불명(不明)이라고 한다.[17] 그 상징을 모르기 때문에 농기구인 가래[鍬 : 가래 초]처럼 생겼다고 해서 초형(鍬形)이라고 즉물적으로 명명(命名)하였을 것이다. 그러나 이른바 그 초형이란 것은 고대 한반도의 절풍(折風) 양식이 바다를 건너고 오랜 세월이 흘러서 그렇게 변한 것이라고 해석한다. 왜냐하면 초형 끝의 모양은 새머리[鳥頭]의 형상이 틀림없기 때문이다. 다음에 그런 분화양상의 현장에 나타나는 상징을 빠짐없이 해석하여 동북아시아 고대문화의 아이콘을 정리해보고자 한다.

---

17) 笹間良彦, 〈甲冑各部の解說〉, 《圖解日本甲冑事典》, 雄山閣, 1996, 161쪽.

제Ⅳ부

고대 위세품(威勢品)의 상징과 해석

제1장 신라 금관의 기원과 상징의 세계

제2장 삼국 관식(冠飾)의 비교와 검토

제3장 고대 한국 곡옥(曲玉)의 기원과 상징

제4장 신라 금제허리띠[金製銙帶]의 상징

제5장 환두대도(環頭大刀) 삼엽문(三葉文)과 삼루문(三累文)의 상징

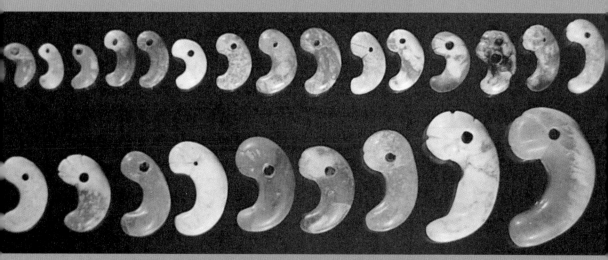

곡옥 - 경주 월성로 가-13호분 출토, 신라 5세기

금관총 금관

서봉총 금관

제1장 신라 금관의 기원과 상징의 세계

최근 금관에 대한 연구 서적 여러 책이 출간되었다. 《금관의 비밀》(김병모, 푸른역사, 1998), 《신라 금관의 기원을 밝힌다》(임재해, 지식산업사, 2008), 《우리 금관의 역사를 밝힌다》(박선희, 지식산업사, 2008), 《황금의 나라 신라》(이한상, 김영사, 2004) 등이다. 금관 연구는 그동안 선행 연구들이 적지 않았지만, 이처럼 금관에 관한 단행본 출간은 종전에 없었던 일이다. 이러한 연구의 열기는 민족문화의 원류에 대한 강력한 탐구심의 발로에서 그 정체성을 찾으려는 성과일 것이다.

이 장에서는 위의 저서들과는 다른 면에서 신라 금관의 기원과 상징세계를 밝혀보려 한다. 지금까지 여러 학설들은 금관의 기본 요소가 나뭇가지 모양〔樹枝形〕, 사슴뿔 모양〔鹿角形〕, 곡옥(曲玉) 세 가지로 보고, 그 기원은 시베리아 샤먼의 무관(巫冠)에서 찾았다. 임재해만이 이러한 통설을 뒤집어 신라 금관은 5세기 무렵 김씨 왕조의 출현에서부터 나타나기 시작하므로, 김알지 신화와 신라 왕권 성립 과정에서 그 기원이 시작된 것이라는 설을 제시하고 있다.

1, 관(冠)의 기원

'관(冠)'의 기원은 먼저 '冠'이 무엇이냐 하는 문제부터 풀어야 한다. '冠'은 몸의 가장 높은 자리인 머리에 쓰는 물건으로서 그 장식과 디자인은 사용자의 신분과 지위, 인격과 정신을 나타내는 형식언어다. 신석기시대부터 관은 인간 사유의 반영물로서 거기에는 숭배하는 대상의 조형미적 상징과 원시종교의 토테미즘이 복합적으로 작용하여 고대사회의 중요한 정보가 저장되어 있다. 그러므로 '冠'에는 원시시대부터 신체 보호의 실용성보다 집단의 의식과 사유를 집약하여 반영한 우두머리의 표지물로 사용되어 왔다. 신체 보호용은 '모(帽)'라 하여 '관(冠)'과는 구분해야 될 것이다.

그러면 고대 집단의 의식과 사유가 무엇이냐 하는 문제가 먼저 제기된다. 그것은 집단의 원시 종교의식이 그 내용일 터인데, 그것은 대체로 신(神)으로 숭배했던 대상이 중심 노릇을 했을 것으로 판단한다. 그렇다면 앞글에서 일관되게 주장한 모형(母型)의 원리인 태양 숭배사상이 관식의 중심이 되는 것은 자연스러운 이치라고 봐야 할 것이다.

'관(冠)'의 소리(音)와 새김(訓)은 '벼슬 관', '새(鳥) 볏 관', '갓 관', '어른 될 관' 등이다. 벼슬과 볏의 어원은 태양의 '빛, 빛살'에 있다. '빛살'의 말뜻은 벼슬자리(官)의 '벼슬'로 전이되었으며 '볏'은 닭 벼슬(鷄冠)의 볏과 같은 뿌리말(語根)이다. 벼슬자리는 어떻든 빛(光)나는 자리이며, 닭의 볏 또한 태양의 화염문과 같은 불꽃 모양을 그대로 닮았다. 모두 태양의 빛살인 광망(光芒)을 상징한다. 그런 광망을 관식(冠飾)으로 디자인한 고대인들의 조형적 감각과 빼어난 미적 솜씨를 눈으로 직접 확인할 수 있는 보물이 바로 신라 금관이다.

아래의 그림 가운데에서 대문구문화 도준(陶尊)의 화염문(그림1-(2))과 집안(集安)에서 출토된 고구려 금동관 아래 있는 화염문 관식(冠飾)(그림1-(1))은 닭의 볏과 같은 동일 조형임이 확인된다. 모두 태양의 광망을 관식화한 것이다. 이런 조형이 뒤에 정자관(程子冠)의 조형으로 옮겨진다.

닭은 그 울음으로 새벽을 최초로 알리는 새다. 그래서 닭은 태양과 동방을 상징하는 새가 되었는데, 기묘하게도 그 볏이 태양의 광망을 닮고 있는 점을 인식했던 고대인은, 닭을 솔개(뒤에 봉황으로 상징됨) 다음쯤

(1)집안 출토 고구려
　　우식(羽飾) 금동관

(2)대문구 거현 출토
　　일출도상 도기
　　(日出圖像 陶器)

(3)정자관(程子冠)
(4)닭의 벗

[그림1] 태양의 화염문을 관식화한 유물들

으로 태양의 등가물로 올려놓는다. 경주를 계림(鷄林), 시림(始林)이라 일컫는 것도 신성한 닭으로 대신한 태양의 원형적 이미지 곧 '탄생의 땅', '광명의 땅', '시원의 땅'이라는 의미를 문학적으로 윤색한 말이다. 신라 김씨(金氏) 왕족이 김씨로 씨칭(氏稱)한 이유도 그 모형(母型)의 원리는 그들이 태양 숭배족임을 표방한 성씨(姓氏)라는 점에 있다. 굳이 알타이를 거론하지 않아도 이해되리라 믿는다.

　고대 군주는 태양과 같은 신적 존재로 절대 권력과 통치력을 지닌 인물이다. 그러므로 그 위상에 맞는 관식이 반드시 필요했다. 따라서 초기에는 태양문과 태양문의 상징인 화염문(불꽃무늬)을 간박한 형태로 표지하다가, 점차 관식에 초화형(草華形), 당초형(唐草形), 연화형(蓮花形), 서조형(瑞鳥形) 등이 가미된 미적 장식성으로 변환되는 디자인적 진화가 이루어진다.

2, '山'字, '出'字는 불꽃무늬[火焰文]의 간동그린 모양[簡化形]

"신라 금관에는 몇 가지 상징성이 강한 도안이 드러나 있다. 즉 세움장식〔立飾〕의 형태가 나뭇가지와 사슴뿔 모양을 띠고 있으며, 관에는 곱은옥〔曲玉〕이 가득 매달려 있다. 금관에 표현된 나뭇가지는 하늘로 통하는 통로이자 생명수, 사슴뿔은 하늘의 정령을 받아들이는 장치였던 것으로 추정하는 연구자가 많다. 곱은옥에 대해서는 원초적 생명체로 보며 저승에서 부활하기를 바라는 마음으로 장식하였다고 한다."[01]

이와 같이 금관의 도안이 지닌 상징성에 대하여 기존 연구자들은 대체로 금관의 세움 장식의 형태를 나뭇가지와 사슴뿔 모양[鹿角形]으로 전제하고 나뭇가지는 하늘로 통하는 통로이자 생명수이고, 사슴뿔은 하늘의 정령을 받아들이는 장치로 해석하고 있다. 출자형, 산자형, 나뭇가지 모양, 사슴뿔 모양, 우주목, 생명수 등의 기존의 해석에서 어떤 민족적 아이덴티티를 발견할 수 있는지 의문이다.

단도직입적으로 말하여 금관은 태양숭배의 불꽃무늬[火焰文]와 새 숭배 사상을 반영한 신조(神鳥) 솔개를 복합 상징한 조형물이다. 아래의 〔그림 2〕는 모두 태양문과 태양문의 등가물인 불꽃무늬와 새(솔개)가 관식으로 나타난 사례를 명확하게 보여주는 유물들이다. 〔그림2〕의 (1)은 안휘성 방부시 쌍돈촌(安徽省 蚌埠市 雙墩村)에서 1986년 출토된 높이 6.3cm 크기의 조그마한 신석기시대(BC 2500~BC 2000)의 도소(陶塑) 인물상(방부시(蚌埠市)박물관 소장) 이다. 이 도소상의 이마엔 그 당시 이 지역에 거주했던 동이족들이 태양숭배 관념을 두식(頭飾)으로 나타낸 모습을 잘 볼 수 있는데, 이러한 사상적 배경과 양식화의 흐름이 수천 년 지난 현재 일본

---

01) 《한국민족문화대백과사전》, 한국학중앙연구원.

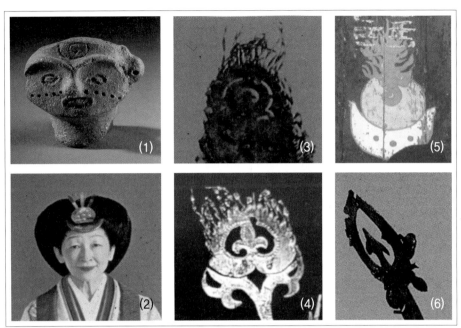

〔그림2〕 태양문과 화염문 및 새(솔개)가 관식화된 사례, (5)는 외몽골 회교사원 대문 문양

황실의 관식〔그림2-(2)〕에서 계승되고 있음을 유의해볼 필요가 있다.

〔그림2〕의 (3)과 (4)는 고구려 금동관의 꼭대기〔頂部〕인데, (3)은 집안에서 출토된 깃털 모양〔羽飾形〕 금동관 꼭대기이고, (4)는 평양 청암리 토성에서 출토된 불꽃무늬 투조 금동관 꼭대기이다. 모두 그 꼭대기는 둥근 원형의 불꽃봉오리 속에 간화(簡化)된 솔개의 디자인이 들어 있다. 더욱이 집안에서 출토된 금동관〔그림2-(3)〕 꼭대기에는 수레바퀴 모양으로 상징된 태양문이 보이고 그 태양문 속에 환두대도의 삼지엽과 같은 새의 조형(造形)이 들어 있다. 청암리의 불꽃무늬 투조 금동관도 불꽃무늬 속에 고고학계에서 말하는 이른바 삼지엽이라는 솔개문양이 자리 잡고 있다.

그러나 지금까지 이러한 조형 양식에 대한 발견과 상징성을 정확하게 해독하지 못하였다. 이른바 보주형(寶珠形)이란 불교식 뭉뚱그린 명칭을 사용해왔는가 하면, 솔개문을 엉뚱하게도 세 가닥 잎사귀(삼지엽, 삼엽)라 함으로써 문양에 내장된 고대 정보를 전혀 풀어내지 못한 채 수십 년이 흘렀다. 국왕이 아직 불교를 믿지도 않은 나라에서 국왕이든 수리급의 지도자이든 그들의 관(冠) 꼭대기에 왜 보주를 표지하겠으며, 또 그 안에 있는 세 가닥 잎사귀는 고대관식과 무슨 상징적 의미를 품고 있기에 관(冠) 꼭대기(頂部)의 중요 위치를 점하고 있단 말인가?

〔그림2〕의 (4)는 솔개문이 꽃잎(花葉)처럼 변형되어 문양의 상징적 배경이 흐려졌지만, 〔그림2〕의 (6)에서 복천동 출토 금동관 꼭대기를 보면 화염문 속에 자리한 디자인이 명확한 솔개문임을 쉽게 유추할 수 있을 것이다.

그러므로 관(冠)의 꼭대기 조형은 보주가 아닌 불꽃봉오리이며, 그 안의 문양은 삼지엽이 아닌 솔개문양임을 최초로 해독하여 사계에 제시한다.

불꽃무늬와 솔개로서 태양 숭배사상과 새 숭배사상을 복합 상징한 체계가 고대관식 조형의 기본 원리다. 이러한 사실은 고동이족의 역사 속을 관류해온 일관된 흐름이었다.

참고로 그동안 앞선 연구자들의 금관 기원설과 세움 장식(立飾)의 상징해석과 명칭을 요약하면 다음과 같다.

(1)시베리아 샤먼 기원설 : 김원룡, 김열규, 존 카터 코벨, 이은창,
윤세영, 김병모, 김문자, 이종선, 이한상
* 김원룡 : 출자형, 수목형, 녹각형[02]
* 김열규 : 출자형, 녹각형, 자연수지형[03]

---

02) 김원룡, 〈新羅 金冠의 系統〉, 《韓國文化의 起源》, 탐구당, 1984, 246~249쪽.

03) 金烈圭, 〈東北亞 脈絡 속의 韓國 神話 - 金冠의 巫俗神話的 要素를 中心으로〉, 《한국고대문화와 인접문화와의 관계》, 한국정신문화연구원, 1981.

* 존 카터 코벨 : 사슴뿔과 수장의 비상날개 및 우주수목 흰 자작나무 형상화[04]

* 윤세영 : 산자형, 녹각형, 수지형[05]

* 김병모 : 자연수지형, 직각수지형, 녹각형[06]

* 이은창 : 초화형 입화식(草花形 立華飾), 수지형 입화식(樹枝形 入華飾)[07]

* 이종선 : 산자형(1산, 3산, 4산), 녹각형[08]

* 김문자 : 초화형, 수목형, 수목녹각형[09]

* 이한상 : 출자 모양, 사슴뿔 모양, 나뭇가지 모양[10]

(2) 임재해 / 박선희 : 계림의 신수 상징과 김알지 신화 상징설[11]

* 자연수지형, 나뭇가지형, 수목형 → 기본형(곧은 가지)

* 山자형, 出자형, 직각수지형 → 가지 변이형

* 녹각형(鹿角形), 사슴뿔 모양 → 줄기 변이형

　　고대관식이 태양과 새 숭배사상을 조형적으로 상징하고 있음을 강조하
는 이유는, 신라 금관의 기원과 상징세계를 밝히기 위한 배경이 되기 때문
이다. 금관은 한국 고대문화 가운데 더욱이 공예미술의 세계적 보물이며

---

04)　존 카터 코벨, 김유경 옮김, 《한국문화의 뿌리를 찾아》, 학고재, 1999, 138~155
쪽.

05)　尹世英, 《古墳出土 副葬品 研究》, 고려대학교민족문화연구소출판부, 1988, 57~61
쪽.

06)　김병모, 《금관의 비밀》, 푸른역사, 1998, 170쪽.

07)　이은창, 《한국 복식의 역사》-고대편, 세종대왕기념사업회, 1978, 235~264쪽.

08)　李鍾宣, 〈古新羅의 三山冠〉, 《新羅王陵研究》, 학연문화사, 2000, 245~255쪽.

09)　金文子, 《韓國服飾文化의 源流》, 민족문화사, 1994, 78~96쪽.

10)　이한상, 《황금의 나라 신라》, 김영사, 2004, 82쪽.

11)　임재해, 《신라 금관의 기원을 밝힌다》, 지식산업사, 2008, 402~412쪽.
박선희, 《우리 금관의 역사를 밝힌다》, 지식산업사, 2008. 217~227쪽.

신라사상이 압축된 정보의 창고다. 거듭 말하거니와, 금관(金冠)의 기원은 시베리아 샤먼의 무관이나 김알지 신화에 있는 것이 아니라, 태양 숭배사상을 기본 원리로 하여 태양의 불꽃무늬[火焰文]와 새[솔개]를 군왕의 심벌로 관식화한 원류에서 그 기원을 찾아봐야 한다고 감히 주장한다.

또한 상징의 의미를 전혀 해명하지 못하면서 산자형(山字形), 출자형(出字形) 식으로 이름 붙이는 것은, 빗살무늬 식의 즉물적 명칭과 다를 바 없으며, 고대사상과는 아무런 관계가 없는 명칭임을 밝힌다. 동시에 '나뭇가지 모양 세움장식'[樹枝形 立飾], '사슴뿔 모양 세움장식'[鹿角形 立飾]이란 명칭도 그 형태에 따라 의미를 추론하고, 북방 유목민의 샤먼 사상과 연계함으로써 금관의 기원을 삼으려는 발상인데, 그것 또한 고대 사유체계를 이해하지 못한 접근 방식이라고 말할 수밖에 없다.

따라서 세움장식 꼭대기의 상징성에 대한 다음과 같은 기존의 견해에 동의할 수 없는 이유도 분명하다.

 (1) 보주(寶珠)로 해석, 하트, 양파, 복숭아 등의 상징이란 견해 :
   김원룡, 김열규, 김병모
 (2) 러시아 비잔틴 교회 양식의 돔으로 해석 : 존 카터 코벨
 (3) 신수(神樹)의 움, 촉, 순으로 상징이란 견해 : 임재해

세움장식을 수지형, 녹각형으로 볼 수 없는 것은, 그 조형의 양식이 태양숭배의 불꽃무늬[火焰文]를 간동그린[簡化] 디자인의 구성에서 온 것이 확연하기 때문이다. 따라서 세움장식 꼭대기의 상징은 불꽃봉오리가 그 원형이 된다. 동이족의 고대관식은 그들 사유의 원형(原形)을 시각화하여 상징하는 것이 특징이다. 그런 상징이 관식을 비롯하여 복식(服飾), 무구(巫具), 마구(馬具), 무구(武具) 등에 시문되는데, 나무나 사슴은 태양을 앞서는 최고의 숭배 대상물이 결코 될 수 없다고 본다면, 초기 관식의 디

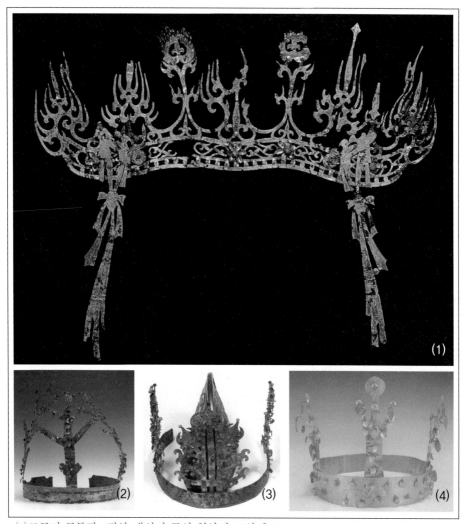

(1)고구려 금동관: 평양 대성리 구역 청암리 토성 출토
(2)가야 금동관: 부산 복천동 고분군 출토
(3)백제 금동관: 나주 신촌리 고분군 출토
(4)신라 금관: 경주 교동 출토

〔그림3〕 태양을 의부(意符)한 화염문 관식의 변화 모습.

자인은 태양 그 자체이거나 태양이 본질인 불꽃무늬 곧 화염문이 될 수밖에 없는 사실을 직시해야 한다. 나뭇가지와 사슴뿔에 이론적 근거를 자꾸 찾다보니 신수(神樹), 우주목(宇宙木), 세계수(世界樹), 생명수 등 구름잡는 식의 표현을 쓰고, 신라 금관보다 천년 이상 하대(下代)인 시베리아 샤

(1)복천동 금동관, 5세기, 높이 21.9cm　　(2)경산 임당 7A호묘, 5세기, 높이 22.0cm
(3)대구 비산동37호분1석실, 5세기, 높이 23.3cm (4)양산 부부총 금동관, 도쿄국립박물관
(5)경주 황오리35호묘, 5세기, 높이 30.3cm　　(6)전 경북, 6세기, 높이 40cm

〔그림4〕 금동관 관식의 불꽃무늬〔火焰紋〕 디자인이 나뭇가지 모양〔그림4-(1)〕에서 엇비슷한 출(出)자형〔그림4-(2,3)〕으로 변했다가 다시 직각화〔그림4-(4,5,6)〕로 변화해가는 모습.

먼 관을 예로 들게 된다. 기존 학설에 매몰되지 말고 해체하여 다른 접근 방법으로 탐색하여야 새롭게 상징을 해석할 길이 열린다.

〔그림4〕에서 볼 수 있듯이 불꽃무늬〔火焰文〕는 풀꽃무늬〔草華紋〕처럼 우미(優美)해지다가 다시 나뭇가지 모양〔樹枝形〕이나 사슴뿔 모양〔鹿角形〕처럼 엇비슷하게 보이는 변모 과정을 거쳐 마침내 이른바 출자형처럼 직각화한 조형으로 굳어진다. 〔그림3〕에서 직각화하기 이전 단계의 고구려, 가야, 백제, 신라관들을 보면, 〔그림4〕와 같은 현상이 확인된다. 태양의 심벌인 불꽃무늬는 다시 태양과 등가물인 새〔솔개〕와 조형적으로 결합함으로써 복합적으로 군왕의 이미지를 상징한다. 그러므로 금관의 착장 모습은 내관 둘레에 불꽃무늬가 간동그려진 3개의 직각단을 세움장식으

로 하고, 다시 새 날개 모양[鳥翼形]을 결합하여 마치 솔개가 날개를 벌리고 날아오르는 비상(飛翔)의 포즈로 위세(威勢)를 떨치는 것이다.

다시 말하여, 금관은 천손족의 태양 숭배사상과 관계있는 고대 신라사회의 신정질서(神政秩序)가 정치적 주권을 확립한 왕권의 신성한 관식으로 형상화한 것이 그 주요 상징의 세계라고 하겠다.

3, 금관은 왜 흔들리는가?

한국 문화재 해외전시 때마다 빼놓을 수 없는 보물은 금관이다. 그만큼 금관은 우리의 유형문화재를 대표한다. 금관에 대한 찬사 가운데에 "미동(微動)에도 신비스럽게 흔들리는 찬란한 금관의 영롱한 황금빛"이란 미사여구(美辭麗句)가 있다. 조금만 움직여도 흔들린다고 신비감을 강조하지만 왜 흔들리는지 그 이유를 밝힌 글을 아직 본 적이 없다. 금관은 왜 흔들리는가? 그 까닭을 밝혀본다.

신라시대엔 금판을 펼 압판 롤러가 없었다. 때문에 망치로 두들겨 펴는 방자식 공법으로 금판을 만들었다. 천공개물(天工開物)과 같은 솜씨로 얇게 금판을 폈지만, 망치로 맞은 부위와 맞지 않은 부위의 금판은 질량의 균형이 깨진다. 깨어진 질량의 불균형 때문에 밸런스가 맞지 않은 금관은 아주 미세한 움직임에도 반응되어 영락이 하늘거리며 흔들리는 것이다.

금관은 현재 총 7점이 출토되었다. 경주에서 출토된 신라 금관 6점과 고령에서 출토된 것으로 전해오는 가야 금관 1점이 그것이다. 7점의 금관 개요는 다음과 같다.

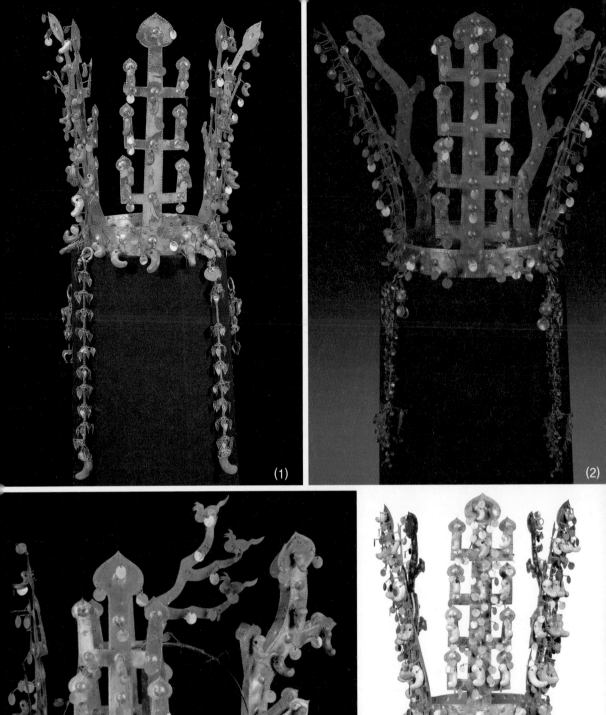

(1)

(2)

(3)

(4)

(5)

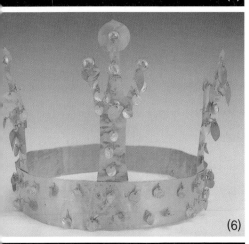

(6)

(7)

(1) 금관총 금관 : 1921년 가옥 수리 중 출토, 내외관 구조, 대표적 걸작, 국보 제87호

(2) 금령총 금관 : 1924년 출토, 높이 27cm, 지름 15cm 크기의 가장 작은 금관(소아용으로 추정), 곡옥이 없는 유일한 금관임. 보물 제338호

(3) 서봉총 금관 : 1926년 출토, 스웨덴[瑞典] 황태자 구스타프가 발굴에 참여하여 득명(得名)함. 보물 제339호

(4) 천마총 금관 : 1973년 발굴, 장니천마도(障泥天馬圖) 출토에서 이름 지음. 내관 밖에서 발견됨. 국보 제188호

(5) 황남대총 북분 금관 : 1973~1975년 발굴 조사 때 출토, 여성이 쓴 금관, 국보 제191호

(6) 교동 금관 : 경주 교동 폐고분에서 도굴된 것을 압수한 금관임. 지름 14cm, 금관의 초기 형태

(7) 전 고령 출토 금관 : 고령 출토로 전하는 가야 금관, 높이 11.5cm, 밑지름 20.7cm, 4개의 세움장식과 곡옥이 있으나, 곡옥은 나중에 매단 것이라 함. 국보 제138호

[그림5] 출토된 신라 금관 6점과 가야 금관 1점의 모습

〔그림6〕 양산 부부총 금동관 〔그림7〕 고구려 금동 봉황장식물 〔그림8〕 서봉총 금관의 봉황(부분)

　　신라 금관 6점 가운데서 1921년 최초로 출토된 금관이 금관총 금관〔그림5-(1)〕이다. 금관총 금관은 내외관과 화려한 조익형이 결합된 완벽한 구조의 최고 걸작이다. 이와 같은 양식으로는 양산 부부총 출토 금동관(일본 도쿄국립박물관 소장)〔그림6〕이 있다. 서봉총 금관〔그림5-(3)〕은 1926년 스웨덴의 구스타프 황태자가 참여한 가운데 출토된 금관이다. 서봉총 금관은 조익형이 아닌 봉황을 바로 관식화한 금관으로 이러한 봉황 장식의 계보는 평북 운산군 용호동1호 무덤 출토 고구려 금동 봉황 장식품〔그림7〕과 연결된 것으로 보인다. 경주 교동 폐고분에서 출토된 지름 14cm의 금관 〔그림5-(6)〕은 그 형태로 봐서 어린이인 왕자용으로 추정되었는데, 불꽃무늬의 간동그린〔簡化〕 과정을 보여주는 직각화 이전 단계라고 할 것이다.

　　전(傳) 고령 출토 금관은 4개의 불꽃무늬〔火焰紋〕가 풀꽃무늬 모양〔草花紋形〕처럼 꾸며져 있다. 그러나 그것은 이른바 초화형(草花形)이 아니라, 태양을 의부(意符)한 불꽃무늬다. 불꽃무늬는 관을 장식한 그 시대 신성(神性)과 왕권의 권위와 존엄을 상징한 형식언어였다.

이러한 금관의 용도에 대해서, 이한상은 장송용(葬送用)이라고 발표하여[12], 과연 금관이 장례용이냐 의례용이냐를 두고 한동안 설왕설래한 적이 있다. 이한상은 다방면의 실증을 들어 장송용임을 입증하려 애썼으나, 금관은 최고 존자가 갖추는 의례용 관식임을 나는 확신한다. 이에 대한 자세한 서술은 다른 기회에 할 것이다.

4. 신라 금관이 양저문화(良渚文化) 옥벽(玉璧)의 조형각부 (鳥形刻符)와 대문구문화(大汶口文化) 도기부호(陶器符號)의 조형과 유사한 점에 대하여

끝으로 동이족단의 수령으로 새를 벼슬의 관명(官名)으로 삼았던 소호(少昊)황제 때의 문화로 비정된 대문구문화 유지(遺址) 출토 도기(陶器) 부호(符號) 자료를 공개하여, 신라 금관의 형태적 기원과 상관성을 검토하려 한다. 대문구문화는 BC 4300년에서 BC 2500년 무렵에 산동성 거현 능양하 일대와 태안 대문구를 중심으로 일어난 신석기시대 후기문화이다. 대문구 도기 부호와 신라 금관은 적어도 3000년 이상의 시간 차이가 있는 문화이므로 두 유물의 관계성을 거론한다는 것 자체가 무리인 줄을 알지만, 신라 금관이 5세기 무렵 김씨 왕조에서 출현하였고, 그들 스스로 '소호 금천씨의 후예이므로 성을 김씨라 한다'[13]는 기록에 유의한다면, 금관의 시원적 조형으로 인식할 만큼 유사한 대문구 도기 부호를 주목하지 않을 수 없는 일이다. 왜냐하면 신라 금관은 신라 김씨 씨족의 내원(來源), 사상, 의식의 총체적 집약이기 때문이다.

〔그림 9〕와 〔그림 10〕 및 〔그림11〕의 각부(刻符)들은 단순한 흥미 이전에

---

12) 이한상, 《황금의 나라 신라》, 김영사, 2004, 27~28쪽.

13) 《삼국사기》 권28 〈의자왕〉조; 《삼국사기》 권41 〈김유신〉조 〈김유신(金庾信) 비문(碑文)〉

〔그림9〕 거현 능양하17호묘 출토 대문구문화
우모식관형(羽毛飾冠形) 도기각부(陶器刻符) 탁본.
'皇'자 상형으로 보는 설도 있다.(高明《古陶文匯編》)

〔그림10〕 신라 금관과 유사한 조형의 대문구문화 도기 부호

〔그림11〕 신라 금관과 유사한 조형의 대문구문화 도기 부호

〔그림11-(1)〕 대문구문화 도기

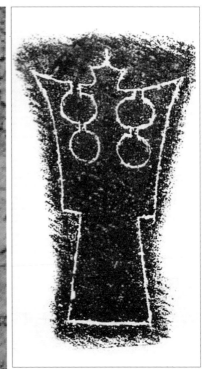

우식관형(羽飾冠形)으로 보는 설(李學勤)이 있다.

〔**그림12**〕 양저문화(良渚文化) 옥벽(玉璧) 위의 새 모양〔鳥形〕 새김부호〔刻符〕

고대사회의 비밀스러운 정보가 내장된 유물임에 틀림없다. 그러므로 그 비밀의 해독(解讀)은 동이족(東夷族)의 수령인 소호(少昊)황제족의 사유와 문화의 비의(秘儀)는 말할 것 없고, 그들의 후예라고 밝힌 신라 김씨의 족원(族源)을 밝히는 데 무관치 않은 시사점을 던져주는 자료라고 본다.

〔그림12〕는 양저(良渚)문화(BC 3300~BC 2200) 옥벽(玉璧) 위에 나타나 있는 새 모양〔鳥形〕 새김부호〔刻符〕들의 모습이다. 한결같이 새(솔개)를 도상의 중심으로 삼고 있는 점이 주목된다. 이러한 한반도 조형관식의 계보는 고대문화의 유입 단계에서 대문구 도기부호(陶器符號)나 양저문화 옥벽 위의 조형각부(鳥形刻符)와 밀접한 관계가 있는 점을 시사하고 있는데, 바로 그 점을 유의할 필요가 있다는 말이다.

이 글에서는 금관의 기원이 시베리아 샤먼관이나 김알지 신화에 있다

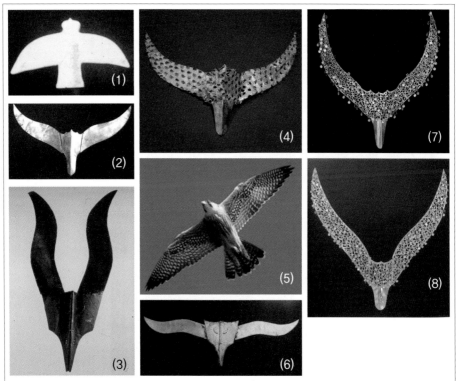

(1)반산 출토 옥조(玉鳥) (2)경주 황오리 고분 출토 조익형 금동관 (3)가야 조익형 관식
(4)황남대총 남분 관식 (5)솔개 (6)황오리 고분 조익형 은관 (7)금관총 조익형 금관
(8)천마총 조익형 금관

〔그림13〕 솔개와 조익형 관식의 조형 비교

는 기존 학설에서 벗어나, 고동이족의 태양숭배와 새 숭배사상의 원류가 금관의 기원이라는 새로운 주장을 펼쳤다. 아울러 금관의 조형을 나뭇가지 모양, 사슴뿔 모양으로 보는 것은 즉물적 발상에서 온 이름 붙이기로 판단하고, 사실은 그것이 태양의 심벌인 불꽃무늬가 점차 간추린 조형으로 디자인되고 아울러 진화를 거친 형태임을 주장하였다. 신라 금관의 기원과 상징세계는 우리가 알지 못하는 의미의 바다와 같다. 그 상징의 의미를 밝혀내는 것이 신라사상을 밝혀내는 핵심사항이라고 생각한다. 그러므로 금관모와 조익형(鳥翼形)에 대한 상징해석, 금관과 불상 보관과의 관계성 등은 반드시 금관과 함께 검토해야 할 부분이다.

제2장 삼국 관식(冠飾)의 비교와 검토

1, 삼국 관식의 공통점은 불꽃무늬와 새(鳥)

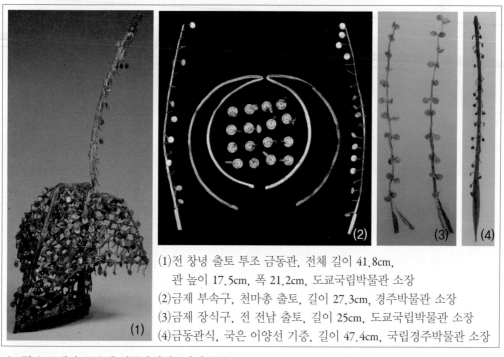

(1) 전 창녕 출토 투조 금동관, 전체 길이 41.8cm,
　　관 높이 17.5cm, 폭 21.2cm, 도쿄국립박물관 소장
(2) 금제 부속구, 천마총 출토, 길이 27.3cm, 경주박물관 소장
(3) 금제 장식구, 전 전남 출토, 길이 25cm, 도쿄국립박물관 소장
(4) 금동관식, 국은 이양선 기증, 길이 47.4cm, 국립경주박물관 소장

〔그림1〕 금제와 금동제 절풍관식의 4가지 종류

　　일본의 《동경국립박물관 명품 백선》(1990) 99번째 유물은 전(傳) 창녕 출토 투조 금동관〔그림1-1〕의 도판이 실려 있다. 창녕 투조 금동관의 뒤쪽에 높이 솟아 있는 금속 솟음대〔金銅柱〕가 유달리 눈길을 끌지만, 그것이 왜 그렇게 높이 솟아 있는 것인지? 어떤 상징적 의미를 지닌 장식인

지? 그런 것에 대한 해설을 한국과 일본 어느 문헌에서도 볼 수가 없다. 한눈에 봐서도 그것은 고대관식의 어떤 중요한 상징성을 띤 관(冠)의 장식구(裝飾具)라는 것을 단박 느낄 수 있음에도 왜 상징적 의미를 연구한 단 한 편의 글도 없는 것일까?

이 문제는 해석고고학적 접근이 아니고는 도상의 상징성을 풀이할 수 없을 것이다. 다만 김종철(전 계명대 박물관장)이 이양선 기증 문화재 도판 해설에서 〔그림1-4〕에 대하여 아래와 같이 언급을 했다.

"길이 47.4cm나 되는 세장(細長)한 금동판을 길이로 접어 능각(稜角)을 세우고 측면관이 완만한 S자형이 되도록 휜 형태로 꿩의 꽁지털을 세운 모양이다. 길이 11cm 정도의 뿌리 부분은 펜촉 모양으로 약간 넓게 되어 있어 물체에 부착하기에 편하게 되어 있으며 이 부분을 제외하고는 상단까지 세 줄로 길게 46개의 영락이 달려 있다. 일본 동경박물관 소장의 이른바 「小倉 콜렉션」 가운데 傳경남 창녕출토품으로 되어 있는 금동제투조관모(金銅製透彫冠帽)에 중앙입식으로 41.8cm나 되는 유사한 장미형입식(長尾形立飾)이 꽂혀 있는데, 본품도 그러한 금동관모의 정면입식(正面立飾)이었던 것으로 생각된다."[01]

이 해설이 내가 본 유일한 이 분야의 글이다. 김종철의 논급에서 '꿩의 꽁지털을 세운 모양'이란 표현과 도쿄 박물관 소장 창녕 출토 금동제 투조 관모의 '장미형입식(長尾形立飾)'과 유사하다는 견해는 추론이지만 아주 정확한 주장이라고 본다. 그러나 당연히 있어야 할 그렇게 본 까닭, 곧 그런 형태의 관식이 상징하는 의미를 밝혀놓지 않은 점은 매우 아쉽다.

---

01) 《국은(菊隱) 이양선(李養璿) 수집문화재(蒐集文化財)》, 국립경주박물관, 1987.

(1) 집안 출토 고구려 금동관
(2) 지린성 발해 M14호묘 출토 고구려계 조우(鳥羽) 금동관
(3) 의성 탑리 출토 금동관
(4) 황남대총 남분 출토 은관
(5) 고구려 금동관, 전 집안 출토

[그림2] 새 깃털 모양 관(羽飾形冠)의 종류

2. 금속 장식구는 절풍의 다른 표현 양식

이 장식구를 나는 절풍의 또 다른 표현 방법이라고 주장하며, 그것은 새 숭배사상에서 유래된 관식(冠飾)을 금속으로 표현한 새로운 형식이라고 해석한다. 따라서 이 관식구(冠飾具)의 용도와 재질을 포괄하는 명칭으로 '금속절풍'으로 부르고자 한다. 박선희가 금동절풍이란 용어를 먼저 사용한 예가 있다.[02] 박선희가 이러한 양식을 절풍으로 본 것은 매우 훌륭한 판단이라 하겠는데, 다만 그의 견해는 금동관 전체를 절풍으로 보면서 솟음대가 무엇을 상징하고 있는지 절풍이 무슨 뜻인지 그런 것에 대한 논리적 해석을 전혀 밝혀놓지 않았다. 절풍의 해석에서 확실한 근거를 제시하지 못한 것은 매우 아쉽다.

나는 앞에서 절풍(折風)은 솔개를 상징한 신풍(晨風)으로 해석한 바 있

---

02) 박선희, 《우리 금관의 역사를 밝힌다》, 지식산업사, 2008.

는데, 그런 관점에서 볼 때 창녕 투조 금동관의 관모는 변관(弁冠)이며, 솟음대는 솔개의 양 날개를 깃털로 상징한 절풍이 아니라, 새의 긴 꼬리〔長尾鳥〕를 금속으로 높이 조형화하여 멋지게 세운 금속절풍이라고 그 의미를 짚어본다. 따라서 〔그림1-(2), (3), (4)〕의 유물도 모두 관(冠)의 본체에서 분리된 채 출토된 금속절풍임에 틀림없다고 판단한다. 그리고 이 유물들의 출토지 분포상황을 살펴보면, 이런 군장(君長)의 관식(冠飾)이 그 당시 백제, 신라, 가야 등 새 숭배의 원시신앙이 분포된 나라에 형태는 약간씩 달라도 비슷한 유형이 널리 유행된 관식이었을 것으로 본다.

어떤 이는 '솔개의 꼬리가 그렇게 긴가?'라는 의문을 제기할 수 있지만, 새 숭배사상은 후대로 내려오면서 군장의 심벌이었던 솔개가 점차 봉황이나 꼬리가 긴 꿩 종류로 바뀌면서 그 원형이 흐려져 간 것을 감안한다면, 초기에 날개의 깃으로 장식되었던 절풍이 재질을 금동으로 대체한 문화의 진화는 자연스러운 변화 현상이라 할 것이다.

3, 일본 천황 관식(冠飾)의 솟음대〔垂直形〕는 신조(神鳥)의 앙미형(昂尾形)

〔그림3〕에서 일본 천황의 즉위식 때 관식(冠飾)을 보면, 천황은 꼬리를 치켜 든 새 모양〔昂尾形〕을 취하고 있는 것과 달리, 신하들은 모두 굴건(屈巾)을 하고 있다. 이 모습은 천황만이 천명득의(天命得意)의 즉위식에서 꼬리를 치켜들〔擧尾〕 자격을 갖춘 신분이고, 다른 신하들은 굴건함으로써 복종의 예를 상징하고 있는 것임을 알 수 있다.

이것은 새〔鳥〕가 득의의 시점에서 취하는 자세와 같은 모양이다. 새의 득의 시점이란 교미할 때의 모습인데, 그 때 새의 모습은 꼬리를 바짝 추켜올린〔擧尾〕 모양새를 갖춘다. 새의 형상을 통하여 인간 사유를 상징화

〔그림3〕 일본 천황 즉위식(平成 2년 11월 12일) - 천황의 수직관과 신하의 굴건
(자료:《皇室アノレバム》창간호, 1990년, 학습연구사(学習研究社))

〔그림4〕 일본 천황과 천황비의 즉위 복식(자료: 〔그림3〕과 같음)

〔그림5-(1)〕 내몽골 왕소군(王昭君)묘 흉노박물관, 선우〔單于〕 상(像)의 두식(頭飾)

〔그림5-(2)〕 흉노 선우〔單于〕의 매 모양〔鷹形〕 금관, 전국시대, 높이 7.1cm, 무게 192g,
내몽골박물관 소장

하는 것은 동북아 고대 민족의 공통된 문화 인소다.

긴 꼬리 새〔長尾鳥〕를 관식화(冠飾化)했던 유풍(遺風)을 현재 한국에서
볼 수 있는 예는 상복(喪服)의 굴건(屈巾) 모습이다. 상복의 굴건은 퇴화
된 절풍의 희미한 흔적이라고 하겠다.

다시 〔그림3〕을 보자. 일본 천황관식의 독특한 솟음관식은 무엇을 상징
한 것일까? 나는 그 상징해석에 대한 자료를 찾아보려 하였으나 끝내 찾
아볼 수가 없었다. 그러던 차에 1998년 일본 쓰쿠바〔筑波〕대학에서 〈금문
(金文) '유(唯)'字 고(考)〉란 논문 발표에서 일본 천황의 수직관식은 긴 꼬
리 새〔長尾鳥〕의 거미형식(擧尾形式)이며 그 조형(祖形)은 도쿄국립박물
관 소장 '전(傳) 창녕 출토 투조 금동관'의 솟음대인 금속절풍에 있다는 논
지를 발표할 기회가 있었다. 슬라이드로 두 가지의 그림을 비교하며 설명
했을 때, 많은 참석자들이 커다란 공감을 표해주던 장면이 생생하다.

그런데 이러한 관식의 기원은 태양 숭배사상과 신조(神鳥) 숭배사상이
그 뿌리라고 할 수 있다. 신조는 곧 솔개라는 사실을 앞에서 여러 번 강조
한 바 있지만, 태양 숭배사상은 불꽃무늬나 빛살무늬로 나타나고 새 숭배

(1)1993년 알타이 우코크 지역에서 발굴, 파지리크 여사제(얼음공주) 머리 모양 복원도,
  《알타이문명전》도록, 국립중앙박물관, 1995.
(2)전 창녕 출토 투조 금동관, 5–6세기, 전체 높이 41.8cm, 관 높이 17.5cm, 폭 21.2cm,
  도쿄국립박물관 소장
(3)일본 천황 즉위식 어포(御袍)와 관식(冠飾)(平成 2년 11월 12일)

〔그림6〕솟음관식〔절풍〕의 예

사상은 신조인 솔개나 봉황으로 나타난다. 두 가지 형태가 서로 복합되어 군왕이나 지도자의 관식으로 상징된다. 알타이문화권과 동북아 지역에서 이러한 관식의 공통분모는 문화의 시원적 형태가 비슷했다는 사실을 출토 유물을 통하여 뚜렷이 확인할 수 있다.

〔그림6〕의 관식은 새의 긴 꼬리를 치켜세워 형상화함으로써 군왕의 신분과 권위를 상징화한 것으로 본다. 새 숭배사상의 문화적 동질성은 시대와 지역을 뛰어넘어 발현되는 형태가 비슷하다. 이 점은 문화의 전파와 접변에서 의미 있는 일인데, 절풍의 솟음 관식이 백제시대의 관식에선 기법상 발전되어 특이한 형태로 나타난다.

〔그림7〕의 익산 입점리 출토 금동관(7–(1))과 고흥 안동 고분 출토 금동관(7–(3)) 및 일본 후노야마 고분 금동관(7–(2)), 그리고 〔그림7–(5), (6)〕

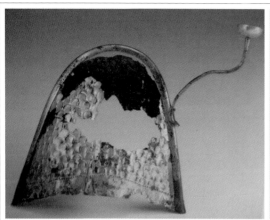

(1)익산 입점리 출토 금동관 (2)일본 후노야마 고분 (3)고흥 안동 고분
출토 금동관 출토 금동관

(4)오르도스박물관 민속품 (5) 공주 수촌리 4호분 출토 금동관 전면 (6)수촌리4호분 금동관 후면

〔그림7〕 절풍의 진화 양태

의 공주 수촌리 4호분 출토 금동관에는 한 가지 공통점이 있다. 곧 금동관
의 뒷쪽이나 정수리 부분에 긴 대롱을 붙이고 그 끝에 나팔 모양의 작은

종지 같은 것을 붙여놓은 것이 그것이다. 이것이 과연 무엇일까? 고고학계나 역사학계에선 그 명칭을 다음과 같이 제각각 부르고 있다.

*수발(垂鉢) : 《百濟의 冠》도록, 2011, 국립공주박물관
*수반형(水盤形) : 노중국, 〈백제(百濟) 관장식(冠裝飾)의 상징성(象徵性), 《百濟의 冠》도록, 2011, 국립공주박물관
*반구형(半球形) : 이영훈, 신광섭, 《고분미술》, 2005, 솔, 243쪽
*세움장식 : 박선희, 《우리 금관의 역사를 밝힌다》, 2008, 지식산업사, 301쪽

이렇게 명칭이 연구자들마다 다른 것은 이런 관식의 상징성을 해독해내지 못한 데 그 원인이 있는 것으로 보인다. 오늘날까지도 사관학교 생도들이 행진할 때 쓰는 모자 정상에 흰 새의 깃털을 꽂은 것을 볼 수 있다. 〔그림7〕의 (4)처럼 내몽골 무사의 투구 꼭대기에 꽂힌 깃털은 용맹한 무사나 우두머리 수리급의 고대관식이다. 새 가운데 왕자인 솔개를 깃털로 표상한 관식이 절풍이다.

〔그림7-(5), (6)〕의 공주 수촌리 금동관의 디자인적 구성을 살펴보면, 비상하는 솔개의 좌우 양 날개를 조형하고 뒷부분엔 길이 15cm 안팎의 대롱을 붙여 그 끝엔 안지름 3cm의 발(鉢)을 만들어두었다. 아마 鉢엔 깃털을 빽빽이 심어 아교로 단단히 고착시킨 다음, 긴 대롱은 청홍의 비단으로 겉을 감싸 아름답게 장식하고 높이 세움으로써 넘치는 기상의 솔개 꼬리를 상징한 절풍이 아닐까 추측해 본다. 이런 양식이 일본에 전파된 것이 후노야마 금동관이다. 대롱과 수발의 용도는 이런 해석 말고는 영원히 풀 수 없는 수수께끼가 되고 말 것이다.

거듭 말하지만 삼국의 관식에 나타난 새 숭배사상은 태양 숭배사상에서 배태된 것이다. 새의 상징은 태양과 등가물로 디자인되어 전개된다. 화염문의 불꽃봉오리 속에 새가 자리 잡은 조형도 모두 그런 이유이다.

4, 한반도 불꽃무늬 관식(冠飾)의 조형(祖形)은 고구려 금동관

〔그림8〕은 삼국의 고깔〔弁〕 유물이다. 고깔은 한국 고대 관모의 표준인데, 천마총 출토의 금모를 납작 접은 형태로 보면, 위는 뾰족하고 아래는 넓어 양손을 합한 삼각형 형상의 고깔 모양이 된다. 부여 능산리 절터〔寺址〕 출토 기와 조각 인물도의 고깔과 집안 삼실총 벽화 고구려 무사도의 고깔은 서로 많이 닮았다. 양쪽에 뿔처럼 솟은 것이 절풍이다.

(1)부여 능산리 사지 와편인물상(瓦片人物圖) 고깔〔弁〕 (2)집안 삼실총 벽화 고구려 무사도(武士圖) 고깔

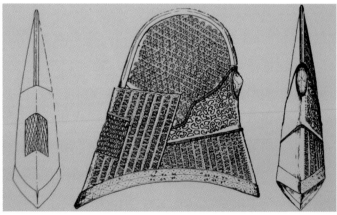

(3)황남대총 남분 은제관모(銀製冠帽)　(4)천마총 출토 금관모(고깔)

〔그림8〕 삼국의 고깔〔弁〕

〔그림9〕 요(遼, 916~1125) 유금은봉관(鎏金銀鳳冠, 능원(凌源) 나마구(喇嘛泃) 요묘(遼墓) 출토, 능원시박물관 소장) / 오사모(烏紗帽, 명나라)
금동관과 오사모의 양익은 솔개의 양 날개(절풍)가 변환된 것이다.

　두 그림의 절풍을 소의 뿔로 오독하여 유목민의 두식인 '우각형(牛角形)'이라고 설명한 예도 있으나[03], 이 또한 동의할 수 없는 견해다. 고깔은 새 머리의 정면 모습을 디자인한 도상이다. 사람의 기거 동작까지 새를 닮고자 했다는 고대인들의 의식이 관모에 반영된 실상이다.

　〔그림9〕의 요대(遼代) 유금은봉관(鎏金銀鳳冠)의 양익(兩翼)과 오사모(烏紗帽)의 양익은 절풍이 후대에 변화된 모습이기 때문에 그것은 바로 솔개의 양쪽 날개를 상징한 것이다. 다만 그것이 얇은 채색 비단으로 꾸며진 까닭에 매미 날개처럼 보여 익선(翼蟬)이란 이름까지 얻게 되었다. 이처럼 고대의 상징의미를 잃게 되면 그 내용을 모르고 엉뚱한 방향으로 디자인이 전개되는 경우가 허다하다.

---

03)　김원룡, 〈신라 금관의 계통〉,《韓國文化의 起源》, 탐구당, 1984, 244쪽(趙明基 박사《華甲記念論叢》(1965) 所收).

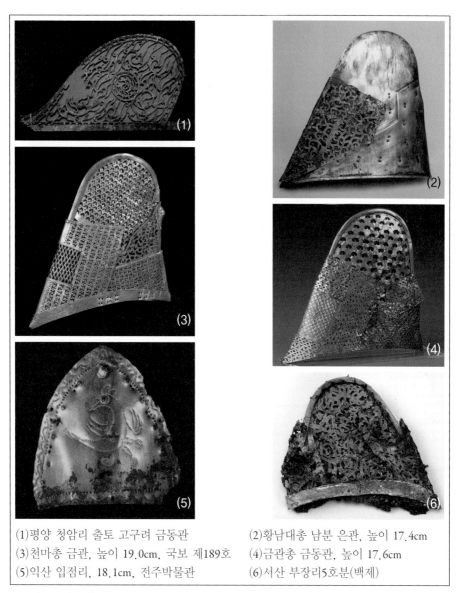

(1)평양 청암리 출토 고구려 금동관　　(2)황남대총 남분 은관, 높이 17.4cm

(3)천마총 금관, 높이 19.0cm, 국보 제189호　(4)금관총 금동관, 높이 17.6cm

(5)익산 입점리, 18.1cm, 전주박물관　　(6)서산 부장리5호분(백제)

〔그림10〕 삼국의 금·금동제 고깔모〔弁帽〕

　〔그림10〕은 삼국의 금제, 금동제 고깔모〔弁帽〕 여섯 가지 종류다. 모두 형태가 고깔모인 것은 고구려, 백제, 신라의 문화적 인소가 동질적인 것임을 잘 증명해준다. 이러한 금제, 금동제 고깔모를 고고학계에선 관모(冠帽) 또는 모관(帽冠)이라고 부르는데, 관모 또는 모관이란 명칭은 올

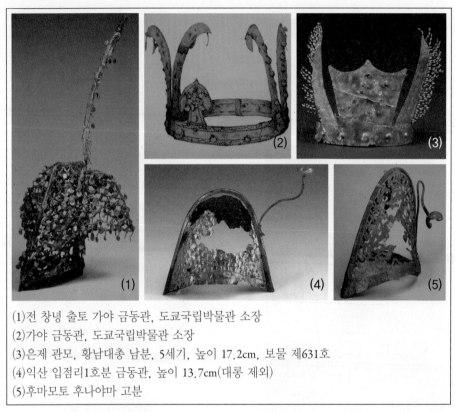

(1)전 창녕 출토 가야 금동관, 도쿄국립박물관 소장
(2)가야 금동관, 도쿄국립박물관 소장
(3)은제 관모, 황남대총 남분, 5세기, 높이 17.2cm, 보물 제631호
(4)익산 입점리1호분 금동관, 높이 13.7cm(대롱 제외)
(5)후마모토 후나야마 고분

[그림11] 삼국의 금속 절풍(솟음대, 조우식, 수발형)

바른 명칭이 아니다. 왜냐하면 관(冠)과 모(帽)는 격이 다른데 두 말을
붙여 놓았기 때문이다. 곧 관은 신분과 권위를 상징하는 의식용 외관(外
冠)을 말하고, 모는 주로 상시 쓰는 내모(內帽)를 말한다. 머리 보호를
위한 생활모, 방한모(防寒帽) 등에 모(帽)자를 붙이는 경우와 같다. 예를
들자면 갓은 외관이고, 탕건은 내모인 것이다. 그러므로 금관은 태양 숭
배사상의 불꽃무늬가 간략하게 디자인된 외관과 새 숭배사상을 반영한
고깔을 내관으로 하여 결합한 고대 관모란 점을 잘 이해해야 할 것이다.

[그림12] 또한 고구려, 백제, 신라의 유적에서 출토된 고깔의 여러 모
습이다. 부여 능산리에서 출토된 철제 관테는 날개를 활짝 편 완벽한 매

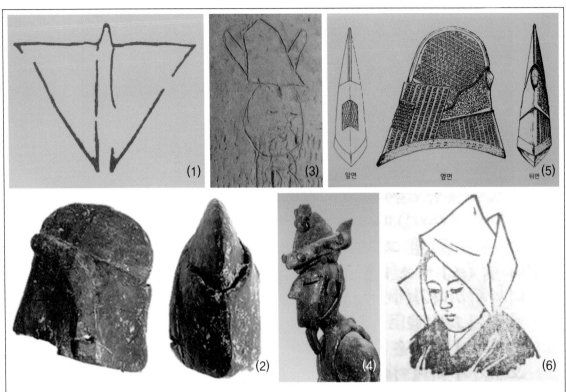

(1)부여 능산리36호분 출토 철제 관테
(2)고구려 토제(土製) 고깔, 연천 호로고루성 출토(2011)
(3)백제 인물와편(人物瓦片), 부여 능산리 사지(寺址) 출토
(4)경주 기마인물토우(騎馬人物土偶), 금령총 출토, 국보 91호
(5)경주 천마총 금관 내관모 도형
(6)고깔

〔그림12〕솔개의 정면 모습을 디자인한 고깔(弁)의 도상

의 비상형(飛翔形)이다. 연천 호로고루성 출토 토제(土製) 고깔과 경주 금령총 출토 기마(騎馬)인물 토우(土偶) 역시 고깔의 도상이 서로 닮은 점이 있다.

　삼국의 관식을 비교할 때 공통점은 태양과 새 숭배사상이다. 태양 숭배사상을 기본원리로 삼아 불꽃무늬와 새〔솔개〕를 군왕의 심벌로 조형화한 것이 고대관식의 원리다.

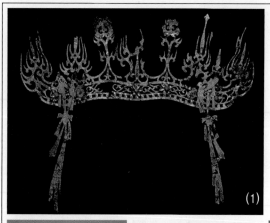

불꽃무늬 관식〔火焰紋 冠飾〕의 변화

(1)고구려 금동관: 평양 대성리 구역 창암리 토성 출토
(2)가야 금동관: 부산 복천동 고분군 출토
(3)백제 금동관: 나주 신촌리 고분군 출토
(4)신라 금관: 경주 교동 출토

〔그림13〕 고구려 · 가야 · 백제 · 신라관의 불꽃무늬 도상

〔그림13〕에서 평양 청암리 출토 고구려 금동관〔13-(1)〕의 관식은 한반도 불꽃무늬 관식의 조형(祖形)이 된다. 그 양식이 아직 간추려지지〔簡化〕않은 불꽃형 그대로인 것은 고구려의 태양숭배 신앙이 반영된 초기 도상이기 때문이다. 부산 복천동 출토 가야 금동관〔13-(2)〕과 경주 교동 출토 신라 금관〔13-(4)〕의 입식을 고고학계에선 나뭇가지 모양〔樹枝形〕으로 부르고, 나주 출토 백제 금동관〔13-(3)〕의 장식은 풀꽃 모양〔草花形〕이라 부른다. 수지형, 초화형의 조형 원리가 무엇인가? 그런 명칭은 빗살무늬와 같이 즉물적 이름에 지나지 않는다. 그런 즉물적 명칭에 견강부회적 이

론을 자꾸 갖다대다 보니 원리 해석은 점점 꼬여가는 것은 아닌지 모르겠다. 거듭 강조하거니와, 불꽃무늬를 관식화한 이유가 무엇인지 그 문제를 해석해야 고대문화의 원리가 풀린다.

〔그림13〕, 〔그림14〕는 고구려, 가야, 백제, 신라 관식에서 나타나고 있는 불꽃무늬가 디자인적 과정을 거치면서 어떻게 변모되는지 그 양상을 잘 보여주는 자료다. 초기 불꽃 모양에서 나뭇가지 모양으로 변모가 이루어진 뒤, 출(出)자, 산(山)자처럼 직각 도상으로 굳어진다. 불꽃무늬의 조형(祖形)은 고구려 관식〔그림13-(1)〕이고, 그 다음이 나주 신촌리 출토 금동관〔그림13-(3)〕과 백제 무령왕릉 관식이라 할 수 있다. 이러한 관식에 대하여 평양 청암리 출토 고구려 금동관은 북한이 불꽃형뚫음무늬로 정확하게 명명했으나, 나주 신촌리 고분 출토 금동관과 무령왕릉 관식의 문양에 대해선 종전에 초화형, 연화형, 팔메트형 등으로 설명해오다가 국립공주박물관의 기획전《백제의 관》도판·해설집(2011)에서 비로소 이런 표현이 후퇴되고 불꽃무늬로 보는 견해를 제시한 것은 매우 다행스러운 일이라 하겠다.

〔그림13〕의 네 종류 관식의 공통성은 불꽃무늬다. 이것은 천손족이었던 고대 한반도의 거주민들이 태양숭배의 고대사유를 불꽃무늬로 도상화하여 관식에 어떻게 반영했으며 그 동질성은 무엇인가를 밝혀주는 중요한 자료다. 논의의 초점은 바로 여기에 있다. 다시 말하면 〔그림15〕의 도상에서 보듯이 불과 관계있는 기물의 꼭대기에 왜 새〔솔개〕가 조형돼 있는지? 그리고 또 〔그림14〕의 도상에서 확인할 수 있듯이 왜 불꽃무늬는 디자인적 변모 과정을 거듭해가면서 고대 기물의 중심문양이 되고 있는지? 그런 까닭을 이해하려면 태양과 불과 새에 대한 깊이 있는 연구와 추적이 절대 필요하다는 말이다. 왜냐하면 고대문화의 원형질에 대한 가장 의미 있는 상징과 은닉된 중요 정보를 여기서 집중적으로 만나볼 수 있기 때문이다.

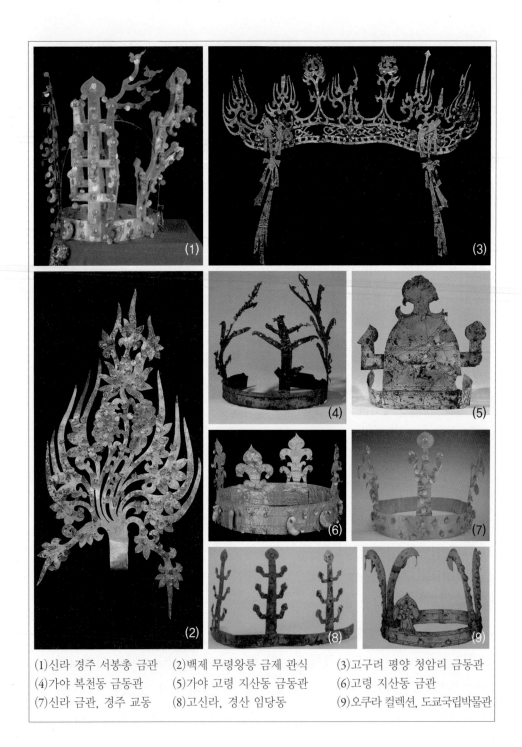

(1)신라 경주 서봉총 금관   (2)백제 무령왕릉 금제 관식   (3)고구려 평양 청암리 금동관
(4)가야 복천동 금동관   (5)가야 고령 지산동 금동관   (6)고령 지산동 금관
(7)신라 금관, 경주 교동   (8)고신라, 경산 임당동   (9)오쿠라 컬렉션, 도쿄국립박물관

〔그림14〕 불꽃무늬(화염문) 관식의 변천도상 비교유물

불(火)과 새(鳥)

(1)한대(漢代) 박산로(博山爐)

(2)청동초두(靑銅鐎斗), 서봉총, 높이 22.5cm

(3)청동초두(靑銅鐎斗), 양산금조총, 높이 10cm, 동아대학교박물관

(4)신라 토기 등잔(異形土器)

〔그림15〕 태양숭배의 반영인 불과 새가 동격의 도상으로 결합된 고대유물들

　　관(冠)은 앞 장에서 말했듯이 사용 집단의 사유원형을 상징적으로 디자인
하여 지도자의 신분과 권위를 나타낸 조형물이다. 그러므로 고대관식은 그

(1)의석 탑리 우식형 금동관　　(2)황남대총 남분 은제관　　(3)부산 복천동 금동관
(4)고령 지산동 출토 가야 금동관　(5)전 고령 지산동 출토 가야 금관　(6)경주 교동 폐고분 출토 금관
(7)경산 임당동 7호A묘 금동관　(8)전 경북 출토 금동관　　(9)서봉총 금관

〔그림16〕 불꽃무늬와 새깃털〔鳥羽〕 관식(冠飾)의 변모 도상. 화염무늬 간화(簡化) 및 디자인화 과정

시대의 사상과 문화의 특성을 압축한 대표적 상징물 가운데 하나다. 그러므
로 관식의 상징을 해독하는 것은 수수께끼와 같은 고대문화의 정보를 풀어
내는 지름길이 된다. 삼국과 가야 및 일본의 고대관식에 대한 비교 연구는

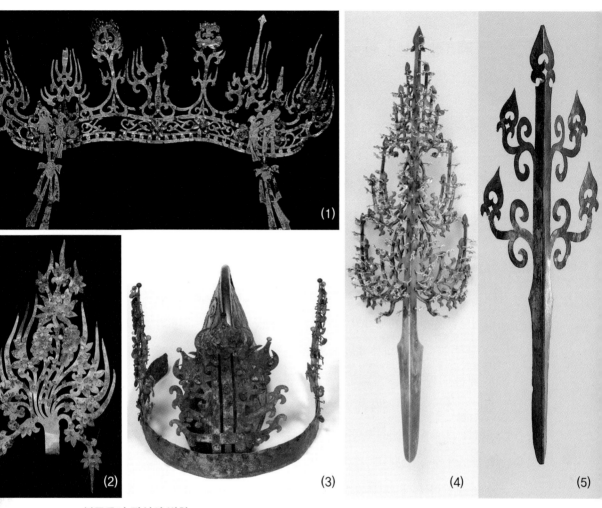

불꽃무늬 관식의 변화

(1)고구려 금동관 불꽃무늬   (2)무령왕 금제 관식

(3)나주 신촌리 출토 백제 금동제 관식   (4)송림사 출토 불꽃무늬형 은제 장식

(5)부여 능산리 출토 은제 관식

〔그림17〕 불꽃무늬가 관식으로 나타난 예

그런 관점에서 매우 중요한 의미를 지닌다. 그 이유는 문화원형의 공유 여
부와 고대 민족들 사이의 교류나 이동을 체크할 수 있는 중요한 정보가 거
기에 내장되어 있기 때문이다.

제3장 고대 한국 곡옥(曲玉)의 기원과 상징

미국 태생의 동양미술사학자 존 카터 코벨(Jon Carter Covell : 1910~
1996)은 외국 전문가로서 곡옥을 바라보는 시각을 다음과 같이 밝혀 국내
고고학계를 날카롭게 비판했다.

> "고대 한국의 독보적 정체성을 나타내면서 아직도 그 정확한 의미를 몰라
> 신비에 쌓여 있는 문양이 바로 곡옥이다. (중략) 고대인들은 그때 이후 사
> 라져버린 신앙을 20세기의 인간들에게 말없이 암시를 보내고 있건만, 우리
> 가 당시 그들의 문화를 충분히 알지 못하는 까닭에 그 뜻을 알아내지 못하
> 고 있는 것인가? (중략) 1973년 발굴된 금관에는 곡옥이 58개나 달려 있다.
> 놀라운 것은 이런 곡옥이 무엇을 뜻하는지에 대한 학설이 없다는 것이다.
> (중략) (곡옥이) '쉼표 모양'이란 용어는 다분히 서구식 표현이다. 그럼에도
> 대부분의 한국 고고학자들은 이 원초적이며 역사기록 이전의 굽은 옥, 또는
> 쉼표 모양의 옥에 대해 자신이 생각하는 대로 의미를 확정 짓는 데 머뭇거
> 린다.
> 일본이 채워놓은 족쇄를 떨어버리고 원초적 상징을 내포한 곡옥에 대해 솔
> 직히 느끼는 바를 강조해야 되지 않을까. '쉼표 모양의 옥'이라는 어정쩡한
> 표현 뒤에 몸을 사리기보다는 틀리는 한이 있더라도 모험을 감수해 사람들
> 로 하여금 생각할 수 있게 만들어주어야 한다."[01]

---

01) 존 카터 코벨, 김유경 옮김, 《한국문화의 뿌리를 찾아》, 학고재, 1999, 156~162쪽.

1. 곡옥의 기원

곡옥은, 선사시대의 고인돌〔支石墓〕이나 돌널무덤〔石棺墓〕에서부터 삼국시대의 왕릉을 비롯한 고분군에 이르기까지 여러 곳에서 매우 많은 수가 출토되고 있는 귀중한 고대유물이다. 일본은 고분의 신물삼종(神物三種)으로 거울〔鏡〕, 칼〔劍〕, 곡옥(曲玉)을 든다. 곡옥을 중하게 여기는 일본은 건국신화와 관련하여 거울이 일신상(日神像)이면 월신(月神)의 상은 곡옥이었을 것이라고 하였다.[02] 한국은 고분의 신물삼종이란 용어를 사용하고 있지는 않지만, 제정일치(祭政一致) 시대의 고제(古制)에서 방울〔鈴〕을 곡옥보다 더 중요하게 보는 경향이 있다. 그것은 방울이 신을 부르는 신물(神物)로선 곡옥보다 훨씬 더 고제적(古制的)인 성격의 것이라고 보기 때문이다. 우리나라 무당의 무구삼물(巫具三物)이 칼, 방울, 거울인 것을 보면 고대 샤먼의 주구(呪具)도 곡옥이 아니라 방울이었음을 유추할 수 있다.

곡옥은 고분의 금관이나 목걸이와 귀걸이 등에 여러 개가 매달려 있기 때문에 고대 귀족들의 치레걸이〔裝身具〕의 일종으로만 알기 쉽다. 그러나 지석묘에서 동검과 함께 출토되는 예로 보아서 선사시대에는 주술적인 호부(護符)의 성격을 가진 신물로 보기도 하며,[03] 고분시대에 와서는 아름다운 곡옥의 용도가 장신구의 기능뿐만 아니라 신앙, 사회적 지위, 계급, 종족 등과 관련된 표지(表識)의 상징 및 보기(寶器)의 의미도 지닌 신물로 보기도 한다.[04] 이러한 곡옥은 고분에서 출토되는 대표적인 유물의 하나이므로 그 기원과 형태의 상징적 의미에 대해서 그동안 여러 궁금증이 끊임없이 제기

---

02) 水野 祐,《句玉》, 東京學生社, 1995, 168-171쪽.

03) 한병삼, 〈곡옥의 기원〉,《고고미술》129 · 130호, 한국미술사학회, 1976, 225쪽.

04) 김양선(金良善), 〈까분玉 원류고(源流考)〉,《매산국학산고(梅山國學散稿)》, 숭전대학교박물관, 1972, 9쪽.

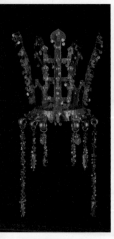   

(1)황남대총
북분 금관
5세기, 27.3cm,
국보 제191호

(2)금관총 금관 곡옥

(3)서봉총 금관

(4)곡옥이 달린 귀걸이,
곡옥 부분 미추(味鄒)왕릉지구
출토, 길이 16.3cm

〔그림1〕 금관과 귀걸이에 장식된 곡옥의 모습

되어 왔다.

여기서는 곡옥의 이런 문제들에 대하여 곡옥을 사회적 지위, 계급, 종
족 등과 관련된 표지나 상징으로 해석한 김양선님의 견해를 더 구체적으
로 밝히고 확대 해석하여 종전의 여러 견해와는 다른 새로운 관점에서,
삼국의 고분시대 곡옥의 기원과 상징성을 해독해보려고 한다.

고대사회의 곡옥은 위에서 보았듯이 장식성 이전에 그 시대의 원시사
상과 생활에 밀접한 연관성을 지니고 있다고 할 수 있다. 그러므로 곡옥
은 고대의 사회적 구조와 원시종교를 이해한 바탕 위에서 그 기원과 조
형적 상징성을 비롯한 곡옥 속에 내재된 각종 의미를 탐구해 보는 것이
가장 올바른 연구 방법이라고 생각한다.

곡옥이 옥으로 된 유물이므로 옥의 사용부터 먼저 살펴보자. 중국은 기원전 6000년 전부터 옥을 사용하기 시작하였다고 한다. 중국 요녕성 사해(査海) 유적에서 발견된 신석기시대 옥결(玉玦)이 동북아시아에서 가장 이른 시기의 옥을 사용한 예증이다.[05] 갑골문의 박(璞)과 농(弄)자도 몇천 년 전의 중국인이 옥을 캐었던 지식과 경험이 있었다는 사실을 밝혀주고 있다. 한국에선 2002년 국립문화재연구소가 발굴한 강원도 고성군 죽왕면 문암리 유적에서 신석기시대 5000년 무렵의 옥결 한 쌍이 출토된 것이 보고됐다.[06]《설문해자》에서 옥은 인의지용결(仁義智勇絜)의 오덕(五德)을 가진 귀중한 보배로 설명하였다. 그리고《예기(禮記)》〈빙의편(聘義篇)〉에는 옥이 가지고 있는 덕을 仁, 知, 義, 禮, 樂, 忠, 信의 칠덕(七德)에 천지덕(天地德)을 보태어 구덕(九德)을 갖춘 군자의 덕에 비유하면서 도(道)와 같은 것이라고 했다. 고대에는 금(金)을 천정(天精)으로, 옥(玉)을 지령(地靈)으로 여겨 정금령옥(精金靈玉)이라 불렀다. 그러므로 옥은 최고로 존귀한 것이요, 영혼을 보호하며 권위를 상징하는 숭고한 징표로 여겨 곡옥 외에도 규(圭), 장(璋), 황(璜), 종(琮) 등 의례 용구에 모두 옥을 사용하였다.

〔그림1〕에서 보듯이, 금관과 드리개에 매달린 비취색의 곡옥은 단순한 아름다움을 나타내기 위한 장식물의 성격만이 아니라, 어떤 사회적 신분과 권위를 표지하기 위한 고유한 상징의 의미를 담고 있다고 하겠다. 그렇다면 이러한 곡옥은 언제 어디에서 어떻게 비롯된 것일까 하는 기원 문제가 무엇보다 먼저 대두된다. 그러한 기원 문제가 검토된 다음이라야 곡옥이 상징하는 의미에 대해서 더 자세한 검토가 이루어질 수 있으리라 생각한다.

---

05) 이형구,《한국 고대문화의 비밀》, 김영사, 2004, 335쪽.
06) 〈고성군 문암리 선사유적 발굴설명회 자료〉, 국립문화재연구소.

곡옥은 C자형, 반원형, 콤마형, 초생달형과 같은 만곡된 형태로 말미암아 곱은옥, 구옥(句玉), 까분옥 등으로 불리기도 한다. 그 형태의 특이함 때문에 고고학계에선 항상 그 기원 문제가 가장 큰 관심거리였다. 지금까지 발표된 선행 연구로는 모두 8가지의 기원설이 제시되었다.

2, 곡옥의 기원에 대한 선행 연구들

(1)맹수의 송곳니 기원설(최은주)[07] : 곡옥이란 곧 사냥한 맹수의 큰 이빨을 목걸이로 만들어 용맹을 드러내고자 한 치레걸이 장식에서 기원되었다는 설이다. 이 주장은 서구 고고학계의 주장을 그대로 받아들인 이론이다.

(2) 선사 곡옥 기원설(한병삼)[08] : 청동기와 함께 전래된 반월형(半月形)의 선사시대 옥결(玉玦)이 경주 고분에서 출토되는 곡옥의 원류로서 점차 형태적인 변화를 거쳐 왔다는 설이다.

(3)생명상징 기원설(김병모)[09] : 금관의 나뭇가지에 매달려 있는 곡옥은 나무의 열매와 같은 생명의 씨앗이며 강인한 생명력과 후손의 번성을 기원하는 생명의 상징과 같은 것이라는 해석이다. 아울러 생명의 씨앗으로 모자곡옥이 그 증거의 하나라고 제시하고 있다. 또한 기원전 5세기경에 만들어진 알타이 산 북쪽 파지리크5호고분에서 출토된 Felt의 타피리스 미술품의 말 콧등과 가슴에 달린 푸른색 곡옥을 신라 고분 곡옥의 선행 사례로 들고 그 연관성을 주목하였다. 생명상징 기원설은 태아 기원설과 비슷한 발상이라 할 수 있겠으나, 주장한 유물의 사례에선 상호 심한 견해 차이를 보이고 있다.

---

07) 최은주, 〈한국곡옥의 연구〉, 《숭실사학》 제4집, 1986, 46쪽 주105.

08) 한병삼, 〈曲玉의 기원(起源)〉, 《美術史學研究》 129 · 130, 한국미술사학회, 1976, 222~226쪽.

09) 김병모, 《금관의 비밀》, 푸른역사, 1998, 34쪽.

(4)달 숭배사상 기원설(水野 祐)[10] : 곡옥의 외형이 초승달과 비슷할 뿐 아니라, 고분의 신물삼종(神物三種) 가운데서 동경(銅鏡)이 일신상(日神像)을 나타낸 것이라면, 곡옥은 월신상(月神像)을 나타낸 것이므로 달 숭배사상과 관련이 있다고 주장한 설이다. 이 설을 국내 학자들도 일부 동조하고 있다. 그러나 일본의 견해는 그들의 건국신화와 관련 지어 주장하고 있는데 견주어, 이에 동조하고 있는 국내 학자들은 초승달의 형태의 비슷함만을 고려한 견해라고 추측한다.

(5)태극 기원설[11] : 곡옥의 외형이 태극문양과 비슷하므로 음양사상에서 기원되었다는 설.

(6)영기(靈氣)무늬 상징 기원설(강우방)[12] : 곡옥이 생명의 싹인 영기무늬를 추상적인 삼차원으로 표현한 것으로 보고 있다. 곡옥이 용의 원시 형태일 가능성을 내비치며 홍산문화의 옥룡(玉龍)과 연관된 것이라는 이론을 제시하였다.

(7)옥룡 기원설(이형구)[13] : 홍산문화의 옥룡에서 곡옥의 조형(祖形)을 찾아보려는 설이다. 기원전 3500년 전후의 홍산문화를 고조선 문화의 원형으로 추정하고, 홍산문화 유적에서 출토된 여러 종류의 옥룡을 고대의 용과 곰 숭배사상과 결부하여 곡옥의 기원일 수 있다는 가능성을 제시하였다.

(8)태아 기원설(임재해)[14] : 곡옥의 굽어 있는 형태가 태아의 모양과 같아서 생명을 상징하는 태아형(胎兒形)이 곡옥의 기원이라고 보는 이론이다. 곡옥은 신라 금관과 함께 해석되어야 함을 강조하고, 김알지 신화와 관련설을 내세워 김알지의 출현을 상징하는 태아형이 그 기원이라고 주장하였다.

---

10) 水野 祐,《句玉》, 東京學生社, 1995, 168쪽.

11) 이화여대 석사 논문에서 펼친 주장을 본 일이 있는데, 그 자료를 찾지 못했음.

12) 강우방,《한국미술의 탄생》, 솔, 2007, 203쪽.

13) 이형구,《한국 고대문화의 비밀》, 김영사, 2004 , 118~122쪽.

14) 임재해,《신라 금관의 기원을 밝힌다》, 지식산업사, 2008, 496~504쪽.

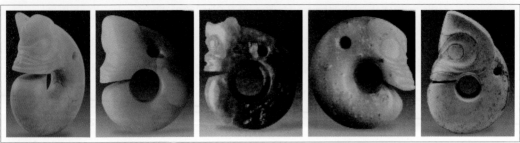

〔그림2〕홍산문화 저룡(猪龍), 웅룡(熊龍) 출전:《홍산문화》, 2002, 내몽고대학출판사

〔그림3〕홍산문화 옥잠(玉蚕) 유물 (출전 :《홍산문화》, 2002, 내몽고대학출판사)

앞의 8가지 곡옥의 기원설들은 대체로 생명이나 태아 등 여성에 관련된 기원설을 들고 있는 점이 특색이다. 곡옥이 여성들의 장신구에 주로 많이 달려 있기 때문에 그러한 공통적인 해석이 가능할 수 있다고 생각한다.

그러나 용의 조형(祖形)으로 인식하는 홍산문화의 옥룡이나 옥잠에서 곡옥의 기원을 찾고자 하는 부분은 김병모, 강우방, 이형구, 임재해 제 씨가 공통적으로 언급하는 관점이어서 매우 중요하다고 본다. 왜냐하면 이 이론은 출토된 유물에 근거하여 제기된 이론이자 고대 한국 양잠의 원류를 탐색해볼 수 있는 문화 전파의 루트에서 발견되고 있는 사실이란 점에서 강한 설득력을 주고 있기 때문이다.

3. 곡옥의 상징은 무엇일까?

나는 곡옥이 한국에서 선사시대에는 한병삼님의 연구에서 보듯이 '주술적 호부(護符)의 성격을 지닌 신물(神物)'이라고 보는 견해에 동조하고, 고분시대에는 김양선님의 학설과 같이 '장신구의 기능뿐만 아니라, 신앙, 사회적 지위, 계급, 종족 등과 관련된 표지(表識)의 상징성과 보기(寶器)의 기능도 지닌 신물'이라는 견해에 전적으로 옳다고 주장(左袒)한다. 그렇다면 그 신물이 상징하고 있는 구체적 대상은 무엇이며 어떤 의미를 드러내고 있느냐 하는 것이 가장 궁금한 사실이다. 곡옥이 주로 고분시대 여성의 장신구에 많이 등장되고 있는 점과 형태가 누에 모습과 너무 비슷한 점을 유의해 볼 때, 곡옥은 고대 여성들의 길쌈문화와 매우 밀접한 관계가 있는 어떤 상징의 표현물이라고 추정한다.

농사 농(農)자와 뽕나무 상(桑)자는 항상 같이 따라다니는 글자이다. 농상(農桑)이란 어휘는 농잠(農蠶)과 동일한 의미로서 농업에서 잠상(蠶桑)의 중요성을 알려준다. 〔그림4〕에서 農자의 고대 글꼴인 금문(金文)을 보면, 農의 윗부분 임전(林田)은 상전(桑田) 곧 뽕밭이다. 임전(林田) 아랫부분의 진(辰)을 중국 문자학계는 조개껍질로 만든 농기구의 상형이라고 설명하지만, 사실은 누에를 상형한 원시개념의 용(龍)자로 보는 견해가 옳을 것 같다. 12지(支)에서도 진(辰)은 용이다. 임전(林田)은 바로 상전(桑田)으로 산잠(山蠶)이나 야잠(野蠶)의 뽕밭이다.

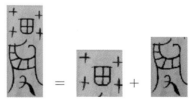

〔그림4〕 농(農) 자의 구성

산잠이나 야잠을 작잠(柞蠶)이라고도 한다. 뽕밭에 대해서는 《시경(詩經)》을 비롯한 고대 문헌에 궁상(窮桑), 공상(空桑), 상대(桑臺), 상구(桑丘), 상림(桑林) 등의 표현으로 자주 등장한다. 뽕나무는 신목(神木)으로서 사목(社木)이 되므로 상림 속에 토신의 단(壇)인 사(社)를 조성하고 주위에 사목인 뽕나무를 심었다. 삼월 삼진날엔 社에서 수많은 사람들이 그곳에서 모임[會]을 열었다. 사회(社會)란 말이 여기에서 시작된다. 뽕밭은 부녀들의 생활과 노동의 장소였으므로 뽕나무 숲속 곧 상간(桑間)은 남녀 사이의 애정의 공간이 되기도 하였다. 더욱이 3월 삼진날은 남녀 사이의 교제가 허락된 시간이었다. 우리의 민요에 '뽕도 따고 임도 보고'라든가 '임을 봐야 뽕을 따지' 또는 '뽕 따러 가세'와 같은 남녀상열지가(男女相悅之歌)가 '뽕'과 연관된 것은 그 기원이 여기에 있다.[15]

산잠과 야잠은 봄에 누에씨를 자연 상태에 그냥 뿌려두고서 야생의 고치를 나중에 수확한다. 야생고치의 실은 올이 굵고 투박하며 질기기가 마치 홀치기를 한 견직물과 같다. 용과 봉황은 실제 동물이 아니라 뒤에 유교사상이 만들어 낸 통치 개념의 국가 상징물로 진화한 상상의 동물이다. 누에 잠(蠶)은 하늘이 만들어 낸 벌레, 곧 천충(天虫)이다. 그러므로 天과 虫을 합문(合文)한 글자가 누에 잠(蚕)자의 속자(俗字)가 되기도 한다.

고대인의 원시사상으로 볼 때 천충인 누에를 용의 초기 형태로 인식했을 가능성은 충분히 있다. 왜냐하면 누에는 천충답게 태양수(太陽樹)이자 신목(神木)인 부상(扶桑)을 먹이로 하며 고귀한 비단을 생산하기 때문이다. 이로써 '농(農)'자의 글자풀이[字解]는 뽕밭에서 누에를 치는 것을 형상화한 글자로 재해석하고자 한다. 이것은 농업 가운데서 잠업의 중요성을 깨닫게 하는 정보로서, 최초의 '農'도 벼농사[稻作]가 아니라 잠업

---

15) 김양동, 〈龜旨歌 해석에 대한 一考察〉,《어문논총》제36호, 경북어문학회, 2002, 89~90쪽.

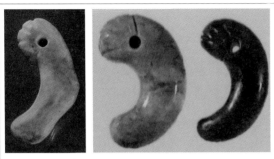

선사시대 곡옥　　금관총 출토 곡옥　　　　무녕왕릉 출토 곡옥

〔**그림5**〕 머릿부분〔頭部〕에 음각선(陰刻線)이 새겨진 곡옥

이 먼저였을 가능성을 제시해주는 자료라고 할 수 있을 것이다.

　홍산문화 옥기 가운데서 용의 원시 형태인 저룡(猪龍), 웅룡(熊龍)〔그림 2〕 등으로 중국 고고학계가 일컫고 있는 옥룡의 원형은 그 당시 이미 발달된 동북아시아 잠업의 상징물인 누에, 곧 잠룡(蠶龍)으로 보는 것이 순리가 아닐까 한다.

　신석기시대 잠룡은 누에를 용의 원시고형으로 인식한 고대 동북아시아 양잠문화의 시원을 증언하는 유물 가운데 하나이다. 따라서 한반도 곡옥의 원류는 여기에서 영향을 받았을 것으로 미루어 짐작해볼 수 있기 때문에, 홍산문화권에서 출토된 옥잠 곧 잠룡이 한반도 곡옥의 조형(祖形)으로 추정할 개연성은 매우 크다고 할 것이다. 따라서 잠룡을 곡옥의 조형이라면 곡옥의 기원은 누에를 상징한 것이라는 논리가 형성된다.

　그러나 곡옥 가운데는 〔그림5〕처럼 구멍이 뚫린 머릿부분〔頭部〕에 몇 갈래의 음각선(陰刻線)이 새겨진 것이 있다. 곡옥 두부의 음각선에 대해선 그 각선들이 왜 새겨져 있으며 무엇을 상징한 것인지? 지금까지 한 번도 문제로 제기된 적이 없다. 태아, 달, 태극의 모양이라면 그 각선들이 조형상 과연 필요한 것일까? 무엇 때문에 필요도 없고 이해되지도 않는 각선을 새겨놓았을까? 우리가 다만 해석을 못할 뿐이지 이유가 없는 유물의 문양은 없다. 유물의 문양은 고대인들의 사유를 반영한 생각의 지문이다. 따라서 곡옥 두부의 음각선도 어떤 고대인들의 사유 세계가 표현된 것이냐 문제를 따질 때 그 의미는 더욱 명료해질 것이다.

〔그림5〕에서 곡옥의 각선(刻線) 모양은 누에머리〔蠶頭〕의 사실적 모습과 비슷하다. 누에의 머리와 눈(눈은 곡옥을 꿰는 구멍)은 곡옥이 누에를 상징하고 있다는 설에 강력한 설득력을 실어준다.

특히 〔그림6〕은 금관총 금제과대에 매달린 금제곡옥인데, 이 금제곡옥의 잠두는 너무나 사실적인 모습이다. 이를 보면 곡옥이 누에를 상징했다는 사실은 더욱 명백해진다.

〔**그림6**〕 금관총 금제과대에 매달린 금제곡옥

또한 〔그림7〕에서 볼 수 있듯이 모자곡옥의 몸체에 돋아 있는 돌기는 무엇을 형상화한 것인가? 거기에 돋아 있는 돌기의 모양으로 봤을 때 모자곡옥까지도 태아, 달, 태극문양, 생명의 씨, 영기무늬 등이라고 말하기엔 곤란한 점이 너무 많다. 그러므로 모자곡옥의 몸체에 돋은 돌기도 누에의 몸에 돋아 있는 돌기로 해석하면 문제는 아주 쉽게 이해할 수 있을 것이다.

〔**그림7**〕 모자(母子)곡옥
(이양선 기증 유물, 국립경주박물관)

〔그림8〕 누에

　누에는 알을 많이 낳기 때문에 다산(多産)과 풍요의 상징물이 될 뿐 아니라, 번데기가 누에나방의 과정을 거쳐 우화(羽化)하므로 부활과 재생의 이미지를 함께 지니고 있다. 그러므로 누에는 명주실〔絹紗〕을 생산하는 이유 이외에 다산, 풍요, 부활, 재생 등의 상징성이 내포되어 있다. 누에의 이러한 상징의 의미를 옥이란 고귀한 물질에 아름답게 디자인하여 장신구에 귀중하게 매단 조형물이 곡옥이라고 주장한다.

　옥은 신이나 영혼을 불러들이는 영통성(靈通性), 사악(邪惡)을 물리치는 힘, 생성력과 재생력을 지닌 주술성 등을 갖춘 광물로 믿어왔기 때문에 주술구(呪術具)로 많이 사용하였다. 고대의 풍속에서 옥의 장식은 이러한 주술력을 체내에 유지시킴으로써 장수를 기원하기도 하였으며 사후세계의 영력(靈力)을 빌고자 장구(葬具)로도 많이 사용하였다. 그러므로 자연의 생성과 소멸의 순환 법칙을 표상하고 원시종교적 상징성도 띤 누에에 옥을 사용한 것은 고대의 관념에서 매우 당연한 이치라고 이해한다.

4, 양잠의 역사와 곡옥

누에를 치는 것은 고대부터 여성들의 생활과 밀접한 관계를 맺어왔다. 그 때문에 양잠의 시원지인 중국에선 고대로부터 양잠과 길쌈을 처음 가르쳤다고 전해오는 황제의 비 누조(嫘祖)를 잠신(蠶神)과 직신(織神)의 신위(神位)로 받들어 제사를 지내온 선잠제(先蠶祭)가 있었으며 그 역사는 오래되었다. 그런 풍속은 한국에서도 기자조선시대부터 양잠의 전래와 함께 그대로 전해왔을 것으로 추찰된다.

고려와 조선시대에도 선잠단에 누조의 신위를 모시고 선잠제를 지냈으며, 늦은 봄 사일(巳日)에 왕이 몸소 친경(親耕)을 하고 왕비는 친상(親桑)을 한 행사는 농경시대 봉건국가에서 군주가 국민에게 직접 모범을 보이는 통치수단의 하나로서, 그 풍습은 예부터 계승해온 국가적 행사였다.

중국에서 잠업의 역사는 문헌에서 황제(黃帝)의 원비(元妃)인 서릉씨(西陵氏)가 전설에 나오는 양잠의 발명자로서 잠신으로 추앙되었다는 기록에서부터 시작한다.[16] 기원전 2640년 무렵이므로 지금으로부터 4600여 년 전의 일이다. 어떤 이는 4600여 년 전 누조의 전설을 어떻게 사실로 인정할 수 있느냐고 말할 수 있겠으나, 출토물들은 양잠의 역사가 7천 년 전부터 이미 존재했음을 증명하고 있다. 그러므로 부족국가 형태를 처음으로 갖추기 시작한 황제시대에 잠업이 황제의 비 누조의 지도력에 따라 정비되고 발전된 형태를 두고 그를 잠신으로 문헌에 기록하게 되었을 것으로 해석한다.

---

16) 《사기(史記)》〈오제본기(五帝本紀)〉조 "黃帝娶于 西陵氏之女 是爲嫘祖"

수원 농촌진흥청 잠사박물관 　　　　　　 잠사박물관 앞 거대한 잠령(蠶靈)

양잠 전파 경로 　　　　　　　　　 조선시대 선잠단 터

현재 선잠단 지(址) 모습 　　　　　　　 선잠단 입로(入路)

〔그림9〕수원 잠사박물관 자료 사진

서릉씨는 누에치기와 실을 뽑아 의복을 만드는 법을 백성들에게 가르치면서 누조(嫘祖)란 이름도 가지게 되었는데,[17] 누조는 누에의 조상이란 뜻이다. 한자 누(嫘)자의 구조가 '밭에서 실을 뽑는 여자'를 의미하는 것은 바로 그것을 반증하는 것이다. 한자 잠(蠶)을 우리말로 '누에'라고 부르는 것도 누조에서 분화되어 고유어로 정착된 말로 추찰된다. 중국에서 잠업의 역사에 대한 연구들은 4600년 전 누조의 전설보다 훨씬 이전에 이미 잠업이 시작되었다는 것을 증언할 유력한 근거가 된다.

누에는 산잠(山蠶)(또는 작잠(柞蠶)), 야잠(野蠶), 양잠(養蠶)의 순으로 발전해왔다. 야잠이 가잠(家蠶)으로 발전하면서 양잠의 단계로 나아간 것은 중국에서 적어도 4500여 년 전이다. 한대(漢代) 문헌에 황제는 친경(親耕)을 하고 황후는 친상(親桑)을 했다는 기록이 여러 군데에서 보인다.[18]

《한서(漢書)》에 따르면, 한국에서 누에가 처음 전래된 것은 기자(箕子)가 지금부터 기원전 1170년 무렵에 전해졌다고 한다.[19]

부여, 예, 고구려, 백제, 신라에 양잠과 제사(製絲)를 비롯한 견직기술이 널리 퍼져 발달되었음이 다음과 같이 문헌에서 확인되고 있다.

"삼을 심고 누에를 기르며 길쌈을 할 줄 안다."(知種麻, 養蠶, 作綿布)[20]

---

17) 《통감(通鑑)》〈외기설(外紀說)〉조.

18) 《한서(漢書)》〈경제기(景帝紀)〉조 "朕親耕 后親桑"

19) 《한서(漢書)》〈지리지 · 낙랑군(地理志 · 樂浪郡)〉조 "殷道衰 箕子去之朝鮮 蠶子教 其民以禮義田蠶織作"

20) 《후한서(後漢書)》, 〈동이열전 · 예(東夷列傳 · 濊)〉조.

"그들의 공공 모임에는 모두 비단에 수놓은 의복을 입고 금과 은으로 장식한다."("其公會衣服皆錦繡, 金銀以自飾")[21]

"부여인들은 일찍이 회(繪), 증(繒), 금(錦) 등 화려한 견직물을 외국으로 나갈 때 입었다."(出國則尙繪繒錦罽)[22]

"삼베가 산출되며 누에를 쳐서 옷감을 만든다."(有麻布, 蠶桑作縣)[23]

"그 백성은 토착생활을 하고 곡식을 심으며 누에치기와 뽕나무 가꿀 줄을 알고 면포를 만들었다."(其民土著, 種植, 知蠶桑, 作綿布)[24]

"토지가 비옥하여 오곡을 심기에 적합하다. 뽕나무와 삼이 많아 비단과 베를 생산한다."(土地肥美, 宜植五穀, 多桑麻, 作縑布)[25]

위와 같은 문헌 기록은 경주 천마총과 공주 무령왕릉에서 발굴된 다수의 견직물 조각들이 그 사실을 뒷받침해준다.

양잠의 역사는 여성들에겐 길쌈의 역사라 해도 지나친 말이 아니다. 신라 제3대 유리왕 때의 가배(嘉俳)의 풍속은 7월 기망(旣望)부터 두 왕녀가 육부(六部)를 두 편으로 나눠 각기 여자들을 거느리고 삼베짜기 시합을 해서, 8월 보름이 되면 성적을 따져 지는 편이 음식을 장만해 이긴 편에 사례하고, 가무와 백 가지 놀이를 즐기는 행사였다.[26]

---

21) 《후한서(後漢書)》, 〈동이열전 · 고구려(東夷列傳 · 高句麗)〉조.

22) 《삼국지(三國志)》, 〈위서 · 부여전(魏書 · 夫餘傳)〉조.

23) 《삼국지(三國志)》 〈위서 · 동이전 · 예전(魏書 · 東夷傳 · 濊傳)〉조.

24) 《삼국지(三國志)》 〈위서 · 동이전 · 한(魏書 · 東夷傳 · 韓)〉조.

25) 《양서(梁書)》 〈동이열전 · 신라(東夷列傳 · 新羅)〉조.

26) 《삼국사기》 〈신라본기〉 제1, 〈유리 이사금(儒理 尼師今)〉조.

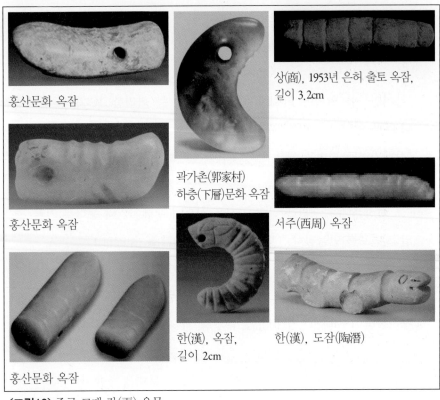

홍산문화 옥잠

홍산문화 옥잠

홍산문화 옥잠

상(商), 1953년 은허 출토 옥잠,
길이 3.2cm

곽가촌(郭家村)
하층(下層)문화 옥잠

서주(西周) 옥잠

한(漢), 옥잠,
길이 2cm

한(漢), 도잠(陶潛)

〔그림10〕 중국 고대 잠(蚕) 유물

　가배는 신라가 고대국가로 발전하기 전부터 각 부족의 결속과 응집력을 다지고자 시행하였던 것이라고 한다. 이 가배에서 두 왕녀가 직접 지휘하는 것은 비단이 아닌 적마(績麻)의 길쌈놀이지만, 그것은 직물을 처음으로 생산한 직신(織神) 곧 잠신(蠶神)을 기리는 옛날 유습의 희미한 흔적이라고 추정할 수 있다. 그렇다면 이러한 역사적 사실에서 보듯이 고대의 왕비는 국가의 길쌈을 총괄하는 으뜸가는 신분이었을 것이다. 그러므로 양잠과 길쌈의 이미지를 표현하려는 상징으로서 고귀한 옥으로 누에를 형상화하여 왕비나 여성 리더들의 관식(冠飾)을 비롯한 장신구에 장식함으로써 지위와 권능을 표지하게 된 조형물이 곡옥이라고 해석하는 것이다.

| (1)청동기시대 곡옥 영덕 오포동 출토 | (2)한(漢), 옥잠, 길이2cm | (3)한(漢), 청동잠(靑銅蠶) | (4)합천 옥전동 M14호묘 |

〔**그림11**〕한국과 중국의 고대 누에〔蠶〕유물

5, 곡옥의 상징은 누에

경주 황남대총 북분과 남분의 발굴 결과는 매우 특이하다.

"경주 황남대총 북분(北墳)은 부인대(婦人帶)라는 명문이 새겨진 허리띠가 출토됨으로써 여분(女墳)으로 고증되었다. 그런데 흥미로운 것은 금관은 남자가 묻힌 남분(南墳)이 아니라 여자가 묻힌 북분에서 나왔다는 점이다. 물론 남분에서도 관은 나왔지만, 그것은 금관이 아니라 은제 관과 금동제 관이었다. 남자의 무덤에서는 금관이 나오지 않고, 부인의 무덤에서만 금관이 나왔다는 것은 참으로 심상치 않은 일이다."[27]

"북분 왕비의 금관에는 무려 80개가량의 비취곡옥이 달려 있으며 남분(南墳) 왕의 관은 이외로 금동관인데, 금동관으로서는 유일하게 곡옥을 장식했지만 그 수가 겨우 16개에 지나지 않는다. 왕비의 금관이 더 화려한 것은 그 당시 여사제장(女司祭長)을 겸했을 왕비의 위상이 매우 높았음을 의미한다. 이로써 왕과 왕비의 관에는 반드시 곡옥을 장식했음을 알 수 있다. 금관총

---

27) 한국역사연구회 고대사분과 편, 〈신라 금관의 비밀〉, 《한국고대사 산책》, 역사비평사, 1995, 335~336쪽.

이나 천마총 출토 금관에도 60개에 가까운 곡옥이 달려 있다." [28]

위의 글에서 볼 수 있듯이 왕도 아닌 왕비의 고분에서 어떻게 이렇게 많은 수량의 곡옥으로 화려하게 장식된 금관이 출토되었을까? 라는 의문이 그동안 수없이 제기되었지만, 아직 그 의문을 풀어줄 충분한 연구는 이루어진 바가 없다.

앞에서 말한 것처럼 모계씨족 중심인 고대사회의 특성상 제정일치(祭政一致)의 권능을 지닌 여사제장은 남성보다 관을 먼저 착용했을 가능성이 크다. 그러나 부계씨족 중심 사회로 넘어오면서 관은 남성이 쓰는 복식으로 바뀌었다. 신라의 경우를 보면 초기 국가 체제를 지나 5−6세기 무렵부터 왕관은 신분과 권위를 나타내는 남왕의 위세품이 된 것으로 연구되었다.

그러나 초기에는 여성의 관에 표지했을 곡옥이 후대 남왕의 왕관에도 왜 그대로 장식되었을까? 그 이유는 추정이지만, 원래 문화라는 것은 속성상 한번 나타나면 쉽게 사라지지 않으며 단절보다 계승에 그 특성이 있는 것이 그 이유라고 하겠다. 또 문화 발생의 초기에는 의미가 분명한 일도 기록을 남기지 않으면, 후대로 내려올수록 원래 뜻이 망각된 채 관습적인 반복만 이루어져 마침내 형해(形骸)만 남게 된다는 사실도 유의할 필요가 있다. 황남대총 북분과 남분(98호고분)의 왕관과 곡옥은 바로 그와 같은 해석을 가능하게 해주는 예이다.

그러나 왕비의 관이라도 곡옥을 주렁주렁 매달아놓은 이유는 다른 데 있다. 그 이유는 무엇일까? 조선시대 왕비가 양잠과 길쌈의 시조이자 잠신(蠶神)과 직신(織神)으로 추앙된 서릉씨(西陵氏)를 모신 선잠제를 주관하였듯이, 신라시대 왕비의 역할도 그와 비슷한 기능을 행사했을 것이다. 유리왕 때의 가배 기록을 보면, 앞에서도 나왔듯이 두 왕녀가 양편의

---

28) 강우방, 《한국미술의 탄생》, 솔, 2007, 195∼196쪽.

지휘자로 등장하여 길쌈놀이 행사를 주관한다. 그런 기록은 왕비가 중심에서 길쌈에 관여하였을 것이라는 해석을 가능케 한다. 이로 보아 신라 왕비는 어떻든 길쌈과 밀접한 직능의 신분이었을 개연성은 충분히 있다.

이러한 배경을 미루어 살핀다면, 곡옥은 잠신의 상징인 누에를 형상화하여 관식으로 삼음으로써 왕비의 신분을 드러낸 고대사상의 상징적 표현 방식임을 알 수 있다.

그러면 곡옥이 왕비의 금관보다 숫자는 적을시라도 왜 남왕(男王)의 금관에도 그토록 많이 달려 있느냐 하는 것이 문제다. 그것은 앞에서 언급한 바 있듯이 곡옥의 기원으로 볼 때, 최초에는 잠신의 상징인 여성 지도자의 장신구로 등장하였으나, 차츰 그 원의가 퇴색되면서 곡옥의 형태적 아름다움과 고귀성과 옥이 지닌 덕성과 종교적 주술성과 그 의미만이 남아 강조되면서 남왕의 관식에도 관습적으로 장착되어 내려온 유습이라고 추정한다.

6세기 이후 신라 왕관은 사라졌지만 곡옥까지 사라진 것은 아니다. 곡옥은 그 뒤에도 여성의 장신구에 꾸준히 애용되었다. 출토물을 통하여 확인할 수 있는 이러한 사실은, 곡옥이 근본적으로 남성보다 여성 중심의 귀중한 장식물이었음을 실증하는 사례라고 하겠다.

6, 달개의 상징은 뽕잎

다음으로 곡옥과 함께 달려 있는 달개(瓔珞)의 상징성에 대하여 자세히 살펴보도록 하겠다. 신라시대의 금관과 귀걸이와 목걸이 등 장신구에 많이 매달려 있는 것은 곡옥만이 아니다. 거기에는 어김없이 바늘과 실처럼 늘 함께 늘어뜨려 치장(垂飾)된 나뭇잎 모양(樹葉形)의 달개(瓔珞)가 매달려 있다. 달개의 형태에 대해선 그동안 여러 가지 이름으로 불러

  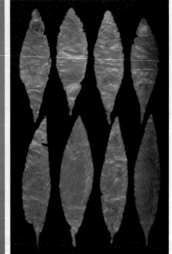

(1)황남대총북분,　　(2)상엽(桑葉) 수식(垂飾)　　(3)백제 상엽(桑葉)장식, 공주
상엽(桑葉) 수식(垂飾),　　　　　　　　　　　　옥룡동 출토, 공주박물관,
길이 19.8cm　　　　　　　　　　　　　　　　　이화여자대학교박물관 소장

〔그림12〕 뽕나뭇잎 드리개의 유물

왔다. 수엽(樹葉), 심엽(心葉), 하트형, 행엽(杏葉) 등 여러 용어들을 학
계에선 혼용하고 있다.

　고대문화는 상호 유기적인 관계 아래에서 조형적 구성을 이루는 것이
보편적인 원리임을 생각할 때, 달개의 나뭇잎〔樹葉〕은 곡옥과 분리된 별
개의 조형물이 결코 아닐 것이다. 곡옥은 잠신을 상징한 누에가 그 원형
임을 이미 앞에서 밝혔는데, 그와 같은 입장에서 본다면 영락은 누에의
먹이가 되는 뽕나무 잎사귀가 그 원형임이 명료해진다. 달개의 모양도
뽕나무 잎사귀와 흡사하다. 따라서 누에와 뽕나무 잎사귀의 구조적 상관
성은 상징의 상보성으로 보더라도 그 합리성과 객관성이 담보되고 있다.

　누에는 뽕잎을 먹고 산다. 뽕나무는 부상(扶桑), 신화 속의 신목(神木)

〔그림13〕 잠문(蠶紋) 옥황(玉璜)과 정(鼎)

이므로 태양수(太陽樹)의 상징성을 지니고 있다. 그러므로 하늘이 만들어 낸 벌레, 곧 천충(天虫)인 잠(蠶)의 먹이가 된다. 누에는 천충이고 뽕나무는 신목이므로 곡옥이 누에를 상징한 것이라면, 달개는 당연히 뽕나무 잎을 상징한 것이라야 한다. 이 이론은 문화사적인 견지에서 보더라도 매우 타당한 논리다.

달개의 원형은 초기에는 뽕나무 잎사귀 모양이었으나, 그 뒤 형태적으로 차츰 다듬어지면서 이른바 심엽 또는 하트형의 모양으로 변형되어 나갔음을 알 수 있다. 그러므로 드리개 가운데서 뽕나무잎 모양〔桑葉形〕은 심엽이나 하트형보다 비교적 이른 시기의 달개 형태라 할 수 있다. 거듭 말하여 곡옥이 잠신의 상징물인 누에의 형태를 아름답게 디자인한 형태라고 한다면, 달개는 누에와 궁합이 맞는 뽕나무잎〔桑葉〕을 조형화한 것임에 틀림없다.

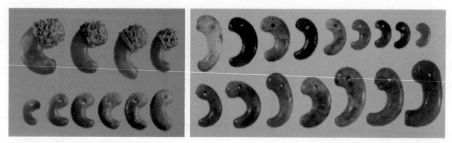

〔그림14〕 백제 무령왕릉 출토 곡옥(왼쪽)과 신라 금관총 출토 곡옥(오른쪽, 아래 오른쪽 크기 6cm)

7. 곡옥과 한국미

고대유물은 하나의 유물에 기술적 구성이면 구성, 상징성이면 상징성, 조형적 형태미이면 형태미, 이런 식으로 상호 유기적인 성격들끼리 결합되는 원리가 작용되어 있다. 눈에 보이지 않는 그 작용의 원리는 고대인들의 사유와 경험의 축적에서 터득된 지혜의 용광로이다. 조그마한 유물에도 구성 요소들이 따로따로 노는 것이 아니라 전체적으로 호흡이 통하는 길을 가지고 있다. 유물의 감상에는 그 길을 빨리 발견해내는 일이 무엇보다 중요하다.

이 장에선 홍산문화의 옥룡 가운데서도 잠룡을 한반도 곡옥의 조형(祖形)으로 추정하였는데, 조형적으로 보면 홍산문화 옥룡은 삼국시대 고분 출토의 곡옥과 비교할 때 형태적 차이가 너무 많이 난다. 홍산문화 옥룡들은 형태가 다양하며 5000년 전의 조형으로 보기 어려울 정도로 정미(精微)하여 유물 명칭에 신석기시대란 말을 붙이기 무색할 정도이다.

거기에 견주면 삼국시대 고분 출토의 곡옥은 단순하고 소박하며 크기가 작다. 곡옥의 머리 쪽이 둥그스름하게 다소 큰 것과 달리, 꼬리 쪽은 약간 가늘어지면서 부드럽게 꼬부라진다. 구상적이지 않고 반(半)추상적인 형태미를 보이는 이 아름다운 조형미는 한국미의 특징 가운데 하나인 은근미의 전형이라고 할 수 있을 것이다.

곡옥은 신체의 장신구로서 크지 않은 최적의 비율, 직설적이지 않고 비유적인 상징성을 간접적으로 그려내는 조형감, 직선이 아닌 곡선미의 극치, 과장이 없는 단순 간결한 여성적 구조미, 이러한 것이 곡옥이 지닌 총체적 아름다움이다.

나는 양잠의 누에와 여성과 길쌈의 이미지를 상징화한 것이 곡옥이라고 늘 생각해왔다. 경주 고분의 곡옥은 그런 모습이 더욱 뚜렷하게 나타난다. 곡옥은 홍산문화의 옥룡이나 한반도 청동기시대 선사곡옥의 양식에서 진화한 것은 분명한 사실로 추정되지만, 신라와 백제시대 곡옥은 거기서 한 걸음 더 나아가 고도의 미감과 우아한 시적 감성으로 재창조되고 디자인된 우미(優美)의 극치가 곡옥의 특별한 아름다움이다. 그것은 한국미의 근원적 세계이자 본질이라고 판단한다. 그러므로 곡옥은 장신구 가운데서 신체의 가장 중요한 위치에서 빛을 발하는 보물이 된 것이다. 그 빛은 찬란하게 번쩍거리는 빛이 아니라 머리 위에서, 목과 가슴의 정면에서, 귀걸이의 끝자락에서, 시선이 제일 먼저 꽂히는 부위에서 은은하게 조용히 숨는 듯한 수줍음의 빛이다. 그러나 곡옥이 사람의 몸에 가장 중요한 포인트에 장식되는 또 다른 이유는 곡옥이 가지고 있는 상징성의 비중이 그만큼 크고 무거우며 의미 있는 표지물이기 때문일 것이라고 생각한다.

곡옥의 상징성과 미(美)의 정보는 이처럼 원초적 한국미의 특징을 고스란히 저장하고 있다. 큰 것이라고 해봐야 고작 5-6cm 미만의 조그마한 곡옥에 한국미의 원형들이 고스란히 담겨 있는 사실을 발견하는 기쁨은 진실로 크다. 아울러 곡옥을 통해 시공을 초월하여 고대인과 미감을 함께 호흡할 수 있는 즐거움 또한 기쁘기 그지없다 하겠다.

8. 마무리

인류 사회의 발전 단계와 고대사회의 성격으로 보아, 신석기시대는 모계중심사회였음은 우리가 모두 아는 사실이다. 모계중심사회는 여사제장이 부족사회의 질서를 유지했을 것이다. 중국의 황제시대는 모계사회에서 부계사회로 넘어온 시기였을 것이지만, 여사제장의 구실은 사라지지 않고 잔존된 형태였을 것으로 추찰된다.

전설적인 일이지만, 황제의 원비(元妃) 서릉씨(西陵氏)는 여사제장이자 길쌈과 누에치기를 처음으로 가르쳐 잠신(蠶神)으로 추앙받는 인물이다. 그래서 이 글에서는 서릉씨와 비슷한 구실을 수행했을 것으로 추정되는 고대의 왕비나 지도자급 여성들이 길쌈을 총괄하는 직신과 잠신의 신분임을 표지(標識)하고자 누에 형태의 조형물을 상징화하여 그것을 관을 비롯한 중요 장신구에 매단 것이 곡옥의 기원이라고 해석한 것이다.

그리고 곡옥과 함께 나무 잎사귀 모양으로 장식한 달개의 명칭도 지금까지 불러왔던 심엽(心葉) 또는 하트형, 행엽(杏葉) 등과 같은 형태의

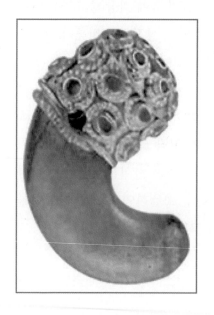

유사성에서 임의로 이름을 붙인 즉물적 방식이 아니라, 누에와 직접 관련이 깊은 뽕나무 잎사귀 곧 상엽(桑葉)을 드리개로 장식화한 수식(垂飾)이란 점을 주장했다. 누에와 뽕잎의 장식적 결합은 지극히 당연한 조형적 구성이며 동시에 곡옥 등장의 역사와 견직물의 출현 역사가 비슷한 점도 매우 주목할 만한 부분이다.

〔그림15〕 무녕왕릉 출토 곡옥

제4장 신라 금제허리띠(金製銙帶)의 상징

1, 금제허리띠에 대한 기존 해설

〔그림1〕 10~12세기 거란족이 세운 요(遼)나라 진국공주의 요대. 5-6세기 신라 금제허리띠(銙帶)와 친연성이 매우 높다.

신라시대의 대표적 유물 가운데 하나로 금제(金製) 허리띠(銙帶)를 들수가 있다. 이에 관한 해설을 보자.

> "허리띠 장식의 기원은 유목민족인 스키타이에까지 소급되는 것으로서 유목 생활에 필요한 물건을 허리띠에 차고 다니던 습관에서 비롯된 것이다. 그러나 삼국시대가 되면 허리띠 장식은 권력과 신분을 나타내는 상징물로 변화하며 신분에 따른 재질과 장식의 차이가 뚜렷이 나타난다."[01]

---

01) 《한국고고학사전》, 국립문화재연구소, 2001.

"과대(銙帶)는 소재에 따라 금대(金帶), 은대(銀帶), 옥대(玉帶), 서대(犀帶), 석대(石帶), 각대(角帶) 등으로 나눈다. 과대는 포대(布帶)를 모체로 하여 옷을 여미고 몸을 보호하는 구실에서 지배계급의 권력과 부를 상징하는 장신구로 변천되면서 양식이 복잡해지고 실용성보다 의식적 주술적 의미를 지닌 상징물로 사용되었다. 과대는 과판(銙板-띠꾸미개)으로 연결된 띠에 곡옥(曲玉), 물고기, 새, 도끼, 투조규형(透彫圭形), 숫돌형, 쪽집게형 등의 사냥도구를 변형 축소한 조형물을 매달아놓았다. 과판은 심엽형, 타원형, 방형의 판에 주로 당초문, 운문, 연화문 등을 투각하거나 타출 기법을 이용하였다." [02]

이와 같은 허리띠 장식에 대한 설명에서 허리띠 장식의 조형이 상징하는 의미를 해석한 글은 단 한 줄도 볼 수가 없다. 윤선희(尹善姬) 씨의 〈삼국시대 과대의 기원과 변천에 관한 연구〉[03]는 허리띠의 형식 분류와 변천을 가장 깊이 있게 연구한 논문이지만, 그 글에서도 장식 문양의 상징에 대한 해석 부분은 찾아볼 수가 없다.

금제허리띠는 금관과 같이 그 시대 문화의 정점에서 고대사상을 집약한 유물이다. 그런데 그런 유물에 대한 설명을 모양이 무엇과 같이 생겼다거나 달린 장식이 몇 개이며 크기가 몇 cm라는 정도의 형태 분류에만 그치고 있는 현상은 우리나라 해석고고학의 취약성을 그대로 보여주는 심각한 문제가 아닐 수 없다.

허리띠는 서양의 벨트와 같은 것이지만, 신라의 금제허리띠는 특별한 디자인과 여러 가지 패식(佩飾)으로 장식된 보물이다. 허리띠(銙帶)와 띠

---

02) 《한국민족문화대백과사전》, 한국학중앙연구원.

03) 《三佛 金元龍 교수 정년퇴임기념논총 II》, 1987.

드리개[腰佩]를 의례용의 장신구라기보다 장송용 부장품으로 보는 견해가 있기도 하다.[04] 하지만 장송용 부장품이라면 그렇게 막대한 양의 고귀한 금을 사용하여 최고의 공예적 디자인과 최고의 기술로서 그렇게 만들었을까 하는 의구심이 들지 않을 수 없다. 따라서 금제허리띠는 왕이 평소 의례용 복식으로 착용했던 허리띠를 그의 사후 함께 부장(附葬)했을 것으로 추론한다. 그러므로 거기엔 당시의 신라 문화의 핵심적 사상과 어떤 장식적 유행 양식이 표현돼 있을 것이라는 사실을 유추할 수 있다.

여기서는 이러한 신라 금제허리띠의 조형 원리를 해독하여 종전에 밝혀내지 못한 신라의 금제허리띠[金製銙帶]에 대한 상징과 해석을 처음으로 시도해보려 한다. 그래서 삼국시대 허리띠 장식은 어떤 고대사유가 반영된 조형인가? 도대체 거기엔 어떤 상징적 의미가 내포되어 있는가? 이런 점에 의문의 초점을 두고 탐색을 진행하여 다른 시각으로 분석함으로써 고대유물에 내장된 정보를 드러내고 유물의 발언을 들어보고자 한다.

2, 금제허리띠에 표방된 상징의 의미 −해(天精)의 상징물인 신조(神鳥) 솔개와 지령(地靈)의 상징물인 물고기를 의부(意符)한 조형

금제허리띠는 찬란한 신라 금관과 짝을 이루어 함께 출토되는 중요 유물이다. 그 화려함도 금관 못지않다. 머리꼭대기의 금관, 허리 부분의 금제허리띠, 맨 아래 발 부분의 금동신발, 이 세 가지가 신체의 상중하 삼등(三等) 부위를 대표하는 유물이다. 그러므로 거기에는 고대의 어떤 중심 사상이 문양으로 조형화되어 나타나 있지 않을까 생각한 것이 연구의 단

---

04) 윤세영, 〈古墳출토 裝身具의 종류와 특징〉, 《한국의 미 ㉒ 古墳美術》, 중앙일보사, 1991, 189쪽.

〔그림2〕금관총 금제허리띠, 5세기, 길이 109cm, 띠드리개〔요패〕 길이 54.5cm,
국보 제88호, 1921년 최초로 금관과 함께 발굴

〔그림3〕서봉총 금제허리띠, 길이 120cm, 1926년 발굴

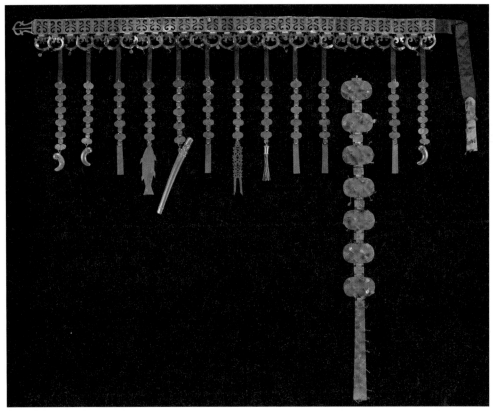

〔그림4〕 황남대총 북분 금제허리띠, 5세기, 길이 120.0cm, 국보 제192호, 1973년 발굴

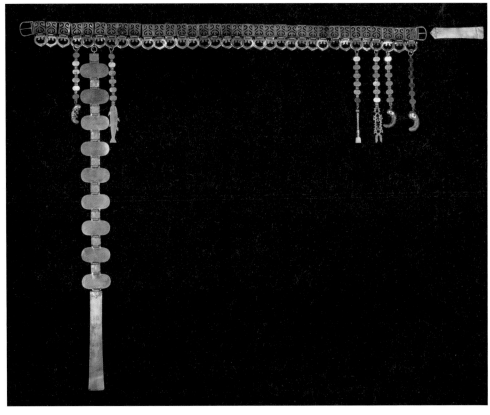

〔그림5〕 황남대총 남분 금제허리띠, 5세기, 길이 115.2cm, 보물 제629호

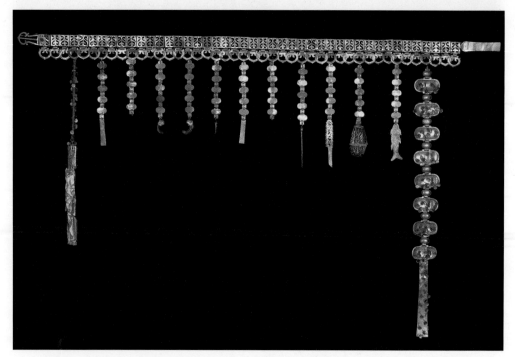

〔그림6〕 천마총 금제허리띠, 6세기, 길이 125.0cm, 국보 제190호

초가 됐다. 관(冠)이나 허리띠에 견주어 신발은 아직 금제(金製)가 출토된 예가 없고 금동제(金銅製)만 있다. 금동식리(金銅飾履)만 있고 금제식리 (金製飾履)가 없는 이유는 아직 알 수 없다. 지방의 수장급들은 금(金)이 아닌 은(銀)이나 금동(金銅)으로 된 관(冠)이나 허리띠, 신발 등을 갖추었 는데, 그 상징성은 대체로 금제(金製)와 비슷한 것으로 추찰된다.

신라 금제허리띠는 지금까지 총 6점이 출토되었다. (1)금관총 (2)황남대 총 북분 (3)황남대총 남분 (4)서봉총 (5)금령총 (6)천마총의 금제허리띠가 그 것이다. 그 가운데 황남대총 남분에서는 금관은 없고 금제허리띠만 출토 된 점이 색다르다.

금제허리띠의 장식성은 초기의 단순·간결한 양식에서 점차 복잡·화려한 양식으로 변화하면서 5-6세기에 걸쳐 약 100여 년 동안 사용되다가, 그 이후에는 점점 퇴화되어 소멸되었다. 〔그림2〕의 금관총 출토 금관과 금제 허리띠는 신라 금관과 금제허리띠 가운데에서 가장 화려한 장식성을 띤 최고의 걸작이다. 이 국보는 초기의 간결한 양식에서 화려한 양식으로 완벽하게 진화된 것이므로, 5세기의 편년을 6세기로 수정하는 것이 순리일 것이다. 마찬가지로 서봉총 금관과 금제허리띠 또한 양식적 변화가 비교적 화려해졌다. 따라서 5세기 편년을 6세기로 수정해야 마땅하다. 그런데《한국의 미㉒ 고분미술》(중앙일보사, 1985)에선 6세기로 비정하였으나, 국립경주박물관 편《신라황금(新羅黃金)》(국립경주박물관, 2001, 176쪽)에선 5세기로 비정하여 혼선을 빚고 있다.

3. 금제허리띠 띠꾸미개〔銙板〕의 조형 원리

금제허리띠 띠꾸미개의 중심문양인 이른바 삼지엽(삼엽문)의 기원과 상징에 대한 해석은 고대문화를 해석하는 핵심적 키워드이지만, 기존의 해석은 그 문제점을 충분히 해결하지 못하였다.

금제허리띠는 앞에서 언급했듯이, 금관과 분리해서 설명할 수 없는 중요한 유물이다. 왕의 권위를 상징하는 두 가지 유물은 신체의 상하를 꾸미는 기능을 가지고 있기 때문에, 고대사상의 음양원리가 거기에 작용했을 것이란 점에 대해 특별한 유의가 필요하다.

곧 금관이 왕의 천상관(天上觀)을 표상한 것이라면, 금제허리띠는 왕의 천하관(天下觀)을 대변하는 유물이다. 그 근거로서 금관이 태양 숭배 사상을 문양화한 불꽃무늬를 중심문양으로 삼고 있는 점에 견주어, 금제허리띠는 태양의 등가물인 지상(地上)의 솔개를 신조화(神鳥化)하여 중심문양으로 삼았다는 점에서 그 장식성이 서로 대비된다.

그뿐 아니라, 〔그림7〕처럼 금제허리띠의 띠드리개〔腰佩〕에 매달려 있는 드리개〔佩飾〕 가운데엔 물고기를 빠짐없이 장식해놓고 있는데, 물고기는 지령(地靈)의 상징인 음(陰)의 대상이 된다는 점을 유념해야 할 것이다. 드리개들을 유목민의 사냥 도구를 변형 축소하여 매단 것이 기원인 것으로 본다면, 왜 짐승의 모형은 없고 물고기만 있느냐 하는 의문이 생긴다.

그러므로 금관에 금제허리띠를 착용한 왕의 모습은 단순히 위세만 높이려는 차림이 아니라, 군왕이 갖추어야 할 천지인(天地人) 삼재(三才)의 조화로운 덕(德)을 표상하려 한 것이라고 해석한다. 곧 금관은 천격(天格)을, 금제허리띠는 지격(地格)을, 왕의 신체는 천지격을 갖춘 인격(人格)으로 표상하였다. 이렇게 三才의 덕격(德格)으로써 고대 신라사상의 이상을 완성하려는 왕의 모습을 복식에서 표현한 것이 신라의 금관과 금제허리띠에 내장된 상징적 함의라고 해석한다.

〔그림8〕은 황남대총 북분 금제허리띠의 부분이다. 이 그림의 네모형 띠꾸미개〔方形錡板〕에 표현된 문양을 지금까지 모든 연구자들은 삼지엽이라고 불러왔다. 그것은 인동초 문양을 간략화한 것으로 해석하기도 했다.[05]
그러나 세 가닥 잎사귀 문양이 왜 금제허리띠의 장식 문양이 되었으며, 인동초 문양을 간략하게 한 것이 삼지엽이라면 그 이유는 무엇인가? 그런 것에 대한 설명을 어디에도 밝혀놓은 데가 없다. 그 까닭은 선학(先學)들이 문양에 대하여 잘못 읽음〔誤讀〕을 비판 없이 그대로 답습하였기 때문이다.

〔그림8〕에서 상단에 있는 네모형 띠꾸미개 안에 양각(陽刻)으로 표현된 이른바 삼지엽이라고 하는 색칠 부분은 새 숭배사상을 반영한 솔개문

---

05) 이한상, 《황금의 나라 신라》, 김영사, 2004; 《신라황금》 도판 설명, 국립경주박물관, 2001.

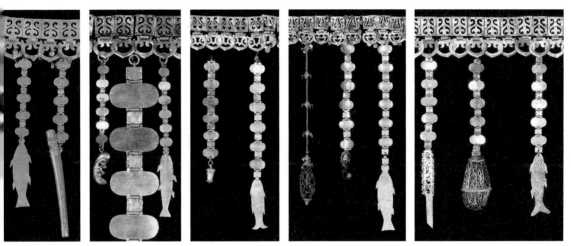

〔그림7〕 금제허리띠 띠드리개〔腰佩〕에 장식된 다섯 종류의 금어(金魚, 금령총 과대엔 없음)
황남대총 북분, 황남대총 남분, 서봉총 금어, 금관총 금어, 천마총 금어(왼쪽부터)

〔그림8〕 황남대총 금제허리띠의 방형 띠꾸미개〔方形銙板〕의 솔개문양

양을 상하단으로 배치해놓은 조형이다. 상단은 두 개의 띠꾸미개〔과판〕
를 이은 부분에 거꾸로 솔개문을 배치했고(형광 색칠 부분), 하단은 하나
의 과판 안에 솔개문양을 정상적으로 배치(초록 색칠 부분)함으로써 위
아래 두 마리의 솔개가 서로 조응하는 형태로 꾸민 장식이다.

지금까지 이러한 조형의 분석이 없이 그저 막연하게 인동초를 간략하

〔그림9-(1)〕 황남대총 남분 금제허리띠 　　　　〔그림9-(2)〕 역삼엽형을 도치시킨 모습
드림부분의 역삼엽형

게 문양화한 삼지엽이라고 뭉뚱그려 설명함으로써 이 문양에 대한 원뜻
을 읽어내지 못했던 것이다.

　그것뿐만 아니다. 〔그림9〕에서 볼 수 있듯이, 아래 드림부〔圓環部〕의
도려낸 부분을(검은 부분) 기존학계는 역심엽형이라고 불러왔다. 역심
엽형이란 심장 형태의 모양을 거꾸로 해놓았다는 얘기인데, 정상 위치
로 봐도 내 눈엔 그것이 심장 형태로 보이지는 않는다. 쫙 편 부채살 같
은 이 모양은 마구(馬具)나 방패 또는 관모 등에 시문된 예가 흔하다. 그
러면 이른바 역심엽형이라고 하는 이 문양의 상징은 과연 무엇일까? 나
는 그것을 솔개문양과 동일한 문양으로 읽고 있다. 사람의 눈에는 도려
낸 부분은 잘 인식되지 않고 남은 부분이 먼저 들어오기 때문에 검은색
의 구멍 뚫린〔透孔〕 부분을 잘 읽어내지 못할 수가 있다. 그러나 그 부분
은 솔개문을 거꾸로 배치한 것이 틀림없다. 다만 거꾸로 배치한 까닭은
아래의 드림부가 땅을 향한 조형물이기 때문일 것이다.

　금제허리띠의 조형 원리는 반드시 금관과 비교하여 고찰해야 한다. 위

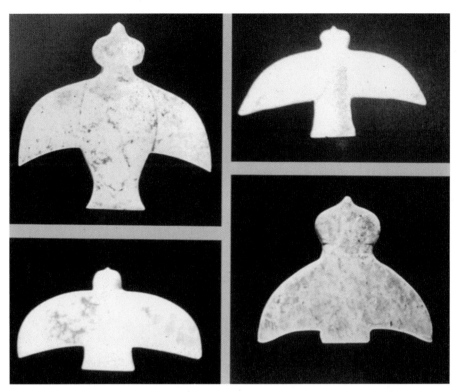

〔그림10〕 반산(反山) 출토 옥조(玉鳥)

아래가 대를 이루는 복식이기 때문이다. 금제허리띠를 종합적으로 살펴볼 때 태양의 등가물인 솔개가 중심문양을 이루고 있음을 발견할 수 있다. 왕이 착용하는 의례용 허리띠이므로 우두머리를 상징하는 솔개문양을 낱낱이 새겨 넣은 것이다.

어떤 학자들은 이런 문양의 기원을 진(晋)이나 북제(北齊)시대 나타난 것으로 보고 있으며, 한국에선 백제에서 기원한 것으로 보고 있기도 하다.[06] 그런가 하면, 그 기원은 직접적으로 고구려에서 찾을 수 있으나 선비족 왕조인 삼연(三燕) 문물의 영향을 받았을 가능성도 있다는 견해도

06) 윤선희(尹善姬), 〈삼국시대 銙帶의 기원과 변천에 관한 연구〉, 《삼불 김원룡교수 정년퇴임기념논총 II》, 1987.

〔그림11〕 요녕성 조양(朝陽) 아파트 공사장에서 발견된 당나라 무덤(唐墓)에서 출토된
흉노 복장 남용(男俑, 왼쪽)과 여용(女俑, 오른쪽)의 발식(髮飾)과 허리띠 모습

제시됐다.[07] 그러나 사실 이 문양은 〔그림10〕처럼, BC 3500~BC 2200년 대의 반산(反山) 묘장(墓葬) 지역〔浙江省 余杭〕에서 출토된 옥조(玉鳥)들이 그 선형(先形)이 된다. 1986년 장강(長江) 하류 양저문화(良渚文化)에 속하는 신석기시대문화 유지(遺址)에서 태양숭배와 새 숭배사상이 복합 상징된 옥기(玉器)들이 대거 출토된 바 있는데, 이 옥조(玉鳥)들은 그 유물 가운데 하나다.[08]

반산 출토 옥조(玉鳥)들의 형태는 그 지역 태양과 새 숭배 족단들이 새 가운데의 왕자인 솔개를 반(半)추상적으로 조형(造形)한 모습이다. 새 숭배사상에서 유래한 이런 유물이 이른바 삼지엽으로 일컫는 문양의 기원이 됐을 것으로 본다. 솔개는 수리, 소리개로 병칭되는 새다. 정상, 우두머리, 으뜸 등의 의미를 지니고 있음으로 환두대도와 같은 군장(君長)들이 소유한 무기류의 문양이 됐다. 따라서 이른바 삼지엽 식의 명칭은 이 문양의 상징성을 똑바로 읽어내지 못한 즉물적 명칭에 지나지 않을 뿐이다. 그러므로 이 문양의 상징성이 제대로 해석된 새로운 이름으로 개칭할 필요성이 제기된다. 유물의 상징적 함의와 전혀 부합되지 않은 '삼지엽'과 같은 명칭을 하루빨리 폐기하여 그 명칭이 표방하는 이미지의 틀에서 벗어나야 한다. 그 이유는 우리 고대문화에 대한 이치에 맞지 않은 명칭을 언제까지 버리지 않고 그대로 쓰고 있을 수는 없기 때문이다. 올바르게 해석하고 정확하게 이해하기 위해서 삼지엽문을 '솔개문'이나 '수리문'으로 고쳐 부를 것을 제안한다.

---

07) 이한상, 《황금의 나라 신라》, 김영사, 2004.

08) 紀念良渚文化發現 60주년 국제학술토론회문집 《양저문화연구(良渚文化研究)》, 절강성문물고고연구소편, 1999.

제5장 환두대도(環頭大刀) 삼엽문(三葉紋)과 삼루문(三壘紋)의 상징

1, 문양이란 무엇인가?

문양이란 무엇인지 알기 쉽게 설명한 다음 글을 보자.

"문양은 단순한 무늬가 아니라 어떤 대상에, 어떤 목적으로, 어느 위치에 배치하고, 어떤 양식으로 구성하느냐를 분명하게 의도한다. 그럼으로 문양은 일정한 질서에 의해 그 나라나 민족의 독특한 미술양식을 지니게 된다. 이렇듯 문양은 인간만이 지닌 의미 있는 상징적인 사고의 표현물인 것이다."[01]

지금까지 여러 번 강조해왔지만, 고대유물의 문양은 유물의 정보를 압축한 상징적 표현물이다. 그러나 그 상징은 비밀스러운 이미지로 겹겹이 싸여 있어 그 본체를 좀처럼 드러내지 않는다. 그래서 문양을 역사적 기억에서 저장된 '뇌의 지문'이라고도 한다. 따라서 문양의 상징에 대한 해석은 그 문양을 어떻게 해독하느냐에 따라서 문화의 성격과 방향이 완전히 엇갈린다. 더욱이 한국 고대문화의 시원적 문양에 대한 해석은 민족문화의 형성 배경의 뿌리를 말하는 것이므로, 그 사상의 밑바탕과 정체성을 짚어내는 것은 무엇보다 중요한 일이다. 이 글에선 삼국시대 환두대도 고리 안의 문양에 대한 시원과 상징의 원뜻을 밝혀 기존 학계의 오류를 지적하는 동시에 그 문양의 변천 과정을 살펴보려 한다.

---

01) 《한국고고학사전》, 국립문화재연구소, 2001.

2. 환두대도의 삼엽문

삼국시대 고분 속에서 출토되는 유물 가운데 피장자의 신분과 지위를 알 수 있는 것은 금관과 금제허리띠와 환두대도(環頭大刀)가 가장 대표적이다. 환두대도(고리자루칼)에 대한 설명은 대체로 다음과 같이 요약하고 있다.

"고리자루칼은 둥근 고리형태의 손잡이 머리를 가진 칼이다. 주로 무덤의 껴묻거리로 출토되는 고리자루칼은 한반도의 경우 BC 1세기대부터 출토되며, 창원 다호리1호분의 민고리자루손칼〔素環頭刀子〕이 가장 연대가 오래된 것이다. 중국의 경우 전한(前漢) 때부터 후한(後漢)에 이르기까지 동검이 동칼〔銅刀〕로 바뀌게 되고 이것이 다시 쇠칼〔鐵刀〕로 변하게 되면서 나타난다. 전체 길이가 60cm 이상인 것을 큰칼〔大刀〕, 30cm 이상 60cm 미만인 것을 작은칼〔小刀〕, 30cm 미만인 것을 손칼〔刀子〕로 분류하는 것이 일반적이다."[02]

"환두대도는 삼국시대 지배층의 무덤에서 주로 출토되며 금은장식을 띠고 있다. 특히 백제, 가야, 신라의 5-6세기대 분묘출토품이 전형이다. 환두에 장식되는 도안에 따라 용봉문대도(龍鳳文大刀), 삼루문대도(三累文大刀, 세고리자루큰칼), 삼엽대도(三葉大刀, 세잎고리자루큰칼), 소환두대도(小環頭大刀)로 구분된다. 이중 소환두대도는 다시 은장대도(銀裝大刀)와 상감대도로 세분된다. 삼엽대도는 중국 한대 이후 오랜 기간 동안 유행하는 대도로 각국 대도의 기통형(基通型)이다. 그 중 신라에서는 위는 둥글고 아래는 네모진 상원하방형(上圓下方形)의 고리 내에 삼엽문을 베푼 특징적인 대도가 제작되었다. 삼루대도는 중국에 유례가 있으나 신라에서 크게 유행한 중심

---

02) 《한국고고학사전》, 국립문화재연구소, 2001.

(1)고구려 소문(素文) 환두대도, 자강도 자성군2호분 출토 (2)가야, 고령 지산동 45-1호분 삼엽문
(3)조문국, 의성 학미리 삼엽문 환두대도　　　(4)백제, 나주 신촌리 삼엽문 환두대도
(5)구주 애원현(愛媛縣) 동궁산(東宮山) 고분 출토　(6)천마총 삼루환대도 삼엽문
　6세기, 폭(상) 5.1cm　　　　　　　　　(7)백제 무령왕릉 용봉문 환두대도

〔그림1〕 환두대도 고리 내부 문양종류

대도(中心大刀)이고, 용봉문대도는 삼국뿐만 아니라 중국과 왜에서도 많이
제작되었는데 모든 대도 가운데 최상급 대도였다. 대가야에서 출토되는 은
장대도와 상감대도의 기원은 백제에서 찾을 수 있다."[03]

"신라에서 사용된 큰칼의 종류로는 민고리자루큰칼〔素環頭大刀〕, 세잎고
리자루큰칼〔三葉環頭大刀〕, 세고리자루큰칼〔三累環頭大刀〕이 있는데, 신분
에 따라 소유할 수 있는 종류가 제한되어 있었다."[04]

---

03) 《한국민족문화대백과》, 한국학중앙연구원.

04) 〈위대한 문화유산〉, 《국립중앙박물관 선정 우리 유물 100선》, 황남대총 남분 출

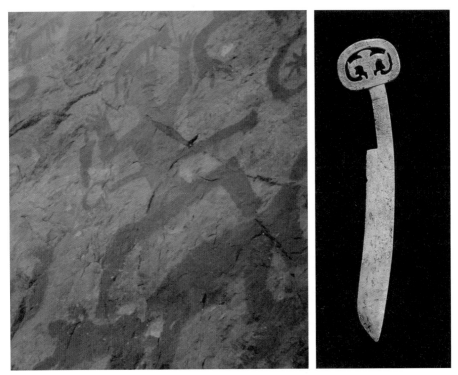

〔**그림2**〕 전국~동한시대 화산암화(부분)와 동한(東漢)시대 응문환두옥도(鷹文環頭玉刀)

〔그림1〕에서 볼 수 있듯이 환두대도의 문양은 무늬가 없는 소문(素文) 환두에서 삼엽문(三葉文) 환두로 변화한 뒤, 다시 삼루문(三累文)과 병행하는 시기를 거쳐 봉황문(龍鳳文)환두로 진화한다. 여기서 나는 소문(素文)을 태양문으로 해석하여 무늬가 없다는 뜻의 素文보다 '태양문' 또는 고구려의 환문총처럼 '환문(環文)'으로 고칠 것을 주장한다.[05]

환두대도의 계보는 중국의 화산암화(花山岩畵)[06]의 무도인(舞蹈人)

토 세고리자루큰칼 조.

05) 환문총 : 길림성 집안시 하해방촌 묘구 33호분, 둘레 80m, 높이 3.4m의 돌방흙무덤, 태양을 상징한 20여 개의 환(環)이 그려져 있어 고구려의 태양 숭배사상을 연구하는 데 귀중한 자료가 됨.

06) 화산암화는 광서(廣西) 장족(壯族)자치구 경내 좌강(左江) 유역에 있는 좌강암화 가운데서 규모 최대, 인물도상 최다, 화상 최밀집의 대표적 암화다. 1950년대부터 여

허리에서 환도를 찬 모습〔그림2의 왼쪽〕이 최초로 보인다. 화산암화는 광서(廣西) 장족 자치구 명현(明縣) 명강(明江)에 닿은 강기슭의 바위 절벽에 있다. 전국(戰國)시대부터 동한(東漢)시대에 이르기까지 그려진 바위그림으로 붉은 주사를 사용하여 일천 삼백여 명의 나체 군상이 등장하는 제신(祭神), 무술(巫術), 무도(舞蹈)를 표현한 세계적으로 유명한 바위그림이다.

우리나라 환두대도의 선구는 고구려이고, 삼한시대와 신라, 백제, 가야는 고구려의 영향을 받았을 것이다. 그 뒤 독자적인 기술이 발달하여 환두대도는 당시 지배자급 고분에선 거의 빠짐없이 출토되는 중요한 유물이 된 것이다. 병권(兵權)을 상징한 무기(武器)로, 또는 신분 표시의 의기(儀器)로 사용되었기 때문에 거기 표현된 문양의 상징성은 고대문화의 사상과 아이덴티티의 중심이라 할 수 있다.

환도(環刀)의 실제 유물은 동한(東漢)시대 응문환두옥도(鷹文環頭玉刀)〔그림2의 오른쪽〕가 최초이다. 그 뒤를 이어 삼진(三晉)[07]시대부터 철제소문(鐵製素文) 환두대도가 나타난다.

오늘날은 일본 문화가 칼 문화의 상징처럼 되어 있지만, 원래 2세기 무렵 한대(漢代) 도검(刀劍)이 한반도에 유입된 뒤 다시 바다 건너 일본에 전파됐다는 것은 모두 아는 사실이다. 검(劍)은 양날의 칼이고, 도(刀)는 한쪽 날의 칼을 말한다. 한대(漢代)의 환두옥도(環頭玉刀) 고리 안의 문양을 보면 부리가 날카로운 솔개의 머리를 좌우로 대칭해놓았다.

러 차례 조사되었고, 1985년 제1차 종합 고찰되었다. 청동기시대의 문양 계보와 암화층에서 발견된 종유석, 목질 표본을 탄소연대 측정한 결과 연대는 상한 2370년 전 춘추시대~하한 2135년 전 동한시대로 명확하게 확정되었다.

07) 삼진(三晉) : 전국시대 춘추오패(春秋五覇)의 하나인 진(晉)나라를 분할하여 독립한 위(魏), 한(韓), 조(趙)의 총칭.

솔개가 환두 고리 안의 문양으로 표현된 것은 옥도 소유주의 신분을 암시하는 매우 시사적인 부호이다.

3, 삼엽문(三葉文)은 신조(神鳥) '솔개'의 비상형(飛翔形)

삼국시대 환두대도 고리 안의 대표적 무양은 이른바 삼엽문(三葉文)이다. 삼엽문에 대한 기존 견해는 세 가닥 잎사귀무늬라고 말하고 있다. 그러나 그런 해석은 즉물적 견해이며 잘못 이해한 것이다. 삼엽문은 고대부터 태양과 등가물로서 우두머리를 상징해온 '솔개'의 모습이 그 원형이다.

삼엽문에 대한 기존의 견해는 대략 다음과 같이 정리할 수 있다.

"철제 세잎고리자루칼이 출토된 유적으로 신라, 가야 지역에서 동래 복천동 고분군이 있으며, 고구려 지역에서는 평양 병기창지, 환인(桓仁) 고력묘자(高力墓子) 15호분 등이 있다. 일본의 경우 나라(奈良) 동대산사 1호분, 福島縣 會津大塚山 古墳, 福岡市 若八幡宮 古墳 등에서 출토된 예가 있다. 이 철제 세잎고리자루칼은 매우 제한된 소유 양상을 보이고 있는데 정치와 군사적인 힘을 나타내는 상징적 위세품으로 사용되었을 가능성이 크다. 그 원류는 고구려와 연결되는 것으로 보고 있다."[08]

"세잎고리자루칼은 고리 안에 세 잎 형태의 도상이 있는 것을 말하며, 이 세 잎의 형태는 지역과 시기에 따라 약간씩 차이가 있다. 일반적으로 이 세 잎의 기원은 인동문과 관련이 있는 것으로 이해되고 있다."[09]

---

08) 《한국고고학사전》, 국립문화재연구소, 2001.

09) 《한국고고학사전》, 국립문화재연구소, 2001.

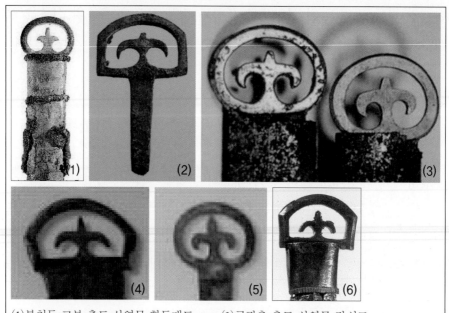

(1)복천동 고분 출토 삼엽문 환두대도   (2)금관총 출토 삼엽문 장식도
(3)대구 내당동55호묘 출토 삼엽문 쌍도자(雙刀子) (4)울산 출토 삼엽문 환두대도
(5)나주 장암리 출토 삼엽문 환두대도   (6)고령 지산동45호묘 출토 삼엽문 환두대도

〔**그림3**〕각 지역에서 출토된 삼엽문 환두대도 및 도자(刀子)

"세 고리자루큰칼(三環頭大刀)은 중국의 경우 칼의 실물은 없으나 벽화나
화상석의 무인상 등에서 일부 보이기도 한다. 신라 지역에 집중적으로 출
토되며, 황남대총 남분의 母子 세 고리자루큰칼이 대표적이다." [10]

"삼엽문(三葉文)에 대한 기존학계의 이러한 해석은 대체로 모양이 세 개의
잎사귀처럼 보이기 때문에 삼엽문, 또는 삼지엽문(三枝葉文)이라 하고, 그
기원은 인동당초문이 간화된 것이라고 설명하고 있다. 인동문이 그 기원
일 것이라고 보는 견해도 마찬가지다." [11]

---

10) 《한국고고학사전》, 국립문화재연구소, 2001.

11) 浜田耕作·梅原末治,〈近江國高島郡水尾村鴨の古墳〉,《京都帝國大學文學部考
古學硏究報告》 제8책, 1923, 京都; 구자봉,〈신라의 환두대도〉,《신라문화》제15집,
1998, 17쪽 재인용.

여기서 분명히 따지고 넘어가야 할 문제는 일본의 고고학계에서 통용된 이른바 삼엽문, 또는 삼지엽이란 명칭에 대한 타당성 검토와 우리가 그 명칭을 그대로 습용할 이유가 있는가 하는 문제다. 한국 고대 문양의 시원인 빗살무늬(櫛文)가 과연 타당한 이름이 될 수 있느냐 하는 문제와 마찬가지로, 즉물적인 삼엽문이란 명칭이 주는 이미지는 결코 한국 고대문화의 시원적 성격이 될 수 없다. 그런 명칭 속에는 한국문화의 어떤 시원사상도 발견할 수가 없다. 그럼에도 현재까지 일본의 고고학계 이론을 그대로 추종하고 있는 현실은 한국 고고학이 발굴고고학에만 치우쳐 있고, 해석고고학이 너무나 취약하다는 점을 반증한다. 이젠 우리도 이런 현상에서 벗어나 우리 문화의 정체성에 맞는 한국식 고유한 이름을 지어야 한다.

앞에서 다룬 금제허리띠에서도 논한 바 있지만, 이른바 삼엽문 또는 삼지엽의 원의는 세 잎 형태의 도상이 결코 아니다. 고대 태양 숭배사상에서 연원된 새 숭배사상의 도상이 그 기원이다. 따라서 삼엽문은 신조(神鳥)의 성격을 지닌 솔개 도상이 그 원형이다. 솔개가 신조의 성격을 지닌 새라는 것은 '솔개'의 어원이 神의 고유어인 '살'이 모음호환된 '솔'에 접미사 '개'가 결합된 '솔(살=神)+개'의 형태이기 때문이다. 고대부터 솔개와 매는 새의 왕자로서 군왕의 심벌이었다. 이것은 동서문화의 공통된 현상이었다.

4, '솔개'의 양각조형(陽刻造型)은 삼엽문(三葉文), '솔개'의 음각조형(陰刻造型)은 삼루문(三累文)

삼루문(三累文)은 세 개의 투공이 겹쳐 있는 문양이란 의미에서 붙인 이름으로 짐작되는데, 그 이름도 삼엽문과 마찬가지로 문양의 정보를 전혀 읽어내지 못한 잘못된 이름에 지나지 않는다. 삼루문을 삼환문(三環

(1)황남대총 북분 솔개문(상)과 삼루문(하)　(2)금관총 출토 삼루문 대도
(3)나주 복암리 출토 삼루문 대도　(4)천마총 출토 삼루문 대도
(5)복천동 출토 삼루문 대도　(6)대구 달서37호분 출토 삼루문 대도

〔그림4〕 각종 삼루문 대도(三累文 大刀)

文)으로 부른 연구자도 있지만,[12] 그 문양은 날개를 활짝 편 솔개의 머리와 꼬리까지 전체 모양을 완전히 오려낸 음각식(陰刻式) 조형물이다. 솔개의 문양을 남긴 양각식(陽刻式) 조형이 이른바 삼엽문이고, 그 대(對)를 이루는 음각식(陰刻式) 조형이 이른바 삼루문(三累文)인 것이다.

〔그림4〕의 (1)은 황남대총 북분 출토 금동허리띠의 드리개다. 상단의 삼엽문과 하단의 누공(鏤孔)은 다른 도상 같지만 사실은 모두 솔개의 도상이다. 위의 삼엽문은 솔개의 양각 도상이고, 아래 과판의 도상은 솔개의 음각 도상이다. 그것은 대칭적 음양조화의 디자인 기법이다.

---

12)　구자봉, 앞의 책, 17쪽.

〔그림5〕삼엽문과 삼루문, 대구 비산동37호묘 출토, 5세기

〔그림4〕의 (4), (5), (6)]의 삼루문(三累文) 또한 솔개의 도상을 누공법(鏤空法)으로 음각한 것이다. (2)와 (3)은 도상의 형태가 진화했다. 금관총 출토 삼루문(三累文)(2)은 내공(內空)을 다이아몬드식으로 변형했고, 나주 복암리 출토 삼루문(三累文)〔그림4-(3)〕은 날개를 활짝 편 솔개가 턱 앉아 있는 조형이기 때문에, 이들 문양의 명칭은 삼루문(三累文)이 아니라 정확하게 말하자면 삼루문(三鏤文)이어야 옳다. 삼루(三累)는 세 개의 문양이 쌓였다는 뜻이고, 삼루(三鏤)는 세 개의 문양을 새겨 뚫어냈다는 개념이기 때문에, 삼루문의 두 단어가 한글 표기는 같아도 한자 표기는 완전히 다른 의미다. 그래서 삼루문(三累文)의 명칭은 '응형루문(鷹形鏤文)' 또는 '솔개 새김뚫음무늬'이라 함이 가장 타당하다.

〔그림5〕는 대구 비산동37호묘에서 출토된 삼엽문·삼루문의 환두대도이다. 같은 무덤에서 출토된 문양의 도상이 상징하는 의미는 동일한 솔개문양임을 뚜렷하게 보여주고 있다.

다시 말하여 삼엽문(三葉文)과 삼루문(三累文)의 기본 상징은 무엇인

(1)합천 옥전 M3호분 용봉문 환두대도
(2)도쿄국립박물관 오쿠라 컬렉션 금은장 환두대도
(3)무령왕릉 출토 금장용봉 환두대도
(4)나주 신촌리 출토 은장봉황문 환두, 길이 8.5cm, 광주박물관

〔그림6〕 용봉문 환두대도의 대표적인 유물들

가? 세 가닥 잎사귀인가? '솔개'인가? 이 질문에 대한 답이 한국 고대문
화 시원의 방향을 가른다. 눈에 보이는 대로 이름 붙인 삼엽문이란 틀에
갇혀 본디 뜻을 해독하지 못하고 '인동문의 간략화'란 이치에 맞지 않은

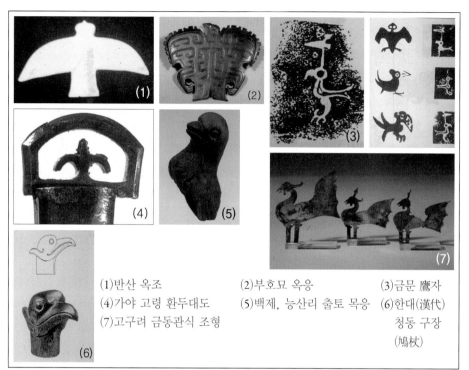

(1)반산 옥조　　　　(2)부호묘 옥응　　　　(3)금문 鷹자
(4)가야 고령 환두대도　(5)백제, 능산리 출토 목응　(6)한대(漢代)
(7)고구려 금동관식 조형　　　　　　　　　　　 청동 구장
　　　　　　　　　　　　　　　　　　　　　　　　(鳩杖)

〔그림7〕 솔개 조형의 여러 종류

주장을 펴는 것은 고대문화 시원의 원류를 제대로 인식하지 못한 주장에
지나지 않는다. 인동당초문은 꽃보다 줄기가 더 특징적인 요소를 나타내
는 문양이다. 반드시 줄기와 꽃이 동반되어 표현되며 줄기가 생략된 채
꽃만 있는 경우는 거의 없을 정도다.

　환두대도의 삼엽문과 삼루문은 용봉문으로 진화하면서 금장(金裝), 은
장(銀裝)으로 화려해진다. 그 이유는 국력의 성장과 군왕의 위세가 강화
되면서 나타난 현상일 것이다. 합천 옥전(玉田) M3호분 출토 용봉문환
두대도와 백제 무령왕릉 용봉문환두대도, 나주 신촌리 출토 은장 봉황문
환두대도, 일본 도쿄국립박물관 소장 오쿠라 컬렉션 금은장 봉황문환두
대도가 그 좋은 예이다.

솔개와 매의 문양이 상상적인 용봉의 문양으로 변한 이미지의 발상은 공작새가 그 실제적 배경일 것이다. 모든 문양의 모체는 자연현상이 그 중심이고, 거기에 인간의 상상력이 보태어져 만들어내는 미적 작용이 문양이기 때문이다.

솔개와 매는 맹금류에 속하는 새의 왕자격이다. 양자를 구별하기 위한 사전적 설명은 다음과 같다.

솔개 : 수릿과의 새. 편 날개의 길이는 수컷이 45~49cm, 암컷이 48~53cm, 꽁지의 길이는 27~34cm이며, 몸빛은 어두운 갈색이다. 다리는 잿빛을 띤 청색이고 가슴에 검은색의 세로무늬가 있다. 꽁지에는 가로무늬가 있고 끝은 누런 백색인데 꽁지깃은 제비처럼 교차되어 있다. 다른 매보다 온순하고, 시가지·촌락·해안 등지의 공중에서 날개를 편 채로 맴도는데 들쥐·개구리·어패류 따위를 잡아먹는다. 우리나라에서는 겨울에 흔한 나그네새로 유라시아, 오스트레일리아 등지에 분포한다.

매 : 전세계에 380여 종이 분포된 맷과의 새. 편 날개의 길이는 30cm, 부리의 길이는 2.7cm 정도로 독수리보다 작으며 등은 회색, 배는 누런 백색이다. 부리와 발톱은 갈고리 모양이며, 작은 새를 잡아먹고 사냥용으로 사육하기도 한다. 천연기념물 제323-7호. 〔비슷한 말〕 각응(角鷹)·골매·송골(松鶻)·송골매·신우(迅羽)·해동청·해청(海靑)

솔개와 매는 과(科)가 다른데 대체로 큰 맹금류는 솔개이고, 작은 맹금류는 매다. 몽골의 솔개는 여우와 늑대까지 사냥한다. 신조(神鳥) 솔개의 본말은 소리개인데 준말인 '솔개'를 더 널리 쓰므로 '솔개'만 표준어로 삼는다. 고어(古語)는 '쇠로기'[13], '쇼로기'[14]인데, 사로(斯盧), 사라(斯羅),

---

13) 《분류두공부시언해》〈1:4 / 12:17 / 初23:14〉

14) 〈古時調, 閣氏內드리〉, '자히 퍽 안즌 쇼로기도 갓고 석은 등걸에 부헝이도 갓데'

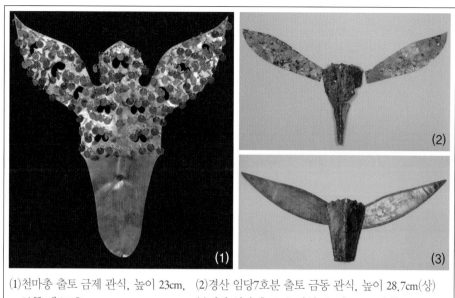

(1)천마총 출토 금제 관식, 높이 23cm, (2)경산 임당7호분 출토 금동 관식, 높이 28.7cm(상)
　 　보물 제617호　 　 　 　 　 　 　 (3)경산 임당 출토 은 관식, 높이 14.3cm(하)

〔그림8〕 매의 조형을 상징한 고대관식의 예

서나(徐那), 서나벌(徐那伐), 서라벌(徐羅伐), 서라(徐羅), 서벌(徐伐) 등
과 같은 신라(新羅)의 옛 국명(國名)과 관계있는 이름이다. 신라를 일본
어로 '시라기(しらぎ)'라 부르는 것도 솔개와 무관치 않은 말이다.

　솔개의 날개 길이가 45~53cm이고, 매의 날개 길이는 30cm인데, 신
라의 날개 모양〔조익형〕관식의 높이는 45.0cm(천마총)와 40.6cm(황남대
총남분)다. 솔개와 날개 모양〔조익형〕관식의 실제 높이가 비슷한 점은
어떤 연관성을 암시한다. 고구려, 백제, 신라의 관식(冠飾)과 환두대도,
방패 등 무기류의 문양에 솔개문양을 공유한 사실 하나만으로도 삼국의
문화적 DNA의 뿌리는 같은 것을 의미한다. 따라서 솔개나 매가 고대 한
민족의 족휘(族徽)의 대상이라고 여긴다. 그러므로 '호돌이'가 우리 민족
을 상징하는 동물이 절대로 될 수 없다는 생각이다.

매는 솔개보다 작지만 빠르고 날카롭다. 신라 날개 모양〔조익형〕관식 가운데서 천마총 출토의 이른바 접형(蝶形-나비형) 금제관식〔그림9-왼쪽〕과 경산 임당동 출토 금동 관식과 은제 관식〔그림9-오른쪽〕등은 크기가 작다. 그것은 솔개의 도상이 아니라 매의 도상이라고 해석한다. 더구나 천마총 금제 관식이 매의 도상에서 조금 화려해졌다고 해서 접형으로 명명함은 설득력을 잃은 일이라고 하겠다.

매는 우리 의식 속에 도덕과 정신적 훈육을 할 자격을 가진 존장(尊丈)이 지녀야 할 물건이란 개념이 들어 있다. 곧 '매'는 존자(尊者), 장자(長者)가 쥐고서 통솔의 권능을 상징하는 도구, 지도자가 손에 들고 다스릴 수 있는 지휘봉 성격의 막대기란 뜻으로 전의(轉意)됐다. 70세가 된 나라의 공신에게 임금은 궤장(几杖)을 하사하는데, 궤는 책상이고, 장은 구장(鳩杖)이다. 그 구장의 끝에 장식된 비둘기는 애초엔 매였다. 〔그림7-(6)〕의 한대(漢代) 청동 구장도 모양이 매에 가깝다. 〔그림7-(5)〕의 능산리 절터에서 출토된 국립부여박물관 소장 백제 목응(木鷹)도 크기가 6.1cm에 지나지 않고 하단의 깎음새로 보아 어딘가에 붙여 사용했을 것으로 추측하는 물건이다. 아마 구장의 끄트머리 부분이 아니었을까 짐작된다. 따라서 '구장(鳩杖)'의 원형은 '응장(鷹杖)'이었던 것이다.

매의 날개는 바람을 일으키는 힘, 생명의 상징으로 표상된다. 시력과 속도와 힘에서 모든 새를 압도하여 고대부터 태양, 빛, 힘, 용맹, 위엄, 고귀성을 상징했다. 외국의 경우에도 훈족의 왕, 아틸라의 군장(軍章), 영국 랭커스터가의 문장(紋章)과 기사의 상징은 매였다. 호루스, 아폴로, 스핑크스, 로키 등 태양과 불에 관련한 신들 또한 매로 상징됐으며, 이집트 히에로글리프(Hieroglyph, 신성문자(神聖文字), 성각문자(聖刻文字))에서도 매는 신을 의미하고 있다.

〔그림9〕이경석(李景奭, 1595–1671)의 궤장, 보물 제930호, 경기도박물관 소장

솔개문양의 진화 양상

(1)홍산문화 옥응(玉鷹)　　　　　　(2)흉노 삼산금인(三山金人)(오르도스박물관)
(3)내몽골 징기스칸 사당 표지 깃대　(4)징기스칸 무덤 사당 지붕 위　　(5)한국 서오릉 홍살문
(6)백제 문화제 무장(武將)의 투구(재현 모습)

〔그림10〕 응문(鷹文) 진화의 예와 유물들

　　매는 우리에겐 의식상 참으로 중요한 새다. 매를 든 사람은 다스리는
사람이다. '매섭다', '매질'이란 말이 모두 이와 연관된 말이다. 매처럼 사
냥한 먹이를 떨어지지 않게 확실히 꽉 움켜잡은 모습에서 '매다', '매조지
다'. '매달다'와 같은 말이 파생됐다.

　　《삼국사기》〈열전 · 김후직(金后稷)〉조에 신라 진평왕은 매를 가지고
사냥하였다는 기록이 있고, 《일본서기(日本書紀)》에도 인덕왕(仁德王)
때 백제 사람들을 통하여 매사냥을 배우고 길렀다는 기록이 있다. 고려

때는 해동청(海東靑=송골매)을 원나라에 공물(貢物)하였고 응방(鷹坊)을 설치할 정도로 매사냥이 성행하였다.

이처럼 '솔개'와 '매'의 조형은 고대의 문장(紋章)으로 가장 중요한 상징성을 띤다. 삼국시대와 가야시대엔 날개 모양〔조익형〕 관식으로 상징되었고 투구와 견갑의 문양으로도 장식되었다. 오늘날엔 이런 원리를 모르고 사당이나 능묘 입구 등에 있는 홍살문의 꼭대기 부분〔頂部〕과 장군의 투구 위 장식 등을 '삼지창'이라고 부르는 것과 같이 어처구니없는 현상이 빚어지고 있다. 이른바 삼지창으로 알고 있는 그것은 우두머리를 상징하는 솔개나 매의 조형이 상징적으로 변형된 문장이다.

신(神)이 계신 신성한 곳, 우두머리가 주석하는 장소, 장수(將帥) 등을 표지하는 솔개의 상징 기호를 우리가 삼지창으로 잘못 인식하고 있는 것이다. 세 갈래 창과 같은 무기의 개념이 절대 아닌 것은 무기를 머리 위에 얹어 다닌다고 해서 권위가 설 턱이 없기 때문이다. 이 삼지창을 또 일부 고고학자들은 삼산형(三山形)이라고 한다. 내몽골 오르도스청동기박물관 소장 흉노 금인상(金人像)의 두식(頭飾)을 삼산이라고 표현한 것도 그 한 예다.〔그림10-(2)〕

그러므로 삼지창, 삼산형 등으로 부르는 것은 고대문화 원형에 대한 상징과 해석을 잘못 읽은 결과다. 반드시 '솔개문양'으로 바로잡아야 할 것이다.

한국문화의 콘텐츠를 개발하려는 젊은 연구자들은 문화 상징의 왜곡에 대한 바른 해석을 시도하는 이 책을 깊이 검토하고 주목해주기 바란다. 우리 문화원형에 대한 상징과 해석을 아무리 새롭게 펼쳤다 하더라도 기존 학계에서는 외면받기 마련이다. 젊은 연구자들이 새로운 발상과 신선한 수혈로 기존 해석의 틀을 깨고 고대문화 정보의 핵심을 꿰뚫어야 한다. 내가 이 책을 쓴 진정한 의도는 여기에 있다.

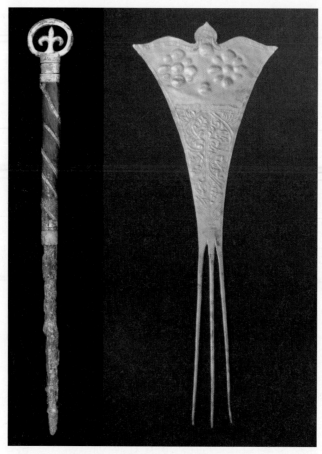

무령왕릉 출토 환두대도와 왕비 뒤꽂이 관장식
두 유물이 모두 새를 조형한 모습이다.

제V부
한국 고대예술의 기원과 원형

제1장 한국 고대음악의 기원 – 소리와 노래의 어원을 중심으로

제2장 한국 고대무용의 기원과 살풀이춤

제3장 한국 고대미술의 시원과 원형

제4장 한국 서예의 원류와 광개토호태왕비

제5장 고대 복식(服飾)의 시원(始原)을 찾아서 – 옷이 날개다

제6장 당초문의 기원과 상징

제7장 기와의 명칭과 와당 문양의 상징

남월왕(南越王, 文帝)묘 옥무인(玉舞人). 소매가 전부 매의 부리 형상이다.
* 서한(西漢)시대
* 높이 3.5~4.8cm, 신체 S형, 무인(舞人)의 장수무의(長袖舞衣)가 거대 응형(鷹形)
* 1983년 광동성(廣東省) 광주(廣州) 상강(象崗) 남월왕묘(南越王墓) 출토
  (묘중 15건 옥무인 출토)
* 광주시 남월왕묘박물관 소장

조흥동 한량춤

제1장 한국 고대음악의 기원
-소리와 노래의 어원을 중심으로-

한국음악의 시원은 무엇일까? 그 기원이나 원류는 언제, 어디서, 어떻게 형성되어 오늘에 이르렀는가? 이 문제는 그동안 많은 학문적 노력에도 명확한 해명에 도달하지 못한 것이 사실이다. 무릇 시원, 원류, 기원 같은 뿌리 문제는 아직까지 해명하지 못한 부문과 해명됐더라도 논자마다 학설이 구구하여 통일된 견해 도출에는 길이 먼 것이 특징이다. 그것은 문화의 여명기적 모습에 대한 공통적인 문제점으로 지적되고 있는 현상이다.

1979년 한국정신문화연구원(현 한국학중앙연구원)에선 '민족문화의 원류'에 대한 대대적인 학술대회를 3회에 걸쳐 개최하였다. 우리나라에서 한민족의 기원, 한국사상의 원류, 한국예술의 시원을 여러 학자들이 참여하여 종합적인 학술대회를 개최한 것도 이 대회가 처음이었지만, 참여한 면면과 그 내용 면에서도 특징적이었던 학술대회였다.

한국음악의 원류는 문학·예술 분야에서 다루어졌는데, 한만영님의 논문 발표에 이어 장사훈, 김정기, 정병욱, 정영호, 김기웅님 등 당대의 석학들이 참여한 토론이 있었다. 한국음악의 원류에 대해서 음악학자만이 아닌 다른 분야의 석학들도 함께 참여하여 토론한 이 대회는 종합적 통섭의 관점을 점검했다는 데 의의가 있었다.

그런데 이 대회에서 논의된 한국음악의 시원은 그 시점이 신석기시대부터라는 짐과 원시종교인 샤머니즘에서 출발했다는 견해에 뜻이 모였다. 그러나 왜 신석기시대부터이며, 왜 샤머니즘에서 발생되었는가 하는 본질적인 질문에 대해선 만족스러운 해명에 이르진 못하였다.

1, 고대음악의 기원과 제천의식(祭天儀式)

고대음악이 신석기시대부터 시작되었을 것으로 보는 까닭은 제천의식과 같은 원시종교가 그 시대부터 존재했을 것으로 보기 때문이다. 신석기시대 빗살무늬와 같은 미술적 조형이 그때부터 출현한 이상 충분한 유물은 없지만 고대음악도 그 시대부터 배태되었을 것이다. 청동기시대 방울과 함경북도 웅기군 굴포리 유적에서 출토된 뼈피리〔骨笛〕 등이 그 물징(物徵)으로서 고대음악의 기원을 유추할 수 있다.

고대음악이 기원된 시점은 신석기시대부터라고 보는 점에선 대체로 의견이 모이고 있지만, 발생의 동인(動因)이 무엇이냐 하는 문제에선 의견이 다양하다. 중국의 대표적인 예술통사엔 음악의 기원을 ①자연음향모방설 ②성애설(性愛說) ③언어억양설 ④신호설(信號說) ⑤노동기원설 ⑥무술(巫術)기원설 ⑦복합기원설 등으로 나열해놓은 것이 그 예이다.[01]

청동기시대 음악의 고대유물인 방울과 북에 나타난 문양은 모두 태양문이다. 원시시대의 대표적인 두 가지 유물의 문양이 태양문으로 새겨진 사실은 고대음악의 시원을 해석할 모종의 단초를 제공해준다.

우리나라 제천의식은 신석기시대부터 있었을 것으로 보지만, 그 유적은 청동기시대 것이 약간 남아 있다. 대표적인 것으로 울산 천전리 암각화와 고령 양전동 알터 암각화를 들 수 있는데, 암각화의 중심문양이 모두 태양문(동심원과 기하학무늬)인 것은 고대음악의 원리가 태양숭배와

---

01) 《中華藝術通史》〈原始卷〉, 북경사범대학출판사, 2006.

깊이 관련되어 있음을 암시한다. 그것은 뒤에 설명할 소리와 노래의 어원 해석에서 확인할 수 있다.

샤먼 음악의 특징은 원생적(原生的)이며 자연 발생적인 내용이기 때문에 종교적 경전이 없거나 문자화되지 않은 채 생래적(生來的) 또는 스승에게서 제자로 구전(口傳)되는 과정을 밟는다. 신 내림에 의한 즉흥성 때문에 변화가 많고 비정형적이며 비가공적인 특색을 지닌다. 구체적으로 삼한시대 샤먼이 북을 치고 방울을 흔들며 주문을 외어 신에게 고하기도 하고 신을 부르기도 하는 소리가 음악의 기원이라고 파악하고 있다.[02]

다음과 같은 《삼국지(三國志)》〈위서·동이전(魏書·東夷傳)〉의 문징(文徵)은 그런 사실을 증명하고 있다.

"은력(殷曆) 정월(지금의 12월)에 지내는 제천행사는 국중대회(國中大會)로 날마다 마시고 먹고 노래하고 춤추는데 그 이름을 영고(迎鼓)라 하였다. 이때에는 형옥을 중단하고 죄수를 풀어주었다."〈부여전〉
「以臘月祭天, 大會連日, 飮食歌舞, 名曰「迎鼓」, 是時斷刑獄, 解囚徒」

"그 백성들은 노래와 춤을 좋아하여, 나라 안의 촌락마다 저물어 밤이 되면 남녀가 떼지어 모여서 서로 노래하며 유희를 즐긴다. (중략) 10월에 지내는 제천행사는 국중대회로 이름하여 동맹(東盟)이라 한다."〈고구려전〉
「其民喜歌舞, 國中邑落, 暮夜男女群聚(중략) 以十月祭天, 國中大會, 名曰東盟」

"해마다 시월이면 하늘에 제사를 지내는데, 주야로 술 마시며 노래 부르고 춤추니 이를 무천(舞天)이라 한다."〈예전(濊傳)〉

02) 김양동, 〈한국 고대음악의 기원 試考〉, 《음악과 문화》 제7호, 세계음악학회, 2002, 11~33쪽 참조.

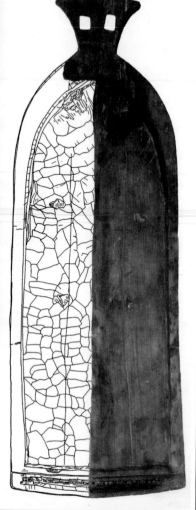

광주 신창동 출토(1997년),
길이 77.2cm, 국립광주박물관 소장

〔그림1〕 철기시대 현악기

〔그림2〕 일본 쇼쇼인(正倉院) 소장 신라금(新羅琴)
(출전:《우리악기 우리음악》, 국립중앙박물관, 2011)

「常用十月節祭天, 晝夜飮酒歌舞, 名之爲舞天」

"해마다 5월이면 씨뿌리기를 마치고 귀신에게 제사를 지낸다. 떼를 지어 모여서 노래와 춤을 즐기며 마시고 노는데 밤낮을 가리지 않는다. (중략) 10월에 농사일을 마치고 나서도 이렇게 한다. 귀신을 믿기 때문에 국읍에 각각 한 사람씩을 세워서 천신의 제사를 주관하게 하는데, 이를 천군(天君)이라 부른다."〈韓傳〉

「常以五月下種訖, 祭鬼神, 群聚歌舞休, (중략) 十月農功畢, 亦復如之, 信鬼神, 國邑各立一人主祭天神, 名之天君」

"그 나라의 풍습은 노래하고 춤추며 술 마시기를 좋아한다. 비파가 있는데 그 모양은 축(筑)과 같고 연주하는 音曲도 있다."〈弁辰傳〉

「俗喜歌舞飮酒, 有瑟, 其形似筑, 彈之亦有音曲」

부여의 영고, 예의 무천, 고구려의 동맹, 삼한의 계절제에 나타나는 특징은 술과 노래와 춤의 세 요소가 공통분모이고 또 그것을 좋아하며 즐겼다는 데 있다. 이것은 우리 민족의 예술적 원천을 탐색하는 데 매우 중요한 배경이 된다. 소리와 노래는 다음 장에서 그 어원을 해석하게 되겠지만, '술'은 제천의식과 도대체 어떤 관계이기에 제사를 비롯한 각종 의례에서 빠질 수 없는 품목이 되었을까? 장구한 술의 역사를 서술하는 길은 어렵지만, '술'의 어원을 해석하면 그 의문점은 간단하게 해소할 수 있다.

원시시대 술은 제의(祭儀)에 바치는 성수(聖水)였다. 제의가 끝나면 신과 인간이 함께 마시는 신인공음(神人共飮)의 일체감에 이르도록 하는 것이 술이다. 그러므로 술은 상고시대부터 주술적인 신명(神明)과 풍류 및 흥취와 멋을 돋우고 자극하고자 가무와 함께 제의(祭儀)의 필수품이 됐던 것이다.

'술'은 神의 고유어인 '술'이 어근이다. '술'이 〔술(神) 〉 수볼 〉 수울

(酒) 〉술]과 같은 음운변화를 거쳐 '술'이 됐다. 그러므로 神의 고유어인 '술'을 어원으로 하는 〈술〉·〈음악〉·〈춤〉은 뿌리가 같은 분리되지 않은 원시예술로서 제천의식의 핵심요소가 된 것이다. 그러므로 〈술〉·〈음악〉·〈춤〉은 신을 지칭하는 '술'에서 분화된 말이므로 모두 그 기원은 제천의식에서 찾아볼 수 있다는 해석이다.

'술'은 12세기의 《계림유사(鷄林類事)》[03]에 【수블 〉 수울 〉 술]로 음운변화된 어휘다. 고대예술의 집약 형태인 제천의식에서 天의 개념은 하늘이고 하늘의 원형은 태양이다. 때문에 태양을 사유의 모형으로 전개한 천손족의 예술적 시원은 당연히 神의 대상인 태양에서 시작한다는 점에 깊은 유의를 요한다.

앞에서 이 책의 총론 부분인 '神의 해석'(제I부 제1~3장)에서 확인하였듯이 태양의 순수고유어 '살'과 '날'에서 분화한 '술', '소리', '노래', '솔개'가 원시 종합예술의 중심어라는 사실을 주목한다면, 제천의식과 같은 샤머니즘이 왜 고대음악의 원류가 되는지 그 이유를 충분히 감지할 수 있을 것이다.

2, '소리'와 '노래'의 어원

음악은 한자어이고 소리와 노래는 고유어다. 이들 용어의 개념을 정의하면, 한국 고대음악의 시원적 성격과 본질을 실제로 거의 해명할 수 있음에도, 지금까지 한국에서 출판된 어떤 음악 서적에도 이런 부문에 대한

---

03) 계림유사(鷄林類事) : 북송(北宋)시대 봉사고려국신서장관(奉使高麗國信書狀官) 손목(孫穆)이 1103년(숙종 8년) 편찬한 고려 견문록이자 어휘집, 3권, 조제(朝制), 토풍(土風), 구선(口宣), 각석(刻石) 등으로 분류. 고려어 361개 어휘에 대한 당시 현실음을 한자로 차자(借字) 표기함.

의문을 시원하게 해소시켜준 글을 발견하지 못하였다. 이는 기초 용어의 주체적 해석에 대한 노력이 부족하였다는 지적을 면하기 어려울 것이다.

1979년 한국정신문화연구원 '민족문화의 원류' 학술회의 〈한국음악의 원류〉 종합 토의에서 사회자였던 정병욱님은 장사훈님에게 묻기를 '옛날 사람들이 무엇을 소리라 했고, 무엇을 노래라 했는지 이것에 대한 정의를 내려주시면 감사하겠습니다.'라고 요청했을 때 장사훈 님의 답변은 다음과 같았다.

> "정의는 될 수 없겠습니다만, 제가 알기로는 현재까지 습관적으로 써온 건지는 모르지만 소리라고 하는 건 서민 대중들이 부르는 민요라든지 상여송이라든지 기타 노동요 이런 것은 대개 소리라 하고, 시조나 가곡이나 과거에 궁정에서 부르는 그러한 것은 대체로 노래로 표현돼온 걸로 알고 있습니다."[04]

이러한 장사훈 님의 답변을 정리하면, '소리'는 다듬어지지 않고 고급화하지 못한 민속악에서 부르던 것이고, '노래'는 곡조를 붙여 가다듬어 아정(雅正)한 음악을 말하는 것으로 이해할 수 있다. 문제는 우리의 고유어 '소리'와 '노래'란 단어의 개념 정리가 국어국문학계와 음악학계에서 처음으로 거론되었지만, 명확한 인식 수준에 도달되지 못한 점에 있다.

음악은 귀신을 감동시키는 위대한 힘이 있다고 옛사람들은 말했다. 그러한 음악은 인간 신체의 아홉 개의 구멍 곧 구규(九竅) 가운데에서 귀와 입, 비공[鼻孔]까지 합하여 5규가 작용하므로 눈만 작용하는 미술보다 그 위력은 막강하다.

음악의 문외한인 내가 음악을 논한다는 자체가 가당치 않은 것임을 잘

---

04) 《민족문화의 원류》, 한국정신문화연구원(현 한국학중앙연구원), 1980, 255~256쪽.

〔그림3〕 수대(隋代) 악인(樂人) 도용(陶俑) - 인물, 복식이 조선과 비슷하다.

알지만, 태양의 빛살이 고대 신(神)의 원형임을 발견한 뒤, 고대문화 모든 장르의 원형질이 태양을 중심으로 생성, 전개, 분화된 것이라는 원리 해석의 열쇠를 얻을 수 있었기에 이런 글도 쓸 수 있게 됐다. 음악에 해당하는 고유어 '소리'와 '노래'의 어원이 태양을 일컫는 고유어에서 나온 것임을 살피는 것으로써 한국 고대음악의 기원을 더듬어보려 한다.

(1) 소리

'소리'와 '노래'의 어원은 태양의 고유어인 '살'과 '날'에서 분화한 말이다. 이 책의 총론인 '神의 해석'에서 이미 밝혔듯이 소리는 태양 에너지의 파장과 진동이 그 모체다. 태양의 순수고유어 '살'이 모음호환(모음교체)된 '솔'에 접미사 '이'를 첨가한 【'솔+이' 〉 소리(연철)】의 형태를 보인 어휘가 '소리'다. 소리는 자연계의 소리가 일차적인 소리다. 태양 에너지의 파장과 진동이 소리이기 때문에 그것은 바람 소리 곧 '風'을 말한다.

《여람(呂覽)》〈고악편(古樂篇)〉에서 '바람은 천연음악의 창조자다'라고

〔그림4〕 신라금(新羅琴) 타는 토우(土偶), 국립중앙박물관 소장

하였고, 《예기(禮記)》〈악기(樂記)〉에선 '무릇 음이라는 것은 사람의 마음에서 나는 것이다. 감정이 속에 움직이기 때문에 소리에 나타나며, 소리가 文을 이루니 이것을 음이라고 한다.'(凡音者, 生人心者也, 情動於中, 故形於聲, 聲成文謂之音)고 했다.

바람은 태양의 사자(使者)로서 풍신(風神)이었다. 풍신은 봉조(鳳鳥)와 같은 의미였다. 곧 '바람'은 하늘의 언어인 소리를 말한다.

그러므로 자연스러운 음악을 일컫는 말로 풍악(風樂), 풍류(風流), 풍물(風物), 풍조(風調) 등의 어휘가 있고, 경(磬), 령(鈴), 금(琴), 탁(鐸)에 風자를 앞에 붙여 풍경, 풍령, 풍금, 풍탁이라고 부르게 된 것은 다 그런 이유가 있었던 것이다.

농악(農樂)은 비교적 원시적 음악 형태이다. 농악에 사용하는 악기들을 풍물(風物)이라고 하는데 풍물은 모두 타악기인 점이 특색이다. 악기 가운데 다른 악기보다 덜 가공되고 즉흥성이 강한 타악기가 제일 원시고형(原始古形)의 악기다. 우리 민족 고유의 풍물은 사물놀이인데 사물(四物)은 북, 장구, 꽹과리, 징이다. 북은 구름, 장구는 비, 꽹과리는 천둥, 징은 바람 소리를 상징한다. 모두 하늘의 소리, 자연의 소리들이다.

사람의 입〔口〕도 원시 악기 가운데 하나다. 가장 원초적인 악기인 입에서 나오는 소리는 신에게 전달되는 말, 곧 주문이다. 신에게 아뢰는 소리인 주문은 정신세계와 접속하는 가장 효율적 방법이다. 그래서 주문의 말소리는 신령한 힘이 있으며 창조적인 성스러움이 있다.

성경에 "태초에 말씀이 계시니라. 이 말씀이 하느님과 함께 계셨으니 이 말씀은 곧 하느님이시니라."(요한복음 제1장) 란 구절을 분석하면, 태초, 말씀, 하느님 세 단어가 중심어다. 태초의 말씀이 곧 소리라는 것이며, 소리는 하느님, 곧 신의 언어라는 해석이다. 따라서 음악이 언어에 바탕을 둔 예술이라 함은 바로 이를 두고 한 말이다.

(2), '노래'

'노래'는 태양의 고유어 '날'이 모음호환(모음교체)된 '놀'에 접미사 '애'가 첨가된 【놀+애 〉노래】의 형태 과정을 보이는 단어다.

'놀(날)+이 〉놀이'의 형태와 비교하면 노래는 소리보다 놀이〔遊戲〕다운 성격을 지닌 말이다. 곧 소리에 곡조를 붙여 감성적이고 예술적인 아름다운 소리로 변화시킨 것이 노래다. 노래는 소리에 청탁(清濁), 대소

(大小), 장단(長短), 질서(疾序), 애락(哀樂), 강유(剛柔), 지속(遲速), 고하(高下), 출입(出入), 주소(周疎, 주밀하고 성근 것) 등이 삽입되어 곡조를 가공한 적절한 가락이다. 그러므로 노래가락이란 말은 있지만, 소리가락이란 말은 쓰지 않는다. 한자와 대비 관계에서 보면 소리는 음(音)과 성(聲)에 가깝고, 노래는 가(歌)와 악(樂)에 가깝다.

소리와 노래의 또 다른 차이는 소리의 조어(祖語)인 '살'은 인도 범어에서 해를 가리키는 '슈리아'(Surya)가 근원어(根源語)이고, 노래의 조어인 '날'은 몽골어에서 해를 일컫는 말인 '나르'(Naar)에서 왔다고 추정할 수 있는 점이다. 그러므로 벼를 태양의 씨알로 인식한 고대인들이【'살 〉쌀(米)'】이라고 말하는 것은 남방계에서 유입된 말이고, 경상도 방언에서 벼〔稻〕를【'날 〉 나락'】이라고 말하는 것은 북방계에서 유입된 말이라고 파악한다. 소통이 잘 되지 못했던 고대엔 지역과 부족 사이의 차이 때문에 말이 다르고, 문화 전파의 유입경로를 비롯한 역사적 상황과 조건의 차이에 따라 언어의 중층구조가 발생한다. 소리와 노래의 어원을 도식화하면 다음과 같이 된다.

위의 도식에서 보듯이 소리나 노래는 태양을 사유의 원형으로 삼은 한 민족이 그들의 인간 생명 활동을 표상한 것이다. 소리나 노래를 죽은 사람이 부르지는 못할 것이다. 살아 있는 사람만이 할 수 있는 생명 작용이 소리와 노래인 것이다. 참으로 자연의 섭리가 오묘하게 느껴지는 이 대목이 고대음악을 이해하고 기원을 해명하는 암시가 될 것이다.

〔그림5〕 ‘樂’자의 갑골문 〔그림7〕 당(唐) 묘실(墓室) 주악도(奏樂圖)

3. 음(音), 악(樂), 성(聲), 가(歌)의 원의(原意)

우리는 대체로 소리와 노래의 의미를 구분하지 못하듯이 ‘음악’, ‘성악’을 한 단어로 묶어놓아 ‘음(音)’, ‘악(樂)’, ‘성(聲)’을 분별하지 않고 사용하지만, 그 개별적인 차이는 분명히 존재한다.

‘음(音)’은 말씀 언(言)의 입구(口)에 한일(一)을 그은 것이 音이다. 音(𦥑)과 言(𢆉)이 다르게 보이지만 전서체는 구조가 아주 비슷하다. 《설문해자(說文解字)》에선 “소리가 마음에서 나와 밖으로 절도가 있는 것을 音이라 했다.(聲生於心 有節於外 謂之音)” 그러므로 音은 말이자 소리 그 자체이기 때문에 옥편에선 글자 전체가 부수(部首)인 것이다.

여기에 견주어 ‘악(樂)’은 갑골문엔 가운데의 白이 없이 나무 위에 두 개의 현(絃)이 놓여 있는 문자로 연주의 의미를 담은 문자였다. 갑골문 이후 금문(金文) 시대에 와서 白이 첨가되었는데, 그것은 북의 형상이란 설이 있다.

《예기(禮記)》〈악기(樂記)〉편에 “樂이라는 것은 마음을 밝게 살펴서 화

〔그림6〕 신라 기악석(伎樂石), 국립경주박물관 야외전시장

(和)를 정하고, 악기를 배합해서 절주를 모아 문리를 이루는 것이니, 부자·군신을 화합하게 하고 만백성을 부친(附親)하게 하는 것이다.(故樂者, 審一以定和, 比物以飾節, 節奏合以成文, 所以合和父子君臣, 附親萬民也)"라고 했다.

따라서 樂은 악기를 배합해서 절주를 모아 문리를 이루는 것을 말하므로, 소리를 즐겁고 좋은 가락으로 변모시킨 것이 樂이란 뜻이 된다. 樂이 '풍류 악', '즐길 락', '좋아할 요'로 훈독하게 된 것도 그런 연유에서 비롯하였다고 볼 수 있다. 樂은 악기(樂器), 악곡(樂曲), 악장(樂章), 악률(樂律)과 같이 단어의 앞에 놓이는 경우도 있지만, 음악(音樂), 성악(聲樂), 가악(歌樂), 기악(伎樂), 기악(器樂), 관악(管樂), 현악(絃樂), 아악(雅樂), 주악(奏樂), 풍악(風樂), 국악(國樂), 속악(俗樂), 양악(洋樂) 등과 같이 자순(字順)의 뒤에 오는 것도 연주의 의미인 樂의 성격을 잘 드러낸 말의 묘미다.

《예기》〈악기〉에서 "그러므로 말하기를 (음)악이란 즐거워하는 것이다."(日 樂者樂也)라고 하였는데, 이 말로서 악(樂)은 즐거움을 양성하거나 조성하는 수단임을 알 수 있다. 고대에는 음악을 교육의 중심으로 삼앉기 때문에 공자도 입교(入敎)의 종지(宗旨)를 악(樂)으로 삼았다.《논어》〈태백(泰伯)〉에서 "시(詩)로서 일어나서 예(禮)로서 서며 음악으로 완성한다.(興於詩 立於禮 成於樂)"고 했음은 악(樂)이 개인의 인격 완성의 경지임을 인정하여 음악에 대한 최고의 예술적 가치를 인정하는 바가 됨을 의미한다.

'성(聲)'의 글자꼴〔字形〕은 '이(耳)'부가 의미 요소이자 이 글자의 부수(部首)이다. 윗부분의 좌변은 석경(石磬)을 나타내고, 우방은 채를 손에 쥔 모양이다. 이 글자의 풀이〔字解〕는 손에 쥔 채로 석경을 쳐서 소리를 듣는다는 것이다. 그러므로 음(音)은 말하는 소리이고, 악(樂)은 음(音)에 가락을 넣어 즐겁고 풍류 있게 노래한 것이며, 성(聲)은 귀로 듣는 소리란 뜻이 된다. 그러나《시경》,《예기》등 고문헌에도 별로 구별하지 않고 혼용하고 있어 혼란스러운 것은 사실이지만, 우리말의 고유어인 '소리'와 '노래'의 유비 관계를 검토하면 좋으리라고 생각한다.

마지막으로 '가(歌)'는 '노래 가'로 훈독하므로 곡조를 붙여 부르는 소리를 말한다. 곧 음악이 따르는 것은 '가(歌)'이고, 음악이 없는 것을 '요(謠)'라 하여 구분하는 것에 유의하여야 할 것이다.

[그림7] 악무구식(樂舞扣飾) : 서한(西漢) 운남(雲南) 진국(鎭國) 고노민족(古老民族) 무도(舞蹈), 절주(節奏) 모습. 강렬하고 환쾌우미(歡快優美)함. 높이 12cm, 폭 18.5cm, 운남성(雲南省) 진녕현(鎭寧縣)석채산(石寨山) 출토, 운남성박물관 소장

4. 우륵(于勒)과 가야금

《삼국사기》에 우륵(于勒)과 가야금에 대한 다음과 같은 기록이 있다.

"12년(551) 정월에 연호를 고쳐 개국(開國)이라 하였다. 3월에 왕은 국내를 순행하다가 낭성(娘城, 지금의 청주)에 이르렀는데 우륵(于勒)과 그 제자 니문(尼文)이 음악에 능하다는 말을 듣고 특별히 그들을 불러서 하임궁(河臨宮, 일종의 別宮)에 머물러 있으면서 그들에게 음악을 연주케 하니 이에 우륵과 니문은 각각 새로운 노래를 지어 이를 탔다. 이보다 먼저 가야국(伽倻國) 가실왕(嘉悉王)은 12현금(弦琴)을 12월의 율려(律呂)를 본떠 만들고 우륵으로 하여금 그 곡조를 짓게 하는데 그 나라가 어지러워지므로 악기를 가지고 우리에게 왔는데 그 악기 이름을 가야금이라 하였다."[05]

"13년(552) 왕은 계고(階古), 법지(法知), 만덕(萬德) 3인에게 명하여 음악을 우륵에게 배우게 하였다. 이에 우륵은 그 사람들의 재능에 따라서 계고에게는 가야금을 가르치고, 법지에게는 노래를 가르치고, 만덕에게는 춤을 가르쳤는데 수업을 마치자 왕은 그들에게 연주케 하고 말하기를 '먼저 낭성에서 우륵에게 듣던 음악과 조금도 다름이 없다' 하고 그들에게 후한 상을 내렸다."[06]

위의 신라시대 우륵과 가야금에 대한 삼국사기의 문징(文徵)은 매우

---

05) 《삼국사기》 권4, 진흥왕 12년 '十二年 春正月 開元開國, 三月 王巡狩 次娘城. 聞于勒及其弟子尼文知音樂 特喚之, 王駐河臨宮 令奏其樂 二人各製新歌奏之. 先是伽倻國 嘉悉王製 十二弦琴. 以象十二月之律. 乃命于勒製其曲. 及其國亂 操樂器投我 其樂名伽倻琴.'

06) 《삼국사기》 권4, 진흥왕 13년 '十三年 王命 階古, 法知, 萬德 三人 學樂於于勒. 于勒量其人之所能 敎階古以琴 敎法知以歌 敎萬德以舞. 業成 王命奏之. 曰與前娘城之音舞異. 厚賞焉.'

사실적이다. 전설적인 인물과 같았던 우륵의 실체성과 가야금의 제작과 전래 경위는 매우 소상하여 한국 음악의 고대 기록으로서 중요한 가치를 지닌다. 아울러 진흥왕이 우륵을 대하는 태도에서 신라가 음악을 어느 정도 깊이 사랑하고 좋아했는가 하는 점을 파악할 수 있다.

원시 종합예술의 형태였던 제천의식에서 음악의 기원을 탐색한 핵심은, 한국 고대음악의 사상적 축이 태양의 원리를 원형질로 한 세계로서, '소리'와 '노래'가 살아 있는 인간의 생명 작용을 뜻하는 神(태양)의 분화어임을 밝힌 점에 집필의 의도를 두었다.

〔그림8〕 동고(銅鼓), 운남성 동고박물관 소장

제2장 한국 고대무용의 기원과 살풀이 춤

[그림1] 이애주의 승무. 솔개의 머리를 정면에서 디자인한 고깔[弁]을 쓰고 긴 소매[長袖]로 장대한 솔개의 날개가 해치는 것과 같은 모습을 보여주는 승무. 승무의 모형(母型)은 살풀이춤일 것이다.

2014년 1월 6일~7일 이틀에 걸쳐 대학로 아르코예술극장 대극장에서 시대와 역사를 감싸온 춤꾼으로 승무 예능 보유자인 이애주(중요 무형문화재 제27호)가 그의 60년 춤 인생 가운데 꼭 한 번은 매듭짓고 가길 원했던 춤판 '천명(天命)'을 올렸다. 승무, 본살풀이, 살풀이, 예의 춤, 태평무, 바람맞이 씨춤, 상생춤, 길닦음 등 긴 세월 동안 연구 완성하여 영혼과 육화(肉化)가 함께 승화된 이애주의 전통춤은 오랜 풍상 끝에 올린 춤 한 상이었다. 이 시대 최고 명무(名舞)로서 그는 당당하면서도 섬세하고 시퍼런 칼날 같으면서도 부처 같은 장엄함이 숨 막히게 연속되는 긴장과 감동의 장면을 연출했다.

사상과 철학의 몸놀림으로 드러난 본래의 한국 춤을 이애주는 대동4무(大同四舞)라고 설명한다. 대동4무란 ① 마음과 몸 그리고 기운이 하나가 되는 한국인의 삶 본래의 춤〔무무(舞舞)〕, ② 하늘과 땅을 잇는 신기(神氣) 넘치는 춤〔무무(巫舞)〕, ③ 전통 무예의 강건한 역동성을 되살리는 춤〔무무(武舞)〕, ④ 지고지순의 자연 속에서 소리하고 심신 일체(心身一體)가 되는 춤〔무무(無舞)〕이라고 했다. 곧 대동4무(大同四舞)를 무(舞) 무(巫) 무(武) 무(無)의 춤이라고 요약한다. 한국 춤의 본질을 철학적 논리로서 가장 완벽하게 체계화한 이론이 이애주의 대동4무론이다.

1, 춤은 신의 언어요 몸짓

'춤'이란 어휘의 형태 분석은, '추다'의 어근 '추'에 명사형 어미 'ㅁ'이 활용된 '추 + ㅁ(명사형 어미) 〉 춤'으로 분석한다. '추다'는 새(솔개)가 '날개를 치다'의 '치다'가 '치다 〉 추다'로 음운교체된 형태의 단어라고 추정한다. 이희승 편 《국어대사전》에 춤을 '장단에 맞추거나 흥에 겨워서 팔다리를 이리저리 놀리고 전신을 우쭐거리면서 율동적으로 뛰노는 동작'이라고

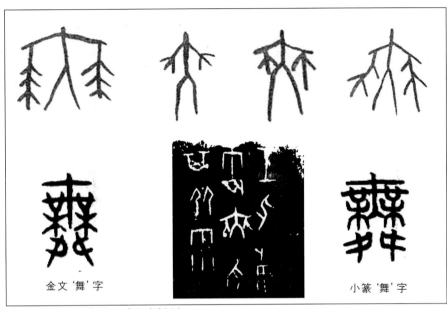

〔그림2〕 갑골문과 금문의 '舞'자(字)

풀이해 놓았는데, 이른바 수무족도(手舞足蹈)를 말하는 것이다.

갑골문에 나타난 '무(舞)'자의 자형은 바로 그러한 모습을 증명한 다.〔그림1〕 갑골문의 '무(舞)'자는 없을 무(無)자와 같았는데 후대에 두 발을 어긋나게 디디는 모양의 '어그러질 천(舛)'자를 하단에 첨가하여 '舞'자를 만들었다.

춤과 노래, 곧 가무(歌舞)는 서로 떨어질 수 없는 인간의 생명 활동이 다. 춤은 인류 역사에서 신화의 생성과 더불어 시작된다. 신화시대의 제 의(祭儀)에서부터 일체가 되어 펼쳐지는 것이 가무였다. 이처럼 춤과 노 래는 원시 종합예술의 하나로서 신석기시대부터 인간의 삶에서 하나의 중심이 되었다. 삶과 신에 대한 찬미에서 춤은 발생되고, 제천의식을 통 하여 그 형식과 내용이 점차 발전되어 의례적 성격으로 춤은 다듬어져 나아갔을 것으로 추측한다.

〔그림3〕한묘(漢墓) 교구도전(交媾圖塼) 탁본.
중국 사천성 덕양시 황허진(黃許鎭) 출토, 중경시박물관 소장

　"춤은 영혼의 감추어진 언어이다. 우리가 잊고 있었던 은닉된 신화를 몸의
언어로 풀어내는 신의 모자이크가 춤이다."[01]

　영혼의 감추어진 언어, 은닉된 신화, 몸의 언어, 신의 모자이크 등 춤
을 이렇게 멋진 비유로 표현할 수 있는 요인은 바로 춤이 신화와 깊이 연
관되고 있음을 증명한다. 춤을 말하려면 바로 이 점을 주목해야 한다.
　'신(神)'자의 글자풀이에서 보았듯이, 사람을 생산하고자 하는 원초적
인 몸짓, 곧 남녀의 교접을 위한 동작이 춤의 시원이란 뜻이다. 〔그림3〕
과 같이 남녀의 교접만큼 원시적인 인간의 삶의 극점을 맛보며 최대 열
락의 경지에 빠져들게 하는 동작이 어디 있던가?
　그러므로 이 동작이야말로 가장 앞선 신의 감추어진 언어이자 신의 몸
짓이 아닐 수 없다. 거듭 말하여 춤은 신명에서 우러나는 몸짓으로 인간
존재 가치의 극점인 생명의 생식 작용이며 가장 절실하고 뜨겁고 즐거운

---
01) 출전 미상의 메모.

〔**그림4**〕 두루미〔丹頂鶴〕 암수의 화무(和舞)

행위이다. 이처럼 신의 몸짓은 사람을 생산하는 일이 인간에게서는 지상 최대의 가치요 신의 뜻을 완성하는 것임을 강조하는 것으로 곧 그것이 춤의 시원이란 사실을 처음으로 제시하여 본다.

위와 같은 논리를 입증할 수 있는 사징(事徵)을 든다면, 교미를 하기에 앞서 새의 수컷과 암컷이 서로 움직이는 환상적인 몸짓〔그림4〕이 바로 그러한 장면을 보여주는 예증이라 하겠다. 모든 생명체의 생식 작용의 공통점은 바로 여기에 있다.

춤은 궁극적으로 노래와 마찬가지로 인간 생명 활동 가운데서 열락(悅樂)의 경지가 몸짓으로 터져 나온 원초적인 표현이다. 이러한 춤은 여럿이 모여서 추는 군무(群舞)로 이동되면서 사회적인 틀이 잡히고 성격도 형성되었을 것으로 보는데, 그것은 제천의식과 같은 종교적 제의(祭儀)에서 기원했다고 봐야 할 것 같다. 원시무의 군무(群舞)가 정제된 모습으로 처음 나타난 형태는 원무(圓舞)가 기본 형식이다.

〔그림5〕 운남 광서 좌강(左江) 암화 원시 무도문(왼쪽)
　　　　감숙성 가욕관시 흑산(黑山) 암화 원시 무도문, 1972년 발견(오른쪽)

　　원시무의 초기 중요 형태인 원무는 손을 잡고 둥글게 빙빙 돌아가는 춤이 기본이다. 둥글게 빙빙 돌아간다는 것은 쉬지 않는 태양의 에너지를 표현하는 것으로 생명력을 상징한다. 〔그림6〕의 무도문(舞蹈文) 도분(陶盆)이나 창원 암화 원무도를 보면 손을 잡고 발을 던지며〔手舞足跳〕 빙빙 도는 투의 원무 형태이다. 강강수월래도 이와 같은 신석기시대의 원무가 그 조형(祖形)이라고 하겠다.

　　원시 춤은 새와 짐승, 벌레와 물고기 등 조수충어(鳥獸蟲魚)의 동태(動態)를 자연적으로 모방하여 팔을 흔들고 발을 던지듯 기쁨을 노래하는 '투족이가(投足而歌)'가 기본 형태다. 고문헌에 춤을 '봉황래의(鳳凰來儀)',[02] '백수솔무(百獸率舞)', '조수창창(鳥獸蹌蹌)'[03]이라고 표현한 것이 바로 그런 것이다.

────────────

02) 《서경》 '簫韶九成, 鳳凰來儀'(태평성대의 징표. '來儀'는 날아와 춤을 추며 그 자태가 의젓함을 가리킴)

03) 《사기》 〈오제본기〉.

(1)채회 도분 무도문(彩繪陶盆舞蹈紋)
신석기시대, 높이 14.1cm, 지름 29cm, 1973년
청해 대통상 손가채(靑海 大通上 孫家寨) 출토,
중국역사박물관 소장
(2)운남 창애 암화 원무도(雲南 蒼崖 岩畵 圓舞圖)
(3)강강수월래

〔그림6〕 원시무도(原始舞蹈)의 원무도(圓舞圖)와 강강수월래

2, 춤의 원형(原形)은 '솔개'의 동작

원시무(原始舞)가 발전하는 과정에서 즉흥적이라 할지라도 춤의 동작
은 반드시 모방할 만한 자연의 어떤 대상이 있었을 것으로 본다. 그 대상
은 여러 가지겠지만 같은 대상이라도 그들이 숭배하는 대상을 모방의 대
상으로 삼은 것 같다.

그렇다면 그 대상은 무엇일까? 생각하건데 태양을 숭배하는 천손족들
은 그들이 태양과 동격으로 본 신조(神鳥)를 그 대상으로 삼았을 가능성
이 가장 크다. 신조는 솔개를 가리킨다. 새들의 왕자격인 솔개는 예부터

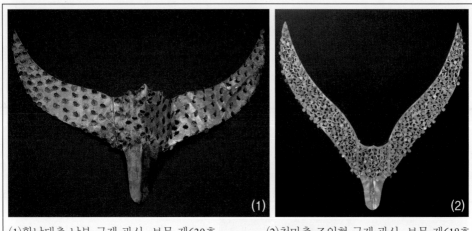

(1)황남대총 남분 금제 관식, 보물 제630호　　　　(2)천마총 조익형 금제 관식, 보물 제618호
　*높이 45cm, 양쪽 날개 끝 너비 59cm　　　　　　　*높이 45cm, 달개 400여 개
　*3매의 금판으로 구성,
　*가운데 금판 좌우에 작은 못구멍 2개 있음

[그림7] 솔개의 날개를 형상화한 황남대총 남분(98호 고분) 및 천마총 출토 조익형 금제 관식

현조(玄鳥) 양조(陽鳥) 준조(踆鳥) 금오(金鳥) 등으로 불린 신조였다. 새
들 가운데 유일하게 하늘을 빙빙 돌기도 하고, 가장 천천히 날면서 공중
에서 정지할 수 있는 새가 솔개다. 어떤 새보다 목표물을 향해 가장 빠
르게 내리꽂힐 수도 있고, 날개를 펄럭이며 유유히 솟아오를 수 있는 새
가 솔개다. 그 힘과 시력은 막강하여 감히 당할 새가 없는 맹금(猛禽)이
기 때문에 예부터 제왕의 문장으로 사용해왔다. 승무·살풀이 춤은 솔개
의 날갯짓처럼 긴소매를 뻗어 올려 급박하게 돌아가다가도 한없이 느릿
느릿 춤을 춘다. 솔개가 하늘을 나는[飛空] 모습 그대로다.

　솔개의 날개 길이는 수컷이 45cm~49cm이고 암컷은 48cm~53cm이며,
꽁지는 27cm~34cm이다. 솔개 날개 길이를 구체적으로 기술하는 것은
신라 조익형 금제 관식의 높이와 유관하기 때문이다. 조익형 관식의 중
요 유물은 천마총 출토 금제 관식(보물 618호) 45.0cm, 금관총 금제 관식
40.8cm, 황남대총 남분 금제 관식(보물 630호) 40.6cm, 황남대총 은제

관식 56.0cm 등인데, 조익형 금제 관식의 높이와 솔개의 실제 날개 길이가 비슷한 점은 참으로 흥미롭다.

솔개와 매의 시력이 막강한 이유는 물체의 상이 눈동자에 맺히는 황반이라는 부분에 시세포가 집중적으로 배치되었기 때문이다. 매의 황반기에는 사람보다 5배 더 많은 시세포가 존재하며, 황반이 2개이기 때문에 사람보다 4~8배 멀리 볼 수 있다고 한다.

솔개와 매는 같은 맹금류에 속하지만, 매가 솔개보다 몸집이 조금 작다. 날개 길이는 매의 수컷이 38cm이고 암컷은 51cm이다. 수컷을 형매라 일컫고, 암컷을 아우매라 일컫는 것도 매와 인간과의 관계를 암시한다.

게르만인과 슬라브인들 사이에는 매가 세계수(世界樹)의 꼭대기에서 세상의 움직임을 살펴서 신에게 빠짐없이 보고한다는 전설이 내려온다. 고대 중국의 솔개나 매의 조형물은 특히 청동기의 조형과 문식에서 수없이 많다. 매를 나타내는 한자도 매우 다종다양하다.

> 鷹(송골매 응, 해동청 응), 鴘(두살된 매 변), 鴞(솔개 효, 올빼미 효), 鴟(솔개 치, 수리부엉이 치), 鵃(솔개 비슷한 새 주), 鶻(송골매 골), 鷐(새매 신), 鷙(맹금 지, 새매 지), 鷲(수리 취).

매를 나타내는 한자의 수가 이처럼 많은 것은 이들 한자의 중요도를 나타내는 결과임을 알 수 있다.

몽골에서 시조의 탄생 신화에는 매가 있으며, 몽골 씨름에서 씨름을 시작하기 전에 양쪽 씨름꾼은 양팔을 벌리고 매를 시늉하며 춤을 춘다. 매의 몽골어는 '나치'이다. 한국에서 송골매를 '검은 나치니'라고 말하는데 그것은 몽골어 '나치'와 관련 있는 말임을 알 수 있다.

한국에서 매의 이름은 다음과 같이 여러 가지다.

  (1) 해동청(海東靑) : 송골매의 옛말, 함경도 동해안에 서식하는 매, 북방
      족을 뜻했으나 뒤에 한반도 산(産) 좋은 매를 통칭하는 이름이 됐음.

  (2) 송골(松鶻)매 : 검은 나치니, 매사냥에서 주로 쓰는 참매.

  (3) 보라매 : 매의 털갈이 전 생후 1년 된 새.

  (5) 초진이 : 생후 1년생 참매.

  (6) 재진이 : 생후 2년생 참매.

  (7) 삼진이 : 생후 3년생 참매.

  (8) 산진이 : 나이에 관계없이 산에서 잡힌 야생 매.

  (9) 수진이 : 사람 손에 길들여진 참매.

  (10) 날진이 : 산에서 잡아온 참매로 사람에게 길들여지지 않은 야생 매.

〔그림8〕은 고대 악무의 성격을 가늠할 수 있는 한대(漢代) 음악과 무용
에 관한 기악(伎樂) 조형 유물들이다. 여기서 볼 수 있는 특징은 음악의
절주에 맞추어 긴 소매〔長袖〕를 치켜올려 손을 뿌리는〔拂袖〕 춤의 동작이
공통점이다. 이것이 고대인들의 유장한 춤의 자태가 보여주는 춤의 멋이
요 흥이다.

〔그림8-(3)〕은 중국 광주(廣州) 상강산(象崗山)에 있는 서한(西漢)시
대 남월왕(南越王) 제2대 문제(文帝, BC 137~BC 122 재위)의 능묘에서
1983년 6월 출토된 옥무인(玉舞人)이다. 약동하는 듯한 몸짓을 보이고
있는 옥무인(玉舞人)의 소매는 뒤틀어지듯 거대한 봉황으로 변환된 솔개
의 모습이다. 이처럼 장수무(長袖舞)에서 소매를 길게 하는 것은 솔개의
장대한 날개를 모방하기 위한 복식인데, 남월왕 출토 옥무인은 솔개 자
체를 소매로 표현하고 있는 점이 흥미롭다.

이와 같은 한(漢)나라 시대의 악무와 그 뒤를 이은 남북조 및 수(隋,
581~618), 당(唐, 618~907)의 악무는 우리나라 삼국시대 악무에 깊이

(1)기악화상전(技樂畵像磚), 동한(東漢)
(2)악무문소(樂舞紋梳), 진한(秦漢)대 호북(湖北) 강릉(江陵) 봉황산(鳳凰山)53호묘 출토
(3)옥무인(玉舞人) : 남월왕 묘 서이실(西耳室) 출토, 서한(西漢), 높이 3.5~4.87cm, 신체
S형, 장수무의(長袖舞衣) 응형(鷹形), 1983년 광동 광주 상강 남월왕묘 출토(묘중 15건 옥
무인 출토), 광주시 남월왕묘박물관 소장
(4)불수무녀용(拂袖舞女俑), 한대(漢代), 섬서(陝西) 서안(西安) 백가구(白家口) 출토

〔그림8〕 한대(漢代) 악무(樂舞) 유물

영향을 끼쳤을 것으로 추측한다. 한국의 고대 악무는 그런 영향과 원시
적인 무무(巫舞)가 결합되어 민족 고유의 악무를 이루었다고 생각한다.

〔그림9〕 한국춤의 여러 가지 자태

3, '살풀이'는 '신풀이', '신명풀이'

한국 전통의 대표적인 춤인 살풀이 춤의 해설을 보자.

"살풀이는 한국 전통춤의 움직임의 특징인 정(靜), 중(中), 동(動)의 형식
과 내용이 잘 표현되어 있고, 한국 춤의 미적 요소인 멋, 흥, 한, 태(態)를
고루 갖춘 대표적 전통춤이다."[04]

---

04) 《한국민족문화백과사전》, 한국학중앙연구원.

일반적으로 그 뜻을 '살을 풀어버리는 춤'이란 뜻으로 알고 있으나, 앞의 '신의 해석'에서 살펴본 바와 같이, 신의 고유어가 '살'이므로 살풀이는 나쁜 기운의 '살'이 아니라, 신(神)의 '살'이요 '신명(神明)'의 '살'이다. 따라서 살풀이 춤은 '신명풀이 춤'으로 그 상징성을 고쳐 해석해야 한다.

다시 말하여 살풀이 춤은 무무(巫舞)인데, 무(巫)를 움직이는 것은 하늘기운[神]인 '살'이고, '살'은 빛살의 살이며 신의 고유어이므로, 살풀이 춤은 절대로 나쁜 기운을 풀어내는 춤이 아니다. 살을 나쁜 기운인 살(煞)로만 보는 것은 살이 신의 고유어임을 모르고, 나쁜 의미만을 남긴 한자어의 해독(害毒)이다. '煞'자는 '죽일 살, 모진 기운 살'이지만, '煞'자에 날 일(日)을 붙인 '曬'자의 훈독은 '햇빛을 쫼 쇄, 햇볕 쫼 살'인 것만 봐도 살이 햇빛과 관계있는 말임이 증명된다. 그러므로 살풀이 춤은 신명(神明)풀이 춤으로 해석해야 옳다.

신명(神明)은 살[神]을 확 풀어내어 환하게 밝히는[明] 것이 신명이다. 신명(神明)은 우리 겨레가 지닌 민족성 특유의 예술적 에너지이며 원천이다. 잠복되었던 신명이 솟아나야 우리는 비로소 춤출 맛도 나고 노래할 맛도 난다. 신명의 본질은 바로 흥(興)과 멋과 한(恨)의 정서이며 풍류(風流)의 정신이기 때문이다.

살풀이 춤에 대한 기존 해석을 좀 더 구체적으로 살펴보면 다음과 같다.

① 살풀이 장단으로 부르는 무가, 살풀이 장단으로 추는 춤, 살풀이 장단으로 연주하는 시나위의 약칭. [한국민족문화대백과사전]
② 나쁜 기운, 악귀 등 '살'을 '풀어버린다'는 뜻으로 그 이름에서 무속과 직결되는 점이 많다. 무속이나 교방(敎坊), 권번(券番)의 예기(藝妓), 또는 전문 예인을 통해서 전해졌다. 엄격한 규격이 있으면서도 속박이 없고 춤의 자태가 선명하며, 발 디딤새가 어려워도 자연스럽고 단정하고 깔끔한 민속

춤이다. 인간의 희노애락, 한과 서러움, 흥과 멋이 표현된다. 〔국악정보〕

③ 살풀이라는 말은 굿에서 살(煞)을 푼다는 뜻으로 알려졌으나, 살풀이 장단으로 된 무가(巫歌) 춤 음악이 무 의식(巫儀式)에서 살을 푸는 데 쓰인 예가 없기 때문에, 살풀이라는 말의 뜻은 아직 분명히 밝혀지지 않았다. 〔한국민족문화대백과사전〕

④ 살풀이춤은 민속춤의 하나로 살을 푼다는 의미의 춤이다. 교방에서 기생들이 추었던 여성홀춤〔獨舞〕이기도 하다. 중요무형문화재 제97호이다. 그러나 살풀이춤이라는 용어를 조선 후기까지 기록에는 찾을 수 없다. 1918년 출간된 《조선미인보감》에 기생의 기예로 '남중속무(男中俗舞, 살푸리춤)'가 나온다. 1930년대 후반의 한성준(韓成俊, 1875-1941)의 조선음악무용연구회 공연 프로그램에 살풀이춤이라는 용어가 나오면서 일반화 되었다. 〔한국민족문화대백과사전〕

⑤ 이매방류는 동작이 섬세하고 교태미를 강조하는데 김정녀, 정명숙, 김명자 등이 전승하고, 한영숙류는 품위가 있고 정숙하다. 한성준에게 배웠으며 이애주, 정재만, 정승희. 손경순 등에게 전승되고 있다. 김숙자류는 도살풀이춤이라 하는데 경기 도당굿의 굿장단에 맞추어 추며 매우 긴 수건을 양손에 들고 추는 것이 특징이다. 김운선, 양길순, 이정희 등이 잇고 있다. 〔한국민족문화대백과사전〕

③과 ④의 설명 가운데 '살풀이란 말의 뜻이 아직 분명히 밝혀지지 않았다'와 '살풀이라는 용어를 조선 후기까지 기록에는 찾을 수가 없다'는 말이 매우 중요한 지적이다. 이런 설명이 있음에도 살풀이춤을 나쁜 기운을 풀어내는 춤이라는 해석에 누구도 이의를 제기하지 않고 지낸 것은 전통 춤에 대한 기초 연구가 부실하다는 질책을 면하기 어렵다. 상고시대 천군(天君)인 무(巫)가 후세에 와서 고작 굿이나 하며 나쁜 기운을 풀어내는 존재로 전락한 이유 때문에, 살풀이춤을 나쁜 기운을 풀어내는 춤으로 오해한 현상은 전통 춤의 진면목을 가려버린 지극히 잘못된 해석임을 지적한다.

4, 한국 고대의 춤 '무천(舞天)', 영고(迎鼓), 동맹(東盟)

《삼국지》〈위서·동이전〉에 나오는 동예(東濊)의 무천, 부여의 영고, 고구려의 동맹과 같은 제천의식에서 이루어지는 집단 가무는 의식화(儀式化)된 신명풀이 춤이다. 고구려 고분벽화가 그 물징(物徵)으로 남아 있지만, 무무(巫舞)의 성격이 짙었을 그 춤은 역사 속에 파편화되면서 그 존재가 이미 사라져 갔다.

그러나 우리의 의식 저 밑바닥에는 그 숨결이 숨겨진 신의 언어로 선명히 남아 있다. 20세기에 와서 한성준에 의해 재생된 살풀이춤이 그 후신이다. 무천(舞天)의 DNA가 끊어지지 않고 살풀이춤으로 이어진 것은 그것이 한국 고대 춤의 기원이기에 그 뿌리가 한민족 뇌의 기억 속에 살아 있었기 때문이다.

〔**그림10**〕고구려 무용총 벽화

춤과 노래는 축제의 중심이다. 앞으로 한국의 축제는 신명의 춤과 노래를 구가하는 살풀이 마당으로 멋지고 흥이 넘치는 풍류의 잔치로 전환되어야 한다. 그러려면 '살'의 뜻이 빛살과 신(神)과 생명의 개념이 담긴 한민족 고유의 드높은 정신세계임을 이해하고 살풀이란 말의 진정한 의미 해석이 전제되어야 할 것이다.

무천, 영고, 동맹에서 추던 춤의 모습은 어떤 형태일까? 고구려 벽화에서 그 모습을 유추할 수 있지만, 우리가 신명에 겨워 저절로 둥실둥실 팔을 휘젓고 발을 딛는 오늘날의 춤추는 자태와 별로 다르지 않았을 것이라고 짐작할 수 있다. 그 까닭은 바로 민족의 고유한 DNA의 기억 때문이다.

5, 신라 향악(鄕樂)과 외래 악무(樂舞)

최치원(崔致遠)은 〈향악잡영(鄕樂雜詠)〉에 신라5기(五伎)의 모습을 읊은 칠언절구 5수를 남겼다.[05] 신라5기는 신라의 가무백희(歌舞百戲) 가운데 그 내용을 가장 구체적으로 보여주는 춤과 노래다. 신라5기는 그 제목과 내용을 살펴보는 것만으로도 고대 춤의 원형을 더듬어보는 좋은 연구 수단이 되므로 간단히 살펴보고자 한다.[06]

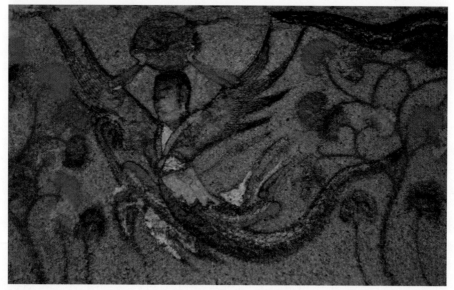

〔그림11〕 고구려 벽화 일신도, 5회분(五盔墳) 5호분, 6세기

---

05) 《삼국사기》 권32, 악지 신라악 조.

06) 《한국민족문화대백과사전》, 한국학중앙연구원.

(1)금환(金丸) : 곡예의 일종. 금방올[金丸]을 던졌다 받고 히는 놀이.

회신탁비농금환(廻身掉臂弄金丸)　　　몸 놀리고 팔 휘둘러 방울 돌리니

월전성부만안간(月轉星浮滿眼看)　　　달이 돌고 별이 뜬 듯 눈이 어지러워

종유의료나승차(縱有宜僚那勝此)　　　의료 같은 재주인들 이보다 나으랴.

정지경해식파란(定知鯨海息波瀾)　　　동해바다 파도소리 잠잠하겠네.

(2)월전(月顚) : 서역에서 전해진 탈춤의 하나. 난쟁이[주유, 侏儒] 연희.

견고항축발최귀(肩高項縮髮崔嵬)　　　어깬 솟고 목은 움칠 꼭다린 오뚝

양비군유투주배(壞臂群儒鬪酒盃)　　　여러 선비 팔 비비며 술잔 다툰다.

청득가성인진소(聽得歌聲人盡笑)　　　노랫소리 듣고서 사람들 웃어젖히며

야두기치효두최(夜頭旗幟曉頭催)　　　초저녁에 기치를 올려 새벽을 재촉하네.

(3)대면(大面) : 일종의 구나무(驅儺舞, 가면 쓰고 역귀 쫓는 푸닥거리).

황금면색시기인(黃金面色是其人)　　　누런 금빛 탈을 썼다 바로 그 사람,

수포주편역귀신(手抱珠鞭役鬼神)　　　방울채를 손에 쥐고 귀신을 쫓네.

질보서추증아무(疾步徐趨呈雅舞)　　　자진모리 느린 가락 한바탕 춤은,

완여단봉무요춘(宛如丹鳳舞堯春)　　　너울너울 봉황새가 날아드는 듯,

(4)속독(束毒): 중앙아시아 타슈켄트, 사마르칸트 일대의 소그드(Soghd, 粟特) 여러 나라에서 전래한 건무의 일종.

봉두람면이인간(蓬頭藍面異人間)　　　쑥대머리 파란 얼굴 저것 좀 보소

압대래정학무난(押隊來庭學舞鸞)　　　짝 더불고 뜰에 와서 원앙춤 추네

타고동동풍금슬(打鼓冬冬風琴瑟)　　　장구소리 두둥둥둥 바람 살랑살랑

남분북약야무단(南奔北躍也無端).　　　사븐사븐 요리 뛰고 저리 뛰노나.

(5)산예(狻猊) : 사자춤.

원섭류사만리래(遠涉流沙萬里來)　　　일만리라 유사에서 건너왔기로,

<table>
<tr><td>모의파진착진애(毛衣破盡着塵埃)</td><td>누런 털은 다 빠지고 먼지는 부옇다.</td></tr>
<tr><td>요두탁미순인덕(搖頭掉尾馴仁德)</td><td>몸에 배인 착한 덕에 슬겁게 노니,</td></tr>
<tr><td>웅기영동백수재(雄氣寧同百獸才)</td><td>온갖 짐승 재주 좋다 이와 같으랴.</td></tr>
</table>

5기(五伎)의 유래에 대해선 여러 학설이 있지만, 고유한 향악이라기보다 서역 계통의 악무에서 영향을 받은 것이라는 견해가 지배적이다.(최남선, 이혜구, 이두현)[07]

신라 말의 5기는 고려의 산대잡극(山臺雜劇)과 조선의 나례잡희(儺禮雜戲), 영남 일대의 오광대 등의 선행 예능(先行藝能)으로 파악하고 있는 것이 학계의 대체적인 인식이다. 이처럼 한민족의 춤은 고유색과 외래 요소가 섞이면서 시대의 정서를 표현하는 몸짓의 언어로 끊임없이 변천 발전해오면서 오늘에 이르렀을 것이다.

〔그림12〕 농사신〔農神〕과 불의 신〔燧神, 부싯돌 수〕을 그린 벽화 : 집안 5회분(五盔墳) 5호묘, 6세기.

---

07) 《한국민족문화대백과사전》, 한국학중앙연구원.

[그림13] 〈향악잡영(鄕樂雜詠)〉의 속독(束毒)에 속하는 호등무(胡騰舞)

호등무(胡騰舞), 당(唐), 높이 149cm, 너비 138cm, 섬서역사박물관(陝西歷史博物館) 소장
이 벽화는 당 천보(天寶) 4년(745) 그려진 그림. 악무(樂舞) 장면의 중간 일부분임. 양
측은 주악장면(奏樂場面), 무자(舞者)는 일명(一名) 눈이 깊고 코가 높은 호인(胡人),
머리는 흰 수건을 두르고 몸에는 원령장포(圓領長袍)를 입었으며 허리에는 흑대(黑帶)
를 띄고 오른손은 허리에 꽂고 왼손은 어깨 높이 들어 소매를 휘두르는 모습이다. 빙빙
돌다가 일어나 춤추는 동작이 힘이 있어 웅건하고 민첩하다. 화가의 용필은 간결하고
맛나게 세련되었다. 인물의 뛰는 동작은 순간 변화를 긁어 머물게 한 듯. 호등무의 특
징이 몰입되어 기교를 높이 뛰어넘었다. 이 일폭의 그림은 당대(唐代) 회화예술의 대표
작으로 당대(唐代) 무도 연구에 귀중한 자료이다.

호등무(胡騰舞) : 최치원(崔致遠)의 〈향악잡영(鄕樂雜詠)〉 5수에서 읊은 5종의 놀이 가
운데 속독(束毒)에 속하는 것. 중앙아시아 타슈켄트와 사마르칸트 일대의 여러 나라들
에서 전래한 검무(劍舞)의 일종, 최남선도 원방인(遠方人)이 왕화(王化)를 사모하여 때
지어 와서 가악(舞樂)을 바치는 뜻을 나타내는 가면극이라고 설명했다. 고구려가 소쿠
트 여러 나라들에서 받아들인 건무(建舞)의 일종으로 호시(胡施), 호등무(胡騰舞)와 같
은 급격한 템포의 춤이라고 생각된다.

〔그림14〕 고구려 무용총 벽화를 새로운 패러다임으로 작품화한 예(김양동 작)

〔그림15〕 당(唐) 묘실(墓室)
홍의무녀도(紅衣舞女圖)

(1) 동호종경주악무도문
　(銅壺鐘磬奏樂舞蹈紋), 전국시대

(2) 동호종경주악무도문
　(銅壺鐘磬奏樂舞蹈紋), 전국시대

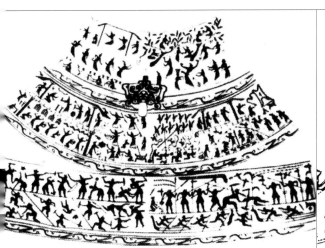

동호무무문(銅壺武舞紋), 전국시대

타배궁정연무도문(橢杯宮廷宴舞蹈紋), 전국시대

〔그림16〕 전국시대 청동기 무도문

제3장 한국 고대미술의 시원과 원형

한국 고대미술의 시원은 무엇일까? 이 문제를 해결하기란 참으로 쉽지 않다. 그러나 고대미술의 시원과 원형에 대한 상징과 해석을 작업하지 않고선, 한국미술의 기초 설계와 발전을 위한 디딤돌 하나도 놓을 수가 없다.

한국미술의 시원과 원형 문제는 논구 자체가 어렵지만, 가장 궁금해하는 것도 또한 사실이다. 그러나 아직까지 한국식의 독자적 탐구방법이나 정론 수립을 논리적으로 이룩한 바가 없다. 주로 서구적 논리를 차용하여 추상적 논급에만 그치고 있는 것이 현실이다.

가장 대표적인 예가 한반도에서 처음 등장한 토기의 문양에 대한 상징성을 제대로 읽어내지 못한 숙제를 들 수 있다.

서구 고고학의 시각을 번안(飜案)한 일본 고고학계 용어인 즐문토기(櫛文土器)를 '빗살무늬토기'[01]로 직역하여 광복 70여 년이 경과한 오늘날까지도 아무렇지도 않은 듯 그대로 쓰고 있는 형편을 보면, 한국 고대문화 원형에 대한 주체적 해석의 불감증을 짐작할 만하다. 그뿐만 아니라 고대 문양에 대한 해석도 사상과 내용을 전혀 읽어내지 못한 채 그 형태만을 보고 막

---

01) '빗살무늬'에 대해선 제II부 제1장에서 상세히 다루었으나, 이해를 돕기 위해 다시 짧게 설명하면, 이 문양을 핀란드 고고학자 아일리오(J. Ailio)가 독일어로 캄케라믹(Kamm keramik)이라 이름 지은 것을, 일본 고고학자 후지다 료사쿠(藤田亮策)가 즐문토기(櫛文土器)로 번안하였고, 즐문의 櫛이 빗 즐자(字)인 까닭에 김원룡 교수가 '빗살무늬토기'로 직역한 이름이다.

연하게 추상적, 기하학적, 상징적 문양[02]이라거나 어골문(魚骨紋)[03]이라고 말하고 있는 부분에 이르러선 반드시 철저한 검토가 필요하다.

문양을 '생각의 지문' 또는 '문화의 거울'이라고 한 사실에 유의한다면, 이른바 '빗살무늬(櫛文)'로 통칭돼온 이름은 한국미의 시원사상과 원류를 담아낸 이름이 결코 될 수 없다는 사실을 직시해야 할 것이다.

미술의 요소는 형태, 면, 선, 색, 문양이다. 이런 요소를 갖춘 미술이 처음 나타난 것이 미술의 기원일 터인데, 그것은 대체로 신석기시대의 도기(陶器)부호, 동굴벽화, 암각화 등에서 그 자료들을 찾아볼 수 있다. 한국의 고대미술도 이와 마찬가지로 한반도에서 최초로 등장한 신석기시대의 문화적 생산물인 토기가 한국미술의 기원이 됨은 두말할 필요가 없다. 그렇다면, 토기라는 미술품이 지닌 조형미와 거기에 표현된 문양이 한국미술의 시원이 되고 원류가 된다는 것은 의심할 여지가 없다. 따라서 신석기시대 토기의 문양에 저장된 정보와 상징성을 제대로 해석해내는 길이 곧 한국미술의 시원과 원형을 올바르게 짚어내는 지름길이라고 하겠다.

왜냐하면 "문양은 그 시대 사람들의 의식의 반영이며 정신활동의 소산임과 동시에 창조적 미화활동의 결과이다. 또한 문양은 이상적인 삶에 대한 현실적 기원을 의탁하는 일종의 주술적 대상으로서의 성격을 지니고 있다."[04]고 하는 사실 때문이다.

문양은 자연의 옷이다. 하늘의 문양은 천문(天文)이고 땅의 문양은 지리(地理)다. 그래서 천문지리와 문리(文理)란 어휘가 생겼다. 한자 '文'의

---

02) 안휘준, 《한국의 미술과 문화》, 시공사, 2008, 43쪽.

03) 유홍준, 《한국미술사 강의 I》, 눌와, 2010.

04) 《한국민족문화대백과사전》, 한국학중앙연구원.

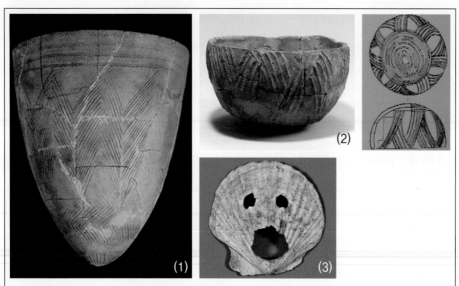

(1)빗살무늬토기 : 신석기시대, 높이 46.5cm, 입지름 32.8cm
　서울 암사동 출토, 경희대학교박물관 소장
(2)덧무늬토기 : 높이 9.6cm, 통영 연대도7호 패총 출토, 국립중앙박물관 소장
(3)패면(貝面) : 부산 동삼동 출토, 길이 11.6cm, 국립중앙박물관 소장

[그림1] 한국의 고대미술 – 신석기시대 유물

첫 번째 뜻은 무늬, 채색, 결 등이다. 자연의 무늬와 빛깔의 무늬란 뜻이다. 또 그것을 그리는 것은 '그림'이다. 그림을 추상화한 기호가 글자이며 '그림'을 축약하면 '글'이 된다. 글자를 문장화한 것은 글월이다. 이와 같은 어원과 음운의 연관성은 그림과 글의 기원과 관계를 분명하게 밝혀주고 있다.

문양이 사람 몸에 붙으면 문신이 된다. 원시시대 인간은 맹수로부터 자신을 방어하기 위해 자연을 닮은 문신(文身)을 하였다. 문신의 일차적인 목적이 방어에 있었다면, 이차적인 진화는 종교, 사상, 신분, 권위 등

총체적인 미의식이 개입된 원시회화라고 할 것이다. 원초석인 문신이 몸에서 떠났을 땐 옷과 직물의 문양으로 이동됐다. 그 단계는 미술을 지각한 창조 행위가 놀랍게 진보된 단계에 이르렀을 때다.

1, 한국 문양의 시원은 빗살무늬
−획(劃)과 밝음의 미학인 빗살무늬는 한국 추상회화의 원형−

미학적 견지에서 한국미의 특질을 처음으로 이론화한 사람은 일본 민예학자 야나기 무네요시(柳宗悅, 1889~1961)다. 야나기는 한국미의 특질을 '선(線)의 미(美)'와 '한(恨)과 비애(悲哀)의 미'로 규정하고선 여러 가지 예를 들었다. 야나기의 이러한 주장은 한국미의 특질을 말한 최초의 견해로서 탁월한 바가 없지 않지만, 그의 주장은 식민지 미학관의 발로라는 지적을 면하기 어려운 데가 있다. 그럼에도 그의 주장이 오랫동안 인구에 회자되어온 것은, 그 이론을 뛰어넘을 한국미 모형(母型)의 원리를 발견하지 못하였기 때문이다. 그러나 한편으로는 야나기의 주장을 극복하고자 많은 미학자들이 새로운 이론을 펼치기도 했다. 그러나 대부분의 이론은 과학적인 사실에 바탕을 둔 논리적인 전개라기보다 일종의 감상에 치우친 인상비평과 같은 이론을 내세우다보니 너무 공허한 감이 드는 것을 피할 수 없었다.

그런데 야나기가 한국미의 핵심을 '선의 미'라고 한 말과 그 성격을 '한과 비애의 미'라고 규정한 그 대목에는 중대한 오류가 있다. 지금까지 그 오류를 지적하고 비판한 글은 적었지만, 이 글에선 '선의 미'와 '한과 비애의 미'라고 규정한 바로 그 대목을 분석 비판하여 한국미의 본질을 새롭게 정립해보고자 한다.

이 땅에 나타난 최초의 문양은 신석기시대 토기의 문양이다. 여기에 나타난 문양의 상징성은 천손족의 태양 숭배사상을 반영한 '빛살무늬'라고 이미 해석한 바 있다. 빛살무늬는 태양의 광망을 간결하게 디자인한 '밝고 환한 광명의 생명세계'를 그려낸 고대의 상징기법이다. 또한 빛살무늬는 그 시대 원시종교의 주술적 의미를 담아낸 언어적 부호이며, 인간이 간절하게 갈망한 '神'을 나타낸 문양이기도 하다. 이러한 정보가 내장된 빛살무늬가 한반도에선 신석기시대부터 최초로 등장하였기 때문에 그것이 한국미술의 시원이요 원형이라고 설명했다. 빛살무늬는 미술뿐 아니라 모든 한국문화의 모형(母型)의 원형으로서 오랜 세월에 걸쳐 작용돼 온 에너지원이었다. 그 차원은 무한히 높고 넓고 크고 환한 차원이다. 밝은 광명의 세계다. 그러므로 빛살무늬의 본질은 야나기가 말한 것처럼 절대로 곱고 가늘고 낭창거리는 '선(線)'의 성질이 결코 아니다. 굵고 투박하면서도 싱싱한 생명력이 넘치는 원시적인 '획(劃)'의 성질이다. 그것이 한국미술의 원형이자 미학의 세계라는 것이다.

다시 획과 선의 개념에서 차이를 밝혀보면 다음과 같다.

획(劃)

(1) 부피와 면적이 고르지 않다
(2) 굵고 가늘고 흔들림과 리듬과 변화가 많다
(3) 속도에서 빠르고 느린 자연스러움이 있다
(4) 곡선과 직선이 혼재되어 있다
(5) 서예의 필획과 같다
(6) 원시적 고졸미가 있다
(7) 인간적이며 생명력이 있다

선(線)

(1) 부피와 면적이 일률적이다
(2) 흔들림과 리듬과 변화가 없다
(3) 속도가 처음과 끝이 같다
(4) 대부분 직선이 많다
(5) 자를 대고 긋는 것과 같다
(6) 건조하고 세련되었다
(7) 기계적이며 도시적이다

다음으로 야나기의 '한(恨)과 비애(悲哀)의 미(美)'라고 말한 오류에 대해서 비판해보자. 한국미의 성격이 '恨과 悲哀'에 있다고 규정한 야나기의 주장은 한국인의 의식구조를 형편없이 부정적인 구조로 만들어버렸다. 한국인은 상고 때부터 무천, 영고, 동맹의 기록에서 볼 수 있듯이 술과 노래와 춤을 즐기며 웃음과 해학이 풍부한 낙천적인 민족성을 지닌 민족이다. 빛살과 같은 광명세계를 이상으로 추구한 민족이다. 그럼에도 식민지의 백성으로서 슬픔과 한탄 속에 도전과 용기와 희망을 잃은 민족, 체념과 패배의식에 젖은 불쌍한 민족이란 규정은 야나기가 의도했건 안 했건 간에 우리 민족성 형성에 가공할 만한 부정적 결과를 초래했다. 아직도 한심한 것은 야나기의 이러한 이론을 추종하며 한민족의 미의식을 '한과 비애의 미'라고 주장하고 있는 사람들이 남아 있다는 사실이다.

다시 말하여 한민족의 미의식은 태양과 같이 환한 **'밝음의 미학'**이 그 원형이다. 그러한 광명사상은 홍익인간(弘益人間)으로 진화 발전한다. 그런 미의식을 극도로 추상화한 것이 빛살무늬로 상징되었다. 빛살무늬의 상징은 우리 민족이 화려하고 복잡하거나 기교적인 아름다움을 추구하지 않고 간단 소박하고 질박한 아름다움을 추구하게 된 배경이 되었다. 그러므로 한민족을 백의민족(白衣民族)으로 부르게 된 일이 어찌 우연한 일이겠는가? 태양색인 백색을 가장 좋아하는 심성을 지닌 민족이었기에 가능한 일이다.

〔그림2〕 빛살무늬의 기억, 김양동 작(作)

[그림3] 울산 울주군 천전리 선사시대 암각화, 너비 9.5m, 높이 2.7m, 국보 147호, 1970년 12월 동국대 학술조사팀(단장 문명대 교수)이 발견, 1971년 2차에 걸쳐 조사한 뒤 1973년 국보로 지정됨.

2, 한반도 암각화는 한국 원시미술의 척추(脊椎)
-반구대 암각화는 북방 수렵문화와 남방 해양문화가 마주하는 풍어제(豊漁祭)의 기원처(祈願處)-

빗살무늬 획의 계보는 그 뒤 청동기시대의 울산 천전리 암각화와 반구대 암각화, 고령 양전동(알터) 암각화와 같은 계보로 이어진다. 암각화는 가공하지 않은 원시적 투박함과 거친 질감 속에 농부의 체질과 같은 자연미가 숨 쉬고 있는 것이 특징이다. [그림 3, 4, 5, 6]과 같은 청동기시대의 암각화는 빗살무늬와 더불어 한국미술의 원류로서 작용해 왔다. 현대 한국 추상회화를 모노크롬이나 미니멀아트와 같은 서구의 영향이

〔그림4〕 울산 울주군 반구대 암각화

〔그림5〕 울산 울주군 반구대 암각화(부분), 국보 제285호

〔그림6〕 고령 양전동 암각화(부분)

라고 말하고 있지만, 나는 그것을 한국인의 체질 속에 기억되었던 빛살무늬의 DNA가 첨예한 현대적 감성과 세심한 사유로써 시대의 미감으로 현현된 것이라고 믿는다.

태화강 상류 대곡천의 반구대 암각화는 수렵문화와 어렵문화가 혼재된 암각화로서 선각(線刻), 면각(面刻), 쪼기 등 기법이 다양하다. 고래와 호랑이, 사슴, 멧돼지 등 암각화의 주제는 다종다양한데〔그림4, 5〕, 지형적 위치로 볼 때 그곳은 청동기시대 사람들이 풍어제(豊漁祭)를 지내며 주술적 염원을 새겨놓았던 고대문화의 기원의 장소가 아닌가 생각된다. 또한 바다에서 올라오는 남방 해양문화와 대륙에서 내려오는 북방 수렵문화가 접점하여 서로 교환하는 고대문화의 특별한 문화 교류 장소로도 볼 수 있다.

반구대 암각화에 견주어 울산 울주군 천전리 암각화〔그림3〕와 고령 양전동 암각화〔그림6〕는 공통적으로 태양숭배를 반영한 빛살무늬를 다양하게 변용하여 새겨놓은 곳으로, 그곳은 제천의식을 거행하던 제단으로 추정하고 있다. 소용돌이무늬〔渦紋〕, 마름모꼴〔菱形〕, 세모꼴〔三角形〕 등으로 부르는 즉물적 이름들은 태양의 이미지로 상징화한 추상성 강한 조형들이다. 그러나 모두 모형(母型)의 원리는 빛살무늬를 뿌리로 하고 있다.

〔그림7〕 반구대 암각화 부분

〔그림8〕 고구려 각저총 벽화　　　　　　〔그림9〕 고구려 무용총 주실(主室) 서벽 수렵도

3, 고구려 벽화에 계승된 한국 미술의 원류
― 고구려 고분벽화는 한국 미술의 등뼈 ―

고구려 고분벽화와 광개토호태왕비는 한국미술의 원류 계보에서 빼놓을 수 없는 부분이다. 광개토호태왕비는 414년(장수왕 2년)에 세워진 한국 최고(最古), 최대(最大)의 거비(巨碑)로서 비의 글씨체(字體)는 빛살무늬 토기의 원형질이 그대로 녹아들어 있다. 1800여 자에 이르는 비문의 가용 한자 수는 5세기 초 고구려 문화의 수준을 말해준다. 비문의 내용도 문학적으로 한국 서사문학의 남상(濫觴)이다.

광개토호태왕비 글씨체의 획은 마치 푹 익은 보리밥이나 삼배와 같이 꾸밈없는 질박한 미감이 그 본질이다. 늠름한 북방기마민족의 기상을 잘 담아낸 서체다. 이러한 고구려 서예의 미감은 신석기시대 토기와 암각화의 원형질을 계승하고 빛살무늬의 획질을 뿌리로 삼았기 때문이다. 이는 태양을 숭배하며 동명(東明)사상을 근본으로 한 고구려의 미학이 낳은 당연한 결과라고 하겠다.

이러한 고구려 미학은 4세기 후반부터 7세기까지 고분벽화에서 더욱 다

〔그림10〕 울산 울주군 천전리 암각화와 광개토호태왕비문의 획질 비교

양하게 펼쳐져 꽃을 피우면서 한국미술의 척추가 되었다. 고구려 고분벽화
는 채색과 회화의 구도가 중국 고분벽화의 영향을 받았지만, 점차 거기에서
벗어나 고구려의 독자적인 고분벽화로 발전했다. 빗살무늬와 같은 원시성
은 줄어든 것과 달리, 예술적 내면화는 더욱 심화되어 깊이 스며들어 갔다.

4. 빗살무늬는 한국 추상회화의 원형

신석기시대 빗살무늬와 청동기시대 암각화와 같은 획질은 태양숭배가
반영된 문양에 속한다. 그러한 빗살무늬 계보는 한국 추상회화의 원형으
로서 현대 추상회화 작가들의 작품 배경에도 알게 모르게 그런 힘이 작용
하고 있다. 추상화가나 어떤 평론가도 빗살무늬를 한국 현대 추상회화의
연원으로 밝힌 적은 없지만 그 물징은 분명하다.

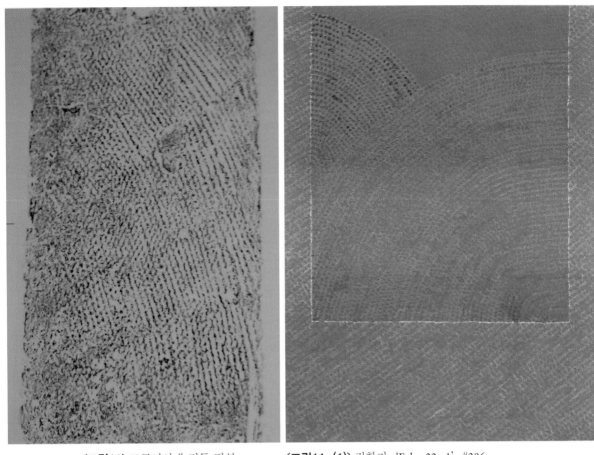

〔그림11〕 고구려시대 전돌 탁본 　　　〔그림11-(1)〕 김환기, 'Echo 22-1', #306
　　　　　　　　　　　　　　　　　　　캔버스에 유화, 165×125cm

　　현대 추상화가의 대부격인 김환기 화백을 비롯하여 곽인식, 정상화, 박
서보, 서세옥, 이우환, 하종현, 윤명로, 오수환 등 대표적 추상화가들의
작업을 보면, 그들 스스로가 인지했건 못 했건 간에 빛살무늬와 삼국시
대 토기 및 분청자기와 같은 문양의 인소(因素)가 발견된다. 이와 같은 현
상은 한민족에게 저장된 미의식의 DNA가 그들 뇌의 기억 속에 잠재되어
있다가 작품으로 재생되어 나타난 모습이라고 나는 느낀다. 이것은 한민
족이 지닌 미의식의 역사적 줄기가 수백 년 아니 수천 년의 시간적 거리

를 뛰어넘어 조건만 되면 잠재되었던 미감이 새로운 생명의 미감으로 돌아나는 초월적 현상이라고 나는 생각한다.(〔그림11-(1)〕, 〔그림12-(1)〕, 〔그림13-(1)〕 참조)

5, 한국 미술의 뿌리, 빛살사상은 곧 홍익사상

한반도에서 인간의 원시사유가 개입된 최초의 문양인 빛살무늬는 한국미술의 시원이다. 그 원형인 '획'은 한국문화의 모형(母型)으로서 한국 추상회화의 원리로 작용되었다고 판단한다. 이렇게 한국문화의 모형의 원리, 원형, 원형질로 표현하는 빛살무늬는 태양을 숭배하며 천손족으로 자처하던 고대 한민족이 그들의 원시사유를 문양화한 언어적 기호로서 '밝고 환한 광명의 생명세계'가 그 상징세계라는 것을 다시 말해둔다.

결론적으로 한국미술의 시원은 신석기시대 빛살무늬에 그 뿌리를 두고 있으며, 그것은 야나기 식의 '선(線)의 미(美)'가 아니라 건강한 생명력을 지닌 원시적 '획(劃)의 미(美)'가 본질임을 밝혔다. 또한 한국미의 성격도 '한(恨)과 비애(悲哀)의 미(美)'가 아니라 밝고 환한 '밝음의 미학'이 본질이며, '밝음의 미학'은 상고시대부터 우리 민족의 고유한 미학 세계를 형성하는 중심사상과 철학적 배경으로 작용하였다는 논리를 펼쳤다. 이러한 논리는 우리의 고유한 정신과 사상이 압축된 위대한 홍익사상 속에 고스란히 수용돼 있다. 따라서 홍익사상의 구현이 우리의 미학 세계를 발전 심화하는 길임을 터득할 일이다. 홍익사상은 최치원(崔致遠)이 말한 현묘지도(玄妙之道)인 풍류사상과 유, 불, 도(儒佛道)를 혼용하여 접화군생(接化群生)하는 우리의 고유사상이다. 그것은 위대한 빛살사상이다. 온 세상을 이롭게 밝힐 '사람 중심 사상〔人本主義〕'의 홍익사상이다. 한국미술의 기원은 바로 거기에 뿌리를 박고 있다.

〔그림12〕 빗살무늬 토기 부분   〔그림12-(1)〕 박서보, '묘법(描法) NO 910711' 194cm×130cm

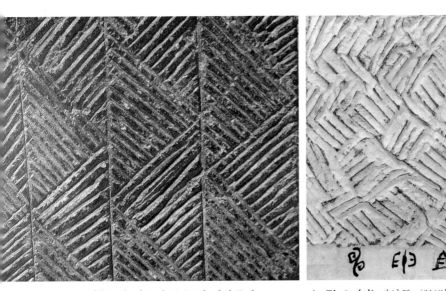

〔그림13〕 동경(銅鏡) 거푸집(鎔范)의 빗살무늬

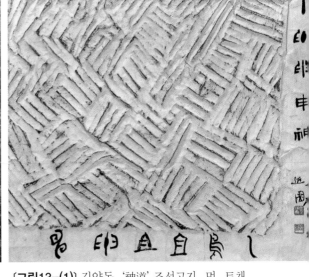

〔그림13-(1)〕 김양동, '神道' 조선고지, 먹, 토채
49.5cm×37cm, 1995

〔그림14〕 환도산성과 고구려 무덤 떼〔古墳群〕

제4장 한국 서예의 원류와 광개토호태왕비(廣開土好太王碑)

1, 들어가는 말

〔그림1〕 1920년대 모습

〔그림2〕 1998년 촬영
(비를 쳐다보고 있는 김양동)

광개토호태왕비는 지난 1세기 동안 하나의 학문 분야를 형성할 정도로 가장 많은 연구 성과가 축적되어왔기 때문에 특별한 연구와 내용 제시는 매우 어려울 정도이다. 그래서 이 장에서는 광개토호태왕비 건비 1600주년을 맞아 금석학 분야에 국한하여 종전에 제시되지 않았던 견해 한 가지를 발표함으로써 학계의 가르침을 받고자 한다.

광개토호태왕비는 우리 민족의 손으로 짓고, 쓰고, 설계한 최초의 비(碑)이자, 현존하는 금석문 가운데에서 가장 오래된 엄청난 사료(史料)이다. 그 속에 저장된 정보의 양은 막대하며 그 시대의 사서(史書)를 능가하는 가치를 지닌 금석문이다. 따라서 광개토호태왕비는 5세기 초 동북아시아의 군사, 정치, 외교, 경제를 망라한 표준 텍스트이며, 동시에 고구려의 역사, 지리, 금석학, 언어, 문학, 신화, 종교, 제도, 풍속 등을 연구할 수 있는 자료의 보고이다. 그러므로 고구려, 아니 고대 한국의 정체성을 짚어내는 첫 관문은 광개토호태왕비의 연구라 할 수 있다.

중국에 예속되지 않고 한국인의 손으로 짓고, 쓰고, 설계한 최초의 비(碑), 광개토호태왕비의 위대한 문화 예술적 가치는 측량할 수 없으나, 다음 몇 가지가 특히 중요하다고 본다. 그러나 본고에선 (1)과 (2)의 내용에 국한하여 발표하는 데 집중하고자 한다.

(1) 특이한 비제(碑制)에 대한 연구와 검토
(2) 서체의 연원과 상징, 그 선정 이유와 고구려 정체성
(3) 비문의 서술 방식과 고구려식 문장에 대한 연구와 검토
(4) 가용(可用) 한자와 고구려식 향찰 표기 연구
　　－ 고구려 언어문화와 고대국어
(5) 한국형 신화의 최초 기문(記文)으로 한국 서사문학의 효시(국문학사적 가치)

위의 모든 것은 5세기 초 고구려 왕실을 비롯한 최고 엘리트들의 집단으로 참여해서 만든 고구려 문화의 상징적 산물이 광개토호태왕비다. 다시 말하여 광개토호태왕비는 고구려 최고급 문화를 총집결해놓은 것이나 다름없는 고구려의 가장 빛나는 유물이다.

2. 광개토호태왕비의 비제(碑制)와 그 특징

광개토호태왕비는 같은 시대 중국에선 볼 수 없는 독특한 비의 형식을 갖추고 있다. 외형은 정확히 말하여 비(碑)가 아닌 갈(碣)인데, 워낙 거석이라서 비(碑)로 통칭되고 있다. 비의 제반 제원은 다음과 같다.

(1) 비의 형식 : * 높이 6.34m의 방주형(方柱形)
　　　　　　　 * 폭　1면 : 1.48m　→ 동향
　　　　　　　　　　2면 : 1.35m　→ 북향
　　　　　　　　　　3면 : 2m　　　→ 서향
　　　　　　　　　　4면 : 1.46m　→ 남향
　　　　　　　 * 무게 약 37톤

(2) 석질 : 현무암질 화산석(火山石) / 각력응회암(角礫凝灰巖)
(3) 화강암 받침돌〔臺石〕 : 가로 3.35m×세로 2.7m / 두께 20cm의 받침돌
　　　　　　　　　　　　　 현재 금이 가서 세 조각이 나 있음.
(4) 장법(章法) : 4면 괘선(掛線)에 환각(環刻)으로 총 44행(行), 행마다〔每行〕 41자, 총 1775자 (그 가운데 141자 판독 불가)
(5) 자경(字徑) : 16cm～11cm, 대체로 14cm～15cm가 많고 간가(間架)가 균등함

비의 제원에서 외형상 특징은 마애와 같은 네모난 기둥형〔方柱形〕의 자연석을 조금 손질하여 개석(蓋石)과 귀부(龜趺) 없이 세운 점이다. 이와 같은 비의 형태를 두고 총문준(叢文俊, 길림대 교수)은 제2회 고구려 국제학술대회(1996년)에서, 광개토호태왕비의 비제(碑制)에 대하여 ① 변방의 소수민족으로서 중국의 비형식과 제도를 따르지 않은 점, ②비액(碑額)이 없는 점, ③묘전(墓前)에 세우지 않은 점 등을 들어 고구려는 비석을 세우는 일을 그다지 정중하게 대하지 않았던 것이며, 그것은 고

구려의 각석서법(刻石書法)이 발달하지 못한 지역적인 편벽성이나 문화적 폐쇄성에서 초래된 문화의 후진성이라고 파악하였다.[01]

이에 토론자로 참여한 나는 "광개토호태왕비는 거석(巨石)의 석질(石質)이 현무암질 화산암이기 때문에[02] 자경(字徑)이 큰 마애서법으로 웅혼하면서도 질박하게 새길 수밖에 없었을 것으로 보며, 또 마애의 수법을 선택했기 때문에 비액을 없앤 것이라고 본다. 그리고 1935년 현지 조사에서 거석(巨石)을 세운 뒤 문자를 쓰고[書] 새긴[刻] 것으로 고증된 바, 만약 그렇다면, 광개토호태왕비는 1775자의 비문의 작성 체제를 어떻게 할 것인가 하는 문제를 두고 왕과 막료들이 깊이 논의한 후 작성했을 것이다. 문자를 쓰고 새김에 있어서는 나라 안 최고의 필가(筆家)와 각수(刻手)가 선정되어 담당하되, 자수에 따라 비면에 문자 포치와 설계는 사방의 석면을 정확히 재고 측량하여 글자 한 자의 크기를 얼마나 크게 할 것인가 하는 문제를 전문적으로 연구한 후 결정했을 것이다. 그다음 괘선을 치고 좌우상간(左右相間)도 고려하여 문자 포치(布置)를 마쳤을 것이다. 따라서 광개토호태왕비는 돌의 선택과 운반 및 설치, 비신(碑身)의 위치 선정, 비문에 담을 내용과 서체의 확정, 각공의 서각에 이르기까지 장수왕이 직접 지휘하여 최대의 정성을 드리고 경건함을 갖춘 부왕(父王)의 기념 훈적비(勳績碑)라고 보기 때문에, 5세기 초 '고구려 문화의 집약'이라고 보는 것이 가장 정당한 평가일 것이다."[03]라고 하여 총문준 교수의 고구려 문화 폄훼 발언을 따졌던 일이 있다.

---

01) 총문준(叢文俊), 〈고구려 호태왕비 문자와 서법에 관한 연구〉, 《광개토호태왕비 연구 100년 고구려국제학술대회 발표논문집》, 고구려연구회, 1996.

02) 비가 발견될 당시 비를 덮은 풀과 작은 나무, 이끼 등을 제거하고자 말똥을 발라 태웠기 때문에 열을 받아 돌이 균열되어 문자가 박락되는 현상이 더 촉진되었다.

03) 김양동 · 총문준, 〈고구려 호태왕비 문자와 서법에 관한 연구〉 토론문, 《광개토호태왕비 연구 100년》, 고구려연구회, 1996.

토론문에서 지적한 것처럼 광개토호태왕비의 비제(碑制)는 그 자체가 고구려식 문화의 정수(精髓)로 읽어야지, 중원의 비제와 비교하여 논할 필요가 없다. 당시 동진(東晉)과 교섭이 활발했던 고구려가 중원의 화려한 비제 양식을 몰라서 그런 것은 아니기 때문이다. 질박을 숭상한 고구려의 민족성이 낳은 예술적 원형질과 문화의 정체성이 그처럼 당당하고 자신감 있게 우뚝하였다는 증거이다.

광개토호태왕비는 비수(碑首)의 조각과 귀부(龜趺)가 없지만, 가로 3.35m, 세로 2.7m, 두께 20cm로 된 화강암 받침돌 위에 37톤의 거대 비석을 올려놓은 특이한 형식이다. 지금 받침돌은 금이 가 있지만, 비를 받쳐주고 있는 현상엔 아직 지장이 없다. 그런데 여기서 유념할 한 가지는 고구려의 토목기술의 놀라운 과학성이다. 1600년이 지나도록 도괴되거나 기울어짐이 없이 버텨준 흙다짐을 비롯한 설치 공법은 유명한 고구려 축성(築城)술과 함께 그 과학성이 반드시 연구되어야 할 분야다.

마지막으로 비신의 향방 문제다. 제1면 동향, 제2면 북향, 제3면 서향, 제4면 남향의 순서로 정한 것은 천손족으로서 태양숭배의 고구려 고유 사상을 반영한 위치 선정이라고 해석된다. 곧 제1면을 동쪽으로 향한 것은 태양숭배에서 온 동명사상(東明思想)을 상징한 것이다.

3, 광개토호태왕비 서체의 연원과 그 성격

광개토호태왕비의 건립은 414년(장수왕 2년)이고, 동진(東晉)의 왕희지는 379년에 죽었다. 왕희지 사후 35년 뒤에 세운 비가 광개토호태왕비다. 여기서 왕희지를 꺼낸 이유는, 동진과 교섭이 활발했던 고구려가 왕희지체와 같은 남조풍의 행서나 해서를 제쳐두고 왜 400년 이상 역사를 거슬러 올라가 서한(西漢)시대의 고예(古隸)를 광개토호태왕비의 서체로 선택했을까 하는 문제를 말하고자 함이다.

당시 고구려의 통용 서체는 예서가 아니라 행서와 해서였다. 광개토호
태왕비와 비슷한 시기의 묵서묘지명 가운데 해서체 묵서명은 다음과 같
은 것이 있다.

(1)광개토호태왕비보다 57년이나(고국원왕 27년, 357년) 앞선 황해도 안악
군 용순면 유순리 소재의 현재 북한 국보 제23호인 안악3호분은 1949년 발
견되었다. 7행 67자의 동수(冬壽) 묘지(墓誌)는 서체가 해서다.

(2)408년(광개토호태왕 18년)에 축조된 평남 남포시 강서구역 덕흥동 소재
의 덕흥리 고분은 북벽 통로 입구 위쪽에 14행 의 600여 자에 이르는 유주
자사 진(鎭)의 해서체 묵서명이 있다.

(3)1935년 발견된 5세기 초에 축조된 집안에 있는 모두루 묘지명은 800여
자에 이르는 비등한 운필의 글씨체가 매우 뛰어나다. 해행(楷行)서체 묵서
명이다. 현재 250여 자만이 판독 가능하다.

위의 세 가지 묵서명 가운데 안악3호분의 동수묘지와 덕흥리 고분의
묵서명은 광개토호태왕비보다 연대가 빠른데도 서체가 해서다. 이런 사
실을 보면, 당시 고구려의 통용 서체는 해서와 행서였음을 알 수 있다.
변방이어서 중원의 서체 변동을 몰랐기 때문에 광개토호태왕비와 같은
고체가 등장하였다는 총문준 교수의 말은 틀린 말이라고 하겠다.

그러면 광개토호태왕비의 예서체는 어떤 배경에서 시대를 거슬러 그
런 서체를 선택했을까 하는 문제가 궁금하다. 장수왕을 비롯한 고구려인
들의 진실한 뜻을 비록 알 수 없으나, 그 연원을 추적하는 어려움만큼 적
지 않은 즐거움이 있다.

앞에서 말한 총문준 교수는 광개토호태왕비 서체를 "변원(邊遠) 지역

[그림3] 덕흥리 고분 묵서명(408년, 광개토호태왕 18년), 북한 국보 제156호, 2004년 유네스코 세계문화유산 등재

[그림4] 모두루(牟頭婁) 묵서 묘지명, 집안 하양어두(下羊魚頭) 소재, 1935년 발견

의 소수민족들이 한문화를 접수한 뒤에 남긴 비교적 돌출한 지방적인 특색의 서체"라고 하고 그런 서체를 '구체명석서(舊體銘石書)'라고 이름 붙였다. 이에 대하여 나는 토론문에서 다음과 같은 주장을 폈다.

"고구려가 왜 그런 서체를 선택했는가 하는 문제는 국력을 기울인 비의 건립 의미를 생각할 때, 국가의 권위와 위엄을 갖춘 '국자(國字)의 정형체(定型體)'가 필요했고 그것을 비문의 글씨체로 사용한 다음, 다시 '의식용(儀式用) 서체'로 개발하고자 한 의도가 있었던 것으로 해석한다. 그러기 위해서 고전미, 장중미, 장식미를 갖춘 품격 높은 서체를 고려한 고예(古隸)의 선택은 고구려의 자발적인 의지의 선택이지 절대로 문화의 퇴행성이 아니라는 것이 바른 시각이다."[04]

광개토호태왕의 서법은 동시대 소수민족 정권 지역 안에서 유행한 북조의 서법 가운데 특히 전문(塼文)과 근사(近似)하며 동진(東晉)의 전문(塼文)과도 일치한다. 더욱이 낙랑의 전문(塼文)은 결정적 자료가 되었을 것으로 판단된다.

그런데 최근 매우 귀중한 자료를 얻고 그 자료를 광개토호태왕비 서체와 연결하여 볼 때 모종의 희미한 가능성을 발견할 수 있었다. 그것이 사실은 본 발표의 핵심이다.

4. 광개토호태왕비와 알선동(嘎仙洞) 북위(北魏) 석각문(石刻文) 서체의 비교와 검토

내몽골 만주리(滿洲里) 위쪽 소흥안령과 대흥안령의 산록이 접하는 지

---

04) 김양동, 앞의 글.

억인 오론춘(Oronchun)사치기(鄂倫春自治旗) 아리하진(阿里河鎭) 서북 10km 지점 알선동(嘎仙洞)의 암벽에 천연 동굴이 있다. 그곳이 탁발선비 조선구허석실(拓跋鮮卑祖先舊墟石室)이다. 지표상에서 동굴의 위치까지 높이는 약 25m이고, 동굴의 입구는 서쪽에서 남향으로 삼각형 모습이다. 동굴의 입구 너비는 약 19m, 높이는 약 12m, 동굴 길이 약 100m, 동굴 안 너비는 9~20m, 천장 높이는 6~20m이다.

전체 동굴의 규모는 1000명 이상 3000명까지 수용할 수 있는 공간으로 끝은 막혀 있다. 1980년 동굴 입구 15m 지점 서쪽 벽 위에서 북위 태평 진군(太平眞君) 4년(443) 태무제(太武帝)가 파견한 알자복야 고육관(庫六官)과 중서시랑 이창(李敞)이 도착하여 제사 지내고 축문을 석각한 것이 발견되었다. 19행 201자의 각문은《위서(魏書)》의 기록과 기본적으로 내용이 서로 부합된다. 그 탁본을 검토한 결과 석각 축문의 자형이 광개토호태왕비와 비슷한 요소가 매우 많음을 발견하였다.

광개토호태왕비는 414년, 알선동 석각은 443년 약 30년 동안의 차이가 있으나, 같은 장수왕 시대라는 공통분모가 있다. 두 비의 직접적인 관계는 없다고 판단하지만, 그러나 북위와 고구려, 고구려와 북위의 관계는 멀리 혈통이나 문화적 동질성이 분명 있을 수 있기 때문에 미감에 대한 원형질이 같을 수도 있다. 그런 미감의 원형질이 중원 서법의 영향과는 관계없이 문자 DNA의 부름을 받아 조응한다고 생각한다. 이 말은 고구려나 북위가 선비족의 피와 정서를 공유하였다는 것을 상징한다. 환경과 역사적 조건에 따라 다르게 살아 왔어도 그 정신의 DNA는 변질되지 않는 것이 신(神)의 조화라고 하겠다.

우리는 선비를 이상적인 인간상으로 여기고 그 정신을 추구하지만, 정작 '선비'란 어휘가 고유어인지, 한자어인지도 모르며 그 어원조차 모르는 것이 현실이다. 선비는 오랑캐가 아니라 분명 우리 조상과 관계가 있는 종족이라고 생각한다. '선비(鮮卑)'란 족명(族名)은《삼국지(三國志)》,

〔그림5〕알선동 선비 조선 구허 석실 각석(嘎仙洞 鮮卑 祖先 舊墟 石室 刻石) 탁본

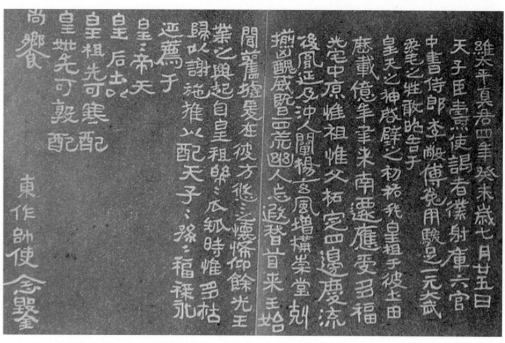

〔그림6〕알선동 선비 선조 구허 석실 석각 모각본

《후한서(後漢書)》〈29〉, 《진서(晉書)》, 《16국춘추(十六國春秋)》 등 사서(史書)에 기재하기를, 선비는 동호(東胡)의 한 갈래인데 BC 3세기 말 흉노의 격파로 분열되어 한 갈래는 오환산(烏丸山 또는 烏桓山)으로 들어가 오환족(烏丸族, 烏桓族)이 되고, 또 한 갈래는 선비산(鮮卑山)으로 들어가 선비족(鮮卑族)이 되었다고 기재하여 놓았다. 모두 웅거한 산 이름을 따서 족명을 삼은 것이다. 선비산의 위치는 내몽고자치구 오론춘자치기(鄂倫春自治旗) 경내의 대흥안령(大興安嶺) 북단(北段)에 있는 알선동(嘎仙洞) 부근으로, 1980년 내몽고고고공작대의 조사 발굴에 의해 고증되었다. 고조선의 유민(遺民)이 한반도로 들어온 뒤에 우리 민족이 되었고, 다른 곳으로 도망간 유민(遺民)은 말 그대로 류민(流民)이 되어 대흥안령[鮮卑山]의 산곡간(山谷間)에 흩어져 숨어 살며 한족에게서 고조선의 비천한 놈이라는 멸칭인 선비(鮮卑)라는 이름으로 남았다고 추정한다. 선비산에 들어가 살았기 때문에 선비족이란 이름을 얻게 되었다는 말은 다만 문헌에 남은 기록의 윤색이라고 봐야 할 것이다. 도리어 선비

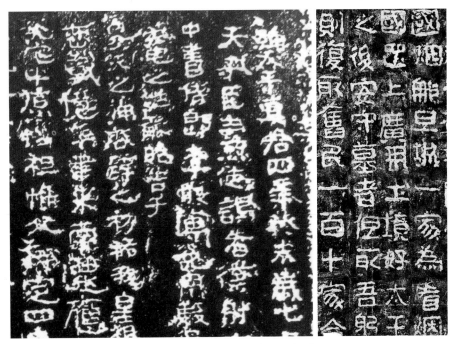

[그림7] 알선동 석각(왼쪽)과 광개토호태왕비 탁본(오른쪽) 비교

족이 들어가 살았으므로 그곳을 선비산이라고 이름 붙인 것은 아닐까?

따라서 선비족이 세운 북위와 고구려는 혈통과 문화적인 측면에서 모종의 친연성이 있는 것은 분명한 사실로 판단된다. 다음의 문징이 그런 것을 뒷받침한다.

* 조부가 고구려인인 모용운(慕容雲-본 이름은 高雲)이 407년 즉위했을 때, 광개토대왕은 사신을 보내어(408년) 종족의 예를 베풀었다. 이에 후연(後燕)도 시어사 이발(李拔)을 보내어 답례하였다.("春三月, 遣使北燕, 且敘宗族, 北燕王雲遣侍御史李拔報之…")
《삼국사기》 권18, 〈고구려 본기 광개토왕 17년〉조.

* 491년 장수왕이 서거하자 북위 효문제는 부음을 듣고 흰 위모관과 베로 지은 심의를 입고 동교(東郊)에서 거애(擧哀)하였다.("魏孝文聞之制素, 委貌布深衣, 擧哀於東郊.")《삼국사기》〈고구려 본기 장수왕 79년〉조.

위의 문징(文徵)은 선비족과 고구려의 친연성을 증명하는 역사적 기록이다.

알선동 동굴 앞을 흐르는 강 이름은 아리하(阿里河)이다. 우연의 일치인지 모르겠지만 한강의 고유한 이름도 아리수이다. 알선동의 '알(嘎)'자의 음훈은 '새 알[鳥卵]'인데 환도산성(丸都山城)의 '丸'도 '알 환'이다. '알(嘎)'과 '환(丸)'의 '알'은 태양의 분화어이자 북방 난생설화 지역의 상징어이다.

집안에는 고구려가 천제(天祭)를 지내던 산정동굴 국동대혈(國東大穴)이 있다. 규모만 작을 뿐 알선동 동굴과 유사하다. 같은 선비족들이 천제를 지내던 곳, 그곳의 장소와 조건이 비슷하다고 하는 것은, 원시종교의

〔그림8〕 알선동 지도(윤태옥 블로그 〈왕초일기〉 지도 재인용)

〔그림9〕 선비산(대흥안령)

〔그림10〕 알선동 대혈 선비조선구허석실 내부

〔그림11〕 집안 국동대혈

원형질이 동일하며 시원적 사유의 배경을 공유하고 있다는 증거다. 문헌으로 문징(文徵)되지 않는다고 언징(言徵)과 사징(事徵)을 버릴 수는 없는 것이 고대문화 해석의 중요한 고려점이다.

선비족과 고구려의 관계에서 광개토호태왕비와 알선동 석각의 서체상 동질성을 검토하여 보면 문화는 민족의 체질과 유관하다는 사실을 실감한다.

광개토호태왕비 서체를 흔히 예서와 해서가 혼합된 해예지간(楷隸之間)이라고 하나, 예서, 그것도 서한(西漢)시대 예서인 고예(古隸)로 보는 견해가 가장 타당하다. 그런데 그 자형의 특징은 외형이 정사각형이란 점이다. 보통 파임이 있는 예서〔八分體〕는 외형이 약간 납작한 편방형(偏方形)이지만, 고예는 파임이 없기 때문에 외형이 정사각형이다. 광개토호태왕비와 알선동 선비구허석실 석각문의 서체상 공통점은 바로 이 점에 있다. 뒤에 첨부한 두 비의 자형 비교표에서 그 유사성을 뚜렷하게 확인할 수 있다.

결론적으로 광개토호태왕비의 서체적 연원은, 멀리는 한반도 선민이 남긴 암각화의 획질에 뿌리를 두고, 가까이로는 고구려 민족의 감성과 정신이 옛것을 되살려 재창조해내었다고 결론짓고자 한다. 그 재창조가 고구려 당대엔 계승되지 못하였지만, 조선시대에 이르러 훈민정음 획질로 의연히 아름답게 솟아났던 것이다. 그것이 정음고체(正音古體)의 획질이다.

〔그림12〕 집안(輯安, 通溝) 사신총 필신도(四神塚 筆神圖).
6세기 무렵 이 고분벽화의 물징은 고구려 문자 생활의 일상화를 보여주는 중요한 자료다.

광개토호태왕비와 알선동 북위조선구허석실 각석(刻石) 자형(字形) 비교

	廣開土大王碑	嘎仙洞 北魏 刻石
惟		
子		
孫		
以		
南		
天		
土		
使		
祖		
中		
應		

流	流	流
平	平	平
王	王	王
世	世	世
皇	皇	皇
帝	帝	帝
來	來	來
年	年	年
始	始	始

〔그림13〕 광개토호태왕명 호우(壺杆)
1946년 5월 경주 노서동 돌무지덧널무덤〔積石木槨墳〕에서 최초로 우리 손으로 발굴한 고구려 청동호우.
광개토호태왕비 건비 1년 뒤인 을묘년(415년)에 주조하였으며, '岡', '開'자(字) 등의 자형과 서체가 광개토호태왕비와 동일하다. 이 청동기가 어떤 이유로 신라 고분에 묻혔던 것인지 그 사연에 대해서 흥미 있는 많은 가설이 제기되고 있다.

5. 알선동 석각문 내용과 번역문

嘎仙洞(鮮卑祖先石室祝文)

維太平眞君四年癸未歲七月卄五日

태평진군 4년(443년) 계미년 7월25일

天子臣燾, 使謁者僕射庫六官

천자인 臣 燾(탁발도-태무제)는 알자복야 고육관과

中書侍郎李敞 傅菟, 用駿足, 一元大武

중서시랑 이창, 그리고 부토 등을 시켜 馬·牛·羊을

柔毛之牲, 敢昭告于

희생물로 하여 감히 고하나이다.

皇天之神. 啓辟之初, 祐我皇祖. 于彼土田

皇天이 神에게. 개벽초기에 우리 황조를 그 土田(알선동 지역)에서 도우셨고

歷載億年. 聿來南遷, 應受多福.

억년을 거친 후에 마침내 (大澤으로) 남천했다. 많은 복을 받은 덕분에

光宅中原, 惟祖惟父. 拓定四邊.

중원을 널리 안정시킬 수 있었다. 오직 우리 할아버지, 우리 아버지만이
사변을 개척하여 안정시켰다.

慶流後胤. 延及沖人, 闡揚玄風. 增構崇堂,

경사로움이 후대까지 흘러내려 어리석은 저에게 미치게 되어 玄風(도교)을
드날리고, 높은 묘당을 더욱 구축하게 되었다.

剋翦凶醜. 威暨四荒, 幽人忘遐, 稽首來王,

흉악한 무리들을 이겨 없애니, 그 위세가 사방까지 미쳤다.
幽人(烏洛侯國人-흥안령 동록지역 사람)이 멀기를 마다하고 머리를 조아
리고 내조하여 칭왕해 옴으로써

始聞舊墟, 爰在彼方, 悠悠之懷, 希仰餘光,

(조상의) 구허가 그곳에 있다는 것을 처음 듣게 되었다. 오랫동안 역사에 더욱 광명이 있기를 우러러 바라노라.

王業之興, 起自皇祖, 綿綿瓜瓞, 時惟多祜

왕업이 일어남이 황조로부터 시작되어 면면히 이어지기가 오이 덩굴과 같게 되었던 것은 적시에 많은 도움이 있었기 때문이다.

歸以謝施, 推以配天 子子孫孫, 福祿永延. 薦于

돌아가 감사하는 마음으로 베풀고 (그런 마음을) 밀어서 하늘에 바치는 제사 음식을 차렸다. 자자손손에게 복록이 영원히 이어지기를 바라노라.

이에 (제수를) 진헌하노니

皇皇帝天,

위대한 하느님과

皇皇后土, 以--

(탁본에는 '皇'자가 하나.) 위대한 地神에게 (진헌한다)

皇祖先可寒配

황조 선가한과

皇妣先可敦配

황비 선가돈께서

尙饗.

차린 제수를 드시기를 바랍니다.

東作帥使念鑿

〈동작수사 염이 (축문 글씨를) 새기다.〉

번역 : 신흥식(申興植) 선생

제5장 고대 복식(服飾)의 시원을 찾아서 – 옷이 날개다

1. 고대 복식(服飾)의 시원(始原)

인간 삶의 기본 3요소는 의(衣), 식(食), 주(住)다. 그 가운데서 의복은 여러 가지 패션의 중심이다. 그 양식의 변천은 상징성, 장식성, 다양성을 고루 갖추어 무수한 변화와 미(美)를 유행시키며 인간의 역사를 창조적으로 이끌었다.

칼라일은 "자연은 신(神)의 살아 있는 옷이다"라고 하였다. 그런 '옷'의 의미는 인간에게 어떤 것일까?

'옷'은 순수고유어지만 그 어원은 아직 밝혀지지 않았다. 한자로는 '衣'자인데 〔그림1〕의 금문(金文) 자형(字形)처럼 사람이 옷을 입고 있는 모습을 그린 상형문자다.

인간의 역사와 함께 시원된 복식의 기원은 여러 가지 설이 있다. ① 추위와 더위의 기후 변화에 부응하기 위한 기후 적응설, ② 신체 보호를 위한 실용적 목적의 신체 보호설, ③ 신분, 지위, 계급 등을 나타내기 위한 문화 상징설 등이 보편적인 옷의 기원설이다.

원시적인 옷은 나무 잎을 엮거나 짐승의 털가죽을 이용했을 것이다. 5000년 전 이집트의 미라엔 이미 마포를 두르고 있었고, 1만 5천 년 전 북경 주구점 산정동인(山頂洞人)의 유적에선 뼈바늘〔骨針〕이 출토되었다. 고대에는 지역에 따라서 생산하는 옷의 주원료가 달랐다. 이집트는 마(麻), 인도는 목화, 중국은 비단〔絹〕, 유럽은 양모(羊毛)였다.

그러나 처음엔 넓은 털가죽을 이용하여 중앙에 머리 부분만 구멍을 내

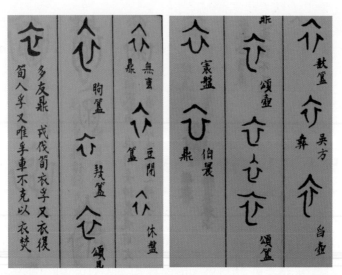

〔그림1〕 금문 '衣'자

〔그림2〕 고구려 무용총 복식

어 덮어쓰는 판초형의 옷〔貫頭衣〕이 출현했을 것이고, 그것이 차츰 재단과 바느질로서 사회상과 문화상을 반영하여 소매와 옷깃에 미적인 변화를 주기 시작하였을 것으로 추찰된다.

우리나라 복식의 기원에 대한 서술은 사전의 내용을 인용하는 것으로 대신하고, 이 글에선 우리나라 옷의 형태와 양식이 어디서 어떤 발상의 지혜를 얻어 어떻게 디자인하게 되었을까? 라는 문제를 해석고고학의 입장에서 한번 다루고자 한다.

> "우리나라에서는 신석기 시대의 유적에서 골침이 출토되었으므로 옷을 엮고 꿰매는 데 사용했을 것으로 추측된다. 청동기시대에 북방 유라시아 전역에 퍼져 있던 스키타이계 문화권 내에 포함되어 있었던 것으로 추측된다. 스키타이란 기원전 7~3세기에 걸쳐 흑해를 중심으로 거주하던 유목기마민족을 말하며 "초원의 길"을 통하여 넓게 전파된 스키타이 문화를 말한다. 스키타이 문화의 영향 중 대표적인 것이 복식 양식이었다고 생각되며, 우리나라 복식의 기본 양식이 여기에 연유된 것이 아닌가 한다. 그 후 기원전 108년에 우리나라에 한사군이 설치되면서 중국문화권으로 전환되었으며 예복이나 관복에 중국의 복식제도를 도입하여 이중구조를 이루었다. 한편 중국에서도 스키타이계 복장을 호복이라 칭하였지만 이를 받아들이기도 하였다. 스키타이계 복장은 수많은 고분 출토품의 인물상에서 알 수 있다. 즉 옷은 상하로 구분되어 있고, 소매통이나 바지통이 좁고 허리에 띠를 매고 있어 우리 상고의 옷과 흡사한 양상을 보여주고 있다."[01]

위의 글에선 한국 복식의 형태적 시원은 유목기마민족인 스키타이의 영향과 한사군의 설치로 인한 중국 복식문화의 도입으로 인한 이중구조를 언급하고 있다. 타당한 서술로 인지한다. 그러나 이 글에선 앞에서 펼

---

01) 《한국민족문화대백과사전》, 한국학중앙연구원.

친 한국 고대문화 상징과 해석의 여묵(餘墨)에 따라서 새롭게 해석되는 한복(韓服)의 형태적 시원에 대한 견해를 밝혀보려고 한다.

그러므로 다음에 펼치는 나의 논지는 처음이면서도 기존 학계에서 배척받을 가능성 또한 적지 않을 것으로 보기 때문에 매우 조심스럽다. 그러나 해석의 다양성을 전제하면 이런 시도는 많을수록 좋을 것이다.

2, 한민족 복식의 성립은 춘추전국시대 복식의 영향으로부터

한국의 복식사는 2500년을 넘을 수 없는 한계가 있다. 사징(四徵)으로 증거할 수 없기 때문이다. 그러므로 고조선시대에 한반도로 유입된 중원(中原)의 사람들이 차려 입었을 춘추(BC 770~BC 403)와 전국(BC 403~BC 221) 시대의 구체적 물징부터 조사하여 한국 복식의 근거를 찾아보는 것이 좋은 방법일 듯하다.

〔그림3〕은 고궁박물원에 소장되어 있는 전국시대의 청옥인형(靑玉人形)이다. 크기가 자그마한 인형이지만, 사실적으로 표현한 복식과 두식을 세밀하게 관찰하면, 어딘가 모르게 친근감이 간다. 이 옥인형의 특수한 두식(頭飾)은 제Ⅵ부 제2장의 글 〈상투와 비녀〔簪(잠), 筓(계)〕〉에서도 소개된다. 옷깃을 오른쪽으로 여민 우임(右衽) 인형의 차림은 긴 두루마기를 입은 조선시대 남산골 딸깍발이 선비상을 연상시킨다. 왼손을 오른손 위에 올려놓은 공수(拱手)의 자세와 상투와 탕건의 고형(古形)과 장포(長袍)는 더욱 그런 느낌을 짙게 한다. 〔그림5〕와 함께 골상(骨相)도 조선 사람을 닮았다. 아마도 북방 동호(東胡) 계통의 선비족일 가능성이 높다.

〔그림4〕는 1958년 하남성(河南省) 신양시(信陽市) 장대관(長臺關)에서 출토된 높이 64cm의 칠그림이 그려진 나무인형〔木俑〕이다. 비교적 크기

  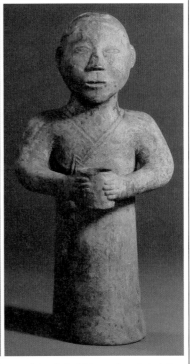

〔그림3〕청옥인(靑玉人)
전국시대, 높이 6.1cm
너비 1.9cm,
고궁박물원 소장

〔그림4〕칠회목용(漆繪木俑)
춘추시대, 높이 64cm
1958년 하남성 신양시
(信陽市) 출토

〔그림5〕 청동인(靑銅人), 전국시대,
높이 25.8cm, 너비 13.05cm
1967년 하북성 역현(易縣) 출토

가 큰 이 목용(木俑)은 춘추 만기에서 전국시대 사이에 만들어진 것으로 추정하는 유물이다. 두 손을 모아 가슴을 살짝 누르고 있는 모습과 면상 (面相)으로 봐서 한족(漢族)의 나무인형 같은데, 소매가 넓은 비단옷을 오른쪽 여밈〔右衽〕으로 꼬옥 여미고 허리를 묶었으며, 여민 옷깃 사이로 선염(鮮艷)한 내의(內衣)가 노출되었다. 화려한 전국시대의 이런 복식은 한대(漢代)의 귀족계급에 그대로 계승되었을 것이다.

채색과 문양이 화려한 비단 재질의 한대 복식보다 북방 호복을 한민족의 특성에 맞게 고쳐 디자인한 것이 삼국시대 이전의 우리나라 고대 복식이었을 것으로 추량한다. 후대에 나타나는 고구려 벽화와 사신도 등을 보면, 중국의 영향을 받았으면서도 어딘지 모르게 우리 민족의 체취를 느낄 수 있다. 복식에는 민족의 얼이 서려 있기 때문이다.

〔그림5〕는 1967년 하북성(河北省) 역현(易縣) 무양대향(武陽臺鄕) 고맥촌(高陌村)에서 출토된 높이 25.8cm의 청동인상이다. 하북성문물연구소에 소장돼 있는 이 동인상(銅人像)은 소매가 좁은 장포(長袍)를 땅에 닿을 듯 길게 드리웠다. 전국(戰國)시대 연(燕)나라의 복식 제도를 연구하는 데 중요한 자료라고 한다. 곧 호복(胡服)의 복식이므로 고대 한복의 디자인과 관계가 깊다고 할 수 있다.

위의 그림에서 2300년 전의 전국시대 복식인 〔그림3〕과 〔그림5〕는 한복(韓服)의 조형(祖形)이라 할 만한 복식이다. 공통점은 오른쪽으로 옷깃을 여미는 오른쪽 여밈〔右衽〕과 장포(長袍)와 허리를 묶는 점인데, 고대 한반도의 복식도 여기에서 크게 벗어나지 않았을 것이다.

〔그림6,7〕은 1977년 하북성 평산현(平山縣) 중산왕(中山王) 묘에서 출토된 전국(戰國) 중만기(中晚期)의 은수인형등(銀首人形燈)이다. 머리는 은(銀), 몸체는 동(銅)의 재질로 된 이 인형등의 높이는 66.4cm로서 비교적 크며 오른쪽 여밈의 차림이다. 소매가 도포처럼 넓게 쳐졌으며 구름무늬가 수놓아진 비단 장포는 허리를 묶어 아래로 내려오면서 통을 좁게 하여 마치 일본 기모노와 같은 느낌을 준다. 영활한 안광(眼光)과 입가의 미소는 중산국의 예술적 수준을 과시한다. 중산국은 북방 유목민 적적(赤狄)의 한 갈래인 백적(白狄)의 선우부(鮮虞部)가 세운 나라로서 BC 506~BC 296년 동안 존재했는데,《사기(史記)》등 문헌엔 기록의 편린만 보이다가 1977년 휘황찬란한 유물로 가득 찬 지하 왕릉이 발견되어 그 존재가 확실히 알려진 신비의 나라다. 중산국(中山國)의 복성(複姓) '선우(鮮虞)'의 '선(鮮)'이 주목되며 그 출래(出來)는 고조선과 어떤 관계일까 연구거리라고 하겠다.

〔그림8〕은 현재 미국 보스턴미술관에 소장되어 있는 전국(戰國)시대의 청동 지조(持鳥) 여자아이 상(像)이다. 1928년 하남성 낙양(洛陽) 금

〔그림6〕 중산국(中山國)
은수동용(銀首銅俑)
등상(燈像), 높이 66.4cm

〔그림7〕 은수인형등(銀首人形燈)
부분

〔그림8〕 지조동인상
(持鳥銅人像)

촌(金村)에서 출토된 높이 28.5cm의 이 청동상은 머리를 두 갈래로 땋은
쌍변(雙辮)을 하고 두 손으로는 옥조간(玉鳥杆)을 꽉 쥐고 입을 굳게 다
문 채 눈은 위쪽을 응시하고 있다. 가죽신〔革靴〕을 신고 누비옷의 치마는
짧다. 이런 차림은 어떤 고정 노역을 담당한 북방 유목민의 여자 노예가
아닌가 생각된다. 두꺼운 누비옷과 넓은 목걸이〔頸飾〕, 그리고 옥조간(玉
鳥杆)이 이 청동인상의 특징인데, 그런 것이 표징하는 상징성은 모두 북
방문화의 요소라는 점이 주목할 점이다.

고대 중국의 복식은 춘추전국시대부터 고조선 복식에 영향을 끼쳤겠지
만, 한대(漢代) 낙랑군 설치는 복식을 비롯한 모든 문화면에 결정적인 한화
(漢化)가 이루어진 단초를 제공했다. 신라 진덕여왕 2년(648년) 김춘추가 당
에서 도입한 복제(服制)를 평상의 의복제도(衣服制度)로 차용함으로써 고유
색은 퇴색하기 시작했다. 〔그림7〕에서 당의(唐衣)보다 수대(隋代)의 복제(服

(1)隋, 女侍俑, 1956년 호북 무창 출토, 중국역사박물관 (2)隋, 穿長裙 陶俑, 전 화북 지구 출토
(3)隋, 女侍俑, 1956년 호북 무창 출토, 중국역사박물관
(4)初唐, 女俑, 높이 30.9cm, 하남성박물관   (5)唐, 女俑, 높이 55.6cm, 상해박물관

〔그림9〕 수 · 당(隋 · 唐) 복식

制)에서 우리의 고유한 복색이 더 짙게 발견되는 것은 매우 주목할 일이다.

〔그림9〕의 (1), (2), (3)은 수대(隋代) 도용(陶俑)의 복식인데, 주름진 긴 치마와 저고리, 그리고 긴 옷고름은 조선시대 복식을 보는 듯하다. 수(隋) (581년~618년) 나라는 3대 38년 동안 짧게 존속한 왕조지만, 중국을 재통일하여 당을 대제국으로 만드는 기초를 닦아준 나라다. 시조 양견(楊堅)은 한인(漢人)이라고 하지만, 한인이 아니고 선비족이거나 선비족과의 혼혈인 무장(武將) 집안 출신이라는 것이 사학계의 견해다. 선비족이 세운 나라 수(隋)의 복식문화는 우리민족 복식문화의 끝과 맞닿아 있는 미감이 발견된다. 수왕조(隋王朝)의 시녀(侍女)들이 고구려의 공녀(貢女)들이었는지 모르겠지만, 치마저고리의 착의 양상은 매우 비슷하다. 복식은 사용 집단의 정신을 반영한 문화의 거울이다. 시대와 나라를 뛰어넘는 복식문화의 동질성은 피와 문화의 뿌리가 같음을 증언하는 것이다.

3, 한복(韓服) 디자인의 발상(發想)은 천손족(天孫族)의 새 숭배사상에서

　앞에서 삼국시대 이전의 우리나라 복식을 춘추전국시대의 자료를 통하여 추정해봤지만, 한반도에서 출토된 2000년 넘는 구체적 물징이 없으므로 서술의 한계가 뼈저리다. 그러나 고구려 고분벽화와 중국의 사신도(使臣圖) 등에서 얻을 수 있는 자료를 뽑아서 그런 복식의 디자인적 발상이 어디서 이루어졌는지 그 근원을 밝혀보고자 한다. 중국 복식사 연구서에도 복식 디자인 발상의 뿌리를 앞에서 밝혀놓은 자료는 아직 보지 못하였다.

〔그림10〕 왼쪽부터 백제, 고구려, 신라 삼국의 복식, 왕회도, 7세기, 당(唐) 염립본.

　〔그림10〕의 삼국시대 회화 자료에서 우리는 이 시대 복식의 표준을 읽을 수 있다. 총체적으로 새의 깃처럼 휘날리는 옷자락의 넉넉한 품새, 오른쪽 여밈〔右衽〕의 매무새와 허리띠 착용의 차림새, 절풍과 변관(弁冠)

과 손을 맞잡은 공수(拱手)의 정중함, 가죽신 등의 공통점이 눈에 띈다. 그런 점에서 삼국의 복식문화가 본질은 같은 DNA를 가지고 있되, 부분적인 디자인에 차이를 두고 있음이 발견된다.

나는 한국 고대문화 원류와 모형(母型)의 원리는 태양 숭배사상과 새 숭배사상의 사유에서 문화의 뿌리가 형성되었음을 밝혀내어 일관되게 이를 강조하고 있다. 그런 논리에 견주어볼 때, 고금을 통해 패션의 첨단인 복식에도 그런 사유는 필수적으로 반영되었을 것임은 당연한 일이다. 그래서 복식의 한 종류인 금관과 절풍이 태양숭배의 반영인 불꽃무늬와 새 숭배사상의 반영으로 된 여러 조형들로 구성되었음은 이미 앞에서 분석한 바 있다.

고구려 고분벽화 가운데 가장 현대적이고 글로벌화된 멋진 그림을 꼽으라면, 나는 무용총의 주악비천상(奏樂飛天像)〔그림11〕을 꼽고 싶다. 이유는 비상하는 새를 상징한 의상의 흥취 있는 감각, 뛰어난 패션 감성이 보여주는 멋진 디자인, 상상을 초월하는 헤어스타일, 과장되고 왜곡된 악기 형태, S자 스타일의 섹스어필한 주악(奏樂)의 동작, 창의력이 촉발되는 회화 구도와 약동미 등이 너무나 강렬하기 때문이다. 이런 자료를 크게 확대하거나 새로운 패러다임으로 멋지게 구성하여 한국의 무용제와 음악제 등의 포스터와 광고로 활용하면, 1500년 이전 한국문화의 세계성과 우수성을 만방에 떨칠 수 있을 것이다.

4, 옷이 날개다 — 옷은 새〔鳥〕다

태양과 새 숭배의 원형이 나타나는 고대문화는 한국의 고대문화와 뿌리를 공유하고 있는 요소가 많은 홍산문화다. 홍산문화의 옥응(玉鷹)은

〔**그림11**〕 고구려 무용총 벽화 주악비천상(奏樂飛天像). 무용총 주실 북벽 천정 받침 4층에 그려져 있다.

동이문화의 특징인 새〔神鳥=솔개〕 숭배사상이 상징화된 형태로 파악되는데, 옥응(玉鷹)과 옷의 디자인을 대비하여 보면 그 유사성이 놀라울 정도로 가까움을 느낀다.

한국 속담에 '옷이 날개'란 말이 있다. 날개는 활개로 쓰기도 하는데 '새'를 가리킨다. 옷을 왜 '새'라고 했을까? 그것은 새 숭배의 사유가 낳은 문화의 사상적 원형을 드러낸 말이다. 차림새 / 매무새 / 모양새 / 품새에 모두 '새'자가 붙는다. 이때 '새'의 의미는 '새〔鳥〕'가 분명한 것으로 생각한다. 모두 우리말의 신비다.

[그림12] 홍산문화 옥웅과 고려 백저포   고려 백저포, 운수사 금동여래좌상에서 발견,
충목왕 2년(1346) 기록 있음.

[그림13] 홍산문화 옥웅과 독립투사 이희영 선생의 동복 외투

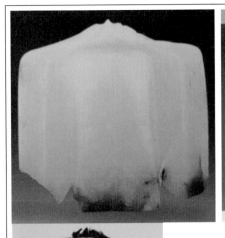

〔그림14〕 홍산문화 옥웅과 장삼

〔그림15〕 홍산옥웅과 도포

《한서(漢書)》〈지리지(地理志)〉에 보이는 '익주조이(翼州鳥夷)'에 대한 안사고(顏師古)의 注에 "동북이(東北夷)들은 새를 사로잡아 그 고기를 먹고 그 껍질을 옷으로 삼는다. 일설에는 해곡(海曲)에 거주하면서 피복과 기거동작이 모두 새의 형상과 같다."(此東北之夷, 搏取鳥獸, 食其肉而衣其皮也, 一說, 居在海曲, 被服容止, 習象鳥也.)라고 한 구절은 시사하는 바가 매우 크다고 할 것이다.

태양과 새 숭배사상은 동이(東夷)들의 삶과 사상의 원형을 이루어 모든 문화의 뿌리와 원리로 작용해왔다. 이러한 작용을 패션의 첨단인 복식에서도 확인하게 된 것이다.

(1)수산리 고분벽화(평안남도 남포시 강서군 수산리에서 4km 떨어진 고정산에 있다.)
    주인공 부인도, 전형적인 고구려 복식이다.
(2)일본 나라현 다카마쓰 고분(高松塚)의 복식은 고구려풍의 복식이다.

〔그림16〕 홍산문화 옥응(玉鷹)과 두루마기

〔그림17〕 투르판(Turfan : 吐魯蕃, 高昌) 베제크릭 출토 벽화의 왕자와 왕녀 복식. 실크로드 천산북로의 요충지인 타림 분지에 있는 투르판 근처의 베제크릭에서 출토된 벽화.
돌궐족(Turkey)인 위구르(回紇)의 복식과 같다. 투르판은 흉노, 돌궐 등과 깊은 관계가 있다.
(유송옥, 이은영, 황선진 공저, 《복식 문화》, 교문사, 2002, 88쪽)

(1)소용돌이무늬의 고관, 과대엔 단검, 부싯돌, 쌈지, 송곳 등과 원형 금구가 달려 있다.
(2)좌우 쪽진 머리엔 박빈관, 여러 개의 비녀, 봉황, 구름, 나뭇가지 등 장식꽂이.

제6장 당초문(唐草紋)의 기원과 상징

1, 문양 해석은 왜 중요한가?

한국 고대문화 가운데 가장 많이 등장하는 문양의 하나가 당초문(唐草紋)이다. 당초문은 인동문(忍冬紋), 인동당초문(忍冬唐草紋) 등으로 혼용하기도 하는데, 이 문양의 기원과 상징에 대한 해석은 왜곡이 아주 심하다. 이 글의 주제는 당초문의 기원과 상징에 대한 바른 해석을 시도하여 당초문의 발생학적 원류와 본질을 밝힘과 동시에 그동안 잘못 알려진 현상을 바로잡으려고 한다.

문양의 상징해석은 근거가 분명하고 정확해야 한다. '문양은 역사적 기억에서 저장된 '뇌의 지문(指紋)'이자 그 시대 '문화의 거울'이란 사실을 유념한다면, 민족문화의 시원사상이 반영된 문양의 해석은 그 나라 문화의 정체성을 짚어내는 지름길이 되므로 그 해석의 정확성은 참으로 중요한 일이다.

해석고고학의 입장에서 바라볼 때, 기존의 문양 해석에서 왜곡이 가장 심한 대표적인 사례의 하나가 당초문이다. 당초문은 고대 문양 가운데 가장 기초적인 문양이다. 기초문양의 잘못된 해석은 고대문화의 정체성 수립 자체를 기초 설계부터 어긋나게 함으로써 민족문화의 구조를 불구로 만들어버린다. 이런 폐단을 막고 바로잡지 않으면 문화의 뿌리를 모르는 문화 청맹과니가 되는 심각한 상황에 직면한다.

2. 올바른 당초문 해석

한국 고대사상이 투영된 대표적 문양은 빛살무늬, 불꽃무늬[火焰文], 태양문, 새 문양[鳥紋], 당초문(唐草紋), 연화문 등이 중심축을 이룬다. 이 책에선 이런 대표적 문양의 상징에 대한 의미를 기존 학설과는 다른 시각에서 새롭게 해석하는 데 많은 부분을 할애했다. 그리고 그런 재해석으로 고대문화를 관류하고 있는 사상의 체계를 추출하고 한민족문화의 정체성을 수립해보려는 노력을 집중적으로 기울였다. 이런 일은 한국 정신문화의 골격을 세우는 기초 작업이라는 데 그 의미가 있기 때문이다.

《한국민족문화대백과사전》에서는 당초문을 '식물의 형태를 일정한 형식으로 도안화한 장식무늬'라고 정의하고서 그에 관한 내용을 다음과 같이 설명했다.

> "본래 당풍(唐風) 또는 이국풍(異國風)의 덩굴이라는 의미를 지니고 있다. 당초문계 장식요소는 민족의 조형양식의 특질을 잘 나타내 주고 있는 것으로, 각기 그 발생지역에 따라 특성을 달리하여 그 지역의 문화적 성격을 뚜렷이 보여준다. 당초문의 형식은 고대 이집트에서 발생하여 그리스에서 완성을 보았으며, 여러 지역에서 독특한 형식으로 발전하였다.
> 그리스계 당초양식의 한 유형은 서기전 4세기경 알렉산더 대왕의 동방 진출과 더불어 동방에 전래되었으며, 또 한 가지 유형은 스키타이 문화에 전파되어 그 지역의 의장적 특성인 새나 짐승무늬와 결합하였다. 이 양식은 유라시아 내륙지방에 널리 퍼져 중국의 전국시대 미술 등에 크게 영향을 미치고 우리 고대미술에도 영향을 주어, 고구려 고분벽화를 비롯하여 각종 금공장신구(金工裝身具), 마구(馬具), 금속용기 등의 문양으로 성행하였다."[01]

---

01) 《한국민족문화대백과사전》, 한국학중앙연구원.

〔그림1〕 팔메트 도상

또 미술사전에 서술된 당초문의 설명은 다음과 같다.

"당초문은 식물의 덩굴이나 줄기를 물결 모양으로 문양화한 것, 이 무늬의 기원은 오래되고, 분포 상태도 매우 광범위하다. 고대 이집트의 로타스 로제트[02], 메소포타미아의 팔메트[03] 등을 호선(弧線)이나 와권선(渦捲線)으로 표현된 오래된 당초, 그것을 집대성하고 리드미컬한 형식으로 전개해 나간 그리스 당초, 여기에 아칸서스[04]의 요소가 받아들여지고 이것이 로마로 계승되어 나갔다. 이런 서방계의 당초가 중앙아시아를 거쳐서 중국으로 들어온 것은 육조시대의 일이다. 북제(北齊)에서 수당시대에 걸쳐서 이 당초에 화문과 포도, 석류 등의 과일이 붙고 채색이 다채로워졌다."[05]

---

02) 로타스(Lotos) 로제트 : 연(蓮) 또는 수련, 파피루스와 더불어 고대 이집트의 가장 대표적인 식물, 일출과 함께 개화함에 따라 태양신과 관련을 맺음. 정면형 문양은 로제트, 측면형 문양은 로터스임.

03) 팔메트(Palmette) : 종려나무 잎을 부채꼴로 편 것 같은 동방 기원의 식물 문양, 원형은 BC 16세기 이집트의 로터스 문양이며, 뒤에 그리스의 아칸서스가 팔메트로 바뀐 것이다. 아시리아나 신바빌로니아 궁전 벽면과 페르시아 왕조 기둥에서 장식적으로 사용되었다.

04) 아칸서스(Akanthos) : 바늘 모양이나 톱니 모양의 엉겅퀴와 비슷한 잎이 달린 지중해 연안에서 자생하는 식물.

05) 월간미술 편,《세계미술용어사전》, 중앙일보사, 1999.

당초문은 C자형, 또는 S자형으로 길게 뻗어나가는 만초(蔓草=덩굴풀)가 문양화된 오래된 장식이다. 사용된 시대와 지역과 민족에 따라 도상의 변화가 끊임없이 이루어져 오면서 민족적 특성을 보태었다. 그렇기 때문에 위의 설명처럼 서방에서 기원되어 동방으로 전래되었다는 논조는 재고할 필요가 있다.

당초문의 발생과 전파에 대한 기존 견해는, 〈이집트 → 메소포타미아 → 그리스 → 로마 → 알렉산더 대왕의 동방 진출(BC 4세기)로 중앙아시아 동방전래 → 중국 육조시대(AD 3~4세기) 전래〉로 요약되는데, 이런 전파 경로는 당초문의 발생학적 구명(究明)을 동양학의 견지에선 한 번도 따져보지 않고 오직 서양미술사 중심의 견해만을 그대로 수용한 결과다. 왜냐하면 당초(唐草)란 어의(語義)에 당초의 발생 정보가 몽땅 들어 있는데, 그걸 한 번도 따져보지도 않고 피상적으로 '당(唐)나라 풀의 문양', 또는 '이국풍의 문양'으로 알아왔던 것이 화근이었다.

'당초(唐草)'의 원의는 과연 무엇일까? 먼저 '당(唐)'자의 정확한 글자풀이[字解]가 중요하다. '당(唐)'은 나라 이름[06] 외에 명사, 동사, 형용사 합쳐 11가지의 용법이 있다. 그 가운데서 '새삼 당'이란 훈석이 있는데, 당초(唐草)의 '당(唐)'은 바로 이 새삼을 가리킨다.

새삼은 S자 형으로 뻗어 콩과의 식물에 감아 붙으며 기생하는 일년생 만초(蔓草=덩굴풀)를 말한다. '唐'은 《이아(爾雅)》〈석초(釋草)〉에서 '몽(蒙)'(덮을 몽, 입을 몽, 새삼 몽)과 같고 '여라(女蘿)'와 같은 덩굴풀이라고 하였다. '몽'도 새삼이고, '여라'도 새삼이다. 새삼의 다른 이름은 당

---

06) 중국의 역대 조대명(朝代名)이 '唐'인 나라는 다음의 네 나라가 있다. 陶唐(堯), 唐(李世淵), 後唐(李存勗), 南唐(李昇). 나라 이름에 '唐'자를 쓰는 것은 '唐'이 하늘[天]을 가리키기 때문이다.

몽(唐蒙), 토사(菟絲), 여라(女蘿), 몽채(蒙菜) 등이 있는데, 모두 '덩굴', '댕댕이', '넌출 풀' 들을 말한다.

덩굴풀의 '덩굴'은 몽골어 탱그리(Tengri)가 변한 말이다. 몽골어 탱그리와 한자 天(táng)의 음가가 비슷한 것도 주목할 일이다. 곧 하늘기운의 풀이 덩굴풀인 것이다. 우리말에 머리, 우두머리, 수령, 두목 등을 가리키는 비속어로 '대가리'란 말이 있는데, 대가리도 탱그리의 변음으로 보아야 한다.

전라도에선 무당을 '당골'이라 하는데, 육당 선생은 '당골'을 하늘과 관계있는 말로서 탱그리의 변음이라고 했고, 마한(馬韓)의 천군(天君)은 탱그리의 차음(借音)이라고 했다. 탱그리 곧 하늘은 높고, 으뜸이며, 우두머리를 뜻한다. 그런 탱그리의 기운이 한정 없이 리드미컬하게 뻗쳐 가는 덩굴풀로 문양화한 것이 당초문을 만든 고대인들의 미의식이었다.

언어의 미묘한 내면세계는 당초가 '하늘기운을 초문화한 문양'이라는 해석의 가능성을 언징(言徵)에서 충분히 제시했다. 당초를 '하늘기운의 초문화'로 보는 해석은 당초의 발생 원리와 기원이 식물보다 하늘기운의 작용이 더 크다는 것을 알기 때문이다. 식물보다 하늘기운이 인간 사유의 원형인 것은 고금의 진리다. 그러므로 사유의 반영이 문양이라 할 때, 당초문의 발생학적 원리는 하늘을 숭상하는 사람들이 하늘기운을 초문(草紋)으로 변화한 문양이라는 논리가 성립되는 것은 당연하다.

'당(唐)'을 '하늘'의 의미로 풀 때, 중요한 것은《삼국유사(三國遺事)》〈고조선(古朝鮮)〉조의 '장당경(藏唐京)'을 전혀 새로운 각도로 해석해볼 근거가 생긴다는 점이다.

"周虎王卽位己卯. 封箕子於朝鮮. 檀君乃移於藏唐京. 後還隱於阿斯達, 爲山神. 壽一千九百八歲."[07]

"주(周)의 호왕(虎王=武王) 즉위 기묘에 기자(箕子)를 조선(朝鮮)에 봉(封)하매, 단군(檀君)은 장단경(藏唐京)으로 옮기었다가 후에 아사달(阿斯達)에 돌아와 숨어서 산신(山神)이 되니, 수(壽)가 1천 9백 8세였다 한다."

이 구절에서 '단군은 장단경으로 옮기었다가 뒤에 아사달에 돌아와 숨어서 산신이 되었다'는 기존 해석은 문제가 많다. 왜냐하면 '당(唐)'을 '하늘'로 본다면, '장(藏)'과 '당경(唐京)'은 당연히 띄어 읽어야 한다. 띄어 읽으면 '唐京'의 뜻은 '단군을 모신 사당' 곧 '신궁(神宮)'이란 의미가 된다. 따라서 '周虎王卽位己卯, 封箕子於朝鮮. 檀君乃移於藏唐京, 後還隱於阿斯達, 爲山神.'의 해석은 '주 무왕 즉위 기묘에 기자를 조선에 봉했다. (이에 고조선민은) 당경(唐京)에 모셔두었던 단군의 신위를 (기자 무리의 훼손을 피하기 위해 잠시 다른 곳으로) 옮겼다가, 뒤에 아사달에 다시 돌아와 모시고 산신으로 모셨다.'는 뜻으로 해석하는 길이 가능해진다. 그렇게 되면 '장당경'은 지명이 아닌 단군왕검을 봉사(奉祀)하는 신궁(神宮)이란 의미가 됨으로써 지명 비정에 대한 논란거리가 사라진다.

당초의 하늘기운은 태양의 에너지를 말한다. 태양의 에너지는 고대문화 운용의 중심 에너지로 작용하지만, 실체를 볼 수 없기 때문에 늘 추상적 문양으로 그려진다. 그래서 태양문은 무수한 문양으로 분화되고 새로운 디자인으로 재탄생하는 것을 반복한다.

하늘기운이 초문화된 문양이 당초(唐草)의 원형이라면, 당초의 기원을 굳이 이집트의 로타스(연화문)에 있다고 볼 필요가 없을 것이다. 바로 앙소문화를 비롯한 중국의 신석기시대의 다양한 태양문이 근원적인 하늘기운의 표현 양식인 것을 쉽게 이해할 일이다.

---

07) 《삼국유사》〈기이 권제1 고조선〉조.

(1)반산유형(半山類形)　　　　(2)마가요(馬家窯)문화　　　　(3)대문구(大汶口)문화 전기
　채도(彩陶)태양문　　　　　　채도와문(彩陶渦紋)　　　　　삼각뇌문(三角雷紋)
　BC 2650 ~ BC 2350　　　　　BC 3300 ~ BC 2000　　　　BC 4300 ~ BC 3500

〔그림2〕 중국 신석기시대 채도문양

　　〔그림2〕의 문양들은 번개문〔雷紋〕, 소용돌이문〔渦紋〕, 삼각뇌문 등으로
분류되지만, 그 원형은 태양문이다. 태양문은 하늘기운의 문양이므로 당초
의 원류가 된다. 그러므로 애초의 당초문은 태양 에너지의 추상적 표현인
것이다. 진화와 분화가 이루어지는 단계에서 덩굴풀의 초문 양식이 첨가되
어 이른바 오늘날의 당초문으로 변화된 것이다, 그러므로 당초문을 이집
트의 로터스라는 연화문에 기원을 두는 것은 하늘기운의 초문이란 당초(唐
草)의 원의(原義)를 모르고 서양미술 논리만을 추종한 결과라고 할 것이다.

　　당초(唐草)의 '당(唐)'은 새삼과 같은 S자형처럼 감기는 하늘기운의 본질
에 있는 것이지, 식물이란 것에 방점이 놓인 것은 아니다. '당(唐)'의 식물
문양은 하늘기운이 그 다음의 진화 단계에서 장식미를 지각하여 나타난 현
상이다. 이렇게 볼 때, 당초문은 서방의 전래 문양이 수용된 문양이 아니라
는 논리가 성립되어 '서방 전파론'을 '동방 자생론'으로 전환할 수 있다.

〔그림3〕 인동초

3, 인동초(忍冬草)와 인동당초문(忍冬唐草紋)

당초문을 인동초문(忍冬草紋), 인동당초문이라고 한다. 인동은 무엇이며 왜 당초와 복합되었을까?

원래 인동문이란 문양 이름은 일본인 이토 추타(伊東忠太)[08]가 팔메트(Palmette)를 인동문으로 번역한 데서 생긴 잘못된 이름이다. 곧 서양의 팔메트를 인동문이라고 한 것이다. 그러나 한국에서 이해하고 있는 인동문은 그것과 또 다르다. 인동문은 인동초 문양인데, 인동초는 한국에서 함경북도를 제외한 각지의 산야에 분포되어 있다. 5월에 피는 꽃은 처음에 백색이었다가 황색으로 변하기 때문에 금은화(金銀花), 금은등(金銀

---

08) 이토 추타(伊東忠太, 1867~1954) : 일본 근대건축사의 창시자, 도쿄대 교수, 학술원 회원, 〈法隆寺 建築論,1893〉 논문 외에, 《伊東忠太建築文獻》 전6책(1936, 龍吟寺,1982년 복간)이 있음.

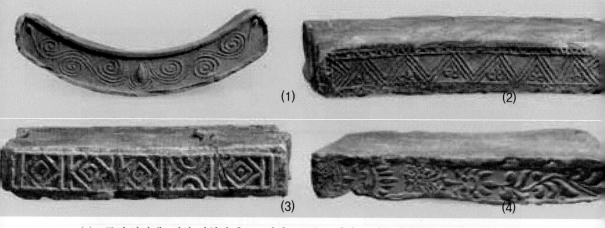

(1)고구려 암막새, 평양 평천리 출토, 길이 31.4cm, 평양 조선중앙박물관 소장
(2)고구려 벽돌(塼), 평양 평천리 출토, 길이 30cm, 조선중앙박물관 소장, 《고구려시대지유적》226쪽
(3)고구려 벽돌, 평양 정릉사지 출토, 길이 30cm, 조선중앙박물관 소장, 《고구려시대지유적》226쪽
(4)고구려 벽돌, 평양 평천리 출토, 길이 32.5cm, 연세대학교박물관 소장, 《고구려시대지유적》226쪽

〔그림4〕 고구려 암막새와 벽돌 문양

藤)이라고 한다. 중국에선 권초(卷草)가 통칭이다. 길이 5m까지 뻗으며 오른쪽으로 S자형으로 감아 올라가는 덩굴풀이다. 겨울철을 견뎌내므로 인동초라 하여 생명력이 강한 인고의 상징처럼 여기지만 사실이 아니다.

인동문(인동초문양)을 후대 사람들이 당초문과 비슷하다고 연상해서 '인동+당초'란 복합어를 만들었다. 그러나 당초문은 추상적인 하늘기운을 초문화한 것이고, 인동문은 구체적인 인동초란 식물을 문양화한 것을 일컫는다. 그 원류의 차이를 분명하게 갈라야 한다. 더구나 어순(語順)을 '당초' 앞에 인동을 얹어 '인동당초'라 하니, 마치 인동이 더 중요한 것처럼 되어버린 몽매함이 어지럽다.

〔그림4〕는 고구려 암막새와 벽돌에 나타난 태양기운의 문양이다. 태양기운은 하늘기운을 대표하며 우주 만물의 원동력을 상징한다. (1)은 태양의 기운을 표현한 전형적인 당초문의 원형이고, (2)는 태양의 에너지인 빛살을 삼각문으로 표현한 태양삼각문이며, (3)은 마름모꼴로 표현한

〔**그림5**〕 고구려 고분벽화 당초문, 강서 우현리 중묘 현실

태양능문, (4)는 하늘기운의 초문인데 화려한 장식적 당초문의 선행단계와 같다.

〔그림5〕는 고구려 고분벽화의 전형적인 당초문이다. 우리나라엔 낙랑 시대의 칠기에 하늘기운의 기세 찬 문양이 나타난다. 고구려 고분벽화에서 장식 문양의 중심은 당초문이다. 이른바 팔메트 문양의 전형이라 할 수 있는 꽃과 줄기가 S자형으로 리드미컬하게 뻗어 있다. 이런 모습이 인동초와 비슷하므로 인동초문이란 또 다른 이름이 생겼다.

〔그림6〕은 부여 부소산에서 출토된 백제의 금동광배에 표현된 당초문이

〔**그림6**〕 백제 금동광배 당초문, 부여 부소산성 출토, 지름 12.6cm, 국립중앙 박물관 소장

〔그림7〕 백제 고분벽화 당초문, 부여 능산리 고분 널방 천장(모사본)

다. 당초문은 금속류의 공예에도 다양하게 사용되었다. 광배문양의 총체적인 도상의 원의는 태양문에 있다. 둥근 주위의 연주와 화문이 모두 광명을 발하는 태양을 상징한다.

　백제는 관식을 비롯하여 와당, 불상광배, 고분벽화 등의 문양에 태양을 상징한 도상의 유물이 많다. 부여 능산리 1호 동하총(東下塚) 널방 천장에 그려진 벽화〔그림7〕도 낙랑 고분의 유물 도상을 연상하게 한다. 이 문양에 대해서 고고학계에선 연화문과 구름무늬〔雲紋〕로 해석하고 있으나, 사실은 연화문은 태양문이며, 구름무늬는 하늘기운을 초문화한 문양으로 해석해야 백제의 문화적 상징 체계가 바로잡힌다. 그뿐 아니라 백제 귀족의 은제 관식도 단순히 꽃 모양 장식〔그림8−(5)〕으로만 볼 것이 아니라, 불꽃무늬를 화문화(花紋化)한 당초문계 문양으로 읽어야, 부여계의 후신인 백제인들의 태양 숭배사상의 상징 체계와 불꽃무늬 도상의 기법원리를 알 수 있게 된다.

　이러한 백제 문화의 상징과 체계의 원리는 무령왕 금제 관식과 나주 신촌리 출토 금동 관식의 계보 해석에도 자연스러운 해답을 준다. 곧

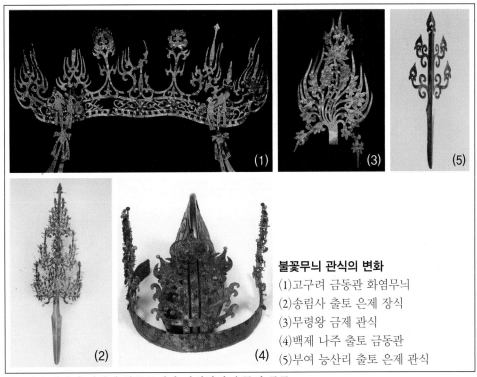

불꽃무늬 관식의 변화
(1)고구려 금동관 화염무늬
(2)송림사 출토 은제 장식
(3)무령왕 금제 관식
(4)백제 나주 출토 금동관
(5)부여 능산리 출토 은제 관식

〔그림8〕 태양의 심벌인 불꽃무늬가 관식화된 유물의 종류

〔그림9〕 통일신라 당초문 암막새

〈태양숭배 → 불꽃무늬 도안 → 관식의 형식언어화〉로 읽는 해석이 백제 문화의 원형과 직결된다는 사실이다.

〔그림9〕는 통일신라시대의 암막새 문양인데, 당초문(상)과 봉황보상화 문(하)이 화려섬세의 극치를 보여준다. 모든 예술이 그러하듯 문양은 국력과 비례한다. 이 때가 신라의 미의식이 정점에 도달했을 때다.

〔그림10〕 조선시대 분청자기의 당초문

〔그림10〕은 소박한 조선시대 분청자기에 표현된 당초문이다. 하늘을 숭상하므로 하늘기운을 상서롭게 표현하고 싶은 욕망은 고금이 같다. 그런데 그것을 시각적으로 어떻게 그려낼까 하는 생각의 디자인이 만들어낸 문양이 당초문이다. 당초문은 당나라 풀 문양도 아니고, 서양의 팔메트도 아니다. 또한 인동초문도 아니다. 그런 즉물적 식물 문양에 원류가 있는 것이 아니라, 태양을 숭배하는 인간사유가 고안해낸 하늘기운의 상상적 추상 문양이 장식 문양으로 진화된 상서로운 문양이다. 다만 식물 문양은 당초문 발상의 모티브에 보조적 자료였을 가능성은 있다.

북방민족인 거란〔契丹〕이 세운 요(遼)나라(916~1126)의 샤머니즘과 태양숭배의 원시사상은 한민족의 고대사상과 그 성격이 비슷하다. 요나라의

〔**그림11**〕 요대(遼代) 귀족용 류금(鎏金) 은관, 요녕성 建平縣 張家營子
요묘(遼墓)출토, 높이 19cm, 지름 20.9cm

귀족 은관〔그림11〕과 요묘(遼墓) 출토 대석관(大石棺)〔그림12〕에 장식된
당초문을 보면, 하늘기운의 본질인 태양 에너지를 문양으로 상징한 기법
이 힘차게 표현됐다. 〔그림12〕의 불꽃무늬와 당초문은 하늘기운의 원형 곧
태양의 에너지를 상징하는 문양이란 공통성 때문에 두 가지가 겉으로 보
기에는 이질적인 것 같지만 복합휘지(複合徽識)될 수 있는 요소를 갖춘 것
이다.

　이처럼 당초문이란 단순하게 식물의 이미지를 형상화한 것이 아니다.
그것은 하늘기운을 추상적으로 초문화(草紋化)한 고대의 상징기법이 낳
은 아름다운 도상(圖像)이었던 것이다.

〔그림12〕 청룡, 현무, 당초화염문 조판(雕板) 대석관(大石棺), 요대(遼代), 73cm×212cm, 요령(遼寧) 법고엽무태(法庫葉茂台) 제7호 요묘(遼墓) 출토.

제7장 기와의 명칭과 와당 문양의 상징

1, 기와와 문명

[그림1] 안동 병산서원 만대루 전경

고찰이나 고택의 지붕 위 이끼가 창연한 기와를 보면, 오랜 세월 풍상을 견뎌온 품격에 경의를 느낀다. 고건축물의 질서와 조화는 지붕 위의 기와가 대단한 몫을 담당하고 있다는 것이 내 생각이다.

어렸을 적 초가집에서 살았던 나는 기와집이 늘 선망의 대상이었다. 그런 기억은 누구에게나 있었을 테지만, 그만큼 기와집은 부잣집의 상징이었다. 더욱이 고대에는 왕후장상(王侯將相)이 아니면 기와집은 감히 꿈도 못 꿀 큰 집 아니었던가?

> "고대사회에서 기와는 국가 권력의 상징인 도성의 조영에 우선적으로 활용된 건축부재이다.
> 도읍의 위치를 선정하는 일부터 시작하여, 각종 건물을 짓고 도성의 성벽을 쌓는 일련의 작업은 왕조의 통치 이념을 도성이라는 가시적 공간에 구현하는 과정이었다."[01]

위의 설명처럼 도읍지에 있는 권력자들의 건축물은 크고 높으며 지붕을 기와로 덮었다는 점이 특색일 것이다. 예나 지금이나 전쟁이 끝난 뒤 폐허가 된 도성엔 발에 밟히는 게 기와 조각뿐이다. 와력(瓦礫)이란 말과 와해(瓦解)란 말이 그래서 생긴 말일 것이다. 유적발굴에서 가장 많이 출토되는 것도 바로 기와 조각들이다.

이러한 기와 사용은 인류 문명사에서 주거(住居)문화의 혁명을 가져왔다. 왜냐하면 ① 제와(製瓦) 기술로서 과학의 발달을 촉진했고 ② 무거운 기와를 지붕 위에 얹기 위한 공학적 설계 기술은 건축술을 발달시켰으며 ③ 기와의 문양과 구조물의 아름다운 장식성은 공간예술의 미관(美觀)을 구축했을 뿐만 아니라 ④ 마지막으로 비가 새지 않는 완벽한 주거 공간은 쾌적한 생활문화를 창출하여 인간의 의식을 고양시키는 데 성공했다. 이 네 가지를 종합적으로 해결하고 진화하게 한 모티브는 기와였다. 지금까지도 옛날의 전통적 제와 기술은 이어지고 있으며 현대의 건축물에

---

01) 정치영, 〈백제 한성기 제와술의 시말〉, 《百濟瓦博》, 국립부여박물관, 2010, 334쪽.

〔**그림2**〕 신라의 장골가형토기(藏骨家形土器), 8세기, 경주 복군동 출토, 높이 43.4cm, 국립경주박물관 소장

도 그대로 유용한 것을 보면, 내구성이 강한 기와의 발명은 인류 주거문명의 진화를 주도한 굉장한 문명적 사건이었음을 헤아릴 수 있다.

이처럼 기와는 비와 햇볕을 가려주고 서까래가 썩는 것을 막기 위해 인간이 고안해낸 가장 뛰어난 발명품 가운데 하나다. 기와는 건축에서 가장 나중에 공사하고 가장 높은 곳에 얹는 자재이다. 모든 건축물을 위에서 덮으며 무겁게 조영한다. 기와의 이러한 특수성이 다음에 전개할 기와 이름의 상징성을 해명할 배경이 된다.

이러한 기와가 언제 어디서부터 어떻게 기원되었으며 어떤 문화적 상징과 해석이 가능한지, 그런 것을 한 번 알아보자는 것이 이 글의 시도이다.

2, 기와의 기원

기와의 기원에 대해서 《고사고(古史考)》에 '하(夏)나라 곤오(昆吾) 씨가 기와를 만들다'(夏時昆吾氏作瓦) 라는 기록이 있지만 그것은 전설적인 이야기이고, 동양에서 기와의 출현은 불확실하지만 대체로 서주(西周) 초기로 잡고 있다. 그 이유는 가장 이른 시기의 와당이 섬서(陝西) 부풍(扶風) 소진(召陣)에 있는 서주(西周) 중기(中期) 궁전 건축 유지(遺址)와 기산(岐山) 예촌(禮村) 서주 유지에서 출토되었기 때문이라고 한다.[02]

그러나 기와의 기원은 아직 확실한 물징이 나타나진 않았지만, 서주 이전 곧 상대(商代) 말기부터로 보는 것이 타당할 것으로 생각된다. 춘추 전국시대 와당이 진·한(秦漢)의 와당과 비교해서 전혀 손색이 없을 정도로 고급화된 것을 보면 그런 추론에 이를 수 있다.

진·한(秦漢)대에 이르러 대규모의 궁전이 조영되면서 제와(製瓦) 수준은 고도로 발달되어 그 시대의 문화적 특색을 담아냈다. 더욱이 와당의 문양과 명문(銘文)은 미술, 서예, 역사 연구의 중요한 자료가 되면서 그 가치가 높아졌다. 동시에 문인한사(文人閑士)들은 일찍이 와당을 골동〔古董〕의 대상으로 완상하며 수집하기를 즐겼다.

오융(吳融)의 〈고와연부(古瓦硯賦)〉[03]에는 당나라 사람들은 이미 기와로써 벼루를 만들었다는 사실을 시부(詩賦)로 읊었다.[04]

---

02) 申雲艷, 《中國古代瓦當研究》, 文物出版社, 2006, 8쪽.

03) 《全唐文》 권830, 중화서국영인본, 1987.

04) 吳融 《古瓦硯賦》 云 : "勿謂乎柔而无剛, 土埏而爲瓦, 勿謂乎廢而不用, 瓦斷而爲

송대(宋代)에 이르러선 당시 문인아사(文人雅士)들이 와연(瓦硯)을 지극히 사랑하고 좋아했기 때문에 와연을 만들고자 통와(筒瓦-암막새)까지 만들었다고 한다. 북송시대에 이르러 와당에 관한 저록이 처음 나타났는데 왕피지(王辟之)의 《민수연담록(澠水燕談錄)》이 그 효시다.[05]

우리나라에서 기와는 대체로 한(漢)문화가 유입된 낙랑시대부터 쓰였다는 것이 통설이다. 낙랑 유지에서 출토된 와당과 벽돌[塼]의 물징이 이를 증명한다. 삼국시대엔 고르게 유물이 출토되고 있는 것으로 봐서 여러 도성에서 이미 기와 사용은 보편화되었음을 알 수 있다.

1960~1970년대까지만 해도 기와나 와당에 대한 관심은 지극히 엷었다. 그러나 최근 10~15여 년 사이 국내에선 기와와 와당에 관한 연구가 활발해졌고 일본인 '이우치 수집 와전 기증전'은 와당에 대한 관심을 모으는 촉매제가 되었다. 이후 주목을 끄는 기획 전시도 잇달았다.

* 《이우치 수집 와전(瓦甎) 1082점 기증전》, 국립중앙박물관, 1987
* 《新羅瓦當-아름다운 신라기와, 그 천년의 숨결》, 경주국립박물관, 2000
* 《유창종 기증 1873점 와(瓦)·전(塼) 기획특별전》, 국립중앙박물관, 2002
* 《隱逸의 수려한 꿈-新羅瓦當》, 영남대학교박물관, 2005
* 《기와에 담긴 700년의 숨결, 百濟瓦塼》, 국립부여박물관, 2010

이 가운데에서 유창종 와전 기증은 획기적인 일이며 와전의 문화적 중요성을 일깨운 쾌거였다. 그런데 큰 기획 전시의 도록에는 필수적으로 논고가 실려 있으며, 쏟아져 나온 수십 편의 기와 연구 석·박사 논문도

硯"(부드럽다고 강하지 않다고 말하지 마라, 흙을 이겨서 반죽하여 기와가 된다. 쓸모 없다고 버린다 말하지 마라, 기와를 절단해서 벼루를 만든다)

05) 申雲艶, 《中國古代瓦當硏究》, 문물출판사, 2006, 1쪽.

있지만 문제점이 있다. 편년, 지역적 특성, 문양 분류, 계보의 변천 등의 연구에만 치중할 뿐, 왜 그런 문양, 그런 계보가 어떤 원인으로 발생하여 변화 과정을 겪었느냐 하는 발생학적 구명(究明)과 상징해석에 대한 연구는 좀처럼 보이지 않는 것이 문제점이다.

그 이유는 문양에 저장된 정보를 전혀 해독하지 못한 채 즉물적인 기존 분류 방법에만 의존하는 한계성 때문일 것이다. 문양은 역사적 기억에 저장된 '뇌의 지문'과 같은 '문화의 거울'이다. 문양에 내장된 이런 배경을 짚어내지 못하면 새로운 해석이 나올 턱이 없다. 그러므로 연구자들은 껍데기만 긁어 맛을 내는 얄팍한 학문의 속성주의를 경계하고 뿌리를 드러내어 원류를 찾아 엄중하게 비판할 것은 비판해서 학문의 페이지를 늘릴 생각을 해야 한다.

3. 기와집 건축의 발상 모티브

인간의 생활은 의식주(衣食住)가 가장 중요하다. 그 가운데에서 집이라는 삶의 공간은 모든 생명체가 자신에게 알맞은 공간을 장만하여 거기서 입고 먹고 자고 생식(生殖)하며 살고 있는 공통점이 있다. 벌레들도 마찬가지지만 그것은 일단 별도로 하고, 두 발 달린 새〔鳥類〕와 네 발 달린 짐승〔獸〕을 비교해보면, 집다운 집을 짓는 쪽은 단연 새들이다. 새는 집의 건축사라 불릴 만큼 부리 하나만으로 정교한 집을 짓는다.

수상(樹上)생활과 혈거(穴居)생활을 거친 원시시대의 인간들은 주거의 형태를 새집에서 발상의 힌트를 얻었을 가능성이 매우 크다.〔그림3〕

실제로 동양의 기와집들은 날개를 짝 편 새의 비상 형태를 닮았으므로 그럴 가능성은 충분히 있다. 건축의 기원에서 이런 이론이 있는지 모르겠지만, 한국의 기와집 추녀의 들린 모습과 새의 갈비뼈와 같이 노출

〔그림3〕 원시 새집(巢居) 형태의 주거(住居)와 발전 과정

된 서까래〔그림5〕, 몸집이 가벼운 새처럼 아래를 비운 마루, 공기 유통을 쉽게 하기 위한 많은 창 구멍, 솔개의 깃털을 닮은 지붕의 촘촘한 기와, 용마루 양쪽 끝머리를 장식하는 치미(鴟尾 솔개치) 등을 살펴볼 때, 영락없이 신조(神鳥) 솔개의 형태에서 기와집은 발생학적 기원이 시작되고 있음을 느낄 수 있다.

특히 지붕의 기와 골은 솔개의 가지런한 깃털 그대로다. 이러한 현상은 고대 조이(鳥夷)들의 숭조사상(崇鳥思想)이 그 배경일 것으로 짐작되지만, 고문헌에도 "동북이(東北夷)들은 새를 사로잡아 그 고기를 먹고 그 껍질을 옷으로 삼는다. 일설에는 해곡(海曲)에 거주하면서 피복과 기거동작(起居動作)이 모두 새의 형상과 같다.(此東北之夷, 搏取鳥獸, 食其肉而衣其皮也. 一說, 居在海曲, 被服容止, 習象鳥也.)"[06]고 한 문징이 이를 뒷받침한다.

---

06)   안사고(顔師古), 《한서(漢書)》〈지리지(地理志)〉 '翼州鳥夷' 주석.

〔그림4〕영귀정(詠歸亭), 경주시 강동면 양동리 양동마을 설창산 동남쪽에 있음. 회재(晦齋) 이언적(李彦迪)이 세운 정자, 1778년(정조 2년) 중건함.

〔그림5〕경주 안강읍 옥산(玉山)서원 독락당(獨樂堂) 천장 내부의 노출된 서까래 모습

〔그림6〕 솔개의 비상

4. 기와 이름의 상징과 해석

　기와의 기원이 언제부터인가 하는 문제보다, 기와의 문화적 상징과 해석이 더 관심을 끄는 이유는, 어떤 발상에서 그러한 기물을 고안하게 됐을까 하는 문제가 더 흥미롭기 때문이다. 기와를 만들게 된 발상의 모멘트는 과연 무엇일까?

　'기와'란 어휘는 고유어인지 한자어인지 분간하기 어렵다. 국어사전엔 한자를 병기하지 않아 고유어로 분류돼 있지만, 어감도 고유어가 아닌 듯하고, 기와의 '와'자가 한자 '瓦'가 아니라면 어원 설명은 불가능해진다. '기와로 지붕을 덮다'의 뜻인 '개와'(蓋 : 덮을 개, 瓦 : 기와 와)가 '기와'로 변음된 말이라고도 한다.

　기와의 고어는 '디새'인데, '디새'가 어떤 이유로 말미암아 '기와'로 교체되었는지 그 이유를 아무도 모른다. '디새'의 형태 분석은 '디다〔落〕'의 어

〔그림7〕 서울 강동구 암사동 선사 주거지(복원). 날개를 접고 앉아 있는 새의 모습과 같다.

근 '디'에 명사 '새'〔鳥〕가 합성된 〈디〔落〕＋새〔鳥〕〉의 형태로서 그 뜻은 '땅 위에 내려앉은 새'란 뜻으로 풀이된다. 사실 초가는 땅 위에서 날개를 접고 고스란히 앉아 있는 새의 모습과 같고, 기와집은 그 모양이 솔개가 땅 위에서 날개를 펴고 막 날려는 모습과 같다. 모든 문명의 시원은 자연이 스승인 것이다.

기와의 이름엔 여러 종류가 있다. '디새 / 막새 / 암막새 / 수막새 / 망새 / 드림새' 등인데 모두 '새'자가 붙어 있다. 또 치미(鴟尾)의 '鴟'도 '솔개 치'자다. 치미의 고유어는 '망새', '바라기'다. 이런 점을 고려하면 위의 기와 이름들은 새〔鳥〕와 관련이 깊은 단어라고 유추할 수 있다.

그리하여 앞에서 논급한 바와 같이 기와 발상의 동기를 솔개의 깃이라든지 비상하려는 솔개의 자태에서 그 발생원(發生源)을 찾아볼 수 있다고 한 점은 바로 기와의 이름이 만들어진 배경을 암시하고 있는 것이다. 특히 기와의 한자는 '瓦'자 하나 뿐인데, 고유어는 '새'자가 붙은 여러 가지 이름이 있으니 신기롭지 않은가?

모든 이름은 그냥 지어지지 않는다. 반드시 그 내용에 합당한 단서가 있으며, 그 단서에는 또 그럴 만한 이유가 있는 법이다. 그럼에도 지금까지 기와 이름을 분석하여 기와가 발생한 배경과 이유를 찾아 물징을 제시하려는 글을 아직 보지를 못했다.

〔그림8〕 황룡사지 출토 치미　　　　　**〔그림9〕** 황룡사 출토 치미의 측면 문양
　　　　높이 182cm, 국립경주박물관

　치미만 해도 그 이름이 왜 치미며 그 이유는 무엇인가라는 의문을 풀
어준 해석이 아직 없다. "치미는 용마루 양쪽 끝에 사용되는 기와로 건
물의 장중함과 반전감을 보여주는 벽사(辟邪)적 성격의 장식적 효과를
위한 기와"[07]라는 것이 설명의 전부다. 그러나 '장중함과 반전감을 보여
주는 벽사적 성격'만이 아닌 치미는 고건축물의 상징성을 함축한 아주
중요한 부분이다. 왜냐하면 그것이 궁전과 사찰, 묘우(廟宇)의 맨 상층
용마루 양쪽 끝에 위치한 그 자체가 심상치 않은 치미의 상징성을 이미
암시하고 있기 때문이다. 그 이유를 살펴보자.

　〔그림8〕의 황룡사지 출토 치미는 높이 182cm의 크기와 장식 문양의 특
징 면에서 신라 최대 거찰인 황룡사의 규모를 짐작케 하는 가장 대표적인
치미다. 그런데 이 치미의 측면과 등에 장식된 문양〔그림9〕을 보면 공통

───────────────
07)　김성구, 〈新羅기와의 성립과 그 변천〉, 《新羅瓦博》, 국립경주박물관, 2000년, 430
쪽.

〔그림10〕 고구려 벽화 무용총 주실 동벽 주방(모사본)

〔그림11〕 백제 치미와 건물의 재현(국립부여박물관)

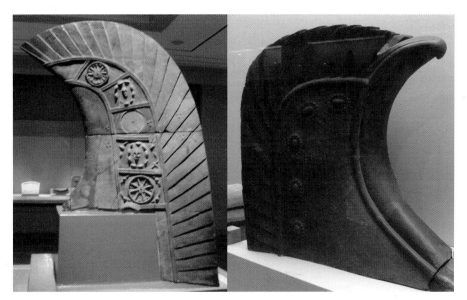

〔**그림12**〕치미(鴟尾)(왼쪽, 황룡사지 출토)와 치문(鴟吻)(오른쪽, 안압지 출토)

점이 있다. 이 문양들을 대부분 연화문으로 해석하지만, 원형은 모두 태양을 의부(意符)한 문양이다. 치미는 신조(神鳥)인 솔개의 날개를 기와의 몸통으로 하고 태양의 상징 문양을 기와의 양 옆과 등에 장식했다. 핵심은 태양과 새(솔개)의 복합 문양이란 점이 와당을 비롯한 기와 문양의 해석에 있어 아주 중요한 요체가 된다는 사실이다.

〔그림12〕의 문양도 학계에선 동심원(同心圓) 또는 환문(丸紋, 環紋) 등으로 부르지만, 이 문양들의 원형질은 모두 길상(吉祥), 벽사(辟邪), 제액(除厄), 생명(生命)의 힘을 상징하는 태양문이다. 이와 같이 와당과 치미 등에 태양문을 집중적으로 시문하는 까닭은 건축에서 지붕이 지닌 속성 때문이다. 지붕의 속성은 태양빛을 가장 많이 받는 자리이므로 지붕에 장식되는 문양과 태양은 불가분의 관계가 성립된다. 고구려 고분 무용총 벽화 가운데 태양의 심벌인 불꽃무늬를 지붕 위에 사실적으로 그린 벽화가 있는데〔그림10〕, 그것은 태양숭배의 고구려 사유, 곧 동명(東明)

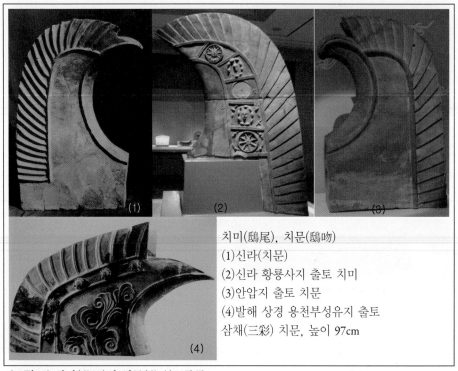

치미(鴟尾), 치문(鴟吻)
(1)신라(치문)
(2)신라 황룡사지 출토 치미
(3)안압지 출토 치문
(4)발해 상경 용천부성유지 출토
삼채(三彩) 치문, 높이 97cm

〔그림13〕 치미(鴟尾)와 치문(鴟吻) 4종류

사상을 표현한 고구려식의 상징기법이다. 건물의 상층인 지붕과 태양의 상관성을 보여주는 좋은 사례라 하겠다.

4. 치문(鴟吻)과 치미(鴟尾)

제일 먼저 鴟尾의 '鴟'자가 왜 '솔개 치'자를 썼을까? 이 의문이 해결되면 모든 궁금증은 풀어진다. 허다한 이름을 두고 왜 솔개가 등장됐을까? 그 것은 태양숭배족이 신조(神鳥) 솔개를 태양과 동격시하여 와당의 문양으로 상징하였기 때문이다. 앞에서 누누이 설명한 바 있지만, 태양숭배의 원형이 다시 새 숭배사상의 사유세계로 이동되어 두 가지 상징은 복합적으로 여러 기물에 표지된다. 치미도 바로 그런 원형의 상징물인 것이다.

이른바 치미는 치미(鴟尾)와 치문(鴟吻 : 입술 문) 두 종류가 있다. 치미는 솔개의 꼬리 부분과 날개 깃을 형상화한 기와이고, 치문은 솔개의 부리 부분과 날개 깃을 형상화한 기와인데, 중국에선 치미가 치문보다 조기에 나타난 것으로 설명하고 있다. 치미는 당(唐) 이후부터 용두(龍頭), 꼬리긴 새[翹尾(교미 : 꼬리 긴 깃털 교)], 고기[魚] 등 변형치미가 등장하며, 취와(鷲 : 솔개 취, 瓦), 취두(鷲頭)로 부르기도 한다.[08]

〔그림13〕은 백제와 통일신라시대 및 발해의 망새(치미)인데, 〔그림13-(2), (3), (4)〕는 솔개의 꼬리가 아닌 부리를 형상하였다. 이처럼 치미와 치문은 형태상 구별이 뚜렷하다. 그런데 우리나라에선 구별하지 않고 치미 한 가지로만 부르고 있는데, 이런 용어상 문제도 좀 더 치밀하고 정확하게 조사하여 유물에 대한 세심한 관찰력이 부족한 소치란 소리를 듣지 않도록 주의해야 할 일이다.

5, 와당(瓦當) 문양의 상징과 해석

와당(瓦當)은 '와당(瓦擋)', '와두(瓦頭)'라고도 한다. 처마 끝 통와(筒瓦)의 두부(頭部)를 장식하는 역할을 한다. 와당의 문양은 서주(西周)시대에 처음 등장하였으며 출현 당시는 모두 반원형이었으나, 진대(秦代)부터 원형으로 바뀌었다.[09]

와당은 고유어로 '막새'라고 한다. 막새에는 원형수막새와 평형암막새 및 이형수막새가 있다. 그런데 우리말 막새보다 와당이란 단어가 더 보편화되었다. 한자 사용을 기피하면서 한자 용어로 바뀌는 것은 희한한 일이다. 와당은 밑에서 지붕을 쳐다보면 가장 확연하게 눈에 들어오는 장식이므로 와

---

08) 《중국풍속사전(中國風俗辭典)》, 1990, 상해사서출판사, 454쪽

09) 安金槐 편, 오강원(吳江原) 역, 《中國考古(夏商周 편)》, 백산자료원, 1998, 424쪽.

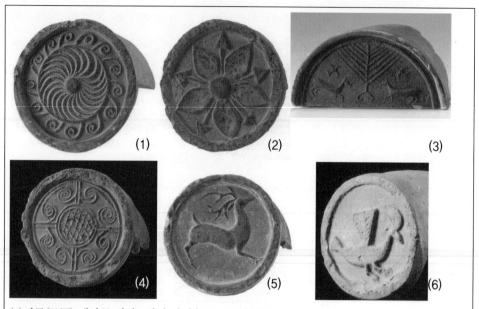

(1)전국(戰國) 태양문 와당, 섬서 봉상(陝西 鳳翔)박물관 소장
(2)전국(戰國) 규문(葵紋) 와당, 진시황병마용박물관 소장
(3)전국(戰國) 수목조수문(樹木鳥獸紋) 와당, 섬서 함양시(咸陽市)박물관 소장
(4)진(秦), 권운문(捲雲紋) 와당   (5)진(秦), 녹문(鹿紋) 와당   (6)진(秦), 조문(鳥紋) 와당

〔그림14〕 전국(戰國)시대와 진대(秦代)의 와당

〔그림15〕 신라 새문양〔鳥紋〕 와당

〔그림16〕 암각화의 태양문과 수막새 문양
태양문 암각화, 신석기시대, 중국 강소성(江蘇省) 장군애(將軍崖)(왼쪽)
고려 수막새, 안양 안양사지 출토, 지름 16.1cm,《천년 고찰의 고즈넉함을 거닐다》20쪽
(오른쪽)

당의 문양은 건축물에서 고대사유를 압축한 상징세계나 다름없다.

전국시대와 진한시대의 화려한 황궁의 와당은 황제의 권위와 신분을 상징하기 위해 지고지순한 태양을 회돌이문양으로 의부(意符)한다. 태양문은 와당 문양의 모형(母型)이다. 뒤에 규문(葵紋=해바라기무늬), 권운문(捲雲紋=구름무늬), 연화문(蓮花文=연꽃무늬) 등 다양하게 변화된다.〔그림14〕의 (1),(2),(4)와 같은 문양의 발생원은 연화문에 있는 것이 아니라 태양 숭배사상에 있다는 사실을 직시해야 한다.

이러한 와당의 태양문은 진시황 이후 한대(漢代)에 이르러 점차 사라진다고 한다.[10] 태양문이 사라지면서 와당 문양의 발생원이 어디에 있으며 그 이유가 무엇인지를 후인들이 모르게 됨으로써 표면에 나타난 문양의 꼴만 보고 온갖 이름을 붙여 분류하고 있다.

와당의 문양은 여러 종류가 있지만, 연화문으로 알고 있는 태양문이 가장 많고, 그다음은 새 숭배사상에서 유래한 태양조〔神鳥〕 문양〔그림15〕

---

10) 허선영,《중국 한대 와당의 명문 연구》, 민속원, 2007, 89쪽.

| 고구려 수막새 | 고구려 수막새 | 발해 수막새 |
| 백제 수막새 | 신라 수막새 | 통일신라 수막새 |

〔그림17〕 태양을 意符한 수막새(와당)의 문양 종류

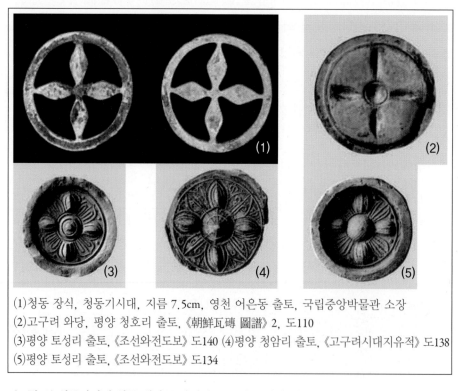

(1)청동 장식, 청동기시대, 지름 7.5cm, 영천 어은동 출토, 국립중앙박물관 소장
(2)고구려 와당, 평양 청호리 출토, 《朝鮮瓦磚 圖譜》2, 도110
(3)평양 토성리 출토, 《조선와전도보》도140 (4)평양 청암리 출토, 《고구려시대지유적》도138
(5)평양 토성리 출토, 《조선와전도보》도134

〔그림18〕 청동기시대 청동 태양문 장식과 고구려 수막새 태양문의 계보

이다. 그 외 문자, 동물, 수목, 개구리 등이 섞여 있으나, 문자 와당은 우리나라에선 드물고, 동물은 주로 말〔馬〕, 사슴〔鹿〕 등 양기(陽氣)를 상징하는 것들이 대부분이다.

삼국시대의 수막새 문양을 기존 학계는 연화문으로 읽고 있다. 수상식물인 연화(蓮花)는 화재를 예방하기 위한 것이라고 하지만, 음(陰)인 연화가 양(陽)인 지붕 위를 덮을 수는 없다. 연화문은 지붕을 덮는 기와의 성격에 배치되는 해석이다. 수막새의 문양은 천손족의 빛살사상을 반영한 문양, 곧 사방으로 뻗어져 가는 태양의 복사문(輻射紋=바퀴살무늬) 또는 폭사문을 화문(花紋)으로 변환한 도상〔그림17〕이다.

〔그림18〕의 수레바퀴형 청동기 장식은 태양문이 간화되어 동세가 고정된 양식이다. 전 단계는 S자형의 동세로 표현되는 卍자문인데 직각화하기 전의 문양이 백제의 이른바 파형문 와당이다.

문제는 와당 문양의 원리는 그 모형(母型)이 태양문이란 사실을 망각하고, 와당의 문양을 전부 연화문 중심으로 분류하는 데 있다. 곧 태양문이 중심 주제이고 연화문은 태양문이 변환한 화문(花紋)의 한 종류에 지나지 않을 뿐인데도, 마치 연화문이 와당 문양의 중심인 것처럼 잘못 인

〔그림19〕 태양의 빛살문양이 와당에 시문된 여러 가지 진화 형태

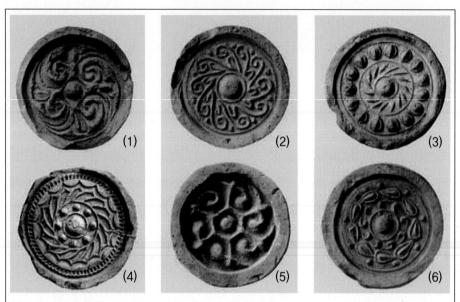

(1)평양 평천리 출토,《고구려시대지유적》, 도187   (2)평양 출토,《고구려시대지유적》, 도275
(3)평양부내 출토,《조선와전도보》2, 도187   (4)평양 경재리 출토,《조선와전도보》, 도188
(5)평양 출토,《고구려시대지유적》, 도181   (6)평양 출토,《조선와전도보》, 도45

[그림20] 고구려 수막새의 회돌이 태양문, 화문(花紋)으로 변해가는 과도기적 형태를 보인다.

식하고 있는 것이 문제다. 이것은 고대 문양의 상징해석을 모두 불교적
시각으로 해석하려는 편향된 태도가 빚은 결과다.

〔그림19〕과 〔그림20〕의 문양은 태양의 에너지를 동세(動勢)로 표현한
회돌이 태양문들이다. 태양문의 특징은 기본형인 원(圓)을 중심체로 다
양한 디자인을 변화무쌍하게 시문하는 데 있다. 모든 식물의 꽃과 열매
는 생명의 에너지를 내려주는 태양의 둥근 모양과 붉은색을 닮는다. 따
라서 인간은 태양문을 시각적인 도상으로 디자인할 때 뇌가 기억하고 있
는 여러 가지 화문(花紋)을 본받아 그리게 된다.

그런데 그런 태양과 화문의 관계에서 성립되는 발생의 기본원리를 무
시하고, 연화문 일색으로 분류하는 시각은 태양숭배와 새숭배의 천손족
고유사상을 배제해버릴 뿐만 아니라, 지붕에 얹는 기와문양과 태양과의

〔그림21〕 백제 특유의 태양문 수막새

관계성립을 고려하지 않은 오류가 아닐 수 없다. 그러므로 한민족문화의
원형과 문양의 상징성을 오독한 즉물적 이름 붙이기와 분류 방법은 무슨
의미가 있는지 한번쯤은 되돌아봐야 할 일이다.

6. 백제 와당의 특징과 태양 숭배사상

백제의 이른바 소문(素紋)수막새 〔그림21-(1), (2)〕와 파형(巴形)와당
〔그림21-(3)〕은 부여 이외 지역이나 다른 국가에선 아직 출토된 예가 없
는 특수한 와당이다. 소문 와당은 아무런 문양도 시문되지 않은 문양이
기 때문에 붙인 이름이지만, 그러나 이 문양은 태양을 원초적으로 의부
(意符)한 문양이므로 그 이름을 '둥근 해모양 수막새' 또는 '원형(圓形) 태

양문 수막새'라고 고쳐 불러야 옳다. 사실은 이런 문양이 왜 부여지역 건물지(建物址)에서만 출토될까? 그 배경은 무엇일까? 이런 구명(究明)이 참으로 중요한 것이다.

〔그림21〕의 (1)을 이른바 소문(素紋)이라 하고, (2)는 중환문(重環紋)이라 하는데, 이것은 모두 태양의 원형을 그대로 표현한 백제 사람들의 소박한 상징기법이다. 이런 근본사상을 이해하지 못하고 문양이 없는 바탕이란 뜻의 소문(素紋)이라고 한다면, 그 바탕의 실체는 과연 무엇인가? 그것을 분명하게 밝혀야 한다.

태양문의 첫 순서는 이른바 소문(素紋)이라고 하는 '원형 태양문'〔그림21-(1)〕 단계이고, 다음 단계는 '중환 태양문(重環太陽紋)'〔그림21-(2)〕이다. 태양문을 중복해서 디자인한 문양이 중환 태양문인데 가운데가 돌출된 이른바 유정문(乳定紋)은 더욱 사실감을 느끼게 하는 도상이다. 세 번째 단계는 이른바 파형 태양문(巴形太陽紋)〔그림21-(3)〕인데, 이것은 태양 에너지의 회돌이를 동세(動勢)로 표현한 '회돌이형 태양문' 또는 '선형(旋形) 태양문'이다. 이 회돌이형 태양문은 뒤에 직각화되어 만(卍)자 문양이 된다.

앞에서 파형동기(巴形銅器)를 설명할 때, 파형이란 용어를 사람들이 잘 모르기 때문에 일본 고고학계의 용어인 파형이란 용어를 버리고 대신 '선형(旋形) 태양문' 또는 '회돌이형 태양문', '바람개비형 태양문'으로 개칭하자고 제안한 바 있다.

와당의 문양은 그 뒤 다양한 형태로 변화를 거듭하면서 시대의 미감을 담아내는 독특한 영역으로 발전한다. 와당 문양의 이러한 전개 원리와 거기에 표현된 문양의 배경사상을 해독하려면 연화문 일색으로 몰아붙이는 즉물적인 편견부터 버려야 할 것이다.

와당은 추녀의 서까래 끝을 마감하는 건축 자재이다. 눈에 가장 잘 띄는 와당에 나타난 장식 문양은 고대사상이 압축된 상징의 세계다. 그 간결한 상징의 해석부터 먼저 하는 것이 연구의 순서다. 오늘날의 시각을 잣대로 형태만을 보고 멋대로 양식 분류하는 것은, 마치 성분을 모르고 약을 약봉지에 나누어 담는 행위나 다를 바 없다. 뿌리를 모르는 그런 무분별한 오류는 한국미술의 기초인 문양에 대한 상징과 해석을 오도할 뿐이다.

〔그림22〕 부여 지역 출토 수막새와 암막새의 원형 태양문

〔그림23〕 고려 수막새와 암막새의 원형 태양문

경주 양동 향단 마루와 천정

제Ⅵ부

태양과 새 – 고조선문화의 원류

제1장 흉노 왕 칸(干)과 선우(單于) 성(姓)의 문자학적 검토

제2장 상투와 비녀〔簪(잠), 筓(계)〕

제3장 Y형기(Y形器)와 칸(干)과 새 날개 모양〔鳥翼形〕 관식(冠飾),
　　　그리고 만세(萬歲)의 상징

(1)홍산 전경　　(2)여신상　　　　　　　(3)여신묘 발굴 현장

몽골 알타이 쿠르칸 석비 앞에 서 있는 김양동, 2007년 8월.

제1장 흉노 왕 칸(干)과 선우(單于) 성(姓)의 문자학적 검토

1, 흉노(匈奴)와 선우(單于)

흉노란 이름은 BC 4~5세기부터 문헌에 등장한다. 《시경(詩經)》〈소아편 · 출거(小雅篇 · 出車)〉에 "천자께서 우리에게 명하시어 북녘 땅에 성을 쌓게 하셨으니, 혁혁한 남중(南仲)님은 험윤(獫狁) 오랑캐를 쳐 없앨 걸세."(天子命我 城彼朔方, 赫赫南仲 獫狁于襄)란 구절에서 흉노의 3대 부족 가운데 하나인 험윤(獫狁)이 이미 등장하고 있다.

그러나 서주(西周 : BC 11세기~BC 771)) 말기 괵계자(虢季子) 백반(白盤)의 청동기 명문〔그림2〕에도 이미 험윤의 정벌 기사가 나오고 있다. 선왕(宣王)이 험윤(獫狁)을 정벌하여 500의 수급(首級)과 포로 50명을 사로잡은 내용을 110자의 운문으로 쓴 한 편의 산문시가 관수기(盥水器, 손씻는 그릇)인 괵계자 백반의 명문이다. 이처럼 흉노의 등장은 역사 속에 이른 시기부터 나타나며 일일이 다 들 수 없을 정도로 많다.

사마천(司馬遷)은 《사기(史記)》〈흉노열전(匈奴列傳)〉에서 "흉노의 선조는 하후(夏后−하 왕조 성씨)씨의 묘예(苗裔)인 순유(淳維=葷鬻)다. 당우(唐虞−요임금과 순임금을 병칭하는 말) 이전에 산융, 험윤, 훈죽이 있었는데 이들은 북방 변경에서 가축 떼를 따라 이동하며 살았다"[01]고 했고, 당대(唐代) 사마정(司馬貞)이 편찬한 《사기색은(史記索隱)》에는 "순

---

01) 《사기》〈흉노열전〉 "匈奴, 其先夏后氏之苗裔也, 曰淳維. 唐, 虞以上, 有山戎, 獫狁, 葷鬻, 居于北蠻, 隨畜牧而轉移."

〔**그림1**〕 현재도 흉노 후예들이 유목 생활을 하고 있는 몽골 초원

*괵계자 백반(虢季子白盤)
서주(西周) 후기, 관수기(盥手器), 높이 39.5cm,
입너비 137.2cm, 무게 215.3kg, 명문 110자(괵계자
백이 혐윤과 벌인 전쟁에서 5백 수급(首級)과 50명
의 포로를 잡아 승리한 사실을 운문으로 읊은 내용)
섬서 보계 출토, 중국역사박물관 소장

〔**그림2**〕 괵계자 백반과 명문 탁본   괵계자 백반 명문 탁본

유는 은(殷) 때에 북쪽 변두리로 도망갔다."[02]고 한 뒤, 다시《괄지보(括地譜)》의 글을 인용하여 "하(夏)의 걸왕(桀王)이 3년 유방(流放) 끝에 죽자, 그 아들 순유(淳維=훈죽)가 상(商)나라 탕왕(湯王)의 공벌(攻伐)을 피하여 부계(父系) 친족과 처첩을 데리고 북쪽 산야 음산(陰山)산맥 쪽 황하(黃河)의 하투(河套 : 지금의 오르도스, 鄂爾多斯)에 피하여 목축으로 옮겨 다니며 생활하였다. 중국에서 이들을 흉노라 한다"고 구체적으로 서술했다.

이와 같은 사마천과 사마정의 말을 믿는다면, 흉노는 처음부터 북방 초원지대를 삶의 무대로 한 유목민이 아니라, 어떤 역사적 변동에 따라 중원에서 황하 하투(河套)와 음산(陰山)지구로 축출된 하(夏) 왕조의 유민(遺民)이라는 얘기가 된다. 그들은 고향으로 돌아가지 못하고 유목 생활을 하다가 현지화되고 부족이 번성해지면서 다른 부족과 연합하여 큰 세력으로 성장하자 흉노란 이름을 얻게 된 것으로 보인다. 흉노는 그 이후 내부의 요인과 외부 세력의 침공에 따라 서천(西遷), 북천(北遷), 동천(東遷)하면서 여러 갈래로 갈라진다.

왕국유(王國維)는 〈귀방곤이험윤고(鬼方昆夷獫狁考)〉[03]란 논문에서 흉노 명칭의 변화를 파악하여 흉노의 계통을 다음과 같이 개괄하였다.[04]

---

02) 《사기색은(史記索隱)》"淳維以殷時奔北邊"

03) 王國維,〈鬼方昆夷獫狁考〉,《觀堂集林》卷13, 中華書局, 1999, 588~606쪽.

04) 흉노에 관한 중요 연구서는 다음과 같다. 梁啓超,《史記匈奴戎狄名義考》/ 孟世杰,《戎狄蠻夷考》/ 方壯猶,《匈奴語言考》/ 胡君泊,《匈奴源流考》/ 鄭瑞仁,《匈奴名號考略》/ 馮家升,《匈奴民族及其文化》/ 鄭師許,《匈奴先世鬼方獫狁與殷周之交涉》/ 林幹,《匈奴史》등.

〔그림3〕음산(陰山)산맥

〔그림4〕오르도스(鄂爾多斯) 고원(高原) 지도

* 상대(商代) : 귀방(鬼方), 곤이(昆夷), 훈죽(葷鬻)

　　* 주대(周代) : 험윤(獫狁)

　　* 춘추(春秋) : 융(戎), 적(狄)

　　* 전국(戰國) : 호(胡)

　　* 한대(漢代) : 흉노(匈奴)

　　위의 이름들이 모두 이른바 흉노로 통칭된다. 흉노는 스스로 호인(胡人) 또는 천지교자(天之驕子)라고 불렀다. 천지교자는 번거로운 작은 예의 따위는 개의치 않고 '거칠 것 없이 행동하는 사람'이란 뜻이다. 선우(單于)가 한(漢)에 파견하는 사신의 서신에 '남쪽의 큰 한나라, 북쪽의 강성한 호(南有大漢, 北有强胡)'라 하여 삭방 민족인 흉노가 한(漢)과 맞먹고 있다는 뜻을 대담하게 적어 보낸 그런 것이 천지교자의 뜻일 것이다.

　　흉노는 대개 훈죽(葷鬻), 험윤(獫狁), 산융(山戎) 등 3대 유목민족을 비롯한 북방제족을 포괄한 이름이기 때문에, 흉노의 종족 계보는 매우 복잡하며 그 기원은 정설이 없다. 기원 문제가 해결되지 않으므로 흉노의 족속과 어언(語言) 문제도 마찬가지로 해결되지 못한 숙제로 남아 있다.

　　이처럼 복잡다단한 흉노의 기원과 계보에 대한 논거는 피하고, 흉노왕 '선우(單于)'의 명칭을 문자학적으로 검토함과 동시에 유물의 상징을 해석하여 그 비의(秘儀)를 밝혀보는 데 중점을 두기로 한다.

2. 선우(單于)의 상징은 매[鷹]

　　흉노의 주 활동 무대였던 황하 북부 만곡부를 하투(河套)라고 부르는 오르도스[鄂爾多斯]는 현재 유전 개발과 풍부한 철광석, 석탄 생산으로 경제적 부가 흘러넘치는 내몽골 경제특구가 되었다. 이 오르도스를 포함한 내몽골의 수도 호화허터[呼和浩特]에 거대한 내몽골박물원이 신축

되어 북방 초원 문화의 역사와 유물을 정리해놓고 있다. 이 박물원에서 2012년 흉노 관계와 북방문화 특별 기획 전시를 한 바 있다. 흉노와 우리 한민족 사이의 관계가 궁금했던 나는 직접 그곳을 찾아 흉노 관계 유물을 집중적으로 보고 연구할 수 있는 기회를 가질 수 있었다.

박물원 2층 들머리엔 머리에 응관(鷹冠)을 쓴 흉노 왕 선우의 청동상이 관객을 맞이한다. 이 선우상은 현대 작품이긴 하지만, 선우의 복식은 철저한 고증을 거친 듯 신뢰가 많이 갔다. 더욱이 선우상의 상징은 관정(冠頂)에 장식된 매에 있었다. 태양을 숭배하며 신조 솔개를 숭상하는 흉노의 습속을 관식으로 표현한 변질되지 않은 북방 초원 문화의 정체성을 보는 듯했다.

〔그림6〕의 (1), (2)의 관식과 (3)의 지붕 위 꼭대기가 모두 매로 장식된 것은 매가 최고 통치자의 심벌임을 뜻한다. 고구려, 백제, 신라의 새 숭배사상이 관식으로 표현된 공통점이 여기서도 발견되므로 흉노의 기원과 한민족의 기원이 같은 동이(東夷) 계통일 가능성이 충분히 있다고 추정된다. 《사기(史記)》에서 흉노의 조선(祖先)은 하 왕조(夏王朝)의 유민(遺民)이라 했음도 이와 같은 사실을 뒷받침한다.

《사기》〈흉노열전〉에 "선우(單于)는 아침에 군영을 나와서 처음 뜨는 해를 보고 절하고, 저녁에는 달을 보고 절한다. 그들의 석차는 왼쪽을 높이 여기며, 북향한다."[05]고 하였고,

《후한서(後漢書)》〈오환전(烏桓傳)〉, 《주서(周書)》, 《수서(隋書)》〈돌궐전(突厥傳)〉, 《요사(遼史)》 등에도 '해를 보고 절하며 동쪽을 숭상한다'는 곧 배일상동(拜日尙東)의 흉노 습속이 적혀 있다.

흉노의 이러한 습속(習俗)은 하늘과 땅에 제사 지내고〔祭天地〕, 해와 달을 숭배하며〔拜日月〕, 조상을 숭상하고〔崇祖先〕, 귀신을 믿는〔信鬼神〕 데 특징이

---

05) 《사기(史記)》〈흉노열전(匈奴列傳)〉: "而單于, 朝出營, 拜日之始生, 夕拜月. 其坐, 長左而北鄉."

〔그림5〕 호화허터(呼和浩特)에 있는 내몽골박물원 외관

〔그림6-(1)〕
흉노 추장 금관의 매
전국시대
높이 7.1cm, 무게 1202g
1972년 출토

〔그림6-(2)〕
호한야(呼韓耶)선우상
두식(頭飾)
(왕소군(王昭君) 묘
흉노박물관)

〔그림6-(3)〕
왕소군묘 흉노박물관
꼭대기 매 조형

있다. 해마다 정월, 5월, 9월 세 차례에 걸쳐 집체 제사를 지내며, 조상의 묘를 매우 중시한다. 여성은 금과 은으로 장식하기를 즐기고 가죽옷을 입는다. 남자는 피를 마심으로써 맹서하는 풍속이 있는데 맹약 의식은 종교의식처럼 엄숙하다.[06]

---

06) 《중국소수민족문화사》〈북방권〉(상), 광서교육출판사, 1999.

〔그림7〕 흉노 무사(武士) 묘, 내몽골 오란찰포맹(烏蘭察布盟) 양성현(凉城縣)60호묘, 오른손에 화살, 왼손에 청동검, 요대에는 화살촉이 공반 출토됨.(왼쪽)
〔그림8〕 한(漢) 흉노 묘 출토 세다리 부엉이 머리 단지뚜껑 삼족효두개호(三足鴞頭蓋壺)(오른쪽)

〔그림9〕 흉노 삼산관 금인(金人)

〔그림10〕 키를 켜는 흉노 여용(女俑).

〔그림11〕 몽골 나담제 때 씨름 선수들이 준비운동으로 매춤을 추고 있는 모습

〔그림12〕 스모에서 요코즈나가 도효오 위에서 하는 준비운동 시코(四股)

〔그림13〕 내몽골박물원 흉노 왕 선우상(單于像)　　〔그림14〕 흉노 청동무사용(青銅武士俑),
　　　　　　　　　　　　　　　　　　　　　　　　　　　　　　전국시대

　흉노는 형이 죽으면 동생이 형수를 아내로 맞아 가족과 재산을 보호
하였다. 이와 같은 형사취수혼(兄死娶嫂婚) 제도는 부여, 선비, 고구려
에서도 공통의 습속이었다. 또 사람이 죽으면 시신의 머리를 동쪽을 향
하게 하는 것도 태양숭배의 고유 신앙에서 유래된 것으로 문화의 뿌리가
같았음을 확인시켜주는 사징(事徵)이다.

　흉노의 이른바 삼산관(三山冠)〔그림9〕과 사당을 표지하는 삼지창은 솔
개를 상징한 디자인이 진화된 조형이다. 곡식을 까부는 데 쓰는 흉노의
'키'는〔그림10〕 경상도 방언에선 '치'인데 솔개의 날개와 그 모습이 같다.
몽골의 민속인 나담제 때 벌어지는 몽골 씨름〔그림11〕도 행사 시작과 더
불어 팔을 벌려 매의 날개 모습을 흉내 낸 매춤을 춘다. 이것을 징기스칸
의 탄생 신화에 나오는 매의 등장과 연계시키지만, 사실은 태양과 등가

물로 인식한 신조(神鳥) 솔개의 형상을 상징한 북방민족의 유구한 역사에 그 근원이 있다. 마찬가지로 일본 씨름에서 국기(國技) 스모의 경우, 선수가 도효오[土俵] 위에서 하는 준비운동인 시코[四股]라는 동작([그림 12])을 보면, 매의 동작을 흉내 내는 것이라고 나는 해석한다.(일본 측의 상징해석 자료는 아직 찾지 못했음.)

[그림14]는 전국시대 흉노 청동무사용(靑銅武士俑)인데, 모자 위로 솟아오른 것은 매[鷹]의 조형이다. 솔개나 매를 지도자의 두식(頭飾)으로 상징한 도용의 영활한 눈동자와 입가의 미묘한 미소가 금방 말을 걸 듯한 모습이다.

이러한 흉노의 유구한 습속은 우리 한민족의 민속 유풍과 닮은 점이 너무 많아 매우 주목된다. 우리는 오랜 성리학의 영향으로 흉노나 선비(鮮卑)라면 혈통이나 기원의 동질성 같은 것은 따져보지도 않고 무조건 오랑캐로 폄훼하는 악습이 있는데, 이것은 한민족문화의 정체성을 찾아가는 길목에서 한 번쯤 심사숙고해야 될 일인 줄 안다.

우리는 선비를 숭상하고 선비정신을 추구하면서도, 정작 선비가 고유어인지 한자어인지도 모르고 그 어원조차 모르고 있는 것이 현실이다. 선비[士]를 선비족의 '선비(鮮卑)'와 연결 지으면, 마치 잘못이라도 한 것처럼 눈총을 주는 풍토다.

3, 북위(北魏) 선비족(鮮卑族)과 고구려

북위 선비족과 고구려는 어떤 관계일까? 선비족도 동호(東胡)의 후예이고, 고구려족도 동호의 후예다. 우리말엔 '선비'란 말이 남아 있는데, 남아 있을 정도가 아니라 민족정신의 중요한 아이콘과 같은 존재의 말이

'선비'다. 그런데 우리가 쓰고 있는 '선비'란 어휘가 북위를 세운 선비족의 선비와 과연 아무런 관계가 없는 말일까? 여기에 대해서 다음 글을 보자.

"'선비'는 순수한 우리말이다. 그러나 한자를 사용하던 고대인들은 이를 우리 문자로 표현하지 못하고 글자를 빌려 표현했다. 그것도 우리 자신이 먼저 기록한 것이 아니고 중국인이 먼저 기록했다. 그것이 선인(仙人) 또는 선인(先人)이다. 선인(仙人)은 신선(神仙)을 가리키기도 하고, 산에 사는 사람 즉 산인(山人)을 의미하기도 한다. (중략)

다음에 선인(先人)은 고구려의 관등(官等) 가운데 나오는 이름이기도 하다. 그런데 기록에 따라 선인(先人)을 선인(仙人)으로도 기록하여 둘이 서로 같은 뜻임을 보여주고 있다. 《삼국지(三國志)》와 《당서(唐書)》, 그리고 《한원(翰苑)》에서는 선인(先人)으로 기록하고, 《주서(周書)》와 《수서(隋書)》에서는 선인(仙人)으로 기록했다. 이렇게 차이가 나는 것은 '선비'라는 고구려 관등을 중국인의 관점에서 음역(音譯)하면서 생긴 혼란으로 볼 수 있다."[07]

위의 글에서 선비가 순수한 우리말이라고 하였으며, 실제 각종 국어사전에도 한자를 병기하지 않고 순수한 우리말로 처리돼 있다. '선비'의 사전적 낱말풀이는 '학식과 인품을 갖춘 사람에 대한 호칭으로, 더욱이 유교 이념을 구현하는 인격체 또는 신분 계층을 지칭함[08]이라 했다. 또 다른 사전에서는 ① 옛날 학식이 있되 벼슬하지 않은 사람, ② 학문을 닦은 사람을 예스럽게 일컫는 말, ③ 마음이 어질고 썩 순한 사람 등으로 풀이하고 있다.[09] 이러한 풀이로 볼 때, 과연 이 말이 고유어의 음운인가 하는 의문이 든다. 고유어의 음운 같지도 않고 한자어 표기도 없는 만큼 어원 불명의 단어가 되고 말았다. 그토록 숭상해온 선비정신의 '선비'는 그

---

07) 한영우, 《한국선비지성사》, 지식산업사, 2010, 58쪽.

08) 《한국민족문화대백과사전》, 한국학중앙연구원.

09) 이희승 편, 《국어대사전》, 민중서관.

어원이 무엇인지? 그것을 명확하게 해명하지 못한다는 것은 곤란한 일이다. 《용비어천가(龍飛御天歌)》[10], 《월인석보(月印釋譜)》[11], 《두시언해(杜詩諺解)》[12] 등에는 '션비'로 표기돼 있고, 《훈몽자회(訓蒙字會)》[13]에는 '션븨'로 표기돼 있다.

그런데 '션비'의 '션'은 몽고어의 '어질다'는 말인 'sait'의 변형인 'sain'과 연관되고, '비'는 몽고어 및 만주어에서 지식이 있는 사람을 뜻하는 '박시'의 변형인 'ㅂ이'에서 온 말이라고 분석하기도 한다.[14] 그런가 하면 '선비'와 '션븨'는 선배(先輩)에서 유래된 말이라는 견해도 있다.[15]

'선비(鮮卑)'의 어원에 대한 나의 해석은, ① 선(鮮)은 고조선의 선(鮮)과 선비(鮮卑)의 '선(鮮)'으로서 족명(族名)이고, ② '비(卑)'는 선족(鮮族)에 대한 한족(漢族)이 붙인 멸칭(蔑稱)으로 본다. 그래서 선비사상을 숭상하는 우리 민족은 선비족과 혈연적으로 깊은 관계가 있다고 보며, 고조선시대는 같은 혈연집단이었는지도 모른다고 생각한다. 고구려와 탁발선비족이 세운 북위(北魏)와의 관계를 보면 이런 유추가 가능해진다.

위의 가설에 대한 물징(物徵)으로 다음 두 가지가 주목된다.

첫째는 북위 선비족의 발상지로 비정된 만주리에서 동쪽으로 떨어진 알선동(嘎仙洞) 탁발선비조선구허석실(拓跋鮮卑祖先舊墟石室)과 고구려가 천제를 지내던 장소로 비정된 국동대혈(國東大穴)의 성격이 서로 비교

---

10) 《용비어천가》 80장, 82장.

11) 《월인석보》 2권, 48쪽.

12) 《분류두공부시언해》 16권, 3쪽.

13) 《훈몽자회》 상, 34쪽.

14) 《한국민족문화대백과사전》, 한국학중앙연구원.

15) 출전 미상.

〔그림15〕 국동대혈 표지석

되는 물징이고,

둘째는 탁발선비조선구허석실에 새겨진 석각문과 광개토호태왕비의 서체 비교가 그 다음 물징이다.

첫째, 알선동 대혈(大穴)과 국동대혈, 두 대혈의 성격은 대혈의 설명에서 뚜렷이 드러난다. 이 대목부터 먼저 살펴보자.

(1)탁발선비조선구허석실(拓跋鮮卑祖先舊墟石室)은 내몽골 만주리(滿洲里) 위쪽 소흥안령과 대흥안령의 산록이 접하는 지역인 오론춘자치기(鄂倫春自治旗) 아리하진(阿里河鎭) 서북 10km 지점 알선동(嘎仙洞)의 암벽에 있는 천연 동굴이다. 탁발선비족의 조상들은 기원전부터 이 대혈(大穴)에서 집거(集居)하면서 세력을 키워 남으로 내려오기 전까지 머물

〔그림16〕알선동(嘎仙洞) 북위(北魏) 탁발선비조선구허(상)와 집안 고구려 국동대혈(하)
*알선동(嘎仙洞) 대혈(大穴) 북위(北魏) 선비(鮮卑) 조선(祖先) 구허(舊墟)(위)
  대선비산 아리하진 서북 10km 지점, 지표상 약 25m 천연동굴
  동구 삼각형 너비 약 19~12m, 동굴 길이 약 100m/너비 9~20m, 동굴 천장 높이 6~20m
  1980년 입구 15m 지점에서 태평진군 4년(443) 태무제가 보낸 대신 이창(李敞)이 와서
  제사 지내고 세운 석각축문 발견, 동굴 안 1.5m 깊이에서 북위문물 외 신석기시대 타제
  석기, 골기 등 출토. 1988년 중점문물 보호단위 공포.
*집안 고구려 국동대혈(國東大穴)(아래)
  국내성 동쪽 17km 산 중턱, 압록강과의 거리 400m 지점, 너비 25m, 높이 10m, 면적
  30×20평방미터로 능히 100명 정도 활동할 수 있는 공간의 큰 굴과 평평한 대가 있음.
  해마다 10월이면 왕이 군신들을 거느리고 동맹(東盟)의 천제(天祭)를 거행했음.
  (제단 앞에 저자가 서 있다)

〔그림17〕 탁발선비(拓跋鮮卑) 조선(祖先) 석실(石室) 축문(祝文) 석각(石刻) (탁본)

렀던 곳이므로 그들에겐 성지나 다름없는 곳이 조선구허석실(祖先舊墟石室)이다.

전체 동굴의 규모는 1000명 이상 3000명까지 수용할 수 있는 공간으로 끝은 막혀 있다. 북위 태평진군(太平眞君) 4년(443년)에 태무제(太武帝)는 탁발선비조선구허석실이 북쪽에 있다는 사실을 듣고, 대신 이창(李敞)을 파견하여 조사 보고하도록 명을 내렸다.

이창이 현지에 도착하여 조사한 뒤, 제사를 지내고 축문을 석각한 명문을 1980년 동굴 입구 15m 지점 서쪽 벽에서 발견하였는데, 그 명문의 내용과 서체에 대한 검토가 매우 중요하다. 깊이 있는 연구는 천천히 진행하기로 하고, 우선 비문의 내용과 번역문 및 서체를 이 책 제V부 제3장에서 다루었다. 1980년 조사 발굴 때 동굴 안쪽 1.5m 깊이에서는 신석기시대 타제 석기와 골기 등과 함께 북위 문물이 출토됐다.[16] 출토된 이런 유물들의 성격으로 봐서 선비족이 고대에 어디서 어떤 사정에 따라 이곳에 이주했으며 그 시기는 언제인가 하는 문제는 앞으로 연구를 기다려야 할 것이다. 탁발 선비조선구허석실은 1988년 중국 중점문물 보호단위로 공포되었다.

(2)집안 고구려 국동대혈은 국내성 동쪽 17km 지점, 압록강과 가까운 산 중턱에 하백의 따님이자 동명성왕의 어머니인 유화부인의 신주(神主), 곧 수신(隧神)을 모셨다는 큰 굴이 동서로 뚫려 있는데 이곳이 바로 국동 대혈이다. 너비 25m, 높이 10m, 면적 30×20 평방미터로 백 명 정도는 너끈히 들어설 수 있는 공간이다. 제사상을 차릴 수 있는 평평한 대가 있다.

> "고구려인들은 매년 가을마다 풍성한 수확을 거둔 다음 국동대혈에서 유화부인의 신주를 모셔다가 유유히 흐르는 압록강 위에서 하늘의 햇빛과 감응시키며 건국설화를 재현하는 제천의례를 거행하였다. 고구려 왕들은 해마다 이 제천의례를 주관하며 하백과 일월의 권능을 부여받은 추모성왕의 신성한 계승자로 거듭 태어났다."[17]

위의 설명처럼 두 동굴의 규모는 크기 차이가 분명하지만, 형태적으로 는 비슷한 점이 많다. 모두 천제(天祭)를 거행했던 곳으로 표현할 수 없 는 숭엄한 영성(靈性)이 서린 곳임을 느끼게 하는 곳이다.

둘째는 알선동 대혈 석각문과 광개토호태왕비 서체 비교에서 느끼는 공통점이다. 알선동 동굴 탁발선비조선석실축문(拓跋鮮卑祖先石室祝文) 은 443년에 세워졌고, 광개토호태왕비는 그보다 29년 이른 414년(장수

---

16) 王永强, 史衛民, 謝建猷 主編, 《中國 少數民族 文化史 圖典−北方卷》(상), 廣西敎育出版社, 1999, 88~93쪽.

17) 여호규, 〈고구려 건국설화가 모두루무덤에 묻힌 까닭은〉, 《고대로부터의 통신》, 푸른역사, 2004, 54쪽.

왕 2년)에 세워졌다. 두 금식문을 세운 주체와 목적, 내용과 형식이 전혀 다른데도 묘하게 서체만은 당시 통용서체가 아닌 400년 전 서한(西漢)시대의 고예(古隸)를 선택한 글씨체라는 점이 특이하다. 1980년 출토된 알선동 동굴 탁발선비조선석실축문(拓跋鮮卑祖先石室祝文)의 서체가 광개토호태왕비(414년)의 서체와 결구 및 획질 면에서 매우 근사한 동질성이 있다는 사실은 매우 주목할 만한 일이다.[18]

이 사실은 북위 선비속과 고구려 민족 사이에 어떤 동질적인 DNA의 형질과 정서적 미감을 공유하고 있다는 증좌일 수 있다. 글씨는 특히 인간의 정신적 내용과 정서적 형질을 표방하는 도구이기 때문이다.

북위 선비족은 실위(室韋)의 조선(祖先)이다. 선비의 음역(音譯)이 실위라고 한다.[19] 그런데 실위의 다른 이름이 솔롱고스인데, 몽골인들은 고구려를 솔롱고스(무지개란 뜻)라고 한다. 그러므로 【선비→실위→솔롱고스→고구려】는 족명(族名)으로 보아 한 축으로 묶을 수 있는 논리가 성립된다. '선비'의 어원을 엿볼 수 있는 중요한 한 가지 단서가 아닐까 한다.

그 다음 북위 선비와 고구려 사이의 관계를 볼 수 있는 문징(文徵)으로는 다음과 같은 사실이 예증된다.

> *조부가 고구려인인 모용운(慕容雲─본명 高雲)이 407년 즉위했을 때, 광개토대왕은 사신을 보내어(408년) 종족의 예를 베풀었다. 이에 후연(後燕)도 시어사(侍御史) 이발(李拔)을 보내어 답례하였다.[20]

---

18) 이 책 358쪽~364쪽 〈한국 서예의 원류와 국강상광개토경평안호태왕비〉 참조.

19) 張久和, 북방사 연구팀 옮김, 《몽골인 그들은 어디서 왔나?》 〈실위와 탁발선비 기원설〉, 소나무, 2009, 64~69쪽.

20) 《삼국사기》 권제18 〈고구려 본기〉 제6 〈광개토왕〉 17년 조 '春三月, 遣使北燕, 且 敍宗族, 北燕王雲遣侍御史李拔報之…'

*491년 장수왕이 서거하자 북위 효문제는 부음을 듣고 흰 위모관과 베로 지은 심의를 입고 동교(東郊)에서 거애(擧哀)하였다.[21]

위의 사징(事徵)은 북위 선비족과 고구려의 어떤 혈연적 친연성을 말해주는 역사적 사실이 될 수 있다고 하겠다. 다음의 글이 바로 이러한 관계를 뒷받침하고 있다.

"선비를 가장 원음에 가깝게 표현한 것은 선비족(鮮卑族)일는지도 모른다. 선비족은 선비산에 살아 그렇게 부르게 되었다. 이들은 중국 동북 지방 즉 요서 지방에 살던 종족으로서 4세기 무렵에는 고구려를 침범하여 갈등을 일으키기도 했지만, 그보다 앞서 고구려 태조왕은 재위 69년(121)에 선비족 8천 명과 연합하여 요동 지방을 공격한 일도 있어 고구려와는 긴밀한 관계를 유지했던 종족이었다.

또 선비족이 살던 요서 지역은 바로 고조선의 영역과도 겹치는 곳임을 유념할 필요가 있다. 그들이 자신들을 '선비'로 부른 것은 고조선 '선비'의 영향을 받은 결과일지도 모른다. 선비족이나 고조선족이나 다같이 동이족의 한 갈래로서 북몽골족에 속하기는 마찬가지이므로 언어상으로나 풍속상으로 서로 공통점이 많았다.

《삼국지(三國志)》〈위지(魏志)〉를 보면, 선비는 동호족(東胡族)의 한 갈래로서 언어와 풍습이 오환(烏丸)과 같다고 되어 있다. 그런데 오환의 풍속은 온돌을 사용하고, 사람이 죽으면 춤과 노래로 보내고, 천지일월성신(天地日月星辰)에 대한 제사를 행하고, 태양 가운데 까마귀가 있다고 믿으며, 동쪽을 숭상한다고 한다. 오환이라는 이름도 까마귀와 둥근 태양을 표현하는 말이었다.

선비나 오환의 풍속은 우리나라 고대의 풍속과 너무나 똑같다. 따라서 선비

---

21) 《삼국사기》 권제18 〈고구려 본기〉 제6 〈장수왕〉 79년 조 '魏孝文聞之制素, 委貌布深衣, 擧哀於東郊.'

와 오환은 거주지역이나 종족상으로 우리민족과 거의 일치한다고 볼 수 있으므로 고조선과 고구려의 '선비'라는 호칭도 여기서 유래했을 가능성이 매우 크다."[22]

위의 글에 나오는 '오환(烏丸)'의 족명(族名)과 풍습은 많은 정보를 포함하고 있다. 곧 '오환(烏丸)'의 '오(烏)'는 태양조(太陽鳥)로서 후대에 와서 까마귀 또는 삼족오(三足烏)[23] 등으로 와전(訛傳)되어버린 현조(玄鳥)를 말한다, 검은 새인 현조는 고대에는 곧 솔개였다. 신조(神鳥) 솔개에 대해서는 이미 앞에서 상술한 바 있다.[24]

그러면 '오환(烏丸)'의 '환(丸)'의 상징성은 무엇일까? 여기서 '환(丸)'은 '알'인데 곧 태양을 상징한다. 쉽게 말하여 '불의 알' 곧 '부랄 환〔睾丸〕'이다. 고구려의 환도산성(丸都山城)의 '환(丸)'도 이와 같으며, 알선동(嘎仙洞)의 '알(嘎)'도 '새소리 알'자이다. 이런 언어의 상징은 태양을 숭배하며 공통적으로 난생설화(卵生說話)를 지닌 민족들의 사유가 빚은 고대적 은유이다. 이렇게 습속이 비슷한 선비, 오환, 고구려는 상고시대에 같은 DNA를 지닌 혈연관계의 종족일 가능성은 아주 농후하다고 하겠다.

---

22) 한영우, 《한국선비지성사》, 지식산업사, 2010, 59쪽.

23) '삼족오'는 중국 신화 가운데 태양조(太陽鳥)를 말한다. 광명(光明)의 화신(化身)으로 생명을 상징한다. 신조가 세발까마귀 즉 삼족오로 와전된 까닭은 후한(後漢) 왕충(王充)이 《논형(論衡)》〈설일(說日)〉에서 '日中有三足烏'라고 썼고, 《회남자(淮南子)》에 '요 임금 때 열 개의 해가 나타나 초목이 고사하자 예(羿)를 시켜 해 가운데 아홉 마리의 까마귀를 쏘아 죽였다(日中九烏皆死)'는 신화 기록 이후부터 '삼족오'란 단어가 일반화 됐다. 그러나 태양조는 어디까지나 신조 솔개이지 까마귀는 아니라고 본다. 은주시대 청동기 문식과 기형이 거의 솔개다. 까마귀는 신조로서 자격이 있는 새가 아니다.

24) 이 책 제Ⅲ부 제1장과 제2장 〈새 숭배사상과 한국의 고대문화〉에서 상술했음.

4. 국호(國號) 조선(朝鮮)의 어의(語意)

선비(鮮卑) 문제 다음으로 '조선(朝鮮)'이란 국호에 대하여 잠깐 생각해보자. '조선(朝鮮)'이 최초로 등장한 문헌은 BC 7세기 무렵 편찬되었다고 하는 《관자(管子)》의 〈규도(揆度)〉이고,[25] BC 4세기 이후 문헌인 《전국책(戰國策)》, 《사기(史記)》, 《염철론(鹽鐵論)》과 《산해경(山海經)》의 〈해내북경(海內北經)〉과 〈해내경(海內經)〉 등에서 거듭 나온다. 이처럼 이른 시기의 중국 문헌에 등장한 걸로 보면 '조선'이란 말은 족명(族名)이건 국명(國名)이건 간에 지금처럼 지역적으로 한반도에 국한한 이름이 아니었을 것으로 추량된다. '조선(朝鮮)'이란 국호의 의미와 해석에 대해서 남북한 학계의 정론은 아직 없으며 쟁론이 분분하다. 이에 대한 학술적인 정리는 유창균님의 저서 《文字에 숨겨진 民族의 淵源》에 자세히 소개되어 있고,[26] 조법종은 《고조선 고구려사 연구》에서 한국 학계와 중국 학계의 견해들을 망라하여 정리했다.[27]

나는 이 책을 쓰면서 '조선(朝鮮)'의 '선(鮮)'과 '선비(鮮卑)'의 '선(鮮)', 그리고 '중산국(中山國)'의 '선우(鮮虞)'는 고대에 반드시 모종의 관계가 있음을 알게 됐다. 사징(四徵)을 통하여 살펴볼 때, '조선(朝鮮)'의 어의(語意)는, '조선(朝鮮)'의 '조(朝)'는 지명(地名)이고, '선(鮮)'은 족명(族名)이라고 판단한다. 왜냐하면 대체로 고대의 국명(國名)은 그 민족이 웅거하고 있는 터의 이름에 부족의 이름을 합하여 나라와 겨레 이름을 삼는

---

25) 《관자(管子)》 권23 〈규도(揆道)〉편 제78 "管子對日 吳越不朝 珠象而以爲幣乎. 朝鮮不朝 請文皮筵 服而爲幣乎…"

26) 유창균(俞昌均), 〈朝鮮이라는 이름의 뿌리〉, 《文字에 숨겨진 民族의 淵源》, 집문당, 1999, 345~381쪽 참조.

27) 조법종, 〈제5장. 1 조선 명칭의 문제〉, 《고조선 고구려사 연구》, 신서원, 2006, 154~161쪽.

것이 동례이기 때문이다. 그런 통례로 본다면 조선(朝鮮)의 '조(朝)'는 터의 이름일 것이며, '선(鮮)'은 거기 사는 종족의 이름이라고 해석해보는 길이 가능해진다. '조(朝)'의 터가 어디냐 하는 비정은 아직 논란거리지만, 그 뜻은 이미 연구된 바와 같이 '해가 뜨는 양달의 뜻을 지닌 아사달(阿斯達)'[28]이 맞는다고 보며, 갑골문에선 보이지 않고 금문(金文)에는 보이는 '선(鮮)'은, 농경 생활로 진입하기 이전의 어렵(漁獵=魚)과 수렵(狩獵=羊)을 병행하던 발해안 연안의 고동이족의 한 갈래를 두고 말한 족칭(族稱)이라고 해석한다.

《설문해자(說文解字)》에는 "선(鮮)은 물고기의 이름이다. 맥국(貉國)에서 난다. 魚는 의미 부분이고, 羊은 발음 부분으로 전(羴)의 생략형이다."[29]라고 했다. '鮮'을 형성문자(形聲文字)로 본 《설문해자》의 말은 납득이 잘 되지 않는다. 왜냐하면 '羊'을 '羴(노린내 전)'의 생략된 소리 부분으로 보려는 것에는 억지가 있어 보이기 때문이다. '鮮'은 '魚'와 '羊'을 합한 회의문자(會意文字)로 보는 것이 훨씬 합리적이다. 아마도 《설문해자》에선 그 당시 '魚'와 '羊'의 회의(會意)를 설명할 수 있는 이치를 발견하지 못했기 때문이라고 생각한다.

다시 말하여 '선(鮮)'은 농경 생활로 진입하기 이전에 물고기〔魚〕 잡이와 사냥〔羊〕을 병행하던 발해안 연안의 고동이족의 생활 습속을 두고 말한 족칭(族稱)이라고 해석한다. 《한명신주(漢名臣奏)》를 인용한 《한원집(翰苑集)》[30]에는 선비에 대해 "선비라는 것은 진시황이 몽념(蒙恬)을 보내어 장성(長成)을 쌓을 때, 변방 밖〔塞外〕으로 도망친 자들이다. 선(鮮)은 적다는 것이고, 비(卑)는 더럽다는 뜻이다. 그 종족의 무리가 적고 더럽다는 것을 말한다"[31]고 하여 '鮮'을 족칭으로 보지 않고 적다는 형용사로 봤으나, '선

---

28) 李丙燾, 《수정판 韓國古代史研究》, 박영사, 1987, 35~41쪽.

29) 《설문해자(說文解字)》 "鮮 魚名 出貉國. 從魚 羴省聲"

30) 《한원집(翰苑集)》: 당(唐) 말기의 재상(宰相) 육지(陸贄, 754~805) 찬, 22권.

31) 《한원집》 "鮮卑者, 秦始皇遣蒙恬 築長成, 徒亡塞外. 鮮者 少也. 卑者 陋也. 言其

비(鮮卑)'의 '선(鮮)'은 어디까지나 형용사가 아니라 명사인 것이다. 대개 족
칭을 삼는 배경은 그 부족의 생활 습속의 특징을 두고 이름을 짓는다. 이에
대한 정교하고 심도 있는 연구는 좀 더 시간을 두고 진행하려 한다.

5. 선우(單于)의 선(單)과 칸(干)의 문자학적 검토

흉노 왕의 칭호는 선우(單于, chan yu)다. 《한서(漢書)》〈흉노전(匈奴傳)〉
에 선우의 완전한 명칭은 '탱리고도선우(撐犁孤塗單于)'라고 하고 설명하기
를, '탱리(撐犁)'는 흉노어로 하늘[天]을 가리키고, '고도(孤塗)'는 아들[子]
을 일컬으며, '선우(單于)'의 의미는 '광대(廣大)한 모양'을 뜻한다고 했다.[32]
곧 '천자(天子)인 큰 인물'이란 뜻이 흉노 왕 '선우'의 함의(含意)다.

그런데 선우(單于)의 '單'자 발음은 '단'이지만, 성씨로 읽을 땐 '선'이다.
이렇게 웅대한 뜻을 가진 지도자가 다스리는 종족 이름을 천하에 고약하기
짝이 없는 '흉노'라고 해버렸으니, 한족(漢族)이 사방의 이민족을 멸칭(蔑
稱)하는 버릇은 잘 알지만, 족명(族名)을 욕설보다 더 심한 흉노라고 부른
지독한 멸칭엔 필시 무슨 까닭이 있을 것이다. 그러나 그 배경을 알아볼 단
서는 어떤 문헌에도 나타나 있지 않다. 문헌에 없다고 해석이 불가능한 것
은 아니다. 해석고고학에 의한 지하에서 울리는 발언과 흉노 왕 선우(單于)
의 문자학적 검토에서 '선우'의 참된 상징의미를 해석해보려 한다.

사서(史書)에서 흉노의 출현은 BC 4~5세기이지만, 그 이전 흉노의 기원
과 세계(世系)는 불확실하다. 한족(漢族) 처지에서 보면 그들을 가장 괴롭
힌 종족이 흉노니까 원수처럼 여겼을 테지만, 흉노 처지에서 보면 자기들
을 불모지인 사막지대로 쫓아낸 원수가 한족이다. 그러므로 흉노 측에서

種衆少陋也"

32) 《한서(漢書)》〈흉노전(匈奴傳)〉"單于姓攣鞮氏, 其國稱日, 撐犁孤塗單于, 匈奴稱天
爲撐犁, 謂子爲孤塗, 單于者, 廣大之貌也, 言其象天單于然也"

보자면, 승리자인 한속 중심의 역사에는 패자인 흉노의 기록은 찾아볼 수 없고 왜곡된 역사만이 수북할 뿐이기 때문에, 그런 역사엔 반드시 역사의 해석 수단을 달리할 필요가 있다고 보는 것이다.

흉노 왕 선우(單于)의 문자학적 해석은 검토했거나 새로운 해석을 제시한 사례가 지금까지 한 번도 없다. 그러나 그 글자 속에는 선우의 비의(秘儀)를 발견할 단서가 숨어 있다. 고대 종족의 이름이나 통치자의 이름은 고대사회 성격에서 그 이름이 상징하는 바가 반드시 있게 마련이다. 조선(朝鮮)이란 족명과 국명에도 그 이름에 감춰진 상징이 있듯이, 그 비의(秘儀)를 우리가 모르기 때문에 논자마다 의견이 분분할 뿐이다. 그 비밀을 풀어낸다면 한민족의 족원(族源)과 정체성도 깨끗하게 해결될 것이다.

광대한 모양이란 뜻을 지닌 선우(單于)는 흉노 왕의 세계(世系)를 이어 가면서도 바꾸지 않고 계속 사용했던 성씨이다. 만약 선우가 왕의 이름이라면 새 왕이 즉위할 때마다 새 이름이 등장하겠지만, 그렇지 않으니까 이것은 이름이 아닌 복성(複姓)으로 봐야 될 것 같다. 그런데 갑골문과 전각의 자형에선 '單'자와 '칸(干)'자가 같은 자형으로 나온다. '單'자와 '干'자의 문자 발생 시기의 선후 문제는 따질 수 없지만, 자형(字形)은 둘 다 똑같이 솟대의 고형(古形)과 같은 Y형인데〔그림 18, 19, 20〕, 이 점이 매우 중요한 사실이다.

Y자형 칸(干)은 통치자의 의미를 지닌 글자로서 뒤에 '가한(可汗)', '가한(可寒)', '가돈(可敦)'으로도 불렀다. 그러나 '우(于)'는 전혀 그런 의미가 내포되지 않은 무의미한 어조사라는 데 문제점이 있다. 칸(干)자는 ① 간섭하다 ② 저촉되다 ③ 방해하다 ④ 추구하다 ⑤ 방패 ⑥ 마르다 ⑦ 간지 기년 ⑧ 개수(약간) 등 여러 가지 뜻이 있지만 자형은 솟대 Y형이다.

'선(單)'자도 Y형이다. Y형의 유물은 새 숭배 종족의 토템 표지물이다. 그러므로 선(單)과 칸(干) 두 글자는 새 숭배의 표지물인 Y형이라는 도상

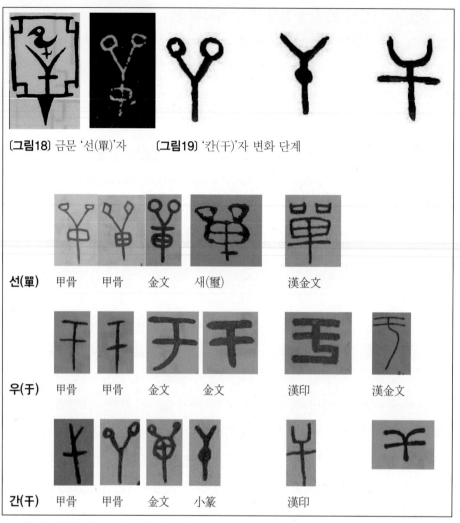

〔그림18〕 금문 '선(單)'자   〔그림19〕 '칸(干)'자 변화 단계

선(單)	甲骨	甲骨	金文	새(璽)	漢金文
우(于)	甲骨	甲骨	金文	金文	漢印	漢金文
간(干)	甲骨	甲骨	金文	小篆	漢印	

〔그림20〕 선(單)과 우(于), 칸(干)자의 갑골, 금문, 인전(印篆)의 여러 모습

(圖像)의 공통점이 있다. 따라서 '선우(單于)'는 '선(單)'과 '우(于)'의 복합이 아니라, '선(單)'과 '칸(干)'이 합쳐진 복성(複姓)일 가능성이 크다.

'칸(干)'자와 '우(于)'자가 갑골문에선 거의 비슷하기 때문에 혼동하여 '칸(干)'을 '우(于)'자로 잘못 인식한 채 굳어졌다고 추정한다.〔그림20〕

무엇보다 이렇게 해석해보는 이유는 '선우'란 말뜻은 흉노어로는 훌륭하기 짝이 없지만, 한자로는 전혀 뜻이 새겨지지 않는 데서 의심이 생기고,

〔그림21〕 '선우천강(單于天降)' 와당
내몽골자치구 포두시 소만(包頭市 召灣)
출토, 지름 17.1cm

〔그림22〕 '선우화친(單于和親)' 와당
내몽골자치구 포두시 소만 출토, 지름 15.5cm

또 '선(單)'과 '칸(干)'자가 새 숭배의 족휘 문자라는 사실 때문이다.

〔그림21, 22〕에서 보듯이 한대(漢代) 와당에 '선우천강(單于天降)', '선우화친(單于和親)'의 문자는 한(漢)과 선우(單于) 사이의 화친을 표방하는 그 시대의 물징이다. 선우는 한나라 이전부터 한족에 의한 흉노 왕의 문자 표기를 선칸(單干)으로 표기하지 않고 선우(單于)로 표기했을 가능성이 크다고 추단하는 바이다.

6. 은허(殷墟) 아형(亞形) 인(印)의 해석과 흉노 왕 선우(單于)

전각의 역사에서 전각의 효시로 기술되는 인(印)으로 은허 출토 청동인 3과(顆)〔그림23〕가 있다. 3과 가운데 맨 상단의 아자형(亞字形) 인(印)의 인문(印文) 형태는 흉노 왕 선우(單于)의 선(單)자 자형과 같은 점이 주목된다. 이 인문(印文)에 대한 고석(考釋)은 이미 발표한 글[33]이 있기 때문

---

33) 김양동(金洋東), 〈전(傳) 은허(殷墟) 出土 새인(璽印) 中 아자형인(亞字形印) 고석(考釋)〉, 《書學書道史研究》 제2집, 동경서도사학회, 1992.

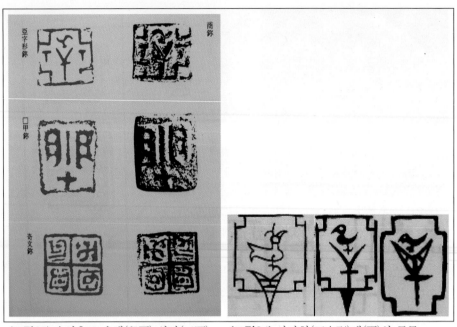

〔그림23〕 은허출토 은새(殷璽) 삼과(三顆)　　　〔그림24〕 아자형(亞字形)새(璽)와 금문

에 설명을 생략한다.

인(印)의 기원은 복속한 땅이나 점령지로 분봉(分封)해가는 군주에게 중앙의 황제가 성(姓)과 씨(氏)를 새로 지어주고 새 성씨의 인(印)을 만들어 내려주는 반사물(頒賜物)의 성격에서 그 시원이 이루어지고 있다. 고대사회에서 새로 하사받은 성씨는 그 성씨의 조종(祖宗)이 되려니와, 새로운 봉지(封地)의 소국명(小國名) 또는 방국명(方國名)이 되기도 하는 것이 상례다.

중국에서도 〔그림24〕의 인(印)과 금문의 아형(亞形) 족휘(族徽) 문자에 대한 상징을 해독하지 못하고 새를 잡는 그물채라고 설명한다. 그러나 이것은 그물채가 아니라 칸(干)자, 다시 말하면 새〔솔개〕를 토템으로 하는 왕, 선우(單于)로 해석하는 것이 바른 해석법이다. 이런 유물이 은허에서 출토된다는 것은 흉노가 애초부터 북방 초원에서 이동해가며 유목 생활을 한 민족이 아니라는 사실을 증명한다. 〔그림23〕에서 볼 수 있는 족휘(族徽)문자는 하(夏)나라 유민(遺民)이었던 흉노의 조상이 새 숭배의 동이

(4)은허 출토 아자형
(亞字形) 준새(隼璽)

(5)선(單)

(1)대문구 장아Y형옥기(獐牙Y
形玉器), 길이 10.5cm

(2)홍산문화
수면문 옥장
(獸面紋 玉璋),
길이 12.4cm

(3)홍산문화 玉佩飾, 높이 10.2cm,
우하량 제2지점 1호총 21묘

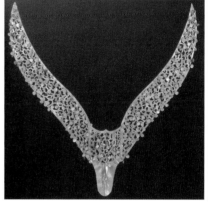

(6)천마총 출토 조익형(鳥翼形) 금제 관식

干(칸)의 기원=솔개=Y형기

〔**그림25**〕칸(干)의 기원과 관계되는 고대유물들

족계였음을 보여주고 있는 강력한 물징이다.

　고대 칸(干)을 상징하는 의기(儀器)나 관식(冠飾)을 〔그림25〕에서 확인
할 수 있다. 대문구문화의 장아(獐牙) Y형기〔그림25-(1)〕와 홍산문화의
Y형 옥기(玉器)〔그림25-(2)〕는 새 숭배 토템 유물임과 동시에 칸(干)의
위치에 있는 사람이 그의 신분을 표시하는 의기(儀器)로 활용한 신간(神
竿)으로 헤아려진다. 이런 의기가 〔그림25-(5)〕처럼 문자화하면 干(칸)
자가 된다. 왕이라는 칸(干)자를 표지하는 방식은 장아Y형기나 홍산Y
형 옥기 등이 그 조형(祖形)이라 할 수 있겠고, 은허 출토 亞자형 인(印)

의 내부 모습〔그림25-(4)〕과 천마총 출토 조익형 관식(鳥翼形冠飾)〔그림 25-(6)〕 등은 그 뒤에 나타난 방식이라 할 수 있겠다. 이로써 신라 조익 형 관식의 연원이 밝혀진 셈이다.

칸(干)의 기원은 새 숭배사상을 의부(意符)한 표지가 시대를 거치면서 그 모양이 어떻게 변화했는가를 관찰하면 그 진화 과정이 선명해진다. 〔그림25-(1)〕의 대문구 장아(獐牙)Y형기와 〔그림25-(2)〕의 홍산문화 Y형 옥장(玉璋) 등은 신석기시대부터 신무(神巫)였던 칸(干)의 권위와 신분을 표지하는 신물(神物)이라고 해석한다. 〔그림25-(4)〕의 은새(殷璽) 인문 (印文)의 Y형과 〔그림25-(5)〕의 금문(金文)에 이르러 그런 신물(神物)이 비로소 문자로 표시되기 시작한 걸로 이해하며, 이것이 문자 '干'으로 굳 어졌다고 생각한다.

〔그림26〕은 무량석실(武梁石室)의 화상석(畵像石)[34] 신농(神農) · 축융 (祝融)상(像)[35]이다. 한대(漢代)의 신농과 축융상에 원고(遠古)시대 제왕 상(帝王像)의 관식(冠飾)이 Y자 모양으로 각석(刻石)된 점은 매우 흥미롭 다. 이 모양은 마치 솔개의 날개짓과 같은데, 이것은 새 숭배 관념을 관식

---

34) 무량사각석(武梁祠刻石)은 동한(東漢)시대의 환제(桓帝)와 영제(靈帝)시대(양쪽 궐신(闕身)의 제명(題銘)에 건화(建化) 원년(AD 147)이 보임)에 축조된 무씨(武氏)의 사당(祠堂) 및 묘실(墓室)로서 산동(山東) 가상현(嘉祥縣)에 있는 중국 최대의 한화상 석(漢畵像石)군(群)이다. 수몰(水沒)되어 오랜 세월 땅속에 묻혀 있다가 청(淸) 건륭 (乾隆) 때 황이(黃易) 등이 발굴하여 세상에 드러났다. 무량사(武梁祠) 화상석에는 동 한시대 사회상과 풍토인정, 전장제도(典章制度), 종교신앙 등이 아주 완벽하게 보존되 어 있다. 복희(伏羲) 여와(女媧)의 신화 및 서왕모(西王母) 신화를 비롯하여 공자가 노 자를 알현하는 그림〔孔子見老子圖〕과 공문(孔門)의 제자들과 사당의 주인〔祠主〕이 말 타고 출행하는 그림〔車騎出行圖〕 등 사실적으로 묘사돼 있는 화상석으로 유명하다.

35) 탁본출전 : 淸 · 풍운붕(馮雲鵬) 편찬, 《金石索》Ⅰ, 德志출판사(台北), 중화민국 52년(1963년), 348~349쪽.

〔그림26〕 한(漢) 무량석실(武梁石室) 신농(神農)과 축융(祝融) 상(像)
(탁본 출전 :《金石索》Ⅰ)

으로 표현한 한대(漢代) 사람들의 상징기법이라고 본다. 이런 관식(冠飾)
이 문자화되면 '干'자가 된다. 이렇게 추론하고 해석할 때, 흉노 '칸(干)'의
실체는 태양숭배, 새 숭배족의 우두머리라는 사실이 증명된다.

　총체적으로 정리하자면, 선우(單于)는 원래 선칸(單干)이다. 선(單)과
칸(干)은 새 숭배사상을 Y자형으로 상징한 족휘문자이다. 그러므로 그 모
양이 솟대와 같은 Y형이다. 선(單)과 칸(干)의 두 문자가 합하여 흉노의
복성(複姓)을 이루었는데, 후인들의 착오로 칸(干)자를 그와 비슷한 우
(于)자로 잘못 대체하여 '선칸(單干)'이 선우(單于)로 바뀌어 버렸다고 해
석한다. 그래야 우두머리로서 왕이란 선우의 상징의미가 분명해지며, 고
대문화의 의문이 비로소 해명되는 단계에 진입하게 된다. 통치자를 가리
키는 칸(干)은 솔개나 매가 양 날개를 벌린 모습을 형상한 도상이다. 흉노

는 태양을 숭배하는 고유의 원시종교를 지닌 종족으로서, 태양과 등가물인 솔개나 매를 토템화하여 왕이나 우두머리를 상징하는 관식으로 삼았다. 그러한 토템의 형상을 문자로 나타낸 것이 '선(單)'과 '칸(干)'자라고 설명하는 바이다.

'單'과 '干'자에 대한 이러한 해석은 중국 문자학계에 제시할 만한 새로운 주장도 되지만, 고대 새 숭배사상을 표지한 유물의 연원을 해명하는 이론이기 때문에, 고대문화 원형의 상징과 해석에서 매우 중요한 요점이라고 하겠다.

[그림27] 통만성(統萬城), 속칭 백성자(白城子). 오르도스 초원 남부(陝西省 靖邊縣 紅墩界鄉 白城子村)에 위치. 413년 흉노족 혁혁발발(赫赫勃勃)이 세운 대하국(大夏國-北朝 16국의 하나)의 황성(皇城), 統萬城이란 이름은 '統一天下 君臨萬邦'의 뜻임. 흙을 증기로 쪄서 7년 동안 10만 노동력을 동원하여 축성한 성으로 단단하기가 쇠와 같음. 주위 길이 18리. 밑바닥 20보, 위 너비 10보, 중국 북방 가장 이른 시기의 저명한 도성임. (김양동 촬영, 2010년 9월 17일)

〔그림28〕 몽골 알타이 지역 판석묘를 조사하고 있는 엄익성 고구려연대 회장(왼쪽, 명지
대학교박물관 학예팀장)과 김양동(2007년 8월)

〔그림29〕몽골 알타이 적석총(쿠르칸)을 살펴보는 답사대원들(2007년 8월), 이 쿠르칸이 흉노들의 쿠르칸인지, 6~7세기 돌궐족의 쿠르칸인지? 중국 문헌엔 돌궐족의 쿠르칸이라 한다.

〔그림30〕몽골 알타이 차강골 하르오스 암각화 가운데 가장 크고 뛰어난 암각화

〔**그림31**〕 광막한 몽골 알타이에 있는 6~7세기 돌궐족 방형(方形) 적석총과 석인상(石人像)

〔**그림32**〕 김희찬 교수팀이 발굴한 돌궐무덤(또는 제사유구)의 석인상을 탁본하는 김양동 (2007년 8월)

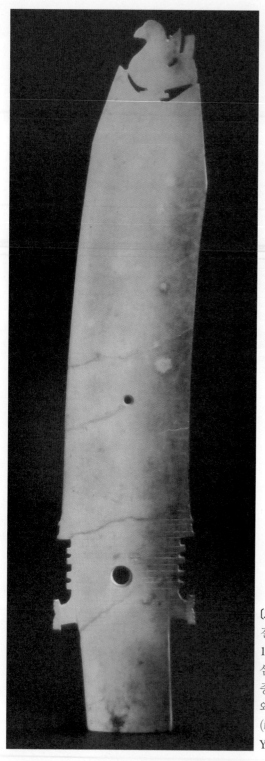

〔그림33〕 삼성퇴유지(三星堆遺址)—옥장(玉璋)
길이 38.2cm, 너비 8.2cm, 두께 0.8cm,
1986년 2호 제사갱(祭祀坑) 출토, 사천 광한
삼성퇴박물관(四川 廣漢 三星堆博物館) 소장
중국에서는 옥장이라고 하는 이 옥기는 Y형기
와 같은 신간으로 해석된다. Y형 자체가 신조
(神鳥)의 모습을 형상한 것인데, 이 옥기에는
Y형 위에 바로 새〔小鳥〕까지 조형하여 놓았다.

제2장 상투와 비녀〔簪(잠), 筓(계)〕

〔**그림1**〕 상투와 비녀 (사진 : 《한국민족문화대백과사전》)

　머리는 신체 가운데 가장 중요한 기관들이 집결돼 있으므로 절대 보호
가 필요한 부위다. 부상을 막기 위하여 땅에서 가장 멀리, 가장 높은 위치
에 자리하고 검은 모발로 덮여 있어 눈에 제일 먼저 띈다. 이처럼 머리는
외부 형상에서 가장 두드러지는 까닭에 발식(髮飾), 곧 머리꾸밈은 종족
변별을 위한 일종의 표지와 같은 문화 부호의 기능을 가지고 시대에 따라
끊임없이 변화해왔다. 그러므로 관식(冠飾)과 발식(髮飾)의 상징의미는
종족문화의 정체성과 문화원형을 나타내는 아이콘과도 같은 중요한 형식
언어인 것이다.

　우리 민족의 특징적인 머리꾸밈〔髮飾〕은 단연 상투와 비녀다. 1895년

11월 선포한 단발령은 부모로부터 물려받은 몸과 털을 감히 훼손할 수 없다는 유교 의식 속에 "내 머리는 잘라도 내 머리카락은 자를 수 없다." 〔吾頭可斷 此髮不可斷—최익현의 상소문〕는 극렬한 국민적 저항을 불러 일으켰다. 고종이 친일파의 강요에 못 이겨 단발령 선포 당일 단발을 했고, 강제로 상투를 자르는 체두관(剃頭官)들은 지방을 돌아다니며 단발을 강행했다. 그 당시 사람들은 단발을 민족의 고유 풍속과 민족혼을 말살하는 식민정책으로 받아들였던 것이다.

그러면 왜 상투를 그처럼 목숨같이 귀중하게 생각했을까? "신체발부수지부모, 불감훼손 효지시야(身體髮膚 受之父母, 不敢毀損 孝之始也)"란 가르침에 반일(反日)감정이 불을 지른 때문이었을까? 그런데 그 당시 만약 상투의 상징성을 정확히 알았더라면 더 기막힌 상황이 벌어졌을지도 모를 일이다. 그런 상투와 비녀에 내장된 상징성을 처음으로 해석하려 한다. 지금까지 한국을 포함하여 중국, 일본에서도 고대 머리꾸밈인 상투의 기원과 상징에 대한 고증과 해석은 이루어지지 않았고 문헌상 기록도 없다. 주로 형태 설명에만 치우쳐왔을 뿐이다.

1. 상투의 기원

원시인들도 흘러내리는 머리카락이 불편해서 묶었을 것이라는 것은 동서고금이 다르지 않다. 다만 묶는 방법의 두식(頭飾)을 어떤 문화적 기호로써 상징화했느냐 하는 점이 다를 뿐이다. 동양에서 가장 오래된 머리꾸밈인 상투는 단발령 이전까지 남자들의 보편적 발식이었다. 상투는 단순히 머리털을 묶어놓은 것이 아니라, 거기에는 중요한 고대의 문화 정보와 독특한 메시지가 담겨 있다. 지금까지 그 비의(秘儀)를 발견하지 못했기 때문에 다만 상투의 형태 설명에만 치중해왔던 것이다. 상투는 한자로 '계'(髻), '결'(結), '계'(紒)라 한다.

〔그림2〕 1900년대 단발을 하고 흰 두루마기가 아닌 검은 두루마기를 입은 평양 숭전대학 학생들이 수업하는 모습 (사진:《한국민족문화대백과사전》)

　　한(漢) 왕충(王充)[01]의《논형(論衡)》[02]〈회국(恢國)〉에 "주(周) 시대에 머리를 풀어헤친 피발과 상투가 오늘날 피변(皮弁)[03]이 되었다."(周時被

01)　왕충(王充 : AD 27~AD 100?) : 중국 후한(後漢)의 사상가. 洛陽에 유학하여 저명한 역사가 반고(班固)의 부친 반표(班彪)에게 사사하였다. 철저한 반속정신(反俗精神)의 소유자로 언론의 자유를 내세우는 위진적(魏晉的) 사조를 만들어 내었다.

02)　《논형(論衡)》 : 후한 왕충의 저서, 유교의 제설(諸說), 전국시대의 제자(諸子)의 설 외에 당시의 정치, 습속, 속설(俗說) 등 다방면의 문제를 다루어 실증적이고 합리적인 비판을 가하였다. 시대적 제한은 있으나 비판적 정신이 풍부하여 전통사상, 특히 한(漢)나라 때 유학 속에 잠재한 허망성(虛妄性)을 지적하고 속유(俗儒)의 신비주의적 사상, 곧 미신적 사상을 배격하고 있어 당시로서는 희귀한 문헌(文獻)이다. 현재 85편이 남아 있다.

03)　피변(皮弁) : 아악(雅樂)이나 속악(俗樂)을 베풀 때, 무무(武舞)를 추거나 의물(儀物)을 드는 사람이 쓰는 모자. 안은 검은 칠을 한 베나 종이를 두껍게 배접하고, 겉은 알록달록한 노루 가죽과 같은 무늬를 그려서 투구처럼 만듦.

髮椎髻, 今戴皮弁)고 하였고, 《초사(楚辭)》[04] 〈초혼(招魂)〉에 "激楚之結, 獨秀仙些"의 구절 주(注)에 "결(結)은 상투다"(結, 頭髻也)란 말이 있는 것을 보면, 상투의 역사가 오래되었음을 알 수 있다.

《사기(史記)》에 위만(衛滿)이 조선에 들어올 때 추결(魋結)을 하고 왔다는 기록과 《후한서(後漢書)》〈동이전·한(東夷傳·韓)〉조(條)에 "그들은 대체로 머리를 틀어 묶고 상투를 드러내 놓으며, 베로 만든 도포를 입고 짚신을 신는다."(大率皆魁頭露紒, 布袍草履)는 기록이 있다. 한반도에서 문헌상 상투의 역사는 이렇게 시작되지만, 홍산문화와 연결되는 고조선 시대의 두발식은 어떤 형태였을까? 바로 그 점이 궁금한 일이다.

그러면 상투의 기원은 어디서 시원 됐으며 그것을 밝힐 물징(物徵)이 제일 먼저 출토된 곳은 어디일까? 상투의 시원은 문징으로선 설명되지 않는다. 고조선의 역사와 관계가 깊은 홍산문화 유적지에서 출토되는 유물로 말미암아 최초로 드러나고 있다. 〔그림3〕의 상투 속발구(束髮具)인 옥고(玉箍)가 바로 상투의 시원을 밝혀주는 물징이다.

그런데 무엇보다 원통형으로 상하가 뚫린 이 옥기의 출토 지점이 시신의 머리 위 주변에서 발견되고 있는 점이 중요하다. 중국에서도 이 유물이 처음 출토되었을 때 무슨 용도의 기물인지를 모르고 공구(工具)나 무

---

04) 《초사(楚辭)》: 16권이며 한(漢)나라 유향(劉向)이 편집하였다. 유향이 초나라 회왕(懷王)의 충신 굴원(BC 3세기경)의 《이소(離騷)》와 25편의 부(賦) 및 후인의 작품에다가 자작 1편을 덧붙여 《초사》를 편집했으며, 후한(後漢)의 왕일(王逸)은 본서의 사장(辭章)을 고정(考定)·주석하여 《초사장구(章句)》 16권을 지었다. 현존하는 것은 굴원의 《이소》, 《구가(九歌)》, 《천문(天問)》, 《구장(九章)》, 《원유(遠遊)》, 《복거(卜居)》, 《어부(漁父)》, 송옥(宋玉)의 《구변(九辯)》, 《초혼(招魂)》, 굴원 또는 경차(景差)의 《대초(大招)》, 《석서(惜誓)》, 회남소산(淮南小山)의 《초은사(招隱士)》, 동방삭(東方朔)의 《칠간(七諫)》, 엄기(嚴忌)의 《애시명(哀時命)》, 왕포(王褒)의 《구회(九懷)》, 유향의 《구탄(九歎)》의 16권 외에 왕일의 《구사(九思)》를 더하여 17권이다.

출토 직후 모습   세척 후 모습   옥고 뒷모습
1984년 발굴조사, 우하량 제2지점 제1호 적석총4호묘 출토
지름(위) 18.6cm, (아래) 10.7cm, 두께 0.3~0.7cm

〔그림3〕 홍산문화 옥고(玉箍) 가운데 가장 대표적인 옥고

기(武器)로 보기도 하였으며,[05] 용도에 대한 정론이 없다고도 했다.[06] 그
러나 형태가 말발굽과 비슷한 것에 유추하여 종전엔 마제형옥기(馬蹄形
玉器)로 불러왔다.[07] 그 뒤 1997년도《우하량홍산문화유지여옥기정수(牛
河梁紅山文化遺址與玉器精粹)》에서 '옥고형기(玉箍形器)'로 수정(53쪽)했
고, 뒤이어 2006년 요령성박물관 개관 기념《요하문명전(遼河文明展)》에
서 '마제형옥고(馬蹄形玉箍)'로 명명(命名)(19쪽)하였다.[08] 옥고의 '고(箍)'

05)《중국문물감상사전(中國文物鑑賞辭典)》, 漓江出版社, 1991, 167쪽.

06)《중국지역문화대계 : 동북문화(中國地域文化大系 : 東北文化)》, 商務印書館,
1996, 43쪽.

07)《20세기 중국고고대발현(20世紀 中國考古大發現)》, 중국사회과학연구소, 2000, 74
쪽 /《중국미술전집·공예미술편9, 옥기(中國美術全集·工藝美術編9, 玉器)》, 문물출판사,
1993, 1쪽 /《중국문물감상사전(中國文物鑑賞辭典)》, 漓江出版社, 1991, 167쪽.

08)《요녕성박물관장보록(遼寧省博物館藏寶錄)》, 상해문예출판사, 1994, 72쪽.

〔그림4〕 홍산문화(BC 4000~BC 3000) 우하량 제2지점 1호묘 발굴 모습과 출토 옥고(玉箍)

〔그림5〕 사극에서 옥고의 모습이 재현된 모습, 그러나 상투를 틀고 피발을 한 채 상투관을 쓴 것은 이 시대의 복식에 대한 고증이 부족한 탓으로 보인다.

*높이 13.1cm, 斜口지름 9cm, 　*높이 9.5cm, 윗입지름 7.1~9cm
평지름 6.8cm, 두께 0.7cm 　　밑지름 6.9~5.5cm
요녕성문물고고연구소 소장 　　북경고궁박물관 소장

*높이 4.2cm, 지름 7.5cm,
두께 1.1cm
우하량 제5지점
1호총1호묘 출토
황록옥색, 내벽평직,
외벽여고(外壁如鼓)

〔그림6〕 홍산문화 옥고(玉箍) 종류

〔그림7〕 상투관, 단국대 석주선기념민속박물관 소장

는 '테두를 고'인데 흐트러진 상투머리를 싸고 묶어서 고정시키는 속발구 (束髮具)를 말하는 것으로 한국에선 그것을 상투관〔그림7〕이라 한다.

　홍산 옥고의 하단 좌우엔 작은 못 구멍 같은 구멍이 뚫려 있는데, 이 구멍은 묶은 머리카락을 옥고로 관통시켜 고정시키기 위한 구멍이다. 옥 고는 상단부의 앞부분이 낮게 패였으며 뒷부분은 높아 상투머리를 세우 기 좋도록 설계되었다. 그리고 출토 옥고들은 한결같이 안쪽이 매끄러우

〔그림8〕 진시황 병마용의 상투와 '祖'자 갑골문과 금문

며 무늬는 없다. 평생 옥고 하나를 쓰다 보니 머리카락에 탁마되어 윤이
난다. 아랫부분은 약간 좁고 윗부분은 약간 넓게 벌어지며 두께가 얇아
져 날렵하다.

옥고의 출토는 상투의 기원을 명확히 해준다. 이로써 진시황 병마용이
발견된 이후 상투의 머리꾸밈〔髮飾〕은 진대(秦代)부터라고 인식했던 상
투의 기원이 홍산문화 유지 각처에서 출토된 수십 개에 이르는 옥고 발
견으로 상투는 북방민족인 홍산문화에서 비롯하였음이 증명됐다. 아마
도 이런 머리꾸밈은 고조선에 그대로 전파되었을 것이며 그것이 한민족
의 고유한 머리꾸밈으로 정착되었을 것으로 추량된다.

(1)진시황 병마용   (2)한대(漢代) 악인(樂人) 추계(魗紒) (3)상투

(4)고구려 각지총   (5)김득신 회화   (6)총각머리

〔그림9〕상투의 여러 모습과 총각머리(출처 : 중앙일보)

2. 가장 오래된 한국인의 상투

2014년 10월 하순, 국립중앙박물관은 '동양을 수집하다' 특별 전시에서 1923년 조선총독부박물관이 구입하여 그동안 박물관 수장고에 수장해두었던 부여의 금동 얼굴상〔金銅面具〕 2점〔그림8〕을 공개했다. 공개된 금동 얼굴상은 일제강점기 만주 길림성 모아산〔帽兒山〕 일대에서 출토된 2~3세기 부여(夫餘)의 금동면구로 확인됐다고 밝혔다.

길이 27.3cm의 긴 얼굴에 홀쭉한 뺨, 위로 치켜 올라간 눈꼬리, 머리에 상투를 틀고 귀고리 구멍을 뚫은 남자상이다. 이 유물이 2~3세기 부여의 유물로 확인된 것이라면, 이 얼굴상은 지금까지 출토된 유물 가운데 고대

〔그림10〕 가장 오래된 한국인의 얼굴 – 2~3세기 부여 금동면구(金銅面具)

한국인 최고(最古)의 얼굴 조형물이 된 것이다. 따라서 1700~1800년 전 가장 오래된 한국인의 얼굴인 부여 금동 얼굴상에서 우리는 한민족의 발식(髮飾)의 기원을 그려볼 수 있게 됐다. 부여 금동 얼굴상은 상투가 고대부터 한국인의 머리꾸밈새였다는 사실을 물징으로 명확하게 제시해주는 귀중한 유물인 것이다.

3, 상투와 하투 – 상투의 상징은 남근의 형상

상투는 남자가 장가를 갔을 때 길게 땋았던 머리를 틀어 올려 매는 것이 상투다. 그래서 상투가 있고 없음에 따라 관례를 치른 어른인가 아닌가를 알게 된다. 상투는 어른이 되었다는 의미를 남근으로서 상징화하여 독립된 주인임을 머리 위에 표지한 사회적 기호이다.

따라서 상투는 남근의 형상화이면서 한편으로 장가를 갔으므로 '주인 주(●)'자를 의부(意符)한다. 말의 구조로 볼 때 '상투'는 '하투'와 대립되는데 하투는 곧 남근을 가리킨다.

갑골문과 금문의 '조상 조(祖)'는 남근을 상형화 글자다. 조상(祖上)은 씨의 윗분이므로 씨의 근본인 남근을 형상화했다. 아울러 묘소 앞의 망주석(望柱石)도 원의(原義)는 조상 조(祖)를 의부(意符)한 조형물이다. "고려시대 망주석의 맨 위에는 작은 구멍이 나 있는데 그 이유를 모르겠다."(《한국민족문화대백과사전》)고 했는데, 망주석이 조상의 표지인 남근의 상징물임을 몰랐던 말이다. 예전엔 어른들이 사랑방에 혼자 계실 때 답답하면 탕건도 벗어 두고 날투(生套, 노계=露髻)로 계시다가도 손님이 오셨다 하면 얼른 탕건부터 먼저 찾아 날투를 가리는 이유도 바로 여기에 있다. 그러므로 옛날에 날투는 막 내놓고 다니는 아주 천한 것들이나 하는 발식이었던 것이다.

〔그림11〕의 (2)는 남근이 상투의 상징물임을 여실하게 보여주는 한대(漢代)의 옥인(玉人) 발식이다. 일본의 에도(江戸)시대(1603~1867) 남자의 상투는 '쫀마개'(ちょんまげ)라고 했다. '쫀마개'는 일본으로 건너간 상투를 원시적 시각으로 부른 이름으로 우리말 '좆마개'의 와음(訛音)이다. 훈도시(ふんどし)〔褌·犢鼻褌〕와는 완전히 다른 이름이다. 상투가 남근의 상징임을 설명하는 희미한 흔적인 것이다.

(1)산동 조두옥석 (2)한(漢), 옥인(玉人) 두식(頭飾) (3)평양 근교 남근석 (4)율곡선생 모 망주석
(신석기시대)

〔그림11〕 남근의 상징물과 상투

4. 비녀〔잠(簪), 계(筓)〕의 상징과 해석

두발 형식〔髮式〕과 두발 꾸밈〔髮飾〕은 기본적으로 남녀의 성표(性表)를
상징화한 것으로 해석하려는 것이 나의 시각이다. 그것을 증명할 사징
(四徵)의 자료는 풍부하여 별로 무리가 없다.

상투와 마찬가지로 비녀도 시집을 가서 머리를 올린 여자만이 비녀로
머리를 장식한다. 그것이 비녀에 내장된 상징의 핵심이다.
계년(筓年)은 여자 나이 15세를 말하는데, 이는 비녀를 꽂을 수 있는 나
이란 뜻이다. '비녀를 꽂을 수 있는 나이'란 것은 정약용(丁若鏞)의 《아언

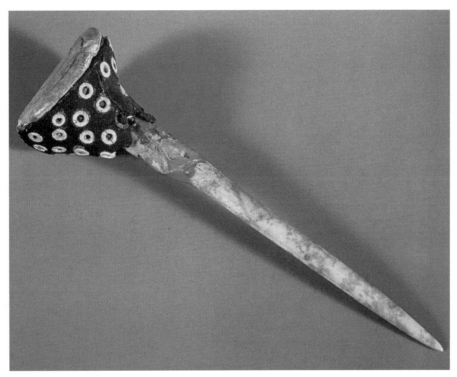

〔**그림12**〕 골잠(骨簪), 감숙성 영창현 원앵지 출토, 마가요문화 마창류형(BC 3000~ BC 2000), 길이 5.4cm

각비(雅言覺非)》에 '말만한 처녀'라는 속어(俗語)를 풀이하기를 '말은 타는 것(馬乘也)'이라고 하며 덩치가 큰 뜻으로 잘못 알고 있는 아언(雅言)을 각비(覺非)한 내용과 같은 뜻이다. 이와 같이 비녀에 내장된 상징은 기이하게도 비녀는 여성의 성표를 상징한 것이 아니라, 남성의 성표를 상징한 물건이란 점이다. 곧, 비녀는 남근을 상징한 여성 머리 장식물이다. 비녀머리〔簪頭〕에 장식된 용봉 장식도 남근의 힘을 상징한다.〔그림13〕

결혼한 여자가 머리를 올려 비녀를 찌르는 것은 여자의 몸이 남자를 받아들인 몸이란 것을 밖으로 표현하는 문화상징 기호이다. 비녀를 찌르는 것은 여자 몸을 관통한 남성의 우월한 힘을 상징하기 때문에 잠두(簪頭)는 양기의 동물인 용이나 봉으로 장식된다.

〔그림13〕 잠두와 재질이 다양한 한국의 비녀

또 시집간 여자는 가르마를 타고 쪽을 찐다. 가르마를 타서 머리칼을 가르는 것은 여자가 남자를 받아들였음을 의미하는 머리 모양이다. 그러므로 예전에는 처녀가 가르마를 타는 것을 금기시해온 것이 통례였으나, 지금은 세태의 변화로 그러한 풍속이 사라졌다.

시집을 간 여자는 친정 부모가 돌아가셨을 때 부모 시신 앞에서 비녀를 뺀 후 머리를 풀고 버선을 벗은[被髮徒跣][09] 채 곡을 한다. 그런 모습을 하는 것은 친정 부모님 슬하에 있었을 때의 모습, 곧 처녀 시절로 되돌아간 형태의 복구를 의미한다. 친정 부모님의 죽음을 당하여 시집가기 전의 모습과 정신으로 돌아가 부모님의 은공을 추념하는 의식으로 해석

___

09) 피발도선(被髮徒跣) : 예전에, 부모가 돌아갔을 때 딸들은 머리를 풀고 버선을 벗어 맨발 차림을 하는 것을 말함. 피발도선은 수시(收屍)한 뒤부터 성복(成服)하기까지 한다.

〔그림14〕 중국 조양(朝陽) 아파트 단지 조성공사 중 당묘(唐墓)에서 발굴된 호복(胡服)의 도용(陶俑) (왼쪽은 남성. 오른쪽은 여성) 높이 109cm

된다. 시부모가 돌아가셨을 때 며느리가 머리를 풀지 않는 것과 비교해 보면 그 차이를 명확히 이해할 수 있다.

〔그림14〕는 중국 요녕성(遼寧省) 조양(朝陽)에서 출토된 호복(胡服) 차림의 흉노 도용(陶俑)이다. 흉노와 선비족의 특징은 발식(髮飾)과 복식(服飾)에 있고, 그것은 변발(辮髮 : 땋은 머리)과 요대(腰帶 : 허리띠), 그리고 장포(長袍 : 긴 핫옷)이다. 출토 도용엔 이 세 가지가 잘 나타나 있다. 그 가운데서 요대의 대구(帶鉤 : 띠고리)는 옥(玉), 금은(金銀), 서각(犀角 : 물소 뿔), 청동(靑銅) 등의 재질로 만든 서수(瑞獸)를 장식하여 신분을 상징했다. 사마정(司馬貞)의 《사기색은(史記索隱)》에 대구(帶鉤)의 옛 이름은 '서비(犀比)'이고, 그 별칭은 흉노어로 '곽락대(郭落帶)'인데 '곽락(郭落)'은 상서(祥瑞), 신수(神獸)의 뜻이라고 설명했다.

[그림15]는 토곡혼(吐谷渾)[10] 선비족의 부녀상으로 얹은머리는 고조선과 삼국시대 머리 모양을 헤아려볼 수 있는 자료가 된다. 더욱이 토곡혼 부녀의 골상은 조선시대 조신한 부녀상을 갖다놓은 듯하다. 토곡혼의 복식은 선비족의 풍을 그대로 따랐는데, 특히 부녀 복식은 변발(辮髮)에 금화(金花)로 수식(首飾)하고 특별한 지위의 가돈(可敦)은 금화관(金花冠)을 썼다고 한다. 이러한 선비족의 발식(髮飾)을 보면, 한민족의 연원이 선비족과 뿌리를 공유하고 있는 것은 아닐까 하는 생각을 갖게 한다.

[그림15] 당대(唐代) 토곡혼(吐谷渾) 흑도부녀용(黑陶婦女俑)의 머리

총론적으로 상투와 비녀는 남녀가 성혼하여 어른이 된 표지를 두발(頭髮)로써 상징한 사회적 부호다. 끝으로 상투를 틀면 정신이 지극히 개운하고 맑아진다. 왜냐하면 상투는 백회혈(百會穴) 자리에 머리털을 끌어 올려 묶어 틀기 때문에 총체적인 기혈 관리를 강화하고 집중해주기 때문이다.

---

10) 토곡혼(吐谷渾) : 중국 서북 고대 민족 이름이자 나라 이름. 원래 인명(人名)인데 서진(西晉)시대부터 당(唐)시대까지(285~663) 기련산맥(祁連山脈)과 황하 상유곡지(上游谷地)를 거점으로 한 고대국가. 본래 요동 선비(鮮卑) 모용부(慕容部)의 한 갈래로 토곡혼은 선비 모용씨의 선우 모용섭귀(慕容涉歸)의 서장자(庶長子)이다. 모용섭귀는 700호의 특별부를 토곡혼에게 나누어주어 다스리게 했으나, 모용섭귀 사후 적자(嫡子)인 모용외(慕容廆)가 선우를 계승하자, 서형(庶兄) 토곡혼은 불화를 피해 따르는 무리들을 이끌고 서쪽으로 옮겨 소국을 세웠다.

제3장 Y형기(Y形器)와 칸(干)과 새 날개 모양〔鳥翼形〕 관식(冠飾), 그리고 만세(萬歲)의 상징

1, Y형기(Y形器)의 신비

문화나 문명의 기원 문제는 여명기 문화의 특성 때문에 연구자마다 의견이 분분하여 문제 해결이 매우 어렵다. 문제는 문징으로선 해결하기가 일정 부분 분명히 한계가 있고, 출토물에 따른 물징을 따를 수밖에 없는데, 여기엔 해석고고학이란 학문의 연구 방향 전환이 절대적으로 필요하다는 점이다.

그러나 모두 알다시피 한국 학계의 정황은, 이 방면의 연구가 너무나 취약하다. 솔직히 말하여 그 필요성은 인지하고 있었겠지만 모두 소홀했고, 능력 또한 미치지 못하여 학문의 불모지는 오랫동안 지속됐다. 가장 심각한 문제는 한민족의 고대문화 원형에 대한 상징과 해석의 관점이 전혀 엉뚱한 방향에서 시작된 점이다. 한민족문화의 시원(始原)에 대한 심각한 오류를, 그것이 오류인 줄도 모른 채, 지금까지 2세들의 교육 현장에 그대로 전달함으로써 민족의 정신문화가 근본부터 잘못 형성되고 있는 문제에 직면한 점이 가장 크게 걱정스러운 문제다.

중국의 신석기시대 유물 가운데 'Y형기(Y形器)'라고 이름 붙인 중요한 두 가지 유물이 있다. 홍산문화(紅山文化) 'Y형옥기(Y形玉器)'〔그림1-(2), (3)〕와 대문구문화(大汶口文化) 'Y형장아기(Y形獐牙器)'〔그림2-(1)〕가 바로 그것이다. 이러한 'Y형기'의 용도에 대해선 무사(巫師)의 법구(法具) 또는 씨족 부락 수령의 권위적 상징물과 같은 의기(儀器)로 보는 것이 고고

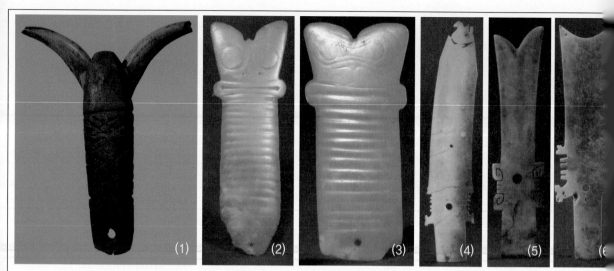

(1)대문구문화 장아(獐牙) Y형기(形器), BC 4500~BC 2500, 1959년 대문구 출토, 길이 10.5cm, 산동성박물관 소장
(2)홍산문화 Y형옥기(形玉器), BC 4500~BC 3000, 길이 12.4cm, 너비 4.1cm, 두께 0.2cm, 요녕성문물점 정집(征集)
(3)홍산문화 Y형옥기(形玉器), BC 4500~BC 3000, 길이 12.1cm, 너비 6cm, 두께 0.3cm, 요녕성박물관 소장
(4)삼성퇴유지 옥장(三星堆遺址 玉璋)　　　　(5)용산문화 옥장(龍山文化 玉璋)　　　(6)삼성퇴유지 옥장(三星堆遺址 玉㺬

〔그림1〕 Y형기 유물과 옥장(玉璋)의 여러 종류

학계의 공통된 견해지만, 이것이 무엇을 상징한 유물인지 여기에 대한 해석은 아직 없다. 두 가지 'Y형기'들의 재질은 서로 다르지만, 형태 면에선 서로 닮은 공통점이 있다. 그 공통점을 새의 날개, 곧 날아오르는 새의 모습을 형상한 것으로 해석하고자 하는 것이 나의 생각이다. 그 상징의 의미를 자세히 살펴보고자 한다.

신석기시대 'Y형기' 속에 저장된 정보엔 고대사회의 대단한 비의(秘儀)가 있다. 그 형태의 상징성 또한 비상한 관심을 끌지만, 아쉽게도 중국의 고고학계는 Y형기(Y形器)의 상징에 대한 그 어떤 해석도 아직 내놓지 못하고 있다. 상징성을 읽어내지 못하므로 단지 물상(物像)의 형태만을 좇아 'Y형기'라고 이름 붙이고 있는데, 그런 현상 자체가 이 유물의 상징을 전혀 해명하지 못하고 있다는 증거이다.

(1) 대문구문화 '장아Y형기(獐牙Y形器)'는 신간(神竿)

　　대문구문화 '장아Y형기'〔그림1-(1)〕를 미루어 살피건대, 나는 이 유물을 고대 동이족들이 그들의 원시신앙인 새 숭배사상을 반영한 족장(族長)의 신간(神竿)이라고 해석한다. 곧 날개를 쫙 펴고 비상하는 새의 모습을 형상한 것이 원초적인 'Y형기'의 조형(祖形)이다. 도상학적으로 보면 신조(神鳥)인 솔개를 상징한 것인데, 크기가 10.5cm에 지나지 않으므로 손에 쥐기엔 아주 적당한 크기다. 신간 끝에 장식하기에는 딱 알맞다. 크기가 작으므로 신간의 끄트머리에 장식하여 지휘자의 신분과 지위 그리고 권위를 표지한 유물이라고 그 상징을 해석한다. 하단의 작은 구멍이 어딘가에 고착시킨 못 구멍임에 틀림없기 때문이다. 곧 한국 고대 솟대의 원시고형(原始古形)이 'Y형기'라고 하겠다.

　　대문구문화 Y형기〔그림1-(1)〕의 중국 명칭은 '장아Y형기(獐牙Y形器)', '장아기(獐牙器)', '장아구형기(獐牙鉤形器)' 등 다양하다. 장아형(獐牙形)이란 뿔처럼 생긴 Y형의 재질이 노루 어금니 같음으로 생긴 이름이다. 뿔처럼 보이지만 장아가 상징하는 것은 뿔이 아니라 새의 날개를 형상화한 조형이다. 그 이유는 가운데가 볼록 튀어 나온 머리와 주름진 목덜미가 새의 형상 그대로이기 때문이다. 이것은 대문구문화의 특징인 새 숭배사상을 원시성이 가미된 고도의 상징적 기법으로 디자인한 신간(神竿)으로 해석하는 것이 이 유물의 본질에 대한 바른 해석법이라고 생각한다.

　　'장아형Y형기'는 산동성 태안 대문구지구, 강소성 비현(丕縣) 대돈자(大墩子) 등 유지에서 고르게 발견되고 있는 유물이다.[01] 이 유물은 발굴 결과, 대다수 사자(死者)의 손가락뼈 부근이나 허리 부근에서 발견되었다.[02]

---

01) 《간명중국문물사전》, 중국역사박물관, 1991, 19쪽.

02) 《20세기 중국 고고대발현》, 사천(四川)대학출판사, 2000, 75쪽.

유물의 발굴 위치는 지도자가 신간을 손에 쥔 채 묻힌 무덤으로 추정할 근거가 된다. 그런데 고대 동이족들의 사상과 문화를 나타내는 이런 중요한 유물들이 아직까지 주목받지 못하고 그 상징성조차 제대로 해석되지 않고 있는 현실은 고대 동이문화에 대한 연구가 한문화(漢文化)에 비해 상대적으로 그만큼 부진하다는 반증이다.

(2) 홍산문화 'Y형옥기'의 상징해석과 칸(干)

홍산문화 Y형옥기〔그림1-(2), (3)〕는 뛰어난 그 정미성(精美性) 때문에 홍산옥기 가운데 으뜸〔紅山玉器之冠〕으로 치는 중요 유물이다. '수면문옥Y형기(獸面紋玉Y形器)', [03] 'Y형수면문옥기(Y形獸面紋玉器)', [04] '옥수면문Y형기(玉獸面紋Y形器)', [05] '수면현문Y형옥기(獸面弦紋Y形玉器)' [06] 등으로 불러 아직 그 이름이 통일되지 않은 이 옥기엔 Y형, 짐승 얼굴〔獸面〕이란 두 가지 설명이 늘 붙어 있다. 위로 솟아 Y형처럼 보이는 부분을

〔그림2〕 적봉(赤峰) 홍산(紅山) 전경

03) 《中國重大考古發現》, 문물출판사, 1989, 42쪽.

04) 《中國文物鑑賞辭典》, 리강출판사, 1991, 168쪽.

05) 《中國美術全集 · 工藝美術編 9, 玉器》, 1993, 4쪽.

06) 《中國文物定級圖典 · 하권》, 상해사서출판사, 1999, 209쪽.

짐승의 두 귀[雙耳]로 파악하며, 두 눈과 입과 목덜미로 표현된 모양을 신수(神獸)로 보는 것이 홍산문화 Y형옥기에 대한 기존 해석이다.

그러나 홍산문화 Y형옥기의 문양은 짐승 얼굴이 아니다. 그렇게 보는 것은 고대 이 지역을 담당한 세력들의 원시신앙을 잘못 읽은 결과다. 대문구문화 Y형기와 홍산문화 Y형옥기의 형태를 자세히 관찰하면, 거기엔 상징을 해석할 수 있는 열쇠가 이미 숨어 있다. 두 가지 유물을 연계하여 설명한 글은 아직 없지만, 유물의 시각적인 형식언어는 이것이 동이족의 새 숭배사상의 신물임을 강력하게 발언하고 있다. 두 유물의 형상은 **'동이족의 새 숭배사상이 반영된 신물(神物)'**임을 확실하게 보여준다. 유물에 내장된 정보를 이렇게 읽어내는 것이 해석고고학의 참된 사명이다.

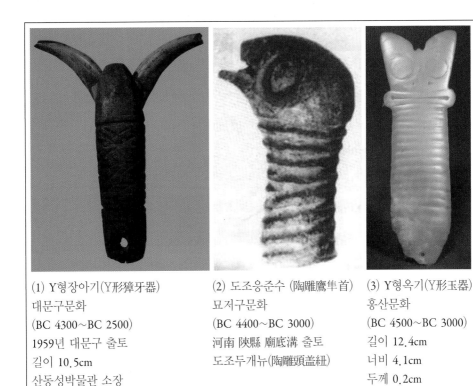

(1) Y형장아기(Y形獐牙器)
대문구문화
(BC 4300~BC 2500)
1959년 대문구 출토
길이 10.5cm
산동성박물관 소장

(2) 도조응준수 (陶雕鷹隼首)
묘저구문화
(BC 4400~BC 3000)
河南 陝縣 廟底溝 출토
도조두개뉴(陶雕頭盖紐)

(3) Y형옥기(Y形玉器)
홍산문화
(BC 4500~BC 3000)
길이 12.4cm
너비 4.1cm
두께 0.2cm

[**그림3**] Y형기의 현문(弦紋)과 새매[鷹隼] 목덜미의 주름살무늬

앞의 〔그림3〕에서 (1)대문구문화 Y형기와 (3)홍산문화 Y형옥기를 정확하게 관찰해보면, 다음과 같은 점을 간추릴 수가 있다.

① 신간(神竿)인 의기라는 점
② 양 날개 가운데가 볼록 솟은 것은 새의 머리를 형상화한 점
③ 하단부의 못 구멍과 몸피를 약간 깎은 자루〔柄〕의 모습은 기물을 막대
끝의 홈에 끼우고 못으로 고정시킨 장치라는 점
④ 홍산문화 Y형옥기는 새의 양쪽 눈, 콧구멍, 입이 선명한 점
⑤ 두 가지 Y형기 자루의 주름무늬는 〔그림3-(2)〕와 같이 새의 긴 목을 형상화한 점
⑥ Y형기의 길이가 모두 10~13cm 미만의 비교적 작은 형태인 것은 손에들고 다닐 수 있는 알맞은 크기의 신간(神竿)이라는 점

위와 같은 분석은 이 의기들이 신조(神鳥)인 솔개가 양 날개를 펼친 모습을 형상한 신간(神竿)의 원시적 고형(古形)으로 해석할 수 있는 근거가 된다. 태양 숭배사상과 새 숭배사상은 고대 동북아시아의 대표적 원시문화이기 때문에 이러한 사상을 반영한 족장(族丈)의 신분 표지(標識)를 부족의 토템이나 족휘(族徽)로 해석하고 있다. 한반도에서 출토된 유물 가운데 이런 유형의 잔영으로는, 대전 괴정동 출토 농경문청동기 솟대〔그림5-(1)〕와 국립중앙박물관 소장 쌍조간두식(雙鳥竿頭飾)〔그림5-(2)〕이 이에 속한다고 할 수 있다. 새를 문화의 아이콘으로 삼은 이런 표지물들이 문자화될 때 칸(干)자의 기원으로 진화한다. 〔그림4〕에서 볼 수 있는 칸(干)의 갑골문(甲骨文), 금문(金文), 한인(漢印), 소전(小篆)의 서체가 이를 증명한다.

고문자학계의 기존 해석에서, 칸(干)은 '방패 / 간섭하다 / 저촉되다 / 방해하다 / 추구하다' 등이다. 그러나 고체(古體)들의 형상은 'Y형기'가 문자화되면 칸(干)자가 되는 것임을 한 눈에 간파할 수 있다. 크기가 10cm 안팎밖에 안 되는 Y형기가 방패의 용도인지 아니면 신조(神鳥)인 솔개의 날개

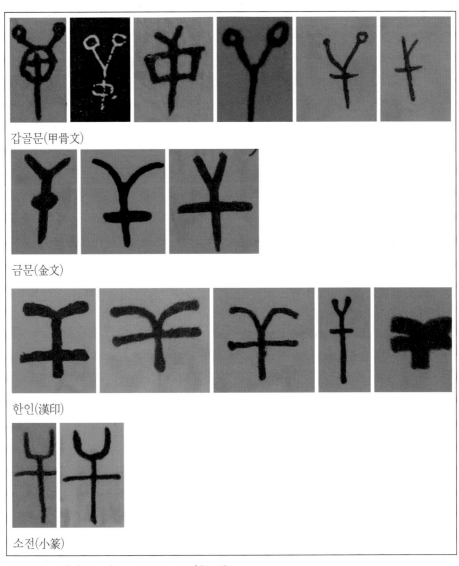

갑골문(甲骨文)

금문(金文)

한인(漢印)

소전(小篆)

〔그림4〕 '칸(干)' 字 갑골, 금문 등 고체(古體)

를 형상한 신간(神竿)인지 그 구분은 쉽게 가늠된다. 신간을 든 왕을 칸(干)으로 부르는 습속은 새 숭배사상을 원시신앙으로 한 고동이족들의 공통된 문화였다. 출토 유물의 신자료에 근거한 이러한 해석은 문자학의 기존 해석에 대한 수정을 요구하는 새로운 학설의 제시일 것이다.

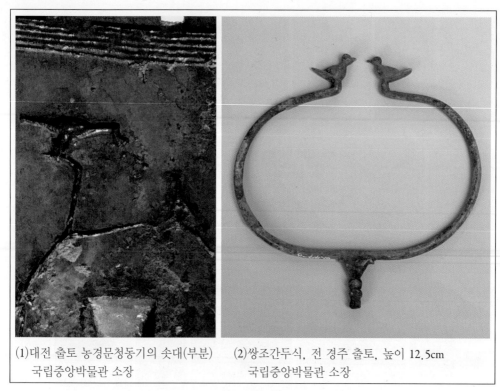

(1)대전 출토 농경문청동기의 솟대(부분)　　(2)쌍조간두식, 전 경주 출토, 높이 12.5cm
　　　국립중앙박물관 소장　　　　　　　　　　　국립중앙박물관 소장

〔그림5〕농경문청동기 솟대와 쌍조간두식(雙鳥竿頭飾)

2, Y형기(Y形器)와 칸(干)은 신조(神鳥) 솔개를 의부(意符)한 조형(造形)

　대문구문화의 Y형기와 홍산문화의 Y형기는 재질만 다를 뿐 동이족 새 숭배사상을 반영한 신간(神竿)임을 앞에서 밝혔다. 동이족 수령들의 표지물인 Y형기는 문자로 진화할 때 '선우(單于)'의 '單'자나 '칸(干)'자로 변한다. 곧 '單'과 '干'은 신조(神鳥)의 형상을 그린 상형문자로서 방패와 같은 무기가 아니라, 신간 또는 그 수령을 상징한 기호문자로 해석해야 한다는 것이 나의 주장이다. 칸(干)에 대한 이러한 고문자학의 새로운 풀이〔新釋〕는 중국 학계에도 이론적으로 아직 발표된 바가 없다.

〔그림6〕칸(干)의 자체 변화 단계

〔그림7〕비상하는 솔개와 천마총 출토 조익형 금제 관식

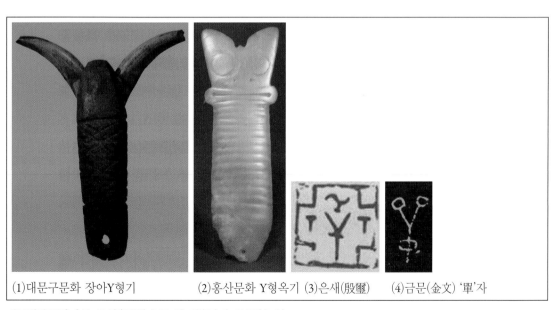

(1)대문구문화 장아Y형기   (2)홍산문화 Y형옥기 (3)은새(殷璽)   (4)금문(金文) '單'자

〔그림8〕Y형기를 조형(祖形)으로 한 인(印)과 금문(金文)

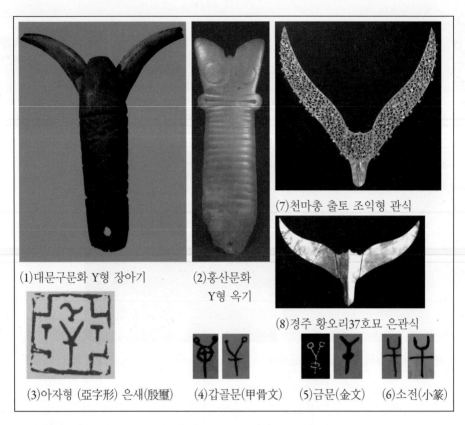

(1)대문구문화 Y형 장아기 (2)홍산문화 Y형 옥기 (7)천마총 출토 조익형 관식 (8)경주 황오리37호묘 은관식

(3)아자형 (亞字形) 은새(殷璽) (4)갑골문(甲骨文) (5)금문(金文) (6)소전(小篆)

〔그림9〕 Y형기와 새 날개 모양〔鳥翼形〕 관식과 칸(干)자(字)

동호(東胡), 선비(鮮卑), 흉노 등 북방 유목민족은 그들을 이끄는 지도자를 칸(干)이라 불렀다. 칸(干)은 흉노어로서 곧 왕을 가리킨다. 신조(神鳥)인 솔개로 장식된 신간을 든 으뜸 지도자〔頭領〕를 일컫는 말이다. 신라의 각간(角干), 태각간(太角干)의 칸(干)도 이 범주에 속한다고 볼 수 있다. 칸(干)은 비상하는 새의 날개를 형상화한 문자로서 유구한 동방 새 숭배족들의 표지물이었던 것이다.

〔그림10〕 태대각간 김유신 묘비, 경주시 충효동 소재(사적 제21호)

3, Y형기와 새 날개 모양〔鳥翼形〕관식(冠飾) 및 만세(萬歲)의 상징

신라 고분에서 출토되는 새 날개 모양〔鳥翼形〕관식의 기원과 상징에 대한 해석을 설득력 있게 전개한 글을 아직 보지 못하였다. 신라의 관식에 대한 위의(威儀)를 정확하게 해석하지 못하는 것은, 그 시대 최고의 상징, 최고의 사유에 대한 의미를 상실한 우리들의 부끄러움에 다름 아니다.

신라 관식의 시원은 고대 동방 이족(夷族)의 원시사상인 태양 숭배사상과 새 숭배사상에 연원한다. 더욱이 새 날개 모양 관식은 홍산문화와 대문구문화의 'Y형기'에 바로 그 조형(祖形)이 있다. 곧 원시사상 가운데 새 숭배사상의 시원적 형태가 관식으로 나타난 동이문화의 상징적 부호다. 신라 관식에서 태양 숭배사상은 불꽃무늬가 간동그려진(簡化) 디자인, 곧 산(山)자형으로 진화했고, 새 숭배사상은 새 날개 모양(鳥翼形) 관식으로 나타난다.

새를 '영혼의 전달자'란 해석에만 머무는 것은《삼국지》〈위서 · 동이전〉의 기록을 벗어나지 못하는 이른바 문헌실증파의 한계를 드러낸 수준이다. 태양숭배와 새 숭배는 영혼의 절대 자유라는 동방 민족의 고유한 사상이 빚어낸 위대한 우주적 사유의 산물이다. 이런 사유가 좀 더 구체성을 띠면서 형성된 것이 현묘지도(玄妙之道)이며 풍류사상(風流思想)이다. 그리고 그런 사상이 국가적 존재와 근거의 이데아로서 확립된 것이 화랑도 정신이라고 생각한다.

거듭 말하거니와 신라 관식의 불꽃무늬는 이른바 출자형(出字形) 또는 산자형(山字形)으로 간략하게 디자인된 세움장식(立飾)을 말한다. 이것은 천손족의 고유사상인 태양숭배에서 배태된 광명리세(光明理世)의 이상을 부호로 나타낸 조형이다. 새 숭배사상을 반영한 새 날개 모양 관식은 신조 솔개가 태양의 대행자로서 광명의 상서로움과 환희의 영원한 누림을 발원한 상징적 형상이다.

다시 말하여 불꽃무늬와 새 날개 모양 관식은 단순히 왕의 위세를 위한 것만이 아니다. 그것은 신라 정신의 이상(理想)을 왕의 관식을 통해 표상한 형식언어였던 것이다.

홍산문화와 대문구문화의 Y형기는 신라시대 새 날개 모양(鳥翼形) 관식의 조형(祖形)이다. 더욱이 대문구문화는 신라 김씨 스스로 대문구를 근거로 태양과 새를 숭배하던 동이족의 수령 소호(少昊)황제의 후예라고 말한 사실[07]을 유념한다면, Y형기와 조익형 관식의 상관성은 우리들의

07) 《삼국사기》, 권28〈의자왕〉조, "新羅人自以少昊金天氏之後 故姓 金氏"
　　《삼국사기》, 권41〈김유신전〉조, "羅人自謂少昊金天氏之後 故姓金, 庚信碑 亦云 軒轅之裔 少昊之胤 南加耶始祖首露與新羅同姓也"

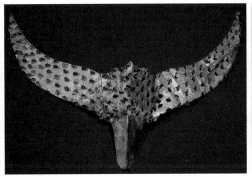

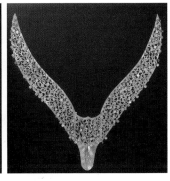

(1)황남대총 남분 출토 조우식
(鳥羽飾) 은제관(銀製冠),
높이 17.2cm, 보물 제631호

(2) 황남대총 남분 조익형(鳥翼形) 금제 관식,
높이 40cm

(3) 천마총 조익형 금제 관식,
높이 45cm

〔그림11〕 신라 고분 출토 새 깃털 장식〔鳥羽飾〕, 새 날개 모양〔鳥翼形〕 관식

비상한 관심을 끈다. 무엇보다 그 상징은 신라 문화를 형성한 뿌리가 무엇인지를 암시하는 것이다. 그것은 태양과 새를 문화의 모형(母型)으로 삼은 신라인들의 정신과 지혜였던 것이다.

우리는 국가의 경축행사 때마다 환희의 만세를 삼창한다. 그 만세의 상징성이 무엇이며 그 기원은 어떻게 유래된 것인지 한번이라도 생각해 본 적이 있는가?

만세는 환희의 감정을 솔개가 날아오르는 자세로 표현한 인간의 몸짓이다. 그것은 강력한 힘을 지닌 몸의 언어이다. 만세는 동방의 새 숭배족이 발상한 현실적 사물의 원형에 대한 감각을 은유한 것이다.

만세는 상고시대부터 존재한 솟대에서 유래한다. 그리고 더 멀리 홍산문화와 대문구문화의 'Y형기'에서 그 조형(祖形)을 찾아볼 수 있다. 우리들이 부르는 만세에 내포된 상징의 역사는 이처럼 유구하다.

천년만세, 독립만세, 자유만세를 외치면 우리는 가슴속의 에너지가 끓어오른다. 만세(萬歲)의 '세(歲)'는 ① 해〔太陽〕 ② 해〔年〕, 새해〔元旦〕 ③ 나

〔그림12〕 태극기를 들고 3·1절 행사에서 만세를 부르는 여학생들의 모습(자료사진 조선일보)

이 ④ 세월〔光陰〕 ⑤ 절후(節侯) ⑥ 별 이름〔星名〕 ⑦ 풍년 등의 의미가 있지만, 어디까지나 중심의 의미는 해〔太陽〕다. 태양의 고유어는 앞글 제Ⅰ부의 〈신의 해석〉에서 밝혔듯이 '살'이다. '살'은 다시 '새〔鳥〕'로 분화되므로 한자 '세(歲)'와 고유어 '새〔鳥〕'는 태양에 뿌리를 둔 동근어(同根語)임을 알 수 있다.

그러므로 두 팔을 번쩍 치켜들어 만세를 부르는 모습은 태양을 향해 창공을 날아오르는 신조(神鳥) 솔개의 홰치는 모습을 형상한 몸짓이다. 만세는 힘차고 거침없으며 영원할 것을 발원하는 정신을 의부(意符)한 형식언어다. 그것이 만세의 본질이며 상징의 세계라고 나는 해석한다.

참고문헌

(모든 문헌과 자료는 近園文庫 所藏本임)

한국 전문도록, 미술전집류

《가야문화도록》, 경상북도, 1998
《경기도박물관 출토복식 명품선》, 경기도박물관, 2008
《경북대학교박물관 소장유물도록》, 경북대학교박물관, 2003
《고고유물로 본-韓國 古代國家의 形成》, 국립중앙박물관 편, 통천문화사, 1998
《고구려고분벽화》, 조선화보사출판부 편집, 조선화보사, 1985
《광개토대왕(廣開土大王)陵碑》, 국립문화재연구소, 1996
《광개토왕(廣開土王)碑原石初期拓本集成》, 임기중(任基中) 편저, 1995
《국립김해박물관》, 통천문화사, 1998
《국립대구박물관》, 그라픽네트, 2011
《국은(菊隱) 이양선(李養璿) 蒐集文化財》, 국립광주박물관, 1987
《낙랑》, 국립중앙박물관 편, 2001
《동양을 수집하다》, 국립중앙박물관 편, 2014
《몽골 고비 알타이의 암각화》, 동북아역사재단, 2008
《무령왕릉(武寧王陵) 신보고서 1》, 국립공주박물관, 2009
《문자, 그 이후-한국고대문자전》, 국립중앙박물관2011
《文字로 본 新羅-新羅人의 記錄과 筆跡》, 국립경주박물관, 2002
《美術資料》(合本(1호~35호) Ⅰ, Ⅱ, Ⅲ, Ⅳ권), 국립중앙박물관 편, 깊은샘 복간, 1986
《발굴에서 전시까지》, 국립중앙박물관 편, 끄라픽네트, 2007
《백제(百濟) 특별전》, 국립중앙박물관 편, 통천문화사, 1999
《백제(百濟)의 冠》, 국립공주박물관, 2013
《백제와전(百濟瓦塼)》, 국립부여박물관, 2010
《백제의 숨결 금빛예술혼 금속공예》, 국립부여박물관, 2008
《釜山의 歷史와 文化》, 부산박물관, 2002
《부산의 역사와 복천동 고분군》, 부산광역시립박물관복천분관, 1996
《북녘의 문화유산》, 국립중앙박물관 편, 도서출판 삼인, 2006
《북한(北韓)文化財圖錄》, 문화재관리국·문화재연구소, 1993
《북한의 문화재와 문화유산 〔1권〕~〔6권〕》, 조선유적유물도감 편저, 서울대학교출판부, 2000
《새 천년 새 유물 展》, 국립중앙박물관, 2000
《석장리 선사유적》, 손보기, 동아출판사, 1993
《세계(世界)의 紋樣-(中國)》, 상미사, 1976
《스키타이 황금문명展》, 예술의 전당, 2011
《스키타이 黃金》, 국립중앙박물관 편, 조선일보사, 1991
《신라와전(新羅瓦塼)》, 국립경주박물관, 2000
《신라인의 무덤—新羅陵墓의 形成과 展開》, 국립경주박물관 편, 통천문화사, 1996
《신라토우(新羅土偶)》, 국립경주박물관 편, 통천문화사, 1997
《신라황금(新羅黃金)》, 국립경주박물관, 2001
《신비의 고대왕국-伽倻 특별전》, 국립중앙박물관 편, 1991

《新昌洞 遺蹟》-제1차 발굴조사 개보-, 국립광주빅물관 편, 1993
《신창동/2000년 전의 타임캡슐》, 국립광주박물관 편, 비에이디자인, 2012
《실크로드 美術展》, 國立中央博物館 編, 한국박물관회, 1991
《알타이문명전-우리의 뿌리를 찾아서》, 국립중앙박물관 편, 거손, 1995
《압독 사람들의 삶과 죽음》, 국립대구박물관 편저, 통천문화사, 2000
《영혼의 전달자-새 · 풍요 · 숭배-》, 국립김해박물관, 2004
《유창종 기증 기와 · 전돌》, 국립중앙박물관, 2002
《은일(隱逸)의 秀麗한 꿈 新羅 瓦當》, 영남대학교박물관, 2005
《일본에 있는 낙랑 유물》, 이형혜 외, 학연문화사, 2008
《조선(朝鮮)古蹟圖譜 全 第1冊~第15冊》, 舊朝鮮總督府, 名著出版, 昭和48年
《중국 內蒙古 北方騎馬民族文物展》, 日本經濟新聞社 發行, 1983
《중국대백과(中國大百科)全書(考古學)》, 中國大百科全書出版社, 1987
《중국문물(中國文物)鑑賞辭典》, 漓江出版社, 1991
《중앙아시아의 바위그림》, 동북아역사재단, 2007
《특별전 고구려》-한강유역의 고구려 요새-, 서울대학교박물관 편저 발행, 2000
《평양일대 고구려유적-南北共同遺蹟調査報告書》, 고구려연구재단, 2005
《한국 고대의 Global Pride, 고구려》, 고려대박물관 편, 통천문화사, 2005
《한국 古代의 문자와 기호유물》, 국립청주박물관 편, 통천문화사, 2000
《韓國考古資料集成(8卷~14卷)》-朝鮮古蹟調査報告(大正編), 도서출판민족문화 영인(影印),
    1993
《한국고고학사전》, 국립문화재연구소, 2001
《한국과 알타이 지역의 바위그림》, 서울시립대학교박물관, 2010
《한국미술(韓國美術)全集(1) 原始美術》, 동화출판공사, 1973
《한국미술(韓國美術)全集(2) 古墳美術》, 동화출판공사, 1973
《한국미술(韓國美術)全集(3) 土器 · 土偶 · 瓦博美術》, 동화출판공사, 1973
《한국미술(韓國美術)全集(4) 壁畵美術》, 동화출판공사, 1973
《한국미의 태동 구석기》, 국립중앙박물관 명품선집 01, 통천문화사, 2008
《한국민족문화대백과사전 全1권~27권》, 한국학중앙연구원, 1994
《韓國의 美(22) 古墳美術》, 중앙일보사, 1985
《韓國의 美(23) 金屬工藝》, 중앙일보사, 1985
《韓國의 美(3) 粉靑沙器》, 중앙일보사, 1985
《韓國의 美(5) 土器》, 중앙일보사, 1985
《한국의 先 · 原史 土器》, 국립중앙박물관 편, 도서출판 신유(辛酉), 1993
《한국의 靑銅器 文化》, 국립중앙 · 광주박물관 편, 범우사, 1992
《漢陽大學校博物館 遺物選》, 한양대출판원, 1995
《韓日交流二千年》, 열화당, 1986
《황남대총-황금의 나라 신라왕릉-》, 국립중앙박물관, 2010

중국 · 일본 도록류

《中國考古文物之美全集 全10卷》, 文物出版社, 1994
    《第1卷 – 文明曙光期 祭祀遺珍 – 遼寧 紅山文化 壇廟冢》
    《第2卷 – 殷墟 地下塊寶 – 河南 安陽 婦好墓》
    《第3卷 – 商代 蜀人秘寶 – 四川 廣漢 三星堆遺蹟》
    《第4卷 – 春秋 晉國 青銅寶庫 –山西 太原 趙卿墓》
    《第5卷 – 戰國 地下樂宮 – 湖北 隨縣 曾侯乙墓》
    《第6卷 – 秦皇陵 地下軍團 – 陝西 臨潼 兵馬俑》
    《第7卷 – 戰國 鮮虞陵墓珍奇 – 河北 平山 中山國王墓》
    《第8卷 – 輝煌不朽 漢珍寶 – 湖南 長沙 馬王堆 西漢墓》

《第9卷 － 嶺南 西漢 文物寶庫 － 廣州 南越王墓》

《第10卷－ 佛門秘寶 大唐遺珍 － 陝西扶風 法門寺地宮》

《20世紀 中國考古大發現》, 中國社會科學研究所, 2000

《考古大發現》, 中國社會科學院考古研究所 編著, 四川大學出版社, 2000

《考古圖》, (宋)呂大臨 編, 上海古籍出版社, 1991(復刊)

《考古精華》, 中國社會科學院考古研究所 編著, 科學出版社, 1993

《故宮銅鏡特展圖錄》, 國立故宮博物院(臺灣), 1986

《古宮文物》, 創刊號(1983年)~332號(2010年), 國立古宮博物院(臺灣)

《故宮博物院藏品選萃 全18卷》, 故宮博物院 編, 中華民國62年(1973)

《故宮博物院七十年論文選》, 故宮博物院 編, 紫禁城出版社, 1995

《故宮歷代銅印特展圖錄》, 國立故宮博物院(臺灣), 1987

《古代文明 (1,2,5卷)》, 北京大學中國考古學研究中心 編, 文物出版社 古代文明研究》, 中國社會
　　　科學院考古研究所, 文物出版社, 2005

《古本山海經圖說》, 馬昌儀 著, 山東畫報出版社, 2001

《古璽印》, 主編 王光鎬 , 作者 陳連勇, 藝術圖書公司, 1994

《古蜀探秘 －(三星堆/金沙遺址 出土文物精品集)－》, 遼寧人民出版社, 2010

《廣西左江岩畫》, 廣西壯族自治區 文化廳文物局 · 博物館 編, 文物出版社, 1988

《金文總集 全十冊》, 嚴一萍 編, 藝文印書館, 浙江文物出版社

《金石索圖集》, (清)馮雲鵬, 馮雲鷯, 德志出版社, 1963(初版), 影印本

《南陽兩漢畫像石》, 王建中 · 閔修山 著, 文物出版社, 1990

《南陽漢代畫像磚》, 南陽文物研究所 編, 文物出版社, 1990

《內蒙古歷史文物》－(內蒙古博物館建館 三十周年紀念圖錄, 1987

《大黃河 (上,下)》, NHK取材팀 / 崔學濬 譯, 民警新聞社, 1989

《圖說中國古代科技》, 金秋鵬 主編, 大象出版社, 1999

《東北史地》－2004年 發行 全12期 合定本, 東北史地雜誌社,

《東北亞考古學研究－中日合作研究報告書》, 遼寧省文物考古研究所 · (日)中國考古學研究會 編,
　　　文物出版社, 1997

《東周鳥篆文字編》, 張光裕, 曹錦炎 主編, 翰墨軒出版有限公司(香港), 1994

《蒙古秘史》, 特 · 官布扎布, 阿斯鋼 譯, 新華出版社, 2005

《蒙古族圖案》, 阿木爾巴圖, 內蒙古大學出版社, 2005

《文明的守望》, 國家圖書館 編, 北京圖書館出版社, 2006

《邊疆考古研究》, 吉林大學邊疆考古研究中心 編, 科學出版社, 2005

《北京大學圖書館藏 歷代金石拓本菁華》, 胡海帆, 湯燕 編, 文物出版社, 1998

《北京遼金文物研究》, 北京遼金城垣博物館 編, 北京燕山出版社, 2005

《北京文物精華大系 · 石刻卷》, 北京文物精華大系編委會 · 北京市文物局 編, 北京出版社, 2004

《山東沂南漢墓畫像石》, 山東省沂南漢墓博物館 編, 齊魯書社, 2001

《山東文物精華》, 呂常凌 主編, 山東美術出版社, 1996

《三代吉金文存 全三冊》, 羅振玉 編, 中華書局, 1989

《三星堆發現發掘始末》, 肖先進 外, 四川人民出版社, 2001

《三才圖會 上, 中, 下》, (明) 王圻 · 王思義 編輯, 上海古籍出版社, 2005

《西藏岩畫藝術》, 西藏自治區文物管理委員會 編, 四川人民出版社, 1994

《徐州漢畫像石》, 江蘇美術出版社, 1987

《陝北漢代畫像石》, 李林 外, 陝西人民出版社, 1995

《陝西省博物館藏寶錄》, 上海文藝出版社, 1995

《成吉思汗－中國古代北方草原遊牧文化》, 內蒙古自治區博物館, 北京出版社, 2004

《新疆彩陶》, 穆舜英 · 祁小山 編著, 文物出版社, 2004

《新疆出土文物》, 新疆維吾爾自治區博物館 編, 文物出版社, 1975

《新中國的考古發現和研究》, 中國社會科學院考古研究所編, 文物出版社, 1984

《安陽文物精華》, 安陽市文物管理局 編, 文物出版社, 2004

《良渚文化探秘》, 浙江省社會科學院國際良渚文化 中心 編, 人民出版社, 2006

《歷代文物 裝飾文字圖鑑》, 李明君 編著, 人民美術出版社, 2001

《炎帝文化》, 王樹新, 孟世凱 主編, 中華書局, 2005

《迎接21世紀的中國考古學 國際學術討論會 論文集》, 北京大學考古學系 編, 學出版社, 1998

《敖漢文物精華》, 內蒙古文化出版社, 2004

《遼寧省博物館藏寶錄》, 上海文藝出版社, 1994

《遼上京文物擷英》, 唐彩蘭 編著, 遠方出版社, 2005

《遼河文明展》, 遼寧省博物館 編, 2006

《龍門石窟裝飾雕刻》, 李文生 編著, 上海人民出版社, 1991

《龍門博物館》, 龍門博物館 · 龍門石屈研究院 編, 太象出版社, 2005

《牛河梁紅山文化遺址與玉器精粹》, 遼寧省文物考古研究所編, 文物出版社, 1997

《云南省博物館》－中國博物館叢書 第10卷, 文物出版社, 1991

《云南岩畫藝術》, 鄧啓耀 主編, 晨光出版社, 2006

《雲南靑銅器》, 雲南省博物館 編, 文物出版社, 1981

《臨沂漢畫像石》, 臨沂市博物館 編, 山東美術出版社, 2002

《長江三峽工程埧區出土文物圖集》, 王曉田 · 王風竹 主編, 科學出版社, 1997

《赤峰博物館文物典藏》, 劉冰 主編, 遠方出版社, 2007

《全國出土文物珍品選》－1976－1984－, 文化部文物局 · 故宮博物院, 文物出版社, 1987

《浙工考古精華》, 浙江省文物考古研究所 編, 文物出版社, 1999

《帝王世紀輯存》, 徐宗元 輯, 中華書局, 1961

《走進 遼河文明》, 遼寧省博物館 編, 2009

《中國各民族原始宗敎資料集成－考古卷》, 于錦綉, 楊淑榮 主編, 中國社會科學出判社, 1996

《中國考古集成－東北卷『高句麗編』》, 北京出版社, 1996

《中國考古集成－東北卷『渤海編』》, 北京出版社, 1996

《中國古代文化遺蹟》, 黃師鈴 主編, 朝華出版社, 1995

《中國古代服飾研究》, 龍田出版社 編輯部 編, 龍田文化事業公司, 中華民國70年

《中國國家圖書館古籍珍品圖錄》, 任繼愈 主編, 北京圖書館出版社, 1999

《中國大考古》, 周宏 責任編輯, 陝西師範大學出版社, 2007

《中國文明起源研究要覽》, 文物出版社, 2003

《中國文物定級圖典(上)(下)》, 上海辭書出版社, 1999

《中國文物精華》, 文物出版社, 1990版

《中國文物精華》, 文物出版社, 1992版

《中國文字 全12卷》, 國立臺灣大學大學院古文字學研究室 編,

《中國美術全集 古代部分 六十冊》, 中國美術全集編輯委員會, 人民美術出版社, 1993

《中國民族古文字圖錄》, 中國民族古文字研究會編, 中國社會科學出版社, 1990

《中國博物館叢書》第1卷《陝西省博物館》, 文物出版社, 1990

《中國博物館叢書》第3卷《遼寧省博物館》, 文物出版社, 1983

《中國博物館叢書》第4卷《南京博物院》, 文物出版社, 1984

《中國博物館叢書》第10卷《云南省博物館》, 文物出版社, 1991

《中國博物館叢書》第11卷《吉林省博物館》, 文物出版社, 1992

《中國北方民族美術史料》, 鄂嫩哈拉 · 蘇日台 編著, 上海人民美術出版社, 1990

《中國社會史》, 曹文柱, 趙世瑜, 李少兵 共著, 華東師範大學出版社, 2001

《中國性史圖鑑》, 劉達臨 編著, 時代文藝出版社, 2002

《中國少數民族舞蹈發展史》, 馬薇, 馬維麗 著, 人民音樂出版社, 2002

《中國小數民族文化史圖典－제1권～제8권》, 廣西敎育出版社, 1999

《中國十年(1990～1999)百大考古新發現》, 李文儒 主編, 文物出版社

《中國岩畫》, 文物出版社 編, 1993

《中國岩畫》, 中央民族學院 少數民族文學藝術研究所 編, 浙江撮影出版社, 1988

《中國曆代婦女妝飾》, 高汎, 高春明, 學林出版社, 1991

《中國歷代裝飾紋樣》, 黃能馥 · 陳娟娟 編著, 中國旅遊出版社, 1999

《中國宗敎美術史》, 金維諾, 羅世平 著, 江西美術出版社, 1995

《中國重大考古發現》, 文物出版社, 1989

《中國地域文化大系·東北文化》, 徐秉琨, 孫守道 主編, 商務印書館, 1996

《中國地域文化大系·齊魯文化》, 劉振淸 主編, 商務印書館, 1996

《中國地域文化大系·草原文化》, 趙芳志 主編, 商務印書館, 1996

《中國地域文化大系·河隴文化》, 趙芳志 主編, 商務印書館, 1996

《中國漢畫圖典》, 顧森 編著, 浙江撮影出版社, 1997

《中國畫像石全集 1》,-山東漢畫像石-, 蔣英炬 主編, 山東美術出版社, 2000

《中國畫像石全集 2》,-山東漢畫像石-, 賴非 主編, 山東美術出版社, 2000

《中國畫像石全集 3》,-山東漢畫像石-, 焦德森 主編, 山東美術出版社, 2000

《中國畫像石全集 4》,-江蘇, 安徽, 浙江漢畫像石-, 湯池 主編, 山東美術出版社, 2000

《中國畫像石全集 5》,-陝西, 山西漢畫像石-, 湯池 主編, 山東美術出版社, 2000

《中國畫像石全集 6》,-河南漢畫像石-, 王建中 主編, 河南美術出版社, 2000

《中國畫像石全集 7》,-山東漢畫像石-, 高 文 主編, 河南美術出版社, 2000

《中國畫像石全集 8》,-石刻綫畫-, 周 到 主編, 河南美術出版社, 2000

《中國畫像磚全集 Ⅰ, Ⅱ, Ⅲ》, 四川出版集團·四川美術出版社 編, 2006

《中原文物(全1卷~6卷)》(1984年1期~1989年50期 合本集), 中原文物 編輯部, 1989

《中華古文明大圖輯》第一部 始祖, 人民日報出版社, 1992

《中華古文明大圖輯》第二部 神農, 人民日報出版社, 1992

《中華古文明大圖輯》第三部 鑄鼎, 人民日報出版社, 1992

《中華古文明大圖輯》第四部 通市, 人民日報出版社, 1992

《中華古文明大圖輯》第五部 社稷, 人民日報出版社, 1992

《中華古文明大圖輯》第六部 文淵, 人民日報出版社, 1992

《中華古文明大圖輯》第七部 世風, 人民日報出版社, 1992

《中華古文明大圖輯》第八部 頤壽, 人民日報出版社, 1992

《中華文明史 第1卷~第5卷》, 河北教育出版社, 1989

《中華民俗源流集成 全8卷-節日歲時卷/儀禮喪葬卷/婚姻卷/游藝時卷/服飾居住卷/忌行業卷/飲
    食卷/信仰卷 -》, 雪犁 主編, 甘肅人民出版社, 1994

《中華藝術通史 Ⅰ》,(原始卷), 北京師範大學出版社, 2006

《中華藝術通史 Ⅱ》,(夏商周卷), 北京師範大學出版社, 2006

《中華藝術通史 Ⅲ》,(秦漢卷), 北京師範大學出版社, 2006

《中華藝術通史 Ⅳ》,(三國兩晉南北朝卷), 北京師範大學出版社, 2006

《中華藝術通史 Ⅴ, Ⅵ》,(隋·唐卷上,下), 北京師範大學出版社, 2006

《中華藝術通史 Ⅶ, Ⅷ》,(五代·兩宋·遼·西夏·金卷), 北京師範大學出版社, 2006

《中華人民共和國重大考古發現》, (1949~1999), 宿白 主編, 文物出版社, 1999

《曾侯乙墓文物藝術》, 湖北美術出版社, 1992

《秦漢雄風》, 周天游 主編, 浙江人民出版社, 1999

《集安縣文物志》, 吉林省文物志編委會, 1984

《出土文物三百品》, 雷從雲, 楊陽 主編, 新世界出版社, 1992

《通溝(卷上)(卷下)》, 池內宏 著, 日滿文化協會 刊, 昭和13年(1936)

《通溝古墓群-1997年 調查測繪報告》, 吉林省文物考古研究所/集安市博物館 共編, 科學出版社,
    2002

《巴蜀漢代畫像集》, 龔廷万·龔玉·戴嘉陵 編著, 文物出版社, 1991

《平壤金墓磚雕》, 山西省考古研究所 編, 山西人民出版社, 1999

《河南新鄭漢代畫像磚》, 薛文燦·劉松根, 上海書畫出版社, 1989

《河南漢代畫像磚》, 周到·呂品·湯文興 編, 上海人民出版社, 1985

《河北古代墓葬壁畫》, 河北省文物研究所 編, 文物出版社,

《漢代農業畫像磚石》, 夏亨廉·林正同 主編, 中國農業出版社, 1996

《漢代圖案選》, 王磊義 編繪, 文物出版社, 1989

《漢代文物大展》, 藝術家出版社, 1999

《漢代物質文化資料圖說》, 孫機, 文物出版社, 1991

《紅山文化》, 柳冬靑, 內蒙古大學出版社, 2002
《黃河流域史前玉器特展圖錄》, 楊美莉 編著, 國立故宮博物院(臺灣), 2001

사전류

《簡明中國文物辭典》, 中國歷史博物館 編, 福建人民出版社, 1991
《考古學辭典》, 中國大百科全書 編, 知識出版社, 1991
《古文字類編》, 高明, 中華書局, 1987
《古書人物辭典》, 庄克華 主編, 江西敎育出版社, 2004
《古籀彙編》, 徐文鏡 編纂, 商務印書館(臺灣), 1971
《廣東文化大辭典》, 李治亭 主編, 遼寧敎育出版社, 1993
《國語譯註》, 薛安勤, 王連生 譯註, 吉林文史出版社, 1991
《金文詁林 上,中,下》, 周法高 主編, 東文選 影印本
《金文常用字典》, 陳初生 編纂 陝西人民出版社, 1987
《金文編》, 容庚 編, 東文選 影印本, 1990
《內蒙古大辭典》, 內蒙古大辭典編纂委員會, 內蒙古人民出版社, 1991
《碑別字新編》, 秦公輯, 文物出版社, 1985
《商周古文字類編》, 郭沫若, 文物出版社, 1991
《說文解字注》, 許愼 撰/段玉裁 注. 上海古籍出版社, 1988
《歷史考古學大辭典》, 小野正敏 外 編輯, 吉川弘文館, 2007
《戰國古文字典(上),(下)》, 何琳儀, 中華書局, 1998
《朝陽字鑑精萃》, 高田忠周, 西東書房(東京), 1974
《中國古文字字典》, 王廷林 編, 上海書畵出版社, 1987
《中國大百科全書-(考古學)》, 中國大百科全書出版社, 1987
《中國大百科全書-(語言・文字)》, 中國大百科全書出版社, 1988
《中國文物鑑賞辭典》, 漓江出版社, 1991
《中國民族民俗文物辭典》, 宋兆麟, 高 可 主編, 山西人民出版社, 2004
《中國思想寶庫》, 中國廣播電視出版社, 1991
《中國原始宗敎百科全書》, 四川辭書出版社, 2002
《中國地名詞典》, 上海辭書出版社, 1990
《中國風俗辭典》, 上海辭書出版社, 1990
《中華文化辭典》, 丁守和 主編, 廣東人民出版社, 1990
《中華秦文化辭典》, 秦文化辭典編委會編, 西北大學出版社, 2000
《偏類碑別字》, 北川博邦, 雄山閣, 1975

일본 도록류

《殷周時代靑銅器紋樣の硏究》, 林 巳奈夫 著, 吉川弘文館, 1986
《春秋戰國時代靑銅器の硏究》, 林 巳奈夫 著, 吉川弘文館, 1987
《中國內蒙古 北方騎馬民族文物展》, 日本經濟新聞社, 1983
《河南安陽遺物の硏究》, 梅原末治 著, 同朋舍, 1984(복간본)
《殷墟出土白色土器の硏究》, 梅原末治 著, 同朋舍, 1984(복간본)
《河南安陽遺寶》, 梅原末治 著, 同朋舍, 1984(복간본)
《戰國式銅器の硏究》, 梅原末治 著, 同朋舍, 1984(복간본)
《漢以前の古鏡の硏究》, 梅原末治 著, 同朋舍, 1984(복간본)
《支那漢代紀年銘漆器圖說》, 梅原末治 著, 同朋舍, 1984(복간본)
《支那古玉圖錄》, 梅原末治 著, 同朋舍, 1984(복간본)
《漢三國六朝紀年鏡圖說》, 梅原末治 著, 同朋舍, 1984(복간본)

《古銅器形態の考古學的研究》, 梅原末治 著, 同朋舍, 1984(복간본)
《唐鏡大觀》, 梅原末治 著, 同朋舍, 1984(복간본)
《洛陽金村古墓聚英》, 梅原末治 著, 同朋舍, 1984(복간본)
《紹興古鏡聚英》, 梅原末治 著, 同朋舍, 1984(복간본)
《杴禁の考古學的考察》, 梅原末治 著, 同朋舍, 1984(복간본)

일본 전문서 및 번역본

《古代中國の畫像石》, 土居淑子 著, 同期會, 1986
《古代韓國文化와 日本》, 齋藤 忠 著 / 孫大俊 譯, 원광대학교출판국, 1981
《古代韓國史》, 井山秀雄 著 / 金東旭, 金森襄作 역, 일신사 1881
《光の神話考古》, 山麓考古同好會, 繩文造形研究會 編, 言叢社, 2008
《句玉》, 水野祐 著, 東京學生社, 1995
《圖解日本甲冑事典》, 笹間良彦 著, 雄山閣, 1996
《滿洲考古學》, 八木奘三郎 著, 岡書院版, 昭和3年(1983년), 民俗苑 影印
《書道講座 第6卷 篆刻》, 西川寧 編, 二玄社, 1973
《新羅史研究》, 今西 龍 著, 國書刊行會, 1940
《新羅花郎의 研究》, 三品彰英 著 / 李元浩 역, 집문당, 1995
《新中國の考古學》, 中國社會科學院考古研究所 編著, 關野 雄 監譯, 平凡社, 1988
《日本の美術NO358-'唐草紋'》, 山本忠尙 編, 至文堂, 1996
《日本の美術NO391-'鬼瓦'》, 山本忠尙 編, 至文堂, 1998
《日本の美術NO392 '鴟尾'》, 大脇 潔, 至文堂, 1999
《日本古器銘と好太王碑文》, 福宿孝夫 著, 中國書店, 1991
《雜攷 姓氏攷及族制攷·市廛攷》, 鮎貝房之進, 圖書刊行會, 1973
《雜攷 俗字攷·俗文攷·借字攷》, 鮎貝房之進, 圖書刊行會, 1972
《雜攷 新羅王號攷·朝鮮國名攷》, 鮎貝房之進, 圖書刊行會, 1972
《雜攷 花郎攷·白丁攷·奴婢攷》, 鮎貝房之進, 圖書刊行會, 1973
《朝鮮神話-(研究資料集成)》, 松原孝俊 編, 神田外國語大學韓國語科, 1991
《中國古代の民俗と文化》, 棟本東太, 刀水書房, 2004
《中國古代の神がみ》, 林巳奈夫 著, 吉川弘文館, 2002
《中國古代の宗敎と文化-殷王朝の祭祀-》, 赤塚 忠, 角川書店, 昭和52年(1977)
《中國古代文樣史》(上),(下), 渡邊素舟 著, 雄山閣, 1976
《中國古玉器總說》, 林 巳奈夫 著, 吉川弘文館, 1999
《中國史上の民族移動期》, 田村實造 著, 創文社, 1985
《中國新石器文化研究》, 飯島武次, 山川出版社, 1991
《中國神話の構造》, 吉田彌榮子, 三彌井書店, 2004
《天皇과 天皇制》, 村上重良 著 / 張鎭漢, 吳相鉉 共譯, 韓元出版社, 1989
《通溝(卷上)(卷下)》, 池內宏 著, 日滿文化協會 刊, 昭和13年(1936)
《偏類碑別字》, 北川博邦, 雄山閣, 1975
《夏殷文化の考古學的研究》, 飯島武次, 山川出版社, 1985
《漢代の文物》, 林 巳奈夫 著, 京都大學人文科學研究所, 1976
《漢代の文物》, 林 巳奈夫 著, 京都大學人文科學研究所, 1976
《韓日古代文化의 連繫》, (재)한일문화교류기금 편저, 서울프레스, 1994
《畫像が語る中國の古代》, 渡部 武, 平凡社, 1991

중국 개인 전문 연구서

干春松, 孟彦弘 編, 《王國維學術經典集(上)(下)》, 江西人民出版社, 1997
姜彬 主編, 《稻作文化與江南民俗》, 上海文藝出版社, 1996
姜林昌, 《中國上古文明考論》, 上海敎育出版社, 2005
江　冰, 《中華服飾文化》, 山西人民出版社, 1991
姜　殷, 《古文字形發微》, 北京出版社, 1990
姜曉原, 《中國人的性神秘》, 科學出版社, 1989
盖山林, 《陰山岩畫》, 文物出版社, 1986
盖山林, 《烏蘭察布岩畫》, 文物出版社, 1989
盖山林, 《中國岩畫學》, 書目文獻出版社, 1995
盖山林, 盖志浩, 《內蒙古岩畫的文化解讀》, 北京圖書館出版社, 2002
盖山林, 盖志浩, 《遠去的 匈奴》, 內蒙古人民出版社, 2008
居閱時, 瞿明安 主編, 《中國象徵文化》, 上海人民出版社, 2001
耿鐵華 外, 《古代中國高句麗歷史續論》, 中國社會科學出版社, 2003
耿鐵華, 《好太王碑新考》, 吉林人民出版社, 1994
耿鐵華, 《好太王碑一千五百八十年祭》, 中國社會科學出版社, 2003
高毅 外, 《鄂尔多斯史海鉤沈》, 文物出版社, 2008
古　方, 李紅娟 編著, 《古玉的器形與紋飾》, 文物出版社, 2009
高凱軍, 《通古斯族系的興起》, 中華書局, 2006
高光藩, 《中國巫術史》, 上海三聯書店, 1999
高光晶, 《中國國家起源及形成》, 湖南人民出版社, 1998
高　明, 《中國古文字學通論》, 文物出版社, 1987
顧方松 編著, 《鳳鳥圖案研究》, 浙江人民美術出版社, 1984
高福進, 《太陽崇拜與太陽神話》, 上海人民出版社, 2002
高　嵩, 高　原, 《岩畫的文字 文字的歷史》, 寧夏人民出版社, 2007
高友謙, 《中國風水》, 中國華僑出版公司, 1992
高頡剛, 《高頡剛古史論文集》1,2册, 中華書局, 1988
高希佳, 《祭壇古歌與中國文化》, 人民出版社, 2000
曲　石, 《中國玉器時代》, 山西人民出版社, 1991
龔　良 主編, 《中國考古大發現》, 山東畫報出版社, 2006
郭克煜, 《魯國史》, 人民出版社, 1994
郭大順, 《紅山文化》, 文物出版社, 2005
郭大順, 《紅山文化考古記》, 遼寧人民出版社, 2009
郭大順, 張星德, 《東北文化與幽燕文明》, 江蘇教育出版社, 2004
郭沫若, 《郭沫若全集·考古編 第1,2,9,10卷》, 科學出版社, 1992
郭墨蘭 主編, 《齊魯文化》, 華藝出版社, 1997
郭淑云, 《原始活態文化》, 上海人民出版社, 2001
郭維森, 柳士鎭 主編, 《古代文化基礎》, 岳龍書社, 1995
管彦波, 《中國頭飾文化》, 내몽고대학출판사, 2006
裘　仁·林驤華, 《中國傳統文化精華》, 復旦大學出版社, 1995
邱文山 外, 《齊文化與先秦地域文化》, 齊魯書社, 2003
裘錫圭, 《古代文史研究新探》, 江蘇古籍出版社, 1991
駱賓基, 《金文新攷(上)(下)》, 山西人民出版社, 1987
駱賓基, 《詩經新解與古史新論》, 山西人民出版社, 1985
駱賓基, 《中國上古社會新論》, 華文出版社, 1991
駱　新·姚莽(망), 《衣冠滄桑》, 農村讀物出版社, 1991
勞　榦, 《古代中國的歷史與文化》, 聯經出版, 2006
盧兆蔭, 《滿城漢墓》, 三聯書店, 2005
凌純聲, 《松花江下游的赫哲族》, 明知大學出版部, 1978

譚維四, 《曾侯乙墓》, 三聯書店, 2003

戴欽祥 · 陸欽 · 李亞麟 著, 《中國古代服食》, 臺灣商務印書館, 1995

杜潔祥, 《龍鳳藝術》, 丹青圖書有限公司, 1936

杜金鵬, 楊菊華 編著, 《中國史前遺寶》, 上海古籍出版社, 2000

杜耀西 外, 《中國原始社會史》, 文物出版社, 1983

鄧啓耀, 《中國神話的思維結構》, 重慶出版社, 2004

厲 聲, 朴文一 主編, 《高句麗歷史問題研究論文集》, 延邊大學出版社, 2005

酈道元(北魏) 撰, 陳橋驛 點校, 《水經注》, 上海古籍出版社, 1990

廖明君, 《生殖崇拜的文化解毒》, 廣西人民出版社, 2006

林 幹, 《匈奴史》, 內蒙古人民出版社, 2007

林 河, 《中國巫儺史》, 花城出版社, 2001

林乾良 主編, 《印迷叢書》(上)(下), 西泠印社, 1999

馬昌儀, 《中國靈魂信仰》, 上海文藝出版社, 2000

孟慧英, 《中國北方民族薩滿族》, 社會科學文獻出版社, 2000

巫鴻(美) 著 / 柳揚 · 岑河 譯, 《武梁祠》–中國古代畫像藝術的思想性, 三聯書店, 2006

芈(ㅁ)一之 主編, 《黃河上流地區歷史與文物》, 重慶出版社, 2006

逄振鎬, 《東夷文化研究》, 齊魯書社, 2007

白 劍, 《華夏神都》, 西南交通大學出版社, 2005

白 冰, 《中國金文學史》, 學林出版社, 2009

白鳳遺, 《東夷雜考》, 影印本, 2007

卜 工, 《文明起源的中國模式》, 科學出版社, 2007

濮安國 編繪, 《中國歷代鳥紋圖案》, 明文書局(台北), 1987

傅錫壬, 《中國神話與類神話研究》, 文津出版社, 2005

史國强, 《中國姓氏起源》, 山東大學出版社, 1990

謝万幸, 楊飛 編著, 《中國考古未解之謎》, 光明日報出版社, 2004

謝崇安, 《商周藝術》, 巴蜀書社, 1997

謝維揚 · 朱淵清 主編, 《新出土文獻與古代文明研究》, 上海文大學出版社, 2004

謝治秀 主編, 《齊魯文博》, 齊魯書社, 2002

謝洪波 編著, 《中國歷代帝王 陵墓之謎》, 哈爾濱出版社, 2005

史風儀, 《中國古代的家族與身分》, 社會科學文獻出版社

常建華, 《婚姻內外的古代女性》, 中華書局, 2006

尙 武 · 趙書勤 主編, 《山海經與華夏文明》, 北方婦女兒童出版社, 2000

徐亮之, 《中國史前史話》, 華正書局, 1979

徐俊元 · 張占軍 · 石玉新, 《中國人的姓氏》, 南粵出版社, 1988

徐 楓, 牛貫杰 主編, 《刻在甲骨上的文明》, 風格司藝術創作, 2013

薛向功(舍), 《歷代鐘鼎彝器款識》, 遼沈書社, 1985 復刊本

雪犁 主編, 《中華民俗源流集成全8卷–節日歲時卷/儀禮喪葬卷/婚姻卷/游藝時卷/服飾居住卷/
禁忌行業卷/飲食卷/信仰卷》, 甘肅人民出版社, 1994

昭 明 · 利 群 編著, 《中國古代玉器》, 西北大學出版社, 1997

蘇秉琦, 《中國文明 起源 新探》, 遼寧人民出版社, 2009

蘇北海, 《新疆岩畫》, 新疆美術攝影出版社, 1994

蕭亢達, 《漢代樂舞百戲藝術研究》, 文物出版社, 1991

孫佳生 主編, 《民族文化史》, 遼寧民族出版社, 1999

孫建華 主編, 《遼金史論集 第11輯》, 遼金契丹女眞史學會, 內蒙古大學出版社, 2009

孫克强, 《東方信仰論》, 遼寧教育出版社, 1989

孫 機《漢代物質文化資料圖說》, 文物出版社, 1991

孫 機, 《中國聖火》, 遼寧教育出版社, 1996

孫 機, 《中國古輿服論叢》, 文物出版社, 2001

孫 屛 外 編校, 《孫常叙古文字學論集》, 東北師範大學出版社, 1998

孫運久, 《山東民居》, 山東文化音像出版社, 1999

孫維昌 外,《中國文明的 歷史足跡》, 上海遠東出版社, 1999
孫仁杰·遲勇,《集安高句麗墓藏》, 香港亞洲出版社, 2007
孫長初,《中國藝術考古學初探》, 文物出版社, 2004
宋德胤,《喪葬儀觀》, 中國靑年出版社, 1991
宋　航,《古墓》, 重慶出版社, 2006
宋耀良,《中國史前神格人面岩畫》, 三聯書店, 1992
宋耀良,《中國岩畫考察》, 聯經出版社, 1998
宋兆麟,《巫與民間信仰》, 中國華僑出版公司, 1990
宋兆麟,《中國原始社會史》, 文物出版社, 1991
宋兆麟,《民族文物通論》, 紫禁城出版社, 2000
蕭兵,《中國文化的精英》, 上海文藝出版社, 1989
施宣圓 外,《千古之迷－中國文化史 500疑案》, 中州古籍出版社, 2001
信立祥,《漢代畫像石綜合研究》, 文物出版社, 2000
申云艷,《中國古代瓦當硏究》, 文物出版社, 2006
沈從文,《中國古代服飾硏究》, 上海書店出版社, 2002
阿木爾巴圖,《蒙古族圖案》, 內蒙古大學出版社, 2005
岳邦湖·田曉 外,《岩畫及墓葬壁畫》, 敦煌文藝出版社, 2004
鄂溫克族簡史 編寫組,《鄂溫克族簡史》, 內蒙古人民出版社, 1983
安柯欽夫 主編,《中國北方 少數民族文化》, 中央民族大學出版社, 1999
楊建華,《春秋戰國時期中國北方文化帶的形成》, 文物出版社, 2004
楊泓,《美術考古半世紀－中國美術考古發現史》, 文物出版社, 1997
楊伯達 主編,《中國玉文化玉學論叢》, 紫禁城出版社, 2002
楊伯達,《巫玉之光－中國史前玉文化論考》, 上海古籍出版社, 2005
楊福泉, 鄭曉雲,《火塘文化錄》, 云南人民出版社, 1994
梁釗韜(양쇠도),《中國古代巫術》－(宗敎的 起源和發展)》, 中山大學出版社, 1999
楊正文,《鳥紋羽衣》, 四川人民出版社, 2003
楊希枚,《先秦文化史論集》, 中國社會科學出版社, 1995
嚴文明,《史前考古論集》, 科學出版社, 1998
嚴一平 編著,《篆刻入門 上,下》, 藝文印書館, 中華民國51年(1962)
易思羽 主編,《中國符號》, 江蘇人民出版社, 2005
葉林生,《古帝傳說與華夏文明》, 黑龍江敎育出版社, 1999
倪志云,《美術考古與美術史硏究論集》, 齊魯書社, 2006
吳 康 主編,《中華神秘文化辭典》, 海南出版社, 2002
吳 釗(쇠),《追尋逝去的音樂踪迹－圖說中國音樂史》, 東方出版社, 1999
吳廣孝,《集安高句麗壁畫》, 山東畫報出版社, 2006
吳露生,《中國舞蹈》, 上海古籍出版社, 1988
吳詩池,《中國原始藝術》, 紫禁城出版社, 1996
烏恩岳斯圖,《北方草原 考古學文化硏究》, 科學出版社, 2007
吳淸輝 編著,《中國篆刻學》, 西泠印社, 1990
王 肯 外,《東北俗文化史》, 春風文藝出版社, 1992
王 雷 主編,《中國歷史未解之謎全記錄 (上),(下)》, 中國戲劇出版社, 2002
王 博, 祁小山,《絲路之路草原石人硏究》, 新疆人民出版社, 1995
王 燃 主編,《赤峰文物大觀》, 內蒙古大學出版社, 1995
王國維,《古史新証－王國維 最後的講義》, 淸華大學出版社, 1994
王克林,《華夏文明論集》, 山西人民出版社, 2006
王寧寧 外,《中國舞蹈史》, 文化藝術出版社, 1998
王大有,《中華龍種文化》, 中國時代經濟出版社, 2006
王大有, 王雙有,《圖說中國圖騰Ⅰ,Ⅱ》, 人民美術出版社, 1998
王大有,《尋根萬年中華》, 中國時代經濟出版社, 2005
王綿厚,《高句麗與 濊貊硏究》, 哈尔濱出版社, 2004

王寶平 主編,《神道與日本文化》, 北京圖書館出版社, 2003
王樹新‧孟世凱 主編,《炎帝文化》, 中華書局, 2005
王永波, 張春玲,《齊魯史前文化與三代禮器》, 齊魯書社, 2004
王玉哲,《中華遠古史》, 上海人民出版社, 2003
王仲殊,《中日兩國 考古學‧古代史論文集》, 科學出版社, 2005
王增永,《華夏文化原流考》, 中國社會科學出版社, 2005
王震中,《中國古代文明的探索》, 云南人民出版社, 2005
王海霞,《中國民間美術社會學》, 江蘇美術出版社, 1995
王紅旗,《神妙的生肖, 文化與游戲》, 三聯書店, 1992
王曉莉,《民族研究文集》, 中央民族大學出版社, 2006
牛汝辰‧魏燕云 編,《源于地名的中國姓氏》, 電子工業出版社, 1988
袁珂 編著,《神話故事新編》, 中國青年出版社, 1990
劉國祥,《東北文物考古論集》, 科學出版社, 2004
劉大平,《中國神話經典》, 內蒙古大學出版社, 2003
劉敦愿,《美術考古的古代文明》, 人民美術出版社, 2007
柳冬青,《紅山文化》, 內蒙古大學出版社, 2002
劉錫誠,《象徵》, 學苑出版社, 2002
劉錫誠, 王文寶 主編,《中國象徵辭典》, 天津教育出版社, 1991
劉玉建,《中國古代龜卜文化》, 廣西師範大學出版社, 1992
俞偉超,《古史的考古學探索》, 文物出版社, 2002
劉毓慶,《圖騰神話與中國傳統人生》, 人民出版社, 2002
陸思賢,《神話考古》, 文物出版社, 1995
尹國有,《高句麗壁畫研究》, 吉林大學出版社, 2003
尹榮方,《神話求原》, 上海古籍出版社, 2003
殷小林,《古灯史話與收藏》, 百花文藝出版社, 2005
陰法魯, 許樹安 主編,《中國古代文化史Ⅰ, Ⅱ, Ⅲ》, 北京大學出版社, 1989
李 浴,《中國古代美術史‧原始篇》, 遼寧美術出版社, 2000
李 浴,《中國古代美術史‧夏商周篇》, 遼寧美術出版社, 2000
李 濟,《中國文明的開始》, 江蘇教育出版社, 2005
李德潤, 張志立 主編,《古民俗研究》, 吉林文史出版社, 1990
李伯謙,《商文化論集,(上,下)》, 文物出版社,
李祥石,《發現岩畫》, 寧夏人民出版社, 2005
李先登,《商周青銅文化》, 商務印書館, 1997
李世源,《珠海寶鏡灣岩畫判讀》, 文物出版社, 2002
李雪梅 主編,《探尋黃河文明》, 東方出版社,
李星明,《唐代墓室壁畫研究》, 陝西人民美術出版社, 2005
李 松,《遠古至先秦繪畫史》, 人民美術出版社, 2000
李仰松,《民族考古學論文集》, 科學出版社, 1998
李仁溥,《中國灯燭》, 廣東科技出版社, 1990
李縉雲 編著,《李學勤學術文化隨筆》, 中國青年出版社, 1999
李澤厚,《美的歷程》, 廣西師範大學出版社, 2001
李學勤 主編,《中國古代文明與國家形成研究》, 云南人民出版社, 1997
李學勤,《比較考古學隨筆》, 廣西師範大學出版社, 1997
李學勤,《比較考古學隨筆》, 廣西師範大學出版社, 1997
李學勤,《四海尋珍》, 清華大學出版社, 1998
李學勤,《失落的文明》, 上海文藝出版社, 1997
李學勤,《中國古代文明十講》, 復旦大學出版社, 2004
李學勤,《中國古代文明研究》, 華東師範大學出版社, 2005
李學勤,《中國美術全集‧工藝美術編4 青銅器(上)》, 文物出版社, 1990
李學勤,《綴古集》, 上海古籍出版社, 1998

李希凡 主編,《中國藝術通史 I · 原始卷》, 北京師範大學出版社, 2006

林云, 晶 達 共著,《祭拜》, 上海古籍出版社, 2005

潛明玆,《神話學的歷程》, 北方文藝出版社, 1989

張 强,《桑文化原論》, 陝西人民教育出版社, 1998

張京華,《燕趙文化 - 中國地域文化叢書》, 遼寧教育出版社, 1995

張繼昊,《從拓跋到北魏》, 稻鄕出版社, 2000

張光明, 姜永利 主編,《夏商周文明研究》, 中國文藝出版社, 1999

張光直 著, 毛小雨 譯,《商代文明》, 北京工藝美術出版社, 1999

張光直,《中國考古學論文集》, 新華書店, 1999

張光直,《中國靑銅時代》, 中文大學出版社, 1982

張福有,《高句麗王陵統監》, 香港亞洲出版社, 2007

蔣廷瑜,《銅鼓》, 人民出版社, 1985

張之恒,《中國新石器時代考古》, 南京大學出版社, 2004

張之恒 · 周裕興,《夏商周考古學》, 南京大學出版社, 1995

張振犁,《中原古典神話流变論考》, 上海文藝出版社, 1991

張忠培,《中國北方考古文集》, 文物出版社, 1990

張學海,《古代文明 第1卷 -論東夷文明的誕生與發展》, 文物出版社, 2002

張曉凌,《中國原始藝術精神》, 重慶出版社, 2004

錢穆,《古史地理論叢》, 東大圖書公司, 2013

田昌五, 石興邦 主編,《中國原始文化論集》, 文物出版社, 1989

丁 山,《中國古代宗敎與神話考》, 上海文藝出版社, 1988年 影印

丁瑞茂,《樸古與精妙-漢代武氏祀畫像》, 中央硏究院歷史言語硏究所(台北), 2007

鄭土有,《曉望洞天福地》-中國的神仙與神仙信仰, 陝西人民出版社, 1991

趙國華,《生殖崇拜文化論》, 中國社會科學出版社, 1990

曹錦炎,《古代璽印》, 文物出版社, 2002

烏云達賚(외),《鄂溫克族的起源》, 內蒙古大學出版社, 1998

趙鐵寒,《古史考述, 正中書局》, 中華民國64年

趙叢蒼 主編,《古代瓦當》, 中國書店, 1997

宗豪 編著,《中國歷史地理之謎 I卷 歷史, II卷 地理》, 廣西民族出版社, 2003

朱 狄,《藝術的起源》, 中國靑年出版社, 1999

周錫保,《中國古代服飾史》, 中國戲劇出版社, 1984

周 汛(신) · 高春明 著,《中國古代服飾風俗》, 陝西人民出版社, 1988

朱彦民,《巫史重光》-(殷墟甲骨發現記》, 百花文藝出版社, 2001

周天游,《唐墓壁畫研究文集》, 三秦出版社, 2003

周菁葆 主編,《絲路之路岩畫藝術》, 新疆人民出版社, 1993

周靑生 主編,《中國漢畫研究》第2卷, 廣西師大學出版社, 2006

周淸泉,《文字考古》, 四川人民出版社, 2003

仲富蘭 · 馮海榮 主編,《文化尋根》, 上海古籍出版社, 2000

曾 謇(건),《中國古代社會》, 食貨出版社, 中華民國75年(1986)

秦 公, 劉大新,《廣碑別字》, 國際文化出判公司, 1995

陳平,《北方幽燕文化硏究》, 群言出版社, 2006

陳江風,《天文與 人文》, 國際文化出版公司, 1988

陳勤建,《中國鳥信仰》, 學苑出版社, 2003

陳寶良,《中國流氓(맹)史》, 中國社會科學出版社, 1993

陳雲崗,《龍盤虎踞》-中國古典雕刻的文化方位, 陝西人民教育出版社, 1991

陳兆復, 邢璉,《原始藝術史》, 上海人民出版社,

陳秋祥 · 姚申 · 董淮平 主編,《中國文化源》, 百家出版社, 1991

庹(탁)修明,《儺戲 · 儺文化》, 中國華僑出版公司, 1990

蔡鳳書, 欒豊實,《山東龍山文化研究論集》, 齊魯書社, 1992

蔡子諤,《中國服飾美學史》, 河北美術出版社, 2001

詹鄞鑫,《神靈與祭祀》, 江蘇古籍出版社, 2000
鄒 衡,《夏商周考古學論文集》, 科學出版社, 1998
祝瑞開 主編,《中國婚姻家庭史》, 學林出版社, 1999
馮時,《中國天文考古學》, 中國社會科學出版社, 2007
馮禹,《天與人》-中國歷史上的天人關系, 重慶出版社, 1990
馮作民, 莊伯和 合編,《金石篆刻全集》, 藝術圖書公司, 1975
何 新,《龍, 神話與眞相》, 上海人民出版社, 1990
何 新,《中國遠古神話與歷史新探》, 黑龍江教育出版社, 1989
何光岳,《南蠻 源流史》, 江西教育出版社, 1988
何光岳,《東夷 源流史》, 江西教育出版社, 1990
何光岳,《百越 源流史》, 江西教育出版社, 1989
何光岳,《商 源流史》, 江西教育出版社, 1994
何光岳,《氐羌 源流史》, 江西教育出版社, 2000
何光岳,《周 源流史(上)(下)》, 江西教育出版社, 1995
何光岳,《秦 · 越 源流史》, 江西教育出版社, 1994
何光岳,《夏 源流史》, 江西教育出版社, 1992
何光岳,《漢 源流史》, 江西教育出版社, 1996
何光岳 主編,《漢民族的歷史與發展》, 岳麓書舍, 1998
何星亮,《中國圖騰文化》, 中國社會科學出版社, 1996
向開明,《太極文化與東亞舞蹈文化》, 民族出版社, 2006
許進雄,《中國古文物導覽》, 國歌出版社, 2006
許 虹 · 范大鵬,《最新中國考古大發現》, 山東畫報出版社, 2002
荊 莉, 易華,《草原文化》, 遼寧教育出版社, 1998
黃金貴,《古代文化詞義 集類辨考》, 上海教育出版社, 1995
黃 惇,《中國古代印論史》, 上海書籍出版社, 1987
黃任遠,《通古斯-滿語族 神話研究》, 黑龍江人民出版社, 1999
黃任重,《中國刻字藝術》, 貴州人民出版社, 1994
黃展岳,《先秦兩漢考古與文化》, 允晨文化, 中華民國上海人民美術出版社, 1990
黃曉峰,《中國神仙排行榜》-民間信仰的花樣解讀, 上海教育出版社, 2004
侯甬堅,《朝宗》-黃河與中華文化, 陝西人民出版社, 1991

전문서 번역 종류

《가족 사유재산 국가의 기원》, 프리드리히 앵겔스 지음 / 김대웅 옮김, 아침새책, 1991
《고고학의 기밀문서》, 루크 베르긴 / 장혜경 옮김, 사람과 사람, 2001
《고고학의 즐거움》, 이바르 리스너 지음 / 최영인, 이승구 옮김, 살림, 2008
《고구려, 천하의 중심을 선포하다》, KBS HD 역사스페셜 1, 효형출판, 2005
《고문자학(古文字學) 첫걸음》, 이학근 지음 / 하영삼 옮김, 동문선, 1991
《廣開土王陵碑의 探究》, 이진희(李進熙) 저 / 이기동(李基東) 역, 일조각, 1987
《기호와 해석》, 루디 켈리 지음 / 이기숙 옮김, 인간사랑, 2000
《대륙의 찬란한 기억》, 광하해운문화공사 지음 / 박지민 옮김, 북풀리오, 2004
《도설(圖說) 심볼 디자인》, 다카하시 마사토 저 / 김수석 역, 교문사, 1988
《돌에 새겨진 동양의 생활과 사상》, 하야시미나오(林巳奈夫) / 김민수 · 윤창숙 역, 두남, 1996
《동북민족원류(東北民族源流)》, 孫進紀 지음 / 林東錫 옮김, 東文選, 1992
《매춘의 역사》, 번 벌로, 보니 벌로 / 서석연, 박종만 옮김, 까치, 1992
《몽골인 그들은 어디서 왔나?》, 張久和 씀 / 북방사연구팀 옮김, 소나무, 2009
《몽상과 매혹의 고고학》, C.W.쎄람 / 강미경 옮김, 랜덤하우스, 2008
《부여기마민족과 倭》, 존 카터 코벨 / 김유경 편역, 글을 읽다, 2006
《북방고고학 논총》, 임움 저 / 복기대 역, 학연문화사, 2013

《상싱의 비밀》, 데이비드 폰태너 시음 /최 승자 옮김, 문학동네, 1999
《書林淸話》, 섭덕휘 저 / 박철상 역, 푸른역사, 2011
《세계의 모든 문양》, 아리엘 골란 지음 / 정석배 옮김, 푸른역사, 2004
《여씨춘추(呂氏春秋)1권~3권》, 김 근 역주, 민음사, 1995
《용봉문화원류(龍鳳文化原流)》, 王大有 / 임동석 역, 동문선, 1994
《이아주소1~6》, 이충구 임재완 외, 소명출판, 2004
《일본인의 기원》, 하나하라 가즈로 편저 / 배기동 역, 학연문화사, 1992
《잃어버린 고리-신출토문헌과 중국고대사상사》, 李學勤 著 / 林亨錫 譯, 학연문화사, 1996
《자치통감(自治通鑑) 상,중,하》, 金忠烈 譯解, 삼성출판사, 1990
《전국책(戰國策)》, 임동석 역주, 교학연구사, 1986
《中國甲骨學史》, 吳浩坤 · 潘悠 著 / 梁東淑 譯, 동문선, 2002
《중국고대문양사》, 와타나베 소슈 지음 / 유덕조 옮김, 법인문화사, 2000
《중국고대서사(中國古代書史)》, 錢存訓 著 / 金允子 譯, 동문선, 1990
《중국내백과(中國大百科)全書(考古學)》, 중국대백과진서출판사, 1987
《중국문물(中國文物)鑑賞辭典》, 리강출판사, 1991
《중국성풍속사(中國性風俗史)》, R · H · 반 훌릭 / 장원철 옮김, 까치, 1993
《중국 신화 전설1,2》, 위앤커(袁珂) / 전인초 · 김선자 옮김, 민음사, 1999
《中國 歷代 裝飾紋樣 Ⅰ, Ⅱ》, 吳山 著 / 박대남 역, 춘추각, 1996
《中國의 科學과 文明 Ⅰ, Ⅱ》, 조 셉 니담 著, 李錫浩 外 譯, 을유문화사, 1992
《중국이 쓴 고구려 역사》, 마따정 외 / 서길수 옮김, 여유당, 2007
《중국종교사》, 와덕충 · 서순장 / 조성을 옮김, 한울, 1996
《중앙아시아의 바위그림》, 동북아역사재단, 2007
《한국고고학사전》, 국립문화재연구소, 2001
《한국문화의 뿌리를 찾아》, 존 카터 코벨 지음 / 김유경 옮김, 학고재, 1999
《한국에서 본 일본문화》, 이유환 저 / 양인석 역, 이문출판사, 1991
《漢代 考古學 槪說》, 王仲殊 著 / 姜仁求 譯註, 학연문화사, 1993
《漢代 畵像石의 세계》, 信立祥 著 / 김용성 譯, 학연문화사, 2005
《漢字 백 가지 이야기》, 시라카와 시즈카(白川靜) / 심경호 옮김, 황소자리, 2005
현대고고학》, 레오 클레인 / 金貞培 역, 열화당, 1980
《흠정만주원류고(欽定滿洲源流考)(上)(下)》, 이병주 감수, 남주성 역주, 글모아, 201

한국 개인 전문 연구서

강길운(姜吉云), 《古代史의 比較言語學的 硏究》, 새문사, 1990
강길운(姜吉云), 《韓國語系統論-槪說 · 文法比較篇-》, 형설출판사, 1988
강길운(姜吉云), 《한일 고대 관계사의 쟁점》, 한국문화사, 2011
강만길 외, 《한국사Ⅰ, Ⅱ - 원시사회에서 고대사회로(1),(2)》, 한길사, 1995
강신항(姜信沆), 《國語學史》, 普成文化社, 1989
강신항(姜信沆), 《韓漢音韻史硏究》, 도서출판 월인, 2012
강우방(姜友邦), 《강우방 예술론-美術과 歷史 사이에서》, 열화당, 1999
강우방(姜友邦), 《미의 순례》, 도서출판 예경, 1993
강우방(姜友邦), 《法空과 莊嚴-韓國古代彫刻史의 原理Ⅱ》, 열화당, 2000
강우방(姜友邦), 《영겁 그리고 찰나》, 열화당, 2002
강우방(姜友邦), 《원융과 조화-韓國古代彫刻史의 原理Ⅰ》, 열화당, 1990
강우방(姜友邦), 《한국미술의 탄생》, 솔, 2007
강인욱 외, 《고고학으로 본 옥저문화》, 동북아역사재단, 2008
강인욱, 《춤추는 발해인》, 주류성출판사, 2009
강종훈, 《신라상고사연구》, 서울대학교출판부, 2000
고복남(高福男), 《韓國傳統服飾史硏究》, 일조각, 1986

권덕규 지음,정재승 역주,《朝鮮留記略》, 우리역사연구재단, 2009
권영필,《실크로드 미술─중앙아시아에서 한국까지》, 열화당, 2004
권오영 外 編,《고고자료에서 찾은 고구려인의 삶과 문화》, 고구려연구재단, 2004
권오영,《무령왕릉─고대 동아시아 문명 교류사의 빛》, 돌베개, 2005
권태원(權兌遠),《古代韓民族文化史研究》, 일조각, 2000
권태원(權兌遠),《백제의 의복과 장신구》, 주류성, 2004,
권희경,《고구려벽화》, 태학사, 2003
김기웅(金基雄),《韓國의 壁畵古墳》, 동화출판공사, 1986
김기웅(金基雄),《한국의 원시 · 고대 미술》, 정음사, 1974
김대문 저, 이종욱 역주,《화랑세기》, 소나무, 1999
김대성,《금문의 비밀》, 북21 컬처라인, 2002
김동소,《한국어 변천사》, 형설출판사, 2003
김동현(金東賢) 外 편저,《新羅의 기와》, 동산문화사, 1976
김두진(金杜珍),《韓國古代의 建國神話와 祭儀》, 일조각, 1999
김명자,《민속문화, 무엇이 어떻게 변하는가》, 집문당, 2001
김방한(金芳漢)외,《몽골어와 퉁구스어》, 민음사. 1986
김병모(金秉模),《韓國人의 발자취》, 集文堂, 1992
김병모,《금관의 비밀》, 푸른역사, 1998
김병모,《김병모의 고고학 여행》, 고래실, 2006
김병모,《韓國文化 分析─(金秉模先生 古稀紀念論文集)》, 통천문화사, 2009
김상기(金庠基),《東方史論叢》, 서울대학교출판부, 1986
김상현,《신라의 사상과 문화》, 일지사, 2003
김석형,《고대한일관계사》, 한마당, 1990
김성재,《갑골에 새겨진 신화와 역사》, 동녘, 2000
김성호,《씨성으로 본 한일민족의 기원》, 푸른숲, 2000
김승찬(金承璨),《韓國上古文學論》, 새문사, 1987
김언종,《한자의 뿌리 1, 2》, 문학동네, 2001
김열규(金烈圭),《동북아시아 샤모니즘과 신화론》, 아카넷, 2003
김열규(金烈圭),《韓國의 神話》, 一潮閣, 1985
김열규,이부영 외,《韓國思想의 源泉》, 박영사, 1980
김영수(金瑛洙) 주편,《古代 東北아시아의 民族과 文化》, 여강출판사, 1994
김영주(金永柱),《檀君朝鮮史》, 환웅(桓雄), 1987
김영하,《新羅中代社會研究》, 일지사, 2007
김영하,《新羅中代社會研究》, 일지사, 2007
김용만,《고구려의 발견》, 바다출판사, 1998
김용섭(金容燮),《동아시아 문명 속의 한국문명의 전환》, 지식산업사, 2008
김운회,《대쥬신을 찾아서》, 해냄출판사, 2006
김원룡 외,《靑銅器시대와 그 文化》, 삼성문화문고, 1981
김원룡(金元龍),《韓國考古學槪說》, 일지사, 1991
김원룡(金元龍),《韓國考古學研究》, 일지사, 1987
김원룡(金元龍),《韓國文化의 起源》, 탐구당, 1984
김원룡(金元龍),《韓國美術史研究》, 일지사, 1987
김원룡(金元龍),《韓國美의 探究》, 열화당, 1996
김원룡(金元龍),《韓國壁畵研究》, 일지사, 1980
김위현(金渭顯),《契丹社會文化史論》, 경인문화사, 2005
김위현(金渭顯),《遼金史研究》, 유풍출판사, 1996
김인회(金仁會),《韓國巫俗思想研究》, 집문당, 1988
김인희,《동이신화 태양을 쏘다》, 박이정, 2007
김인희,《동호 · 퉁구스의 가신신앙》, 경인문화사, 2004
김재섭,《금문 속의 古朝鮮》, 우반재, 2011

김재원(金載元), 《韓國과 中國의 考古美術》, 문예출판사, 2000
김정배 엮음, 《북한의 우리고대사 인식(Ⅰ),(Ⅱ)》, 대륙연구소출판부, 1991
김정배(金貞培), 《韓國 古代史와 考古學》, 신서원, 2008
김정배(金貞培), 《韓國民族文化의 起源》, 고려대학교출판부, 1993
김정학(金廷鶴), 《韓國上古史研究》, 범우사, 1990
김종서, 《신시·단군조선사 연구》, 한국학연구원, 2004
김주미, 《한민족과 해 속의 삼족오》, 학연문화사, 2010
김철준(金哲埈), 《韓國古代社會研究》, 서울대학교출판부, 1990
김철준(金哲埈), 崔柄憲 編著, 《韓國文化史·古代篇》, 일지사, 1990
김태곤(金泰坤) 外, 《韓國文化의 原本思考》, 민속원, 1997
김태곤(金泰坤), 《韓國의 巫俗神話》, 집문당, 1989
김태곤, 최운식, 김진영 편저, 《한국의 신화》, 시인사, 1990
김택규(金宅圭), 《韓·日 文化 比較論》, 문덕사, 1993
나농현(羅洞鉉), 《中國北方夷族과 朝鮮上古史》, 홍문당, 1993
나희라, 《신라의 국가제사》, 지식산업사, 2003
노태돈 편저, 《단군과 고조선사》, 사계절, 2000
노태돈, 《고구려사연구》, 사계절, 1999
단국대사학회(檀國大史學會) 편, 《考古美術史》, 학연문화사, 1994
단국대사학회(檀國大史學會) 편, 《韓國古代史》, 학연문화사, 1994
도광순(都珖淳), 《東아시아 文化와 韓國文化》, 교문사, 1988
도수희, 《백제의 언어와 문화》, 주류성, 2004
도수희, 《한국의 지명》, 아카넷, 2003
량연국, 《조선문화가 초기 일본문화발전에 미친 영향》, 집문당, 1995
리지린, 《고조선 연구, 과학원출판사》, 1963
문경현(文曔鉉), 《新羅史研究》, 경북대학교출판부, 1983
문정창(文定昌), 《古代日本史》, 인간사, 1989
문정창(文定昌), 《古朝鮮史研究》, 흔 뿌리, 1993
문정창(文定昌), 《韓國古代史》, 인간사, 1988
문정창(文定昌), 《韓國古代史研究 評》, 복사본
박남수(朴南守), 《한국 고대의 동아시아 교역사》, 주류성, 2011
박선희, 《고조선 복식문화의 발전》, 지식산업사, 2011
박선희, 《우리 금관의 역사를 밝힌다》, 지식산업사, 2008
박선희, 《고구려 금관의 정치사》, 경인문화사, 2013
박성수(朴成壽), 《歷史學槪論》, 삼영사, 1995
박성수, 《단군문화기행》, 서원, 2000
박성수·이이화 外, 《한국인의 원형을 찾아서》, 도서출판 일념, 1990
박시인(朴時仁), 《알타이 神話》, 청노루, 1994
박시인(朴時仁), 《알타이 인문연구》, 서울대학교출판부, 1985
박시인(朴時仁), 《日本神話》, 탐구신서, 1989
박시형, 《광개토왕릉비》, 사회과학원출판사, 1966
박양진 외, 《중국 문명탐원공정과 선사고고학 연구현황 분석》, 동북아역사재단, 2008
박영기, 《고구려본기》, 웅진출판사, 1997
박용식(朴湧植), 《古小說의 原始宗敎思想研究》, 고려대학교민족문화연구소, 1980
박원길, 《유라시아 초원제국의 샤마니즘》, 민속원, 2001
박정기, 《문명 이야기》, 삶과 꿈, 1995
박제상 지음, 김은수 역주, 《부도지》, 한문화, 2002
박천수(朴天秀), 《일본 속의 고대 한국 문화》, 진인진, 2011
방학봉, 《중국동북 민족관계사》, 대륙연구소출판부, 1991
배종무·이해준(裵鍾茂, 李海濬) 공저, 형설출판사, 1985
백종오, 《고구려 기와의 성립과 왕권》, 주류성출판사, 2006

범부 김정설, 《풍류정신》, 정음사, 1987
서길수, 《한말 유럽학자의 고구려 연구》, 여유당, 2007
서정범(徐廷範), 《우리말의 뿌리》, 고려원, 1989
석주선(石宙善), 《韓國服飾史》, 보진재, 1978
소재영(蘇在英), 《韓國說話文學研究》, 숭전대학교출판부, 1984
소진철(蘇鎭轍), 《金石文으로 본 百濟武寧王의 世界》, 원광대학교출판국, 1994
손진기(孫進紀) 지음 / 임동석(林東錫) 옮김, 《東北民族源流》, 동문선, 1992
손진태(孫晉泰), 《韓國民族史概論》-한국문화총서 제11집, 을유문화사, 1954
손진태(孫晉泰), 《韓國民族說話의 研究》-한국문화총서 제1집, 을유문화사, 1954
송방송(宋芳松), 《韓國古代音樂史研究》, 일지사, 1992
송형섭, 《일본 속의 백제문화 (1),(2)》, 흔겨레, 1995
송호정, 《한국 고대사 속의 고조선사》, 푸른역사, 2003
신용태(辛容泰), 《原始 韓·日語의 研究》, 동국대학교출판부, 1988
신은경(辛恩卿), 《風流》-(동아시아 美學의 근원), 보고사, 1999
신채호(申采浩) 著, 李萬烈 註譯, 《朝鮮上古文化史》, 형설출판사, 1992
신형식, 《다시찾은 한국고대사 해외유적》, 주류성, 2012
신형식, 《한국고대사의 새로운 이해》, 주류성출판사, 2009
심재완(沈載完)·이은창(李殷昌) 공편, 《韓國의 冠帽》, 1972
안재홍, 《조선상고사감》, 우리역사연구재단, 2014
안진태, 《신화학 강의》, 열린책들, 2004
안창범(安昶範), 《民族思想의 源流》, 교문사, 1992
안휘준, 《한국의 미술과 문화》, 시공사, 2008
예용해(芮庸海), 《人間文化財》, 어문각, 1963
오강원, 《비파형동검문화와 요령지역의 청동기문화》, 청계, 2006
오영찬, 《낙랑군 연구》, 사계절, 2006
오재성(吳在成), 《廣開土境平安好太王碑 研究》, 리민족사연구회(黎民族史研究會), 1991
왕건군(王健群) 著 / 林東錫 譯, 《廣開土王碑研究》, 역민사, 1985
우실하, 《요하문명론》, 소나무, 2007
원동석, 《민족미술의 논리와 전망》, 풀빛, 1985
유 엠 부찐 씀 / 이항재·이병두 옮김, 《고조선-역사·고고학적 개요》, 소나무, 1990
유동식(柳東植), 《民俗宗敎와 韓國文化》, 현대사상사, 1984
유동식(柳東植), 《韓國巫敎의 歷史와 構造》, 연세대학교출판부, 1989
유동식, 《한국문화와 풍류신학》, 한들출판사, 2002
유지성(劉志成) 저 / 임진호·김하종 역, 《문화문자학》, 문현, 2009
유창균(俞昌均), 《文字에 숨겨진 民族의 淵源》, 집문당, 1999
유창균(俞昌均), 《韓國 古代漢字音의 研究 I II》, 계명대학교출판부, 1980
유홍준, 《한국미술사 강의 1》, 눌와, 2010
윤내현(尹乃鉉), 《고조선 연구》, 一志社, 1994
윤내현(尹乃鉉), 《고조선 우리의 미래가 보인다》, 민음사, 1996
윤내현(尹乃鉉), 《韓國古代史新論》, 一志社, 1986
윤내현·최몽룡 외, 《한국사의 이해》, 신서원, 1991
윤명수(尹明洙), 《金朝史研究》, 完顔出版社, 2006
윤무병(尹武炳), 《韓國 靑銅器文化 研究》, 예경산업사, 1991
윤세영(尹世英), 《古墳出土 副葬品 研究》, 고려대학교민족문화연구소, 1988
윤이흠(尹以欽), 《檀君-그 이해와 자료-》, 서울대학교출판부, 1994
윤희병(尹熙炳), 《韓民族의 上古史》, 白山學會, 1985
이 전, 《우리는 단군의 자손인가》, 한울, 1999
이건무, 조현종, 《한국미 재발견(1)-선사 유물과 유적》, 솔, 2003
이관식, 《한국 고대 인명어 연구》, 보고사, 2001
이기동 외, 《韓國古代史論-(한길역사강좌12)》, 한길사, 1986

이기문(李基文), 《國語 語彙史 研究》, 동아출판사, 1991
이기백(李基白), 《檀君神話論集》, 새문사, 1990
이기백(李基白), 《韓國古代史論》, 일조각, 1999
이기백(李基白), 《한국사를 보는 눈》, 문학과지성사, 1996
이기백(李基白), 《韓國史新論》, 일조각, 1991
이난영(李蘭暎), 《韓國古代金屬工藝硏究》, 일지사, 1992
이능화(李能和), 《朝鮮巫俗考》, 民俗苑, 1992 影印
이능화(李能和) / 李在崑 옮김, 《朝鮮神事誌》, 동문선, 2007
이덕일, 이희근, 《유물로 읽는 우리 역사》, 세종서적, 1999
이도학, 《한국고대사 노트(상)(하)》, 일지사, 1996
이두현(李杜鉉), 《韓國假面劇》, 한국가면극연구회, 1969
이바르 리스너 지음 / 최영인, 이승구 옮김, 《고고학의 즐거움》, 살림, 2008
이병관(李炳官), 《常用 2000 漢字 形音義 原流 字典》, 미술문화원, 1998
이병도(李丙燾), 《韓國古代史硏究》, 박영사, 1987(수정판)
이병선(李炳銑), 《日本古代地名硏究》, 亞細亞文化社, 1996
이병선(李炳銑), 《韓國古代國名地名硏究》, 亞細亞文化社, 1988
이선복(李鮮馥) 外 공저 《韓國 民族의 起源과 形成》(上)(下),
이성구(李成九), 《中國古代의 呪術的 思惟와 帝王政治》, 일조각, 1997
이숭녕(李崇寧), 《韓國의 傳統的 自然觀》, 서울대학교 출판부, 1985
이어령 외, 《한일문화의 동질성과 이질성》, 신구미디어,
이에나가 사부로, 이영 옮김, 《일본문화사》, 까치글방, 1999
이여성(李如星), 《朝鮮服飾考》, 白楊堂, 1947
이영훈, 신광섭, 《한국 美의 재발견(13)고분미술》-고구려, 백제, 솔, 2003
이영훈, 신광섭, 《한국 美의 재발견(14)고분미술》-신라, 가야, 솔, 2003
이영훈, 權兌遠, 金渭顯외, 《한민족과 북방과의 관계사 연구》, 한국정신문화연구원, 1995
이용범(李龍範), 《고대의 만주관계》, 한국일보사, 1976
이용범(李龍範), 《中世 滿洲·蒙古史의 硏究》, 동화출판공사, 1988
이용범(李龍範), 《韓滿交流史硏究》, 동화출판공사, 1989
이우환(李禹煥), 《李朝의 民畵》, 열화당, 1988
이유환 저 / 양인석 역, 《한국에서 본 일본문화》, 이문출판사, 1991
이은봉(李恩奉), 《宗敎와 象徵》, 세계일보, 1992
이은봉(李恩奉), 《韓國古代宗敎思想》, 집문당, 1984
이은봉, 《檀君神話 硏究》, 온누리, 1986
이종욱(李鍾旭), 《古朝鮮史硏究》, 일조각, 1993
이종욱, 《建國神話》, 휴머니스트, 2004
이중재(李重宰), 《上古史의 새 發見》, 明文堂, 2005
이중재(李重宰), 《한민족史》, 明文堂, 1992
이진희(李進熙) 저 / 이기동(李基東) 역, 《廣開土王陵碑의 探究》, 일조각, 1987
이한상, 《황금의 나라 신라》, 김영사, 2004
이형구 엮음, 《단군과 고조선》, 살림터, 1999
이형구(李亨求), 《韓國 古代文化의 起源》, 까치, 1991
이형구, 《한국 고대문화의 비밀》, 김영사, 2004
이혜구(李惠求), 《韓國音樂序說》, 서울大學校出版部, 1967
이혜구(李惠求), 《韓國音樂硏究》, 國民音樂硏究會, 1957
이호관, 《한국의 金屬工藝》, 문예출판사, 1997
이홍규, 《한국인의 기원》, 우리역사연구재단, 2010
이희덕(李熙德), 《韓國古代 自然觀과 王道政治》, 혜안, 1999
임길채, 《일본 고대국가의 형성과 칠지도의 비밀》, 범우사, 2002
임동권(任東權) 《韓國民俗文化論》, 집문당, 1989
임영주(林永周), 《韓國文樣史》, 미진사, 1983

임재해, 《민족신화와 건국영웅들》, 천재교육, 1995
임재해, 《신라 금관의 기원을 밝힌다》, 지식산업사, 2008
임효재, 《한국신석기문화》, 집문당, 2002
장주근, 《한국 신화의 민속학적 연구》, 집문당, 1995
전규태, 《마야문명의 신비》, 백문사, 1991
전수병·김갑동, 《주제별로 본 한국역사》, 서경문화사, 1998
전해종(全海宗), 《韓中關係史硏究》, 일조각, 1990
전호태, 《고구려 고분벽화 연구》, 사계절, 2000
전호태, 《고구려 고분벽화 읽기》, 서울대학교출판부, 2008
전호태, 《화상석 속의 신화와 역사》, 소와당, 2009
정경희(鄭璟喜), 《韓國古代社會文化硏究》, 일지사, 1990
정구복(鄭求福) 外, 《譯註 三國史記-(번역편·주석편)》, 한국정신문화연구원, 1996
정병호(鄭昞浩), 《韓國춤》, 悅話堂, 1987
정수일, 《고대문명 교류사》, 사계절출판사, 2001
정수일, 《씰크로드학》, 창작과비평사, 2001
정연규(鄭淵奎), 《언어 속에 투영된 한민족의 상고사》, 한국문화사, 2000
정영호(鄭永鎬), 《考古美術 첫걸음》, 학연문화사, 2000
정재서, 《不死의 신화와 사상》, 민음사, 1994
정한덕(鄭漢德) 編著, 《日本의 考古學》, 學硏文化社, 2002
정호완, 《우리말의 상상력》, 정신세계사, 1991
조지훈(趙芝薰), 《韓國文化史序說》, 나남출판, 1997
조지훈(趙芝薰), 《한국학연구》, 나남출판, 1996
주경철, 《역사의 기억, 역사의 상상》, 문학과지성사, 2001
진성기(秦聖麒), 《南國의 巫俗-濟州道巫俗논고》, 형설출판사, 1987
진순신(陳舜臣) 지음/이용찬 옮김, 《중국 고적 발굴기》, 대원사, 1988
진홍섭(秦弘燮), 《韓國金屬工藝》, 일지사, 1986
천관우 편, 《한국 상고사의 쟁점(신동아 심포지움)》, 일조각, 1989
천관우(千寬宇), 《古朝鮮史·三韓史硏究》, 일조각, 1991
천관우, 《인물로 본 韓國古代史》, 정음문화사, 1987
천소영, 《고대국어의 어휘연구》, 고대민족문화연구소, 1990
최광식, 《고대한국의 국가와 제사》, 한길사, 1994
최광식, 《백제의 신화와 제의》, 주류성, 2006
최광식, 《한국 고대의 토착신앙과 불교》, 고려대학교출판부, 2007
최길성, 《한국민간신앙의 연구》, 계명대학교 출판부, 1989
최남선(崔南善), 《六堂崔南善全集 全16卷》, 현암사, 1974,
최몽룡(崔夢龍), 《韓國考古學 硏究의 諸 問題》, 주류성출판사, 2011
최몽룡(崔夢龍), 《韓國文化의 源流를 찾아서》, 학연문화사, 1993
최몽룡·최성락(崔夢龍·崔盛洛)편저, 《韓國古代國家形成論》, 서울대학교출판부, 1997
최무장, 《고구려 고고학 I, II》, 민음사, 1995
최무장·임연철 편저, 《高句麗壁畵古墳》, 신서원, 1990
최상수(崔常壽), 《韓國 民俗文化의 硏究》, 성문각, 1988
최재목·정다운 엮음, 《凡夫 金貞卨》, 선인, 2009
최재석(崔在錫), 《韓國古代社會史方法論》, 一志社, 1990
최재인(崔在仁), 《上古朝鮮三千年史》, 정신문화사, 2000
최정호 외, 《일본 문화의 뿌리와 한국》, 문학과 지성사, 1992
최준식, 《한국미, 그 자유분방함의 미학》, 효형출판, 2003
최창열(崔昌烈), 《우리말 語源硏究》, 一志社, 1991
최필승, 《조선고대사》, 한마당, 1989
한국역사연구회 고대사분과회, 《문답으로 엮은 한국고대사 산책》, 역사비평사, 1995
한명희(韓明熙) 外, 《韓國傳統音樂硏究》, 高麗大學校 民族文化硏究所, 1990

한영우, 《한국선비지성사》, 지식산업사, 2010
한흥섭, 《한국 고대음악사상》, 예문서원, 2007
홍기문(洪起文), 《洪起文 朝鮮文化論選集》, 現代實學社, 1997
홍기문, 《조선신화 연구》, 지양사, 1989
홍윤기, 《일본천황은 한국인이다》, 효형출판, 2000
홍윤기, 《한국인이 만든 일본 국보》, 문학세계사, 1993
황순종, 《동북아 대륙에서 펼쳐진 우리 고대사》, 지식산업사, 2012
황호근(黃澔根), 《新羅의 美》, 을유문화사, 1986
황효분(黃曉芬) 著, 김용성 역, 《한대의 무덤과 그 제사의 기원》, 학연문화사, 2006

기념논총류-연도순서별

《권태원(權兌遠)교수기념논총 民族文化의 諸問題》, 논총긴행위원회, 1994
《김문경(金文經)敎授停年退任紀念 東아시아史硏究論叢》, 논총간행위원회, 혜안, 1996
《김상기(金庠基)敎授華甲紀念 史學論叢(역사학보 17,18호)》, 역사학회, 1962
《김원룡(金元龍)교수정년퇴임기념논총 II》, 논총간행위원회 편, 일지사, 1987
《김철준(金哲俊)박사화갑기념 史學論叢》, 논총간행위원회 편, 지식산업사, 1983
《김택규(金宅圭)교수정년기념논문집 比較民俗學(第12輯)》, 비교민속학회, 1995
《범하(梵河)스님 華甲기념 특별논문집-佛敎美術史學 第5輯》, 통도사성보박물관, 2007
《손보기(孫寶基)박사정년기념 한국사학논총》, 논총간행위원회, 지식산업사, 1988
《유승국(柳承國)박사고희기념논문집 東方哲學思想硏究》, 논문집간행위원회, 1992
《윤무병(尹武炳)박사회갑기념논총》, 논총간행위원회 편, 통천문화사, 1984
《윤용진(尹容鎭)敎授停年退任紀念論叢》, 논총간행위원회, 1996
《이기백(李基白)先生古稀紀念 韓國史學論叢(上)(下)》, 일조각, 1994
《전해종(全海宗)博士華甲紀念 史學論叢》, 논총편집위원회, 일조각, 1979
《정영호(鄭永鎬)敎授古稀紀念論叢》, 한국문화사학회, 2004
《정영호(鄭永鎬)교수정년퇴임기념논총》, 논총간행위원회, 한국문화사학회, 1999
《허선도(許善道)先生停年紀念 韓國史學論叢》, 일조각, 1992
《황수영(黃壽永)박사고희기념 미술사학논총》, 논총간행위원회 편, 통문관, 1988

단체 전문연구서 종류

《高句麗渤海硏究》第1輯~第47輯(2014年), 고구려발해학회, 학연문화사
《고구려의 문화와 사상》, 동북아역사재단 편찬·발행, 2007
《고구려의 역사와 문화유산》, 한국고대사연구회 편, 서경, 2004
《古代 文字資料로 본 東亞細亞의 文化 交流와 疏通》, 동북아역사재단, 2009
《古代硏究》-제1집(1988)~제8집(2001)-, 고대연구회 발간
《古代韓日文化交流硏究 報告論叢90-5》, 한국정신문화연구원, 1990
《古文字學論集,第1輯·甲骨學特集》, 중국고문자학회, 동문선, 1995
《고조선·고구려·발해 발표 논문집》, 고구려연구재단, 2005
《古朝鮮史와 檀君》-국제학술심포지엄 자료집, 고려학술문화재단·동아일보사, 1996
《고조선의 역사를 찾아서》, 고조선사연구회·동북아역사재단 공편, 학연문화사, 2007
《광개토왕비 건립 1600주년 기념 국제학술회의》, 동북아역사재단, 2014
《廣開土王碑의 再照明》-광개토왕 1600주기 국제학술회의, 동북아역사재단, 2012
《檀君學硏究, 제1, 2, 3, 4호》, 단군학회, 2000
《돌에 새겨진 유토피아》-한대무씨사화상석 전시도록-, 영남대학교박물관, 2004
《東方學志, 第54,55,56合輯》, 연세대학교국학연구원 편, 연세대학교출판부, 1987
《東北亞 古代文化의 源流와 展開》, 제11회 馬韓·百濟文化 국제학술회의 자료집, 圓光大學校

　　　　馬韓百濟文化研究所, 1992
《동북아시아의 문명 기원과 교류》, 단국대 동양학연구원 엮음, 학연문화사, 2011
《東洋史 回顧와 展望, 1권~2권》, 역사학회, 국학자료원, 1996
《만주 - 그 땅, 사람 그리고 역사》, 고구려연구재단 편, 고구려연구재단, 2005
《몽골研究》-제1호, 몽골학회, 1999
《民族文化研究, 第1號》, 고려대학교민족문화연구소, 1964
《民族文化의 源流》, 한국정신문화연구원 편, 1980
《발해의 역사와 문화》, 동북아역사재단 편찬 · 발행, 2007
《북방민족사》, 동북아역사재단 편찬 · 발행, 2007
《상고사자료집성》, 김효신, 새남, 1992
《샤머니즘》, 국립민속박물관 펴냄, 학연문화사, 2006
《鮮卑 · 蒙古 · 契丹 · 女眞 關係史 論考》, 백산학회 편, 백산자료원, 1999
《新羅文化, 제1~30호》, 동국대학교 신라문화연구소,
《실크 로드와 한국 문화》, 국제한국학회 편, 소나무, 2000
《譯註韓國古代金石文》, 한국고대사회연구소 편, 가락국사적개발연구원, 1992
《우리 겨레의 미학사상》, 최행귀, 이인로 외, 보리, 2006
《잃어버린 왕국 대가야》, 매일신문특별취재팀, 창해, 2004
《朝鮮史 批判》- 北韓社會科學院이 발간한-, 북한연구소, 영인본
《중국의 동북공정과 한국고대사》, 한국고대사학회 · 동북아역사재단, 주류성, 2012
《한국 고고학 강의》, 한국고고학회 편, 사회평론, 2011
《한국 고대사 연구의 새 동향》, 한국고대사연구회 편, 서경문화사, 2007
《한국 민속문화의 탐구》, 국립민속박물관 펴냄, 1996
《韓國古代文化와 隣接文化와의 關係》, 한국정신문화연구원, 1981
《한국고대사 산책》, 한국역사연구회 고대사분과회 편, 역사비평사, 1995
《韓國古代史論叢, 제1집》, 한국고대사회연구소 편, 가락국사적개발연구원, 1991
《韓國古代史論叢, 제2집》, 한국고대사회연구소 편, 가락국사적개발연구원, 1991
《韓國古代史料集成 -中國篇- 1권~7권》, 국사편찬위원회 편, 학연문화사, 2006
《韓國古代史研究, 제7집~ 제76집》, 한국고대사학회 편,
《韓國文化史大系, 全6卷》/ I 民族 · 國家史/ II 政治 · 經濟史/ III 科學 · 技術史/ IV 風俗 · 藝術史/
　　　 V 言語 · 文學史/ VI 宗敎 · 哲學史/, 고려대학교민족문화연구소, 1964
《한국문화와 한국인》, 국제한국학회 지음, 사계절, 2007
《韓國史 回顧와 展望, 1권~3권》, 역사학회, 국학자료원, 1996
《韓國思想-講座(9)》, 한국사상연구회편, 신명문화사, 1955
《韓國史의 反省》, 역사학회 편, 신구문화사, 1983
《韓國上古史》(대우학술총서), 한국상고사학회 편, 민음사, 1989
《韓國上古史의 諸問題》, 上古史 學術會議 綜合報告書, 한국정신문화연구원, 1987
《한국의 국보 315》, 주간조선, 조선뉴스프레스, 2010
《한국의 문화유산》, 한국정신문화연구원 편, 민속원, 1997
《한국의 美를 다시 읽는다》, 권영필 외, 돌베개, 2005
《韓國의 民俗 · 宗敎思想》, 韓國思想全集4, 삼성출판사, 1984
《韓國의 裝身具》, 한국대학박물관협회창립30주년기념 제28회연합전시도록, 1991
　원광대학교 마한백제문화연구소, 1992
《韓國의 貝塚文化》, 한국고고학전국대회 발표자료, 1992

참고논문

갈치공(葛治功), 《南京博物院集刊》, 1983년 6期
국립문화재연구소, 〈고성군 문암리 선사유적 발굴설명회 자료〉
권오영, 〈중국 유물과 벽화를 통해 본 고구려의 冠〉, 《고고자료에서 찾은 고구려인의 삶과 문화

(연구총시 14)》, 고구려연구재단, 2006

김양동(金洋東), 〈龜旨歌 해석에 대한 一考察〉,《어문논총》제36호, 경북어문학회, 2002

金洋東, 〈금문(金文) '유(唯)'자(字) 고(考)〉,《書學書道史研究》제9집, 東京, 書學書道史學會, 1998

김양동, 〈고대 한국 曲玉의 기원과 상징에 대한 문화사적 검토〉, 新羅史學報 제25호, 2012

金洋東, 〈殷墟 三顆 中 亞字形 隼璽 試釋〉,《書學書道史研究》제2집, 東京, 書學書道史學會, 1992

김양동, 〈한국 고대예술 원형질 탐구방법 시론〉,《미학 · 예술학연구》제11집, 2000

김양동, 〈한국 고대음악의 기원 試考〉,《음악과 문화》제7호, 2000

김양동, 〈한국 추상회화의 원형 〉,《미술세계》1996년 9월호, 미술세계사, 1996

김양선(金良善), 〈까분玉원류고(源流考)〉,《매산국학산고(梅山國學散稿)》, 숭전대학교박물관, 1972

김영남, 〈神話記述의 다양성과 신화의 의미〉,《동아시아의 문화 표상》, 박이정, 2007

김원룡, 〈한국청동기시대의 예술과 신앙〉,《한국고고학연구》, 일지사, 1987

김정학, 〈韓國幾何紋土器文化의 研究〉,《백산학보》4, 1968

김진구(金鎭玖), 〈절풍(折風)의 연구(研究)〉,《복식문화연구》제3권 제1호, 1995

김철홍, 〈알타이편찬사업〉,《어원연구》1호, 한국어원학회, 1998

董楚平,《고궁문물》168호,

박선희, 〈변(弁)과 절풍(折風)에 보이는 금관 양식〉,《우리 금관의 역사를 밝힌다》, 지식산업사, 2008

石宙善,《韓國服飾史》, 보진재, 1978

石興邦, 〈我國東方沿海和東南地區古代文化中鳥類圖像與鳥祖崇拜的有關問題〉,《中國原始文化論叢》, 文物出版社, 1989

孫慶偉, 〈周代祭祀及其用玉三題〉, 古代文明(第2卷)》, 文物出版社, 2002

윤세영, 〈古墳출토 裝身具의 종류와 특징〉,《한국의 미㉒ 古墳美術》, 중앙일보, 1991

이건무, 〈전 익산출토 원형유문청동기〉,《윤무병박사 회갑기념논총》, 통천문화사, 1984

이문기(李文基), 〈신라김씨(新羅金氏) 왕실(王室)의 소호금천씨(少昊金天氏) 출자관념(出自觀念)의 표방(標榜)과 변화(變化)〉,《역사교육논집》, 제23 , 24합집, 1999년

장명수,《韓國의 貝塚文化》, 인하대학교 박사학위논문, 2001

최길성, 〈한국 무속의 엑스터시 변천고〉,《한국 민속연구 논문선》Ⅲ, 일조각

최은주, 〈한국곡옥의 연구〉,《숭실사학》, 제4집, 1986

하문식, 〈요동지역의 문명기원과 교류〉,《동북아시아의 문명기원과 교류, 학연문화 》, 2011

한국역사연구회 고대사분과 편, 〈신라 금관의 비밀〉,《한국고대사 산책》, 역사비평사, 1995

한병삼, 〈곡옥의 기원〉,《고고미술》129,130호, 한국미술사학회, 1976

咸舜燮, 〈古代 冠의 分類體系에 대한 考察〉,《古代研究》제8집, 고대연구회, 2001

홍　희, 〈샤먼과 무구〉,《신화》, 예술의 전당, 2000

문헌 자료

《국어역주(國語譯註)》　　　　《남제서(南齊書)》　　　　　　《논어(論語)》

《북사(北史)》　　　　　　　　《사기(史記)》　　　　　　　　《산해경(山海經)》

《삼국사기(三國史記)》　　　　《삼국유사(三國遺事)》　　　　《삼국지(三國志)》

《서경(書經)》　　　　　　　　《설문해자(說文解字)》　　　　《성호사설(星湖僿說)》

《수경주(水經注)》　　　　　　《신찬성씨록(新撰姓氏錄)》　　《양서(梁書)》

《지봉유설(芝峰類說)》　　　　《오주연문장전산고(五洲衍文長箋散稿)》　《이아(爾雅)》

《주영편(晝永篇)》上 · 下　　《춘추좌씨전(春秋左氏傳)》　　《한서(漢書)》

《후한서(後漢書)》

색 인

ㄱ

가(歌) 309, 312

가돈(可敦) 447, 474

가래〔鍬, 가래 초〕 154, 198

가로대 160

가르마 472

가무(歌舞) 317

가무백희(歌舞百戲) 330

가미(かみ) 37

가배(嘉俳) 255, 258

가사기〔かさぎ, 笠木〕 161

가실왕(嘉悉王) 313

가야국(伽倻國) 223, 279, 313

가야 금관 155

가잠(家蠶) 254

가죽신(革靴) 375, 378

가지방울 100, 102

가차표기(假借表記) 185

가쿠즈카〔がくつか, 額束〕 161

가한(可寒) 447

가한(可汗) 447

각간(角干) 187

각대(角帶) 266

각력응회암(角礫凝灰巖) 353

각문도준(刻紋陶尊) 38, 135

각부(刻符) 215

각석서법(刻石書法) 354

각응(角鷹) 290

각절왕(角折王) 187, 196

간동-그린〔簡化〕 208

간두령(竿頭鈴) 100, 103

갈(碣) 353

감신총 176

감은사탑 사리감 197

갑골문(甲骨文) 130, 173, 243, 317, 445, 447, 448, 480

갑주(甲胄) 153, 154, 155, 197, 198

갓 232

강강수월래 320

강림 장소 53

강서 우현리 중묘 393

강소(江蘇) 단도(丹徒) 143

강소성 비현(丕縣) 대돈자(大墩子) 477

강우방 129, 245, 246

개마공원 37

개마총 176

개와(蓋 : 덮을 개, 瓦 : 기와 와) 407

거란(契丹) 396

거미형식(擧尾形式) 223, 225

거애(擧哀) 362, 442

거울〔鏡〕 241

거치문 99

거치문(鋸齒文) 72, 99, 104, 147, 180

건국 시조(始祖) 121

건륭(乾隆) 452

건무 331

건축부재 400

걸왕(桀王) 427

검(劍) 282

검신(劍身) 106, 115

검파(劍把) 109, 115

게르만인 323

격자문(格子紋) 68

견갑 103, 295

결 338

경(京) 172

경(磬) 308

경계신(境界神) 170

경계 표시 168

경기도박물관 293

경도(京都) 172

경주 174, 203

경주 교동 출토 신라 금관 234

계거(鷄居) 159

계고(階古) 313

계림(鷄林) 203

《계림유사(鷄林類事)》 304

고고학 21

고구려 112, 231, 433, 443

고구려 고분벽화 43, 345, 385

고구려 문화의 집약 354

고구려 민족 441

고구려 서예의 미감 345

고구려식 문장 352

고구려식 향찰 352

고구려의 미학 345

고구려의 토목기술 355

고구려 정체성 352

고구려 축성(築城) 기술 355

고구려 태조왕 442

고국원왕 356

고궁박물원 372

《고금주(古今注)》 96, 162

고기(古記) 164

고깔[弁] 177, 182, 183, 229, 231

고노 로쿠로(河野六郎) 174

고대관식 221, 228

고대국어 352

고도(孤塗) 446

고동이족(古東夷族) 29, 117, 219, 445, 481

고려(高麗) 130

고려 인종 141

고령 양전동 알터 암각화 77, 300

고분미술 271

고분벽화 176, 329

고분시대 78, 247

고분의 신물삼종(神物三種) 241, 245

고사고(古史考) 402

《고사기(古史記)》 93

고사리무늬[蕨手文, 궐수문] 103

고성군 죽왕면 문암리 유적 243

고식(古式) 동경 97

고예(古隸) 355, 358, 441

〈고와연부(古瓦硯賦)〉 402

고운(高雲) 362, 441

고유(高誘) 133

고유민속 기원설 168

고인돌[支石墓] 241

고제적(古制的) 94, 241

고조선 474

고조선의 선(鮮) 436

고조선족 442

고종 460

고주몽 28

고환(睾丸) 29

고흥 안동 고분 226

곡령(穀靈)의 사신 123

곡옥 240

곡옥(曲玉) 93, 94, 201, 240, 241, 245, 266

곡인청동단검(曲刃青銅短劍) 106

곤오(昆吾) 402

곤이(昆夷) 429

골각양조문(骨刻陽鳥文) 135

골소(骨蘇) 186

골호(骨壺) 151

곰 숭배의 토템 37

곱은옥[曲玉] 204

공녀(貢女) 376

공물(貢物) 295

공부(釜部) 156

공상(空桑) 248

공수(拱手) 372, 378

공자 130, 138

공정(工正) 138

공주 수촌리 227, 228

과대(銙帶) 266

과판(銙板-띠꾸미개) 266, 273

곽인식 347

관(冠) 184, 201

관두의(貫頭衣) 371

관명(官名) 136, 137, 215

관모(冠帽) 176, 231, 274

관수기(盥水器) 425

관식(冠飾) 59, 79, 110, 126, 127, 134, 152, 176, 187, 256, 451, 459

관악(管樂) 311

《관자(管子)》 444

관정(冠頂) 430

《괄지보(括地譜)》 427

광개토태왕릉(廣開土太王陵) 174
광개토호태왕비 345, 437, 440
광명리세(光明理世) 486
광명사상 47, 77, 341
광배문양 394
《광아(廣雅)》 194
《광운(廣韻)》 31
광주(廣州) 상강산(象崗山) 324
광주 신창리 유적 82
괵계자(虢季子) 백반(白盤) 425
교동 금관 213
翹尾(교미 : 꼬리긴 깃털 교) 413
교방(教坊) 327, 328
교제(郊祭) 111, 112
구규(九竅) 305
구나무(驅儺舞) 331
구려하(句驪河) 112
구름무늬[雲紋] 394
구석기시대 63
구옥(句玉) 244
구이(九夷) 130
구장(鳩杖) 292
구전(口傳) 301
구징(口徵) 22, 32, 35, 47, 53, 164
구체명석서(舊體銘石書) 358
구카이 159
구호(九扈) 138
국가 상징물 248
국내성 440
국동대혈(國東大穴) 362, 436, 437, 440
국읍(國邑) 168
국자(國字)의 정형체(定型體) 358
국중대회(國中大會) 301
국호(國號) 56, 444

군장(君長) 46, 93, 102, 223, 277
굴가령문화(屈家岭文化) 81
굿장단 328
궁상(窮桑) 248
권번(券番) 327
권운문(捲雲紋=구름무늬) 415
권초(卷草) 392
궤장(几杖) 292
귀걸이 241, 259
귀방(鬼方) 429
〈귀방곤이험윤고(鬼方昆夷獫狁考)〉 427
귀부(龜趺) 353, 355
규(圭) 243
〈규도(揆度)〉 444
규문(葵紋=해바라기무늬) 415
근정위민(勤政爲民) 162
근풍의(斳楓毅) 108
금(琴) 308
금공장신구(金工裝身具) 385
금관 94, 155, 201, 240, 241, 266, 378
금관가야 78, 83, 88
금관모 189, 219
금관총 213, 250, 257, 270, 322
금대(金帶) 266
금동광배 393
금동식리(金銅飾履) 270
금동절풍 222
금동제 고깔모 231
금령총 189, 213, 233, 270
금문(金文) 26, 173, 247, 445, 480
《금문신고(金文新攷)》 32
금석문 140, 352
《금석색(金石索)》 452

금속용기 385
금속절풍 222, 223, 225
금오(金烏) 49, 132, 322
금은등(金銀藤) 391
금은장 봉황문환두대도 289
금은화(金銀花) 391
금제곡옥 250
금제과대 250
금제 관식 394
금제식리(金製飾履) 270
금제(金製) 허리띠[銙帶] 265
금조(金鳥) 132
금화(金花) 474
금환(金丸) 331
기념 훈적비(勳績碑) 354
기둥[干] 162
기련산맥(祁連山脈) 474
기마인물상 189
기마(騎馬)인물 토우(土偶) 233
기산(岐山) 예촌(禮村) 402
기악(伎樂) 311, 324
기악(器樂) 311
기와 407
기용(器用) 138
기원(Origin) 60
기음(起音) 46
기자(箕子) 252, 254, 389
기통형(基通型) 279
기하문(幾何文) 64, 69, 70, 73, 74, 300, 337
기후 적응설 369
긴 꼬리 새[長尾鳥] 225
긴 소매[長袖] 324
길닦음 316
길상(吉祥) 411

길쌈 247, 258, 263, 264

길쌈놀이 259

김기웅 299

김명자 328

김병모 201, 244, 246

김수로왕 28

김숙자 328

김알지 28, 201, 207, 208, 218, 245

김양동(金洋東) 33

김양선(金良善) 241, 247

김열규 206

김운선 328

김원룡 68, 69, 99, 108, 113, 116, 206, 230, 336

김유경 240

김유신(金庾信) 140, 141

김유신 비 140

〈김유신전〉 141

김인문비 140

김일제(金日磾) 141

김정기 299

김정녀 328

김정배(金貞培) 69

김정학 108

김정학(金廷鶴) 69, 70

김종철 221

김진구(金鎭玖) 193

김창석 165

김춘추 375

김해 대성동 78, 84

김홍도(檀園 金弘道) 189

김환기 347

깃털 모양〔羽飾形〕 152, 189, 205

까마귀〔鳥〕 49, 135, 163, 442

까분옥 244

꼬리를 치켜 든 새 모양〔昻尾形〕 223

꼭두서니 뿌리 183

꼭지〔鈕〕 97, 99

꽃무늬〔花紋〕 73

꽹과리 308

꿩의 꽁지털 221

ㄴ

나경(裸耕) 181

나담제 433

나라 52, 53

나라(奈良) 동대산사 283

나락 44

나례잡희(儺禮雜戱) 332

나르(Naar) 39, 44, 309

나리 52

나무의 열매 244

나무인형〔木俑〕 372

나뭇가지 모양〔樹枝形〕 201, 204, 219, 234

나뭇가지 모양 세움장식〔樹林枝形 立飾〕 208

나뭇잎 모양〔樹葉形〕 259

나신(裸身) 181

나을(柰乙) 53, 54

나정(蘿井) 54

나제립(羅濟笠) 191

나주 복암리 88, 187

나주 신촌리 394

나주 신촌리 출토 금동관 235

나치 88, 323

낙랑(樂浪) 130, 150, 375, 393, 394, 403

낙랑의 전문(塼文) 358

낙빈기(駱賓基) 32

난생설화(卵生說話) 28, 121, 128, 132, 443

난쟁이〔주유, 侏儒〕 331

날 39, 304

날개 57, 379, 411, 433

날개〔羽, 鳥〕 53

날기와 51

날땅 51

날씨 51

날진이 324

낡 45

남근(男根) 30, 127, 181

남녀상열지가(男女相悅之歌) 248

남방계(범어) 44

남방도작(南方稻作)문화 기원설 168

남방식 고인돌 107

남산골 딸깍발이 선비상 372

남송(南宋) 42

남월왕(南越王) 324

《남제서(南齊書)》 177

남중속무(男中俗舞) 328

낭성(娘城) 313

내모(內帽) 232

내몽골박물원 83

내이(萊夷) 130

냉수리비 141

너덜겅 107

넌출 풀 388

널방 394

넝쿨풀 54

네모형 띠꾸미개〔方形銙板〕 272

노(魯)나라 136, 138

노동기원설 300

노동요 305

노래 53, 301, 304, 305, 308, 341

노래가락 309

노을(黃昏) 53

노호(老扈) 139

논산 100

《논어(論語)》 130, 178, 312

《논어의소(論語義疏)》 130

《논형(論衡)》〈설일(說日)〉 132

놀이(遊戲) 53, 308

농(弄) 243

농경문청동기 147, 180

농경민족 44

농경사회 168

농경의례(農耕儀禮) 181

농상(農桑) 247

농악(農樂) 308

농잠(農蠶) 247

농정(農正) 벼슬 138

뇌문(雷紋) 104, 109

뇌의 기억 347

뇌의 지문(指紋) 278, 384, 404

누(嫘) 254

누공법(鏤空法) 287

누비옷 375

누에 247, 254, 260, 263

누에나방 251

누에머리(蠶頭) 250

누에치기 254, 264

누조(嫘祖) 252

鈕(꼭지뉴) 97

능각(稜角) 221

능묘 162

능산리 사지(寺址) 189

니문(尼文) 313

니아오(Niao) 128

니질흑도(泥質黑陶) 130

ㄷ

다공질(多孔質) 64

다뉴세문경(多鈕細文鏡) 97

다룸가죽 184

다산(多産)과 풍요의 상징물 251

단(單) 447

단군(檀君) 165, 389

단군왕검 37, 389

단오(端午) 42

단옥재(段玉裁) 30

단조(丹鳥)씨 137

달개(瓔珞) 259

달 숭배사상 245

달집태우기 111

닭의 볏 202

담자(郯子) 136

당(唐) 387

당골 388

당몽(唐蒙) 387

《당서(唐書)》 435

당우(唐虞) 425

당의(唐衣) 375

당초문(唐草紋) 266, 384, 385, 387

당초형(唐草紋) 203

당풍(唐風) 385

대가(大加) 184

대가리 388

대가야 280

대계문화(大溪文化) 82

대곡천 344

《대대례기(大戴禮記)》〈오제덕(五帝德)〉 142

대동4무(大同四舞) 316

대면(大面) 331

대문구문화(大汶口文化) 38, 110, 125, 135, 451

대문구문화(大汶口文化) Y형장아기(Y形章牙器) 475

대문구문화(大汶口文化) 도기부호(陶器符號) 202, 215, 218

대석관(大石棺) 397

대성동 고분 88

대전 괴정동 유적 96

〈대황북경(大荒北經)〉 142

대흥안령(鮮卑山) 358, 361

댕댕이 54, 388

덕업일신(德業日新) 56, 174

덕흥리 고분 356

덧널무덤(木槨墓) 156

덩굴 385

도(刀) 282

도(都) 173

도검(刀劍) 282

도기(陶器)상형문자 38

도당굿 328

도라나 159

도리이(鳥居, とりい) 155, 158

도소(陶塑) 인물상 204

도쇼궁의 도리이 161

도수희 175

도안화 385

도용(陶俑) 376, 473

도읍(都邑) 172

도응준(陶鷹尊) 130

도이(島夷) 130

도철문뢰 92

도교 161

도쿄국립박물관 225, 289

도효오〔十俵〕 434

독락당(獨樂堂) 406

돈돌날이 193

돌궐족(Turkey) 383

돌널무덤〔石棺墓〕 107, 241

동검(銅劍) 92, 93, 94, 117, 279

동경(銅鏡) 79, 82, 92, 93, 109, 117, 245

동경(銅鏡) 거푸집〔鎔范〕 95, 96

동고(銅鼓) 79

동교(東郊) 362, 442

동교옥모(銅敲玉矛) 114

동굴벽화 337

동근어(同根語) 488

동래 복천동 고분 100, 283

동령(動鈴) 93

동령(銅鈴) 79, 92, 100, 103, 109, 117

동맹(東盟) 40, 301, 330, 341

동명사상(東明思想) 345, 355

동명성왕 440

동방이인(東方夷人) 130

동방 자생론 390

동방조이우민(東方鳥夷羽民) 142

동북이(東北夷) 142, 382, 405

동수(冬壽) 묘지(墓誌) 356

동심원(同心圓) 104, 300, 411

동예(東濊) 329

동이(東夷) 59, 108, 430

동이문화 125, 163, 379, 478

동이족(東夷族) 28, 32, 112, 127, 142, 215, 442

동지(東屠) 130

동제오령구(銅製五鈴具) 101

동진(東晉) 355, 358

동칼(銅刀) 279

동풍(東風) 194

동하총(東下塚) 394

동한(東漢) 132, 162

동호(冬扈) 139

동호(東胡) 108, 372, 434, 442, 484

두꺼비〔蟾蜍〕 132

두루마기 372

두 손 모음꼴〔兩手奉拄形〕 32

《두시언해(杜詩諺解)》 436

두식(頭飾) 183, 204, 372

두음(頭音) ‘ㅅ’ 46

드리개 243, 272

드림부〔圓環部〕 274

드림새 408

등가물 204

등구(燈具) 104, 149, 151

등중화주(燈中火主) 29

디새 407, 408

디아오(Diao) 128

디자인 77, 377

따비 181

땅의 문양 337

띠꾸미개 271

띠꾸미개〔과판〕 273

띠드리개〔腰佩〕 266

ㄹ

러일전쟁 161

령(鈴) 308

로마 387

로기 292

로타스 로제트 386, 389

롤러 211

류민(流民) 361

ㅁ

마가요문화(馬家窯文化) 88

마구(馬具) 79, 134, 187, 208, 274, 385

마름모꼴〔菱形〕 75, 344, 392

마크 122

마포 369

마한(馬韓) 168, 388

막새 408, 413

만곡부〔河套〕 429

만덕(萬德) 313

만리장성 112

〈만선사관(滿鮮史觀)〉 47

만세 487

만식(滿飾) 130

만(卍)자 43, 88, 420

만주리(滿洲里) 358, 436

만주사변 161

만주식 동검 106

만초(蔓草=덩굴풀) 387

망라사방(網羅四方) 56, 174

망새 408

망주(望柱) 162

매〔鷹〕 42, 126, 135, 290, 292, 295

매달다 294

매무늬〔鷹文〕 123

매무새 379

매사냥 294

매의 비상형(飛翔形) 232

매춤 433

맥국(貊國) 445

맹금류 126, 143, 290

머릿고을[首都] 173

메소포타미아의 팔메트 386, 387

면(冕) 184, 337

면각(面刻) 344

면상(面相) 373

멸칭(蔑稱) 361, 436, 446

명(明)나라 162

명무(名舞) 316

명문(銘文) 135, 142, 144, 402

명주실[絹紗] 251

모[帽] 202

모계사회 264

모관(帽冠) 231

모노크롬 342

모두루 묘지명 356

모양새 379

모용부(慕容部) 474

모용선비족 83

모용운(慕容雲) 362, 441

모음교체 40

모음호환 40, 306, 308

모자곡옥 244, 250

모자(母子) 세 고리자루큰칼 284

모화사상(慕華思想) 141

목걸이[頸飾] 94, 241, 259, 375

목곽묘 83

목용(木俑) 373

목조(木鳥) 149

몸의 언어 318, 332, 487

몽(蒙) 387

몽골씨름 433

몽골어 39, 309

몽념(蒙恬) 445

몽채(蒙茱) 388

묘예(苗裔) 425

묘우(廟宇) 159, 409

묘저구류형(廟底溝類型) 130

묘진도리이[明神鳥居, みょうじん とりい] 161

묘호(廟號) 145

무(巫) 178

무(舞) 317

무가(巫歌) 328

무관(武官) 189

무교(巫敎) 94

무구(巫具) 79, 91, 96, 100, 102, 114, 117, 155, 187, 208

무구(武具) 134, 152, 187, 208

무구삼물(巫具三物) 241

무늬새기개 64

무덤의 껴묻거리 279

무도(舞蹈) 281, 282, 320

무량사각석(武梁祠刻石) 452

무령왕릉 98, 255

무무(巫舞) 316, 325, 327

무무(武舞) 316

무무(無舞) 316

무무(舞舞) 316

무사(巫師)의 법구(法具) 475

무속 41, 327

무술(巫術) 282, 300

무용 122

무용총 176, 378

무 의식(巫儀式) 328

무인상 284

무천(舞天) 301, 329, 330, 341

묵서묘지명 356

문리(文理) 311, 337

문무왕 141

문무왕릉비 140, 141

문살무늬 69

문식(文式) 145

문식(文飾) 92, 135, 142

문신(文身) 338

문양 63, 68, 77, 91, 278, 337

문인한사(文人閑士) 402

문자 포치(布置) 354

문장(紋章) 126

문제(文帝) 324

문징(文徵) 22, 113, 124, 135, 142, 164, 301, 313, 362, 363, 405, 441, 475

문헌실증파 486

문화원형 239, 459

문화의 거울 68, 75, 337, 376, 384, 404

문화의 여명기적 모습 299

문화의 용광로 47

문화의 정체성 355

문화의 진화 223

문화의 퇴행성 358

문화의 후진성 354

문화 인소 225

〈문화적 독창성 결여론(缺如論)〉 47

문화 전파론 178

문화 청맹과니 384

물결형 빛살무늬 75

물징(物徵) 22, 71, 73, 81, 109, 142, 164, 197, 300, 329, 436, 449, 475

미까미[三上次男] 70

미늘쇠 155
《미술세계》 33
미술양식 278
미우탱지(尾羽撑地) 123
미즈노 유(水野 祐) 241, 245
민고리자루손칼〔素環頭刀子〕 279
민고리자루큰칼〔素環頭大刀〕 280
민속악 305
《민수연담록(澠水燕談錄)》 403
민예연구가 76
민요 248, 305
민족공동체 164
민족문화 35, 201
《민족문화대백과사전》 167, 385
민족문화의 원류 299
민족수(民族樹) 45
민족시원문화 67

ㅂ

바람 307
바람개비 86
바람개비형 태양문 420
바람맞이 씨춤 316
바이칼 64
박(璞) 243
박서보 347
박선희 193, 201, 207, 222, 228
박지(剝地) 수법 82, 180
박혁거세 28, 54
반구대 암각화 77, 342, 344
반구형(半球形) 228
반룡(盤龍) 162
반사물(頒賜物) 96, 104, 450
반산(反山) 묘장(墓葬) 131, 275, 277

반원형 244
반원형 동잔편(銅殘片) 91
반월형(半月形) 244
반파유지(半坡遺址) 178
받침돌(臺石) 353
발(鉢) 228
발굴고고학 116, 285
발상의 모티브 396
발생(Genesis) 60
발생원(發生源) 408
발식(髮飾) 459, 474
발어사(發語辭) 144, 145
발해 413
발해안 연안 130, 445
발화구(發火具) 96
밝고 환한 광명의 생명세계 340, 348
'밝' 사상 47
밝음의 미학 341, 348
방국명(方國名) 450
방립(方笠 : 상제(喪制) 190, 191
방사선(放射線) 97, 100, 102
방언 44
방울〔鈴〕 100, 168, 241, 300
방자식 공법 211
방제경(倣製鏡) 97
방주형(方柱形) 353
방직기(紡織機) 81
방패 274, 480
방한모(防寒帽) 232
배일상동(拜日尙東) 430
배일습속(拜日習俗) 110
배일월(拜日月) 430
배화교(拜火敎) 29
백동질(白銅質) 113

백나부내 122
백방좌궤(伯方座簋) 143
백석(白鳥) 190
백수솔무(百獸率舞) 320
백의민족(白衣民族) 50, 341
백저포 380
백적(白狄) 374
백제 99, 223, 231, 275, 279
백제금동대향로 151
백제 목응(木鷹) 292
백조(伯鳥)씨 137
백회혈(百會穴) 474
번개문(雷紋) 390
범어 39, 309
법지(法知) 313
벼농사〔稻作〕 248
벽(璧) 81
벽사(辟邪) 81, 163, 409, 411
변(弁) 177, 182
변관(弁冠) 184, 223, 377
변발(辮髮) 473
변형치미 413
별신대 169
별읍(別邑) 165, 166, 168
별읍신(邑落神) 170
별 이름〔星名〕 488
볏 149, 202
병권(兵權) 282
병와(甁窩) 이형상(李衡祥) 28
보기(寶器) 241, 247
보스턴미술관 374
보주(寶珠) 29, 205
복사문(輻射紋) 417
복성(複姓) 374, 447, 448
복식(服飾) 111, 122, 187, 208, 369

복천동 출토 금동관 206
복합기원설 300
복합휘지(複合徽識) 123, 397
복희(伏羲) 452
본살풀이 316
봉건국가 59, 252
봉건왕조시대 145
봉사(奉祀) 389
봉조(鳳鳥) 137, 307
봉지(封地) 450
봉평비 141
봉형도배(鳳形陶盃) 125
봉황 121, 137
봉황래의(鳳凰來儀) 320
봉황문(龍鳳文)환두 281
봉황보상화문 395
부경(桴更) 130
부계사회 258, 264
부랄(睾丸) 29, 32, 33, 52, 127, 443
부산 복천동 234
부상(扶桑) 248, 260
부소산 393
부엉이(鴞 : 부엉이 효) 126
부여 433
부여 궁남지 150
부여 능산리 151, 187, 229
부여 송국리 106
부여식 동검 106
부여 염창리 187
부여 왕흥사지 187
부인대(婦人帶) 257
부장(副葬) 78
부장(附葬) 267
부족국가 166

부족의 토템 480
부친(附親) 311
부토 367
부호묘 143
북 100, 168, 300, 308
북경 천안문 162
북몽골족 442
북방기마민족 345
북방 유라시아 371
북방 유목문화 110
북방 유목민 44, 83, 484
북방 유목민 적적(赤狄) 374
북방 초원 문화 430
《북사(北史)》 177
《북사》〈동이전 · 고구려조〉 184
《북사(北史)》〈열전(列傳) · 고구려전〉 185
북위(北魏) 359, 434, 435, 436, 441
북제(北齊) 275, 386
북조의 서법 358
북청 민속예술 193
분봉(分封) 450
분청자기 396
분화 122, 306
분화어(分化語) 38, 42
불(火) 58, 151
불(市, 슬갑 불) 167
불(昧, 새벽 불) 59
불꽃무늬 225, 271, 378, 394, 486
불꽃무늬(火焰文) 29, 50, 59, 204, 208, 210, 235, 385
불꽃무늬 투조금동관 59, 205
불꽃봉오리 110, 114, 117, 208, 228

불꽃형뚫음무늬 235
불똥심지 주 29
불상광배 394
불수무녀용(拂袖舞女俑) 325
불알(불의 씨, 불의 알) 29, 33, 127, 443
〈불함문화론(不咸文化論)〉 47, 165
비교민속 기원설 168
비녀 459, 474
비문 354
비방지목(誹謗之木) 162
비상형(飛翔形) 160, 187
비제(碑制) 352, 355
비취곡옥 243, 257
비파형동검 106, 111, 113, 114, 115
빗금무늬 69, 74
빗살무늬(櫛文) 63, 64, 66, 67, 68, 172, 285, 336
빛살(光芒)무늬 27, 63, 67, 225, 300, 340, 385
빛살사상 47, 77, 417
빛의 아들(日子) 104
뼈바늘(骨針) 369
뼈피리(骨笛) 300
뽕나무 247, 248, 260
뽕나무 잎사귀 259, 260
뿌리말(語根) 202
뿌리사상 47

ㅅ

ㅅ자무늬 69
사(社) 248
사(祀) 50

사계(司啓) 137

사공(司空) 137

《사기(史記)》 30, 430, 444

《사기색은(史記索隱)》 425

《사기(史記)》〈흉노열전(匈奴列傳)〉 425, 430

사나이(男丁) 45

사냥도구 266

사당(祠堂) 159, 166

사도(司徒) 137

사라(斯羅) 167, 174, 290

사람 39

사람 중심 사상(人本主義) 348

사량(沙梁) 142

사로(斯盧) 46, 167, 174, 290

사마(司馬) 137

사마르칸트 331

사마정(司馬貞) 425

사마천(司馬遷) 425

사목(社木) 248

사물놀이 308

사분(司分) 137

사사(司事) 138

사송궤명(史頌簋銘) 144

사슴뿔 모양(鹿角形) 201, 204, 208, 219

사신도(使臣圖) 377

사어화(死語化) 38, 47

사엽랑사첨(四葉郞四簷) 191

사이(四夷) 177

사인(士人) 177

사일(巳日) 252

사지(司至) 137

사징(事徵) 22, 53, 65, 111, 319, 363

사싱(四徵) 113

사천왕상 197

사폐(司閉) 137

사해(査海) 유적 243

사회(社會) 248

사회적 부호 474

사훼(沙喙) 142

사훼부(沙喙部) 141

산대잡극(山臺雜劇) 332

산둥(山東) 가상현(嘉祥縣) 452

산동반도 125

산동 방언 128

산동성 거현(莒縣) 능양하(陵陽河) 38, 136, 215

산동성 태안 477

산신(山神) 389

산신숭배 170

산예(狻猊) 331

산융 425

산자형(山字形) 204, 208, 486

산잠(山蠶) 247, 254

산정동굴 362

《산해경(山海經)》 142, 194, 444

살 37, 47, 102, 303, 304, 488

살(煞) 45

살대 41

살만(薩滿) 41

〈살만교차기(薩滿敎箚記)〉 46

슬볼 167

살풀이 춤 316, 322, 326

삼각문(三角文) 72, 73, 99, 109, 147, 390, 392

삼각형 형상의 고깔 모양 229

《삼국사기(三國史記)》 56, 140, 141, 174, 294, 313

《삼국유사(三國遺事)》 165, 388

《삼국지(三國志)》 168, 184, 435

《삼국지(三國志)》〈위서·동이전(魏書·東夷傳)〉 52, 100, 121, 123, 124, 125, 146, 301, 329, 442, 486

삼대(三代=하, 은, 주) 91, 135

삼대신물(三大神物) 92, 93, 110

삼로(三老) 46

삼루문내도(三累文) 279

삼루문(三累文) 281, 285, 287

삼루문(三鏤文) 287

삼베짜기 255

삼산관(三山冠) 433

삼연(三燕) 275

삼엽대도(三葉大刀, 세잎고리자루 큰칼) 279

삼엽문(三葉文) 206, 281, 283

삼월 삼짇날 248

삼위태백(三危太白) 164

삼재(三才) 272

《삼조북맹회편(三朝北盟會編)》 42

삼족오(三足烏) 49, 123, 134, 163, 443

삼지엽문(三枝葉文) 205, 206, 271, 272, 274, 284

삼지창(三枝槍) 160, 172, 295, 433

삼진(三晉) 282

삼진이 324

삼창 487

삼한 166

삼한의 계절제 303

삼환문(三環文) 285

상간(桑間) 248

상감 149
상감대도 279, 280
상구(桑丘) 248
상구(爽鳩)씨 137
상(商)나라 427
상대(桑臺) 248
상대(商代) 의기용(儀器用) 옥모
　　　(玉矛) 114
상림(桑林) 248
상복(喪服)의 굴건(屈巾) 225
상생춤 316
《상서(尙書)》〈우공(禹貢)〉편 142
상여송 305
상엽(桑葉) 264
상원하방형(上圓下方形) 279
상유곡지(上游谷地) 474
상전(桑田) 247
상주(商周)시대 81, 108
상준(商尊) 144
상징고(象徵考) 75
상투 372, 459, 474
상투 속발구(束髮具) 126
상호(桑扈) 139
새 깃(鳥羽) 177, 178, 182
새 날개 모양(鳥翼形) 121, 211,
　　　485
새매(鷹隼) 목덜미 480
새머리(鳥頭) 198
새 모양(鳥形) 123, 146
새 모양(鳥形) 새김부호(刻符) 218
새무늬(鳥紋) 123, 147, 385
새삼 당 387
새 숭배사상 121, 163, 176, 219,
　　　378, 412, 450, 452, 480,
　　　485

새 숭배의 족휘 문자 449
새 알(鳥卵) 362
새알수제비 128
새의 깃을 꽂은 것(鳥羽揷加) 181
새(神鳥=솔개)의 날개 153
새의 상징 228
새의 왕자격 290
새 장식(鳥裝) 152
새 장식 철의기(鳥裝鐵儀旗) 157
새 토템 146
새해(元旦) 487
새가(索家) 130
생각의 지문 68, 75, 250, 337
생래적(生來的) 301
생명상징 기원설 244
생명수 204, 209
생명의 씨앗 244
생살여탈권(生殺與奪權) 94
생선뼈무늬(魚骨文) 68, 69, 72,
　　　74, 75
생성과 소멸의 순환법칙 251
생식(生殖) 29, 30, 404
생식숭배 127
생식(生殖)의 심벌 123, 132
샤머니즘 92, 93, 102, 166, 299,
　　　396
샤먼(巫) 41, 97, 102, 241
샤먼 음악 301
서각 354
서금형(瑞禽形) 도기(陶器) 149
서나벌(徐那伐) 174, 291
서낭대 41, 170
서대(犀帶) 266
서라(徐羅) 167, 291
서라벌(徐羅伐, 徐那伐) 167, 174,

291
서려 112
서릉씨(西陵氏) 252, 258, 264
서몽신(徐夢莘) 42
서방 전파론 390
서벌(徐伐) 167, 174, 291
싀벌(徐伐) 174
서봉총 121, 153, 213, 270
서세옥 347
서야벌(徐耶伐) 174
서영대 165
서왕모(西王母) 452
서울 164, 173, 175
서자(庶子) 164
서정범 175
서조(瑞鳥) 121, 203
서주(西周) 금문(金文) 130
서천 추동리 187
서체 352, 354
서체 비교 437
《서학서도사연구(書學書道史硏
　　　究)》 33
석가모니 88
석각문 437
석각 축문 359
석경(石磬) 312
석대(石帶) 266
《석명(釋名)》 30
석재(石材=漢 白玉) 162
석주선(石宙善) 193
선각(線刻) 344
선기(璇璣) 81
선비(士) 359, 433, 434, 443, 445
선비(鮮卑) 434, 484
선비산 442

선비(鮮卑)의 선(鮮) 436, 444

선비의 음역(音譯) 441

선비정신 434

선비족(鮮卑族) 86, 108, 359,
　　　　372, 376, 434, 441, 442

선사곡옥 244, 263

선와문(漩渦紋) 68

선왕(宣王) 425

선우(單于) 429, 430, 446, 449,
　　　453

선우부(鮮虞部) 374

선우천강(單于天降) 449

선우화친(單于和親) 449

선(線)의 미(美) 76, 339, 348

선잠단 252

선잠제(先蠶祭) 252, 258

선진(先秦)시대 60, 130

선칸(單干) 449, 453

선행 예능 (先行藝能) 332

선형(旋形) 82, 86, 103, 420

설[元旦] 40

《설문해자(說文解字)》 26, 172,
　　　243, 310, 445

《설문해자주(說文解字注)》 30

섬서(陝西) 부풍(扶風) 소진(召陣)
　　　402

섬서(陝西) 임동(臨潼) 강채(姜寨)
　　　91

성(聲) 309, 310

성(姓)과 씨(氏) 450

성산패총(城山貝塚) 95, 96

성수(聖水) 303

성악(聲樂) 311

성애설(性愛說) 300

성읍국가 166

《성호사설(星湖僿說)》 191

성황당 168

섶 111, 112

세(歲) 50, 487

세 가닥 잎사귀 206, 283

세계수(世界樹) 209, 323

세모꼴[三角形] 344

세 발 달린 까마귀 134

세움장식[立飾] 204, 228, 486

새잎고리자루큰칼[三葉環頭大刀]
　　　280, 283

세차(歲次) 145

세초(歲初) 40

세토내해[瀨戶內海] 158

세형(細形)동검 113

소가(小加) 184

소골(蘇骨) 134, 177, 185

소공(昭公) 138

소국명(小國名) 450

소그드(Soghd, 粟特) 331

소나무 45

소도(蘇塗) 41, 100, 165, 166,
　　　168, 175

소도의 고형(古形) 170

소리 42, 102, 301, 304, 305, 306

소리개[鳶 : 소리개 치] 44, 126,
　　　131, 277

소매통 371

소문(素紋)수막새 419

소문(素文) 환두 281

소벌(蘇伐) 174

소부리(所夫里) 174

소수민족 358

소용돌이무늬[渦紋] 75, 156, 344,
　　　390

소전(小篆) 480

소줏대 169

소지왕(炤知王) 53

소호(宵扈) 137, 139

소호 금천(少昊 金天) 140

소호 금천씨 215

소호 금천씨(少昊金天氏) 출자설
　　　(出自說) 140

소호족(少昊族) 110, 136, 142

소호(少昊)황제 136, 138, 215,
　　　218, 486

소환두대도(小環頭大刀) 279

소흥(紹興) 32

소흥안령 358

속독(束毒) 331

속악(俗樂) 311

손경순 328

손칼[刀子] 279

손톱무늬 68, 73

솔개[鷹] 42, 44, 49, 131, 132,
　　　134, 135, 155, 163, 194,
　　　225, 271, 277, 282, 283,
　　　290, 295, 304, 321, 411

솔개나 매를 토템화 454

솔개문양[鷹文] 135, 273, 295

솔개의 족표(族標) 172

솔개의 홰치는 모습 488

솔대 41, 169

솔롱고스 441

솟대 121, 122, 147, 166, 168,
　　　169, 170, 175, 447

솟음대[金銅柱], 솟음대 절풍 183,
　　　220, 225

송골(松鶻)매 290, 323

쇠로기 185, 290

쇠칼[鐵刀] 279

쇼로H) 185, 290

쇼쇼인문서(正倉院文書) 302

수당시대 386

수대(隋代) 376

수대(隋代)의 복제(服制) 375

수도(首都) 172

수라 44

수레바퀴신[製輪神] 43

수레바퀴형 청동기장식 417

수렵(狩獵=羊)문화 344, 445

수리[首] 42, 49, 123, 131, 155, 277

수리(개) 44

수리떡 42

수릿날 42

수막새 408, 417

수면문옥Y형기(獸面紋玉Y形器) 478

수무족도(手舞足蹈) 317

수반형(水盤形) 228

수발(垂鉢) 228

수볼 42

수살대 41, 169, 170

수상(樹上)생활 404

《수서(隋書)》 430, 435

수식(垂飾) 264

수식(首飾) 474

수신(隧神) 440

수엽(樹葉) 260

수직관식 225

수진(數辰) 46

수진이 324

수파문(水波紋) 68

숙종 28

순(榫 : 장부 순) 128

순유(淳維=훈죽) 425, 427

술(酒) 42, 303, 304, 341

숨(息) 45

숭조사상(崇鳥思想) 405

슈리아(Surya) 39, 44, 309

스모 434

스이지가이 86, 90

스칸디나비아반도 64

스키타이 265, 371, 385

스핑크스 292

슬다(産卵) 45

슬라브인 323

습합 73

승무 316, 322

시(市) 165

시각적 의기(신물) 94, 104

《시경(詩經)》 248

《시경(詩經)》〈소아편 출거(小雅篇 出車)〉 425

《시경(詩經)》〈신풍(晨風)〉 194

《시경(詩經)》〈진풍(秦風)〉 194

시구(鳲鳩)씨 137

시나위 327

시라기(しらぎ) 291

시림(始林) 203

시마기[しまき, 島木] 161

시문(施文) 79, 95, 143, 147, 274

시베리아 샤먼 201, 206, 208, 209, 218

시부(詩賦) 402

시선원(施宣圓) 68

시어사(侍御史) 441

시원의 땅 203

시원적 원류 22

시조묘 54

시준(豕尊) 143

시코[四股] 434

식민사관(植民史觀) 47, 76

식민정책 460

식민지 미학관 339

식속(食俗) 178

신(神) 155

신간(神竿) 41, 169, 451

신검(神劍) 94

신광섭 228

신군(神君) 41, 93

신궁(神宮) 53, 175, 389

신권(神權) 59, 110, 153, 187

신귀신(信鬼神) 430

신기삼종(神器三種) 93

신농(神農) 32, 452

신단수(神檀樹) 164, 165, 166

신도(神道) 158

신도(神都) 175

신라(新羅) 56, 99, 174, 223, 231, 279

신라5기(五伎) 330

신라 고분 156

신라금(新羅琴) 302

신라 김씨(新羅 金氏) 140, 141, 215, 218, 486

신라 김씨 시조묘 54

신라의 각간(角干) 484

《신라황금(新羅黃金)》 271

신령(神靈) 175

신로(神路) 170

신메이도리이[しんめい とりい, 神明鳥居] 161, 162

신명(神明) 303, 327, 329

신목(神木) 248, 260

신무(神巫) 93, 98, 452

신물(神物) 94, 104, 110, 241, 247, 452

신사(神社) 155

신성한 숲 - 불(市) 166

신수(神樹) 45, 208, 209

신수(神獸) 479

신시(神市) 164, 172, 175

신역(神域) 166

신용하 40

'神'을 나타낸 문양 340

신읍(神邑) 165, 166, 175

신의(神意) 99, 147, 151, 163

신의 강림처 166

신의 고유어 25

'神'의 글자풀이[字解] 25

신의 모자이크 318

신의 몸짓 319

'신(神)'의 본질 24

神(태양)의 분화어 314

신(神)의 원형 48, 122

신의(神意)의 상징 94, 104, 109

신인공음(神人共飮) 303

신인합일(神人合一) 34

《신자전(新字典)》 27

신정시대(神政時代) 165, 166

신조(神鳥) 49, 121, 149, 155, 160, 162, 321, 411

신조(神鳥) 솔개 290, 405, 430, 434, 443

신조(神鳥) 숭배사상 146, 162, 225

신지(臣智) 165

《신찬성씨록(新撰姓氏錄)》 187

신체 보호설 369

신탁 170

신탁(神託) 100

신표(神標) 170, 172

신풍(晨風) 194, 222

신호설(信號說) 300

신화 23, 71, 93, 112

실위(室韋) 441

심엽(心葉) 260, 264, 266

심의 362, 442

쌍두령(雙頭鈴) 100

쌍변(雙辮) 375

쌍수봉주형(雙手奉柱形) 32

쌍수포자(雙手抱子) 32

쌍영총 176

쌍조간두식(雙鳥竿頭飾) 170, 480

쌍조문(雙鳥文) 147

쌍조조양골각문 130

쓰개 184

씨칭(氏稱) 141, 203

ㅇ

아가리무늬토기 68

아래아 37

아리미쯔[有光敎一] 70

아리수 362

아리하(阿里河) 359, 362, 437

아벽(牙璧) 81

아사달(阿斯達) 389, 445

아악(雅樂) 311

아이콘 198, 459, 480

아일리오(J. Ailio) 69, 336

아자형(亞字形) 인(印) 449

아칸서스 386

아틸라의 군장(軍章) 292

아폴로 292

아형기(牙形幾) 81

악(樂) 309, 310

악률(樂律) 311

악무 324, 332

〈악부(樂府) 고려사(高麗詞)〉 190, 191

악장(樂章) 311

안사고(顔師古) 142, 382

인익3호분 356

안휘성(安徽省) 방부시(蚌埠市) 쌍돈촌(雙墩村) 204

안휘성 함산(含山) 능가탄(凌家灘) 유지(遺址) 57

알 443

알(嘎) 362

알렉산더 대왕 385, 387

알선동(嘎仙洞) 359, 436, 437, 443

알선동 대혈(大血) 437

알선동 대혈 석각문 440

알타이 203, 244

암각화 51, 153, 337

암막새 395, 408

압록강 440

앙소문화(仰韶文化) 91, 103, 130, 389

앙소문화 도편(陶片) 81

앙소문화 시대 88

앙소인면도(仰韶人面圖) 183

애니미즘 24

애상(哀傷)의 미 76

야나기 무네요시(柳宗悅) 29, 76, 339

야스쿠니신사(靖國神社) 도리이 162

야요이시대(彌生時代) 78, 84
야원(野原) 175
야잠(野蠶) 247, 254
양각(陽刻) 272, 286
양견(楊堅) 376
양길순 328
양산 부부총 금동관 214
양잠(養蠶) 249, 254, 258, 263
양저문화(良渚文化) 125, 131,
　　　　218, 277
양저문화(良渚文化) 옥벽(玉璧)의
　　　　조형각부(鳥形刻符) 215
양전동 알터 암각화 51, 344
양조(陽鳥) 45, 49, 132, 134, 163,
　　　　322
양조골각문(陽鳥骨刻文) 44, 131
양주동 37, 174
양준(羊尊) 143
어골문(魚骨紋) 74, 337
어렵(漁獵=魚)문화 75, 344, 445
어포(御袍) 226
언어억양설 300
언어의 유입 경로 40
언어의 중층 사용 40
언징(言徵) 22, 35, 53, 111, 363,
　　　　388
얹은머리 474
에도(江戶)시대 197, 198
여단(旅團) 122
여라(女蘿) 387, 388
《여람(呂覽)》〈고악편(古樂篇)〉
　　　　306
여분(女墳) 257
여사제장(女司祭長) 257, 264
여와(女媧) 452

여음(女陰) 30
여진 42
역심엽형 274
역정(曆正) 137
연(燕)나라 374
연맹집단 138
연주(連珠) 95
연천 호로고루성 233
연호(年號) 145
연호의 원시고형 146
연화문(蓮花文) 73, 151, 266,
　　　　385, 394, 411, 415
연화형(蓮花形) 75, 203, 235
《염철론(鹽鐵論)》 444
영고(迎鼓) 301, 330, 341
영구경(靈柩經) 191
영국 랭커스터가의 문장(紋章)
　　　　292
영귀정(詠歸亭) 406
영기(靈氣) 129
영기(靈氣)무늬 상징 기원설 245
영남규슈고고학 83
영락(달개) 211
영락제(永樂帝) 162
영력(靈力) 94, 251
영매(靈媒) 170
영제(靈帝) 452
영조(英祖) 28
영통성(靈通性) 251
영혼의 감추어진 언어 318
영혼의 전달자 123, 486
예기(禮器) 81, 143, 145
《예기(禮記)》 172, 177, 243, 307,
　　　　310
예기(藝妓) 327

예의 춤 316
예제(禮制) 144
옛 풍속(古俗) 177
오(吳) 130
오(鳥) 443
오광대 332
오구(五鳩) 138
오덕(五德) 243
오랑캐 359, 425, 434
오론춘자치기(鄂倫春自治旗) 359,
　　　　437
오르도스 86, 427
오르도스(鄂爾多斯) 427, 429
오르도스식 동검 115
오리모양토기(鴨形土器) 149
오사카(大阪縣 和泉市) 83, 87
오수환 347
오스트레일리아 290
오융(吳融) 402
오제(五帝) 140
《오주연문장전산고(五洲衍文長箋
　　　　散稿)》 192
오치(五雉) 138
오쿠라(小倉) 컬렉션 155, 221,
　　　　289
오키나와 86
오환(鳥丸) 442, 443
옥결(玉玦) 243, 244
옥고(玉箍) 126
옥관상기(玉冠狀器) 131, 132
옥기(玉器) 81
옥대(玉帶) 266
옥룡 기원설 245
옥무인(玉舞人) 324
옥벽(玉璧) 81, 131, 218

옥봉(玉鳳) 130

옥산(玉山)서원 406

옥수면문Y형기(玉獸面紋Y形器) 478

옥신인(玉神人) 129

옥응(玉鷹) 131, 378

옥인동모(玉刃銅矛) 114

옥잠(玉蚕) 246

옥조(玉鳥) 126, 169, 275

옥조간(玉鳥杆) 375

《옥편(玉篇)》 31

온돌 442

옷 369

옷깃 371

옷이 날개 379

와권선(渦捲線) 386

와당(瓦當, 瓦擋) 82, 403, 411, 413, 449

와력(瓦礫) 400

와문(渦紋) 104

와연(瓦硯) 403

Y형수면문옥기(Y形獸面紋玉器) 478

와전(託傳) 124, 443

와해(瓦解) 400

완벽(完璧) 81

왕국유(王國維) 427

왕권(王權) 59, 110, 153, 187

왕대유(王大有) 135

왕융(王融) 177

왕충(王充) 132

왕피지(王辟之) 403

왕후장상(王侯將相) 400

왕희지 355

왜계유물(倭係遺物) 78, 83, 84

왜계파형동기(倭系巴形銅器) 101

외외장려(巍巍壯麗) 162

요(謠) 312

요(遼)나라 111, 265, 396

요동(遼東) 112

요령(遼寧) 106, 111

요령식 동검 106

요묘(遼墓) 397

《요사(遼史)》 430

요서(遼西) 112

요순(堯舜) 50

요시노가리(吉野ヶ里)유적 84

요하(遼河) 106, 108, 111, 112, 117

용두(龍頭) 413

용봉문대도(龍鳳文大刀) 279, 289

《용비어천가(龍飛御天歌)》 436

용산문화(龍山文化) 125

용의 원시 형태 245, 249

용준(龍踆) 133

우각형(牛角形) 230

우두머리(首) 29, 42, 123, 388

우랄 알타이 어족 46

우륵(于勒) 313

우민(羽民) 142

우이(嵎夷) 130

우임(右衽) 372, 373, 377

우주목(宇宙木) 204, 209

우하량 중심대묘 125

우화(羽化) 251

운남성 창원 암화 178

운뢰문(雲雷紋) 68

운수사 380

운판(雲版) 162

울산 천전리 암각화 77, 300, 342, 344

옹기 굴포리 유적 300

웅녀(熊女) 37, 165

웅룡(熊龍) 246, 249

원권문(圓圈紋) 68

원단(元旦) 40

원무(圓舞) 319

원생적(原生的) 301

원시개념의 용(龍) 247

원시고형(原始古型) 145, 308

원시무(原始舞) 321

원시사유 75, 122, 348

원시사회 33, 38, 53

원시신앙 117, 477

원시어 48

원시 유교사상 34

원시의상(原始意象) 23, 36

원시적 음악형태 308

원시종교 47, 122, 170, 299, 340

원시 종합예술 317

원시회화 339

원초적 상징을 내포한 곡옥 240

원초적인 몸짓 318

원초적인 표현 319

원초적 한국미 263

원형수막새 413

원형유문동기(圓形有文銅器) 97

원형질 77

원형칠기 82

원형 태양문 420

원형(圓形) 태양문 수막새 419

월신상(月神像) 245

《월인석보(月印釋譜)》 436

월전(月顚) 331

위구르(回紇) 383

위모관 442

위문(僞文) 141

위변(韋弁) 183

위세품 78, 258, 283

위호(位號) 46

유(唯) 135, 142, 145

유(維) 145

유라시아 290

유리왕 255, 258

유목기마민족 265, 272, 371

유문토기(有文土器) 69, 70

유민(遺民) 361, 427

유, 불, 도(儒佛道) 348

유상(遺像) 177, 178

유세차(唯歲次) 145

유습 111, 187

유신론(有神論) 34

유자(儒者) 134

유자리기(有刺利器) 155

유정문(乳定紋) 420

유주자사 진(鎭) 356

유창균 444

유창종 403

유홍준 69, 74

유화부인 440

육당 388

육부(六部) 255

육조시대 386

윤명로 347

윤무병 108

윤선희(尹善姬) 266

율려(律呂) 313

융(戎) 429

은대(銀帶) 266

은력(殷曆) 301

은새(殷璽) 452

은수인형등(銀首人形燈) 374

은장대도(銀裝大刀) 279, 280, 289

은제 관식 394

은·주(殷·周) 123, 135, 142

은허(殷墟) 부호묘(婦好墓) 94, 130

은허 부호묘 옥인(玉人) 196

은허 출토 亞자형 인(印) 451

음(音) 309, 310

음각선(陰刻線) 249, 286

음기(陰氣) 30, 54

음사(音寫) 167

음산(陰山)산맥 427

음악(音樂) 311

음역(音譯) 435

음운(音韻) 32

음운교체 42, 44, 52, 167

응관(鷹冠) 430

응문환두옥도(鷹文環頭玉刀) 282

응방(鷹坊) 295

응장(鷹杖) 150, 292

응조형(鷹鳥形) 142

응형루문(鷹形鏤文) 287

의기(儀器) 79, 82, 91, 92, 93, 96, 99, 102, 110, 114, 117, 145, 156, 162, 282, 451, 475

의례용(儀禮用) 기물 147, 243

의례용 복식 267

의례용 철기(鐵器) 157

의무려산(醫巫閭山) 112

의부(意符) 29, 36, 81, 109, 134, 147, 151, 155, 162, 187, 214, 411, 415

의성 탑리 152

의식용(儀式用) 서체 358

의식용 의기(儀器) 113

의(衣), 식(食), 주(住) 369, 404

의자왕(義慈王) 140

의장(意匠) 95

의장용검(儀仗用劍) 113

이(夷) 130

이경석(李景奭) 293

이국풍(異國風) 385

이국풍의 문양 387

이규경(李圭景) 190, 192

이기문(李基文) 40

이깔잎무늬 69

이두음 141

이두현 332

이매방 328

이문기(李文基) 140

이발(李拔) 362, 441

이백(李白) 190

이병기(李秉岐) 39

이병도(李丙燾) 141, 142, 175

이병선 174, 175

이수광(李睟光) 40, 190, 191

이쓰쿠시마 섬 158

이쓰쿠시마 신사 161

이쓰쿠시마[嚴島] 신사(神社) 158

《이아(爾雅)》 182, 194, 387

이애주 316, 328

이양선 221

이언적(李彦迪) 406

이여성(李如星) 193

이영훈 228

이용범(李龍範) 193

이우치 403

이우환 347

이웅(李雄) 177

이은창(李殷昌) 193

이익(李瀷) 190

이정희 328

이집트 387

이집트 히에로글리프
(Hieroglyph) 292

이창(李敞) 367, 439

이도 추피(伊東忠太) 391

이풍(異風) 176

이한상 201, 215

이형구 243, 245, 246

이형수막새 413

이형토기(異形土器) 103

이혜구 332

이희영 380

익산 입점리 226

익주(翼州) 142

익주조이(翼州鳥夷) 142, 382

인(印) 449

인간 사유의 원형 48

인간 생명 활동 53, 309

인간의 몸짓 487

'인간의 탄생' 30

인격(人格) 29, 272

인덕왕(仁德王) 294

인동당초문(忍冬唐草紋) 283,
284, 289, 384

인동초문(忍冬草紋) 272, 273,
391

인류의 시원사상 90

인면화 92

인문(印文) 449

인본사상 34

인(印)의 기원 450

인의지용결(仁義智勇絜) 243

일광문(日光紋) 73, 97

일광회전문(日光回轉文) 43

일본 기모노 374

《일본서기(日本書紀)》 294

일본 씨름 434

일본의 고대관식 238

일본의 도리이 162

일본의 색 76

일본 투구 155

일본 황실문화 178

〈일선동조론(日鮮同祖論)〉 47

일신상(日神像) 241, 245

일신우인(日神羽人) 화상전(畵像
塼) 58

일연선사 166

일월(日月)대 41

일자계(日子系) 96

일정(日精) 29, 33, 43, 52, 103,
127

일제강점기 164

일조(日鳥) 45

일조량(日照量) 70

일출도상(日出圖像) 135

임나일본부설 85

임병태 108

임재해 23, 40, 201, 207, 245, 246

임전(林田) 247

입교(入敎)의 종지(宗旨) 312

입목비(立木牌) 162

입물(立物) 154

입자(笠子=갓) 190

ㅈ

자연신 29

자연음향 모방설 300

자연의 무늬 338

자연의 소리 308

자연의 옷 337

자유만세 487

《자전석요(字典釋要)》 27

'자지(自持)' 30, 31

《자학(字學)》 28

자호(棘扈) 139

작변(爵弁) 183

작은칼〔小刀〕 279

작잠(柞蠶) 248, 254

잠(蚕) 248, 261

잠두 250

잠룡(蠶龍) 249, 262

잠상(蠶桑) 247

잠신(蠶神) 252, 256, 258, 264

잠업 248

장(璋) 243

장간(長竿) 169

장강(長江) 107

장골가형토기(藏骨家形土器) 401

장구(葬具) 251, 308

장니천마도 213

장당경(藏唐京) 388, 389

장대 표지물(標識物) 41

장보관(章甫冠) 191

장사훈 299, 305

장속(葬俗) 178

장송용(葬送用) 215

장수무(長袖舞) 324

장수왕 345, 355, 356, 440, 442

장식미 358

장신구 241, 246, 247

장아(獐牙) Y형기 169, 451

장아구형기(獐牙鉤形器) 477

장족 자치구 명현(明縣) 명강(明
江) 282

장포(長袍) 372, 374

재(載) 50

재진이 324

저구(鴡鳩)씨 137

저룡(猪龍) 246, 249

저자 시(市) 166, 167

적(狄) 429

적마(績麻)의 길쌈놀이 256

적봉(赤峰) 112

적봉박물관 125

적치(翟雉) 139

전각 447, 449

전개(Development) 60, 306

전 고령 출토 금관 213

《전국책(戰國策)》 444

전나무잎무늬 69

전 맹산(傳 孟山) 96

전문(塼文) 358

전서체 167

전설 112

전신(傳信)의 매개자 149

전연(前燕) 83, 84

전장제도(典章制度) 452

전통춤 316

전파와 접변 226

전한(前漢) 279

절풍(折風=鳥羽揷冠) 122, 147,
176, 183, 194, 222, 377,
378

절풍건(折風巾) 191

절풍립(折風笠) 191

절후(節侯) 488

접형(蝶形－나비형) 292

접화군생(接化群生) 348

정금령옥(精金靈玉) 243

정동유(鄭東愈) 190, 191

정명숙 328

정문경(精文鏡) 97

정병욱 299, 305

정산(丁山) 194

정상화 347

정수일 69

정승희 328

〈정신훈(精神訓)〉 133

정영호 299

정음고체(正音古體) 364

정자관(程子冠) 202

정재만 328

정재서 194

정체 38, 46

정체성 201, 278

〈정체성론(停滯性論)〉 47

정초(正初) 40

정화의식 111

제기(祭器) 81, 145

제단(祭壇) 112, 344

제례용 문투(文套) 145

제문(祭文) 145

제비[燕] 135

제사 168

제사(製絲) 254

제사장(祭祀長) 93, 170

제성박물관 143

제신(祭神) 81, 93, 282

제액(除厄) 111, 411

제와(製瓦) 400, 402

제정일치(祭政一致) 93, 241, 258

제지(帝摯) 140

제천사지(祭天祀地) 48

제천의식(祭天儀式, 儀禮) 42,
110, 300, 301, 317, 344,
430, 440

조(朝) 445

조공(朝貢) 177

조관명(鳥官名) 138, 140

조관인황(鳥官人皇) 140

조두옥조(祖頭玉鳥形) 128

조령신앙(鳥靈信仰) 124

조립식 동검 115

조문(鳥紋) 131

조문경(粗文鏡) 95, 97

조문옥관상기 132

조법종 444

조상(祖上) 127

조생설화(鳥生說話) 128

조선(朝鮮) 389, 444

〈朝鮮과 그 藝術〉 76

《朝鮮及朝鮮民族》 165

《조선미인보감》 328

조선어학회 164

조선음악무용연구회 328

조선(朝鮮)의 선(鮮) 76, 444

조수창창(鳥獸蹌蹌) 320

조수충어(鳥獸蟲魚) 320

조신(鳥神) 170

조신인면(鳥身人面) 142

조양(朝陽) 112

조어(祖語) 38

조왕신(竈王神) 29

조우두식(鳥羽頭飾) 178

조우삽가(鳥羽揷加) 184, 190, 197

조이(鳥夷) 130, 405

조이피복(鳥夷皮服) 142

조이훼복(鳥夷卉服) 142

조익형(鳥翼形) 134, 219

조익형 관식(鳥翼形冠飾) 122, 152, 322, 452

조일동체(鳥日同體) 옥응(玉鷹) 57, 132

조장(鳥裝) 153

조족(鳥族) 138

조종(祖宗) 450

조형각부(鳥形刻符) 218

조형간두(鳥形竿頭) 170

조형관식(鳥形冠飾) 125, 218

조형유물(鳥形遺物) 149

족단(族團) 136, 186

족명(族名) 436, 444, 446

족장(族長)의 신간(神竿) 477, 480

족칭(族稱) 445

족표(族標=토템) 142, 187

족휘(族徽) 122, 145, 187, 291, 453, 480

존자(尊者, 尊丈) 100, 292

존 카터 코벨 240

종(琮) 243

종교적 예기(禮器) 79

종교적 제의(祭儀) 319

종묘 173

종족문화의 정체성 459

《좌전(左傳)》 135, 136, 137, 142, 172

주거문명 401

주구(呪具) 241

주구점 산정동인(山頂洞人) 369

주괴(朱貴) 108

주기(酒器) 149

주대(周代) 50

주먹도끼 63

주문 308

주부(主簿) 184

《주서(周書)》 185, 430, 435

주술구(呪術具) 251

주술성 68, 96, 251

주술적 호부(護符) 241, 247

주악(奏樂) 311, 378

주악비천상(奏樂飛天像) 378

《주영편(晝永篇)》 191

주원(周原)박물관 144

주음(主音) 46

주형(鑄型=거푸집) 84, 85

준(踆) 133

준조(踆鳥) 49, 132, 134, 163, 322

준치(鶽雉) 139

중국식 동검 115

중국예술계의 수수께끼 68

중국의 기하문 68

중국 중점문물 보호단위 440

중산국(中山國)의 선우(鮮虞) 444

중서랑(中書郎) 177

중서시랑 367

중심대도(中心大刀) 279

중앙아시아 동방전래 387

중앙입식 221

중양일(重陽日) 42

중옥지형(重屋之形) 173

중원(中原) 112, 176

중환 태양문(重環太陽紋) 420

즉물적 명칭 147, 181, 277

즐목문토기(櫛目文土器) 70

즐문(櫛文) 64

즐문토기(櫛文土器) 67, 68, 69, 71, 336

지격(地格) 272

지령(地靈) 54, 129, 132, 243, 272

지리(地理) 337

지배세력 156

《지봉유설(芝峰類說)》 191

지상 최대의 가치 319

지석영(池錫永) 27

지자문(之字紋) 68

지조동녀상(持鳥銅女像) 169

지증왕(智證王) 56, 174

직신(織神) 252, 256, 258

진(晉) 162, 275

진(辰) 247

진강시(鎭江市)박물관 143

진국공주 265

진대(晉代) 96, 170

진덕여왕 375

《진서(晉書)》 111, 168

《진서(晉書)》〈악지(樂志)〉 30

진시황 60, 445

진언종 159

진평왕 294

진흥왕순수비 141

질량의 불균형 211

짐대 41, 169, 170

'짐(朕)'자 60

집단 가무 329

집단의 표지물 157

집선문(集線紋) 68, 69

집선삼각문(集線三角文) 95, 96

집안(集安) 189, 356

집안 삼실총 벽화 고구려 무사도
   229

징 308

징기스칸 433

쪼기 344

ㅊ

차림새 379

창녕 출토 투조금동관 220, 225

창원 다호리 1호분 279

채도(彩陶) 88, 103

채도방륜(彩陶紡輪) 82

채도인면문(彩陶人面文) 178

채회조형도호(彩繪鳥形陶壺) 125

책(幘) 184

천강족(天降族) 165

천격(天格) 272

천계 123

천공개물(天工開物) 211

천군(天君) 166, 168, 170, 172,
   303, 328, 388

천군(天君)의 주석처 166

천기(天氣) 51

천년만세 487

천마총 189, 229, 255, 258, 270,
   452

천마총 금관 213, 322

천명득의(天命得意) 223, 316

천문(天文) 162, 337

천부인(天符印) 164

천비(天鄙) 130

천산북로 383

천상관(天上觀) 271

천소영 175

〈천손강림신화(天孫降臨神話)〉
   93

천손족(天孫族) 48, 59, 65, 67,
   72, 77, 104, 211, 321,
   340, 348, 355, 417, 486

천신(天神) 53, 132, 168, 170

천음(天音) 42, 100

천자(天子) 173, 446

천자(天子)의 자칭(自稱) 60

천정(天精=日精) 129, 243

천정지령 129

천제(天祭) 111, 362, 436

천지교자(天之驕子) 429

천지인(天地人) 272

천지일월성신(天地日月星辰) 442

천충(天蟲) 248, 261

천하관(天下觀) 271

천황관식 225

철제 관테 187

철제 세잎고리자루칼 283

철제소문(鐵製素文) 환두대도 282

청각적인 신물(의기) 94, 104

청동기조형검파두식(靑銅器鳥形
   劍把頭飾) 170

청동무사용(靑銅武士俑) 434

청동방울 100

청동 불꽃형 神(巫)劍 117

청동응수 제량호(靑銅鷹首提梁壺)
   143

청동자루솥(靑銅鐎斗) 151

청동쟁개비 151

청동 지조(持鳥) 여자아이 상(像)
   374

청동포식(靑銅泡飾) 83, 86, 87

청양 장승리 187

청옥인형(靑玉人形) 372

청조(靑鳥)씨 137

체두관(剃頭官) 460

초문본자(初文本字) 111

초월적 신성(神性) 33

초진이 324

초형(鍬形) 154, 197, 198

초화형(草花形, 草華形) 203, 214,
   235

총문준(叢文俊) 353, 356

최고 존자 111, 117

최남선(崔南善) 37, 40, 46, 165,
   332

최은주 244

최익현 460

최치원(崔致遠) 330, 348

최표(崔豹) 96, 162

추(隹) 145

추모성왕 440

추상형 빛살무늬 75

추호(秋扈) 139

축구(祝鳩)씨 137

축융(祝融) 452

축자주의식(逐字主義式) 191

춘추시기 162

춘호(春扈) 139

출래(出來) 374

출자(出自) 198

출자형(出字形) 204, 208, 486

춤 341

춤은 신의 언어 316

춤의 시원 318

충목왕 380

취두(鷲頭) 413

취와(鷲 : 솔개 취, 瓦) 413

치 433

치레걸이〔裝身具〕 241, 244

치마저고리 376

치문(鴟吻: 입술 문) 413

치미(鴟尾: 솔개치) 405, 411, 413

치치(鴟雉) 139

치효(鴟梟) 129, 135

친경(親耕) 252

친상(親桑) 252

칠덕(七德) 243

칠두령(七頭鈴) 100, 101

ㅋ

칸(干) 447, 480

칼〔劍〕 241

칼라일 369

칼 문화 282

캄케라믹(Kamm keramik) 69, 336

콤마형 244

큰 새〔大鳥〕 121

키 433

ㅌ

타림 분지 383

타슈켄트 331

타악기 308

타출 기법 266

타피리스 244

탁(鐸) 308

탁발도 367

탁발선비조선구허석실(拓跋鮮卑祖先舊墟石室) 359, 436

탄생의 땅 203

탕건 232, 372

탕왕(湯王) 427

태각간(太角干) 484

태극 기원설 245

태무제(太武帝) 359, 367, 439

태백산 164

태아형(胎兒形) 245

태안 대문구 215

태양 28, 29, 79, 96, 110, 117, 228, 307, 362, 392, 393, 486

태양과 새 45, 487

태양문 51, 72, 102, 300, 385, 392

태양수(太陽樹) 248, 261

태양숭배 43, 50, 79, 109, 110, 127, 163, 202, 219, 225, 340, 355, 378, 396, 412, 433, 480

태양신(太陽神=日神) 29

태양신 무축도(巫祝圖) 178

태양의 광망(光芒) 29, 72, 77, 99, 147, 180, 340

태양조(太陽鳥) 49, 132, 135, 163, 415, 443

태평진군(太平眞君) 359, 367

태화강 344

탱그리(Tengri) 388

탱리(撑犂) 446

탱리고도선우(撑犂孤塗單于) 446

터 164

토곡혼(吐谷渾) 474

토사(菟絲) 388

토속종교 168

토신의 단(壇) 248

토전(土田) 367

토제경(土製鏡) 95, 96

토제(土製) 고깔 189, 233

토착신앙 158, 166

토테미즘 24, 122, 162, 201, 447

톱니형 빛살무늬 75

통와(筒瓦, 암막새) 403, 413

통일신라시대 395, 413

《통전(通典)》 168

통천사상(通天思想) 60

퇴래리 154

투각 266

투구 295

투르판(Turfan：吐魯蕃, 高昌) 383

투조규형(透彫圭形) 266

투족이가(投足而歌) 320

퉁구스(Tungus) 41

ㅍ

파상문(波狀文) 104

파지리크5호고분 244

파지리크 여사제 226

파형동기(巴形銅器) 78, 79, 83, 84, 86, 420

파형(巴形)와당 419

판갑(板甲) 153, 154

판상돌기 78, 86

판초형 371

팔두령(八頭鈴=八珠鈴) 100, 101, 104

팔메트(palmette) 235, 391

팔왜(八倭) 130

패루(牌楼) 159

패식(佩飾) 266

패용옥식(佩用玉飾) 81

평양 165

〈평양관찰사부임 부벽루 연회도〉 189

평양 병기창지 283

평양 청암리 출토 고구려금동관 234, 235

평형암막새 413

폐양립(蔽陽笠) 191

포대(布帒) 266

폭사문(輻射紋) 43

표대유적 출토 66

푸닥거리 331

풀꽃무늬[草華紋] 210, 214, 234

풍(風) 306

풍간(風竿) 169

풍경 308

풍금 308

풍령 308

풍류(風流) 303, 308

풍류사상(風流思想) 348, 486

풍물(風物) 308

풍신(風神) 307

풍악(風樂) 308, 311

풍어제(豊漁祭) 344

풍운붕(馮雲鵬) 452

풍조(風調) 308

풍탁 308

피발도선(被髮徒跣) 472

피변(皮弁) 177, 183

ㅎ

하강처(下降處) 170

하날(하○) 49

하남성 낙양(洛陽) 374

하남성(河南省) 신양시(信陽市) 장대관(長臺關) 372

하늘[天] 49, 122, 155

하늘기운의 초문화 129, 388, 390

하늘의 언어 307

하대(夏代) 50

하모도문화(河姆渡文化) 44, 125, 131, 135

하북성문물연구소 374

하북성(河北省) 역현(易縣) 374

하북성 평산현(平山縣) 중산왕(中山王) 묘 374

하 왕조(夏王朝)의 유민(遺民) 430, 450

하임궁(河臨宮) 313

하종현 347

하켄크로이츠 88

하투(河套) 427

하트형 260, 264

하호(夏扈) 139

하후(夏后) 425

한경(漢鏡) 97, 99

한(恨)과 비애(悲哀)의 미(美) 339, 348

《한국고고학개설(韓國考古學槪說)》 68

《한국고고학사전》 67

한국문화 36, 67, 295, 340, 348, 378

한국미 76, 271, 339

한국미술 337, 346, 348

한국사상의 원류 299

한국 서사문학의 남상(濫觴) 345

〈한국선사시대청동기(韓國先史時代靑銅器)〉 91

한국 신화론 36

한국어 36, 52

〈한국(韓國)의 청동기문화(靑銅器文化)〉 91

한국 추상회화의 원형 346

한국학중앙연구원 299

한국형 신화 352

한대(漢代) 157

한대(漢代) 청동 구장 292

한만영 299

《한명신주(漢名臣奏)》 445

한무제(漢武帝) 141

한민족문화 121, 341, 385, 434, 475

한민족의 고대사상 396

한민족의 기원 299, 430, 447

한반도 선민(先民) 107, 130

한방제경(漢倣製鏡) 98

한병삼 241, 244, 247

한복(韓服) 372, 374

《한비자(韓非子)》 31

한사군 371

《한서(漢書)》 30, 110, 111, 142, 254, 382, 446

한성준(韓成俊) 328, 329

한영숙 328

《한원집(翰苑集)》 435, 445

한인(漢印) 480

한족(漢族) 112, 124, 373, 446

한화(漢化) 375

한화상석(漢畵像石) 452

함안 도항리 고분군 156

해[太陽] 487

해곡(海曲) 142, 382

〈해내경(海內經)〉 444

해동청(海東靑=송골매) 190, 290, 295

해석고고힉 21, 113, 115, 116, 266, 285, 371, 384, 446, 475, 479

해양기원설 90

〈해외동경(海外東經)〉 142

행엽(杏葉) 260, 264

행호(行扈) 139

〈향악잡영(鄕樂雜詠)〉 330, 332, 333

향칠식 56, 166

허리띠〔銙帶〕 266

허사(虛辭) 144

허신(許愼) 27

험윤 425

현묘지도(玄妙之道) 348, 486

현무암질 화산석(火山石) 353

현문(弦紋) 480

현악(絃樂) 311

현조(玄鳥) 49, 132, 135, 137, 163, 322, 443

현토(玄菟) 130

현풍(玄風)(도교) 367

혈거(穴居)생활 404

혈연집단 141, 436

험윤(獫狁) 425

형사취수혼(兄死娶嫂婚) 433

형성(Fomation) 60

형성문자(形聲文字) 445

형식언어 60, 459

호(胡) 429

호돌이 291

호등무(胡騰舞) 333

호로고루성 189

호루스 292

호복(胡服) 371, 374, 473

호선(弧線) 386

호왕(虎王=武王) 389

호인(胡人) 429

호화허터〔呼和浩特〕 429

호후선(胡厚善) 194

혼속(婚俗) 178

홍산문화(紅山文化) 110, 112, 125

홍산문화(紅山文化) Y형옥기(Y形玉器) 475

홍산문화의 Y형옥기(玉器) 451

홍산문화의 옥룡(玉龍) 245, 262

홍산 옥응(紅山玉鷹) 126

홍살문 158, 160, 162, 295

홍의무녀도(紅衣舞女圖) 334

홍익사상 77, 348

홍익인간(弘益人間) 164, 341

홍전문(紅箭門) 159

홍희 42

화당(火塘) 59

화랑도 정신 486

화무(和舞) 319

화문화(花紋化) 394

화산암화(花山岩畵) 281

화상석(畵像石) 157, 196, 284, 452

화순 대곡리 100

화염문(불꽃무늬) 110, 202, 203

화장(火葬) 151

화정(火精) 29

화표(華表) 162, 169

환(丸) 443

환도산성(丸都山城) 362, 443

환두대도(環頭大刀, 고리자루칼) 134, 153, 205, 278, 279, 283

환두옥도(環頭玉刀) 282

환문(丸紋, 環紋) 411

환웅(桓雄) 164, 165

환인(桓因) 164

환인(桓仁) 고력묘자(高力墓子) 283

환제(桓帝) 452

환표(桓表) 162

황(璜) 243

횡간(皇侃) 130

황금총(黃金塚) 83, 87

황남대총 98, 153, 213, 257, 270, 284, 322

황룡사지 409

황반 323

황이(黃易) 452

황제의 문장 121

황제의 원비(元妃) 264

황하(黃河) 107, 427

황해도 안악군 356

《회남자(淮南子)》 30, 133

회돌이형〔巴形〕 82, 86, 415, 420

회의문자(會意文字) 445

회이(淮夷) 130

회하(淮河) 130

획(畫) 29, 348

효문제 362, 442

후노야마 고분 226

후노야마 금동관 228

후연(後燕) 362

후지다 료사쿠(藤田亮策) 67, 69, 336

《후한서(後漢書)》 168, 430

《훈몽자회(訓蒙字會)》 436

훈민정음 364

훈족의 왕 292

훈죽 425

훈차음사(訓借音寫) 175

훼부(喙部) 141, 142

휘장 121, 122

휘치(翬雉) 139

흉노 86, 101, 425, 430, 434, 484

흉노 금인상(金人像) 295

흑칠(黑漆) 191

《흠정성경통지(欽定盛京通志)》
          112

흥륭와문화興隆窪文化 65

희치(鷸雉) 139

흰 위모관 362